中华经典名著

全本全注全译丛书

徐正英　邹　皓◎译注

春秋穀梁传

中华书局

图书在版编目(CIP)数据

春秋穀梁传/徐正英,邹皓译注. —北京:中华书局,2016.9
(2024.4 重印)
(中华经典名著全本全注全译丛书)
ISBN 978-7-101-11964-0

Ⅰ.春… Ⅱ.①徐…②邹… Ⅲ.①中国历史-春秋时代
-编年体②《春秋穀梁传》-译文③《春秋穀梁传》-注释
Ⅳ.K225.04

中国版本图书馆 CIP 数据核字(2016)第 152115 号

书　　名　春秋穀梁传
译 注 者　徐正英　邹　皓
丛 书 名　中华经典名著全本全注全译丛书
责任编辑　王守青
责任印制　陈丽娜
出版发行　中华书局
(北京市丰台区太平桥西里 38 号　100073)
http://www.zhbc.com.cn
E-mail:zhbc@zhbc.com.cn
印　　刷　北京中科印刷有限公司
版　　次　2016 年 9 月第 1 版
2024 年 4 月第 8 次印刷
规　　格　开本/880×1230 毫米　1/32
印张 26½　字数 300 千字
印　　数　39001-44000 册
国际书号　ISBN 978-7-101-11964-0
定　　价　58.00 元

目录

前言 …… 1

隐公 …… 1

元年 …… 1

二年 …… 11

三年 …… 17

四年 …… 23

五年 …… 27

六年 …… 33

七年 …… 35

八年 …… 39

九年 …… 45

十年 …… 48

十一年 …… 51

桓公 …… 55

元年 …… 55

二年 …… 60

三年 …… 66

四年 …… 72

五年 …… 73
六年 …… 77
七年 …… 81
八年 …… 82
九年 …… 85
十年 …… 86
十一年 …… 89
十二年 …… 92
十三年 …… 96
十四年 …… 97
十五年 …… 101
十六年 …… 106
十七年 …… 108
十八年 …… 111
庄公 …… 114
元年 …… 115
二年 …… 120
三年 …… 122
四年 …… 125
五年 …… 129
六年 …… 131
七年 …… 133
八年 …… 136
九年 …… 139
十年 …… 143
十一年 …… 146
十二年 …… 148

十三年 …… 150
十四年 …… 151
十五年 …… 153
十六年 …… 155
十七年 …… 156
十八年 …… 159
十九年 …… 161
二十年 …… 163
二十一年 …… 164
二十二年 …… 165
二十三年 …… 169
二十四年 …… 173
二十五年 …… 178
二十六年 …… 181
二十七年 …… 182
二十八年 …… 186
二十九年 …… 190
三十年 …… 193
三十一年 …… 196
三十二年 …… 198
闵公 …… 203
元年 …… 203
二年 …… 206
僖公 …… 211
元年 …… 211
二年 …… 217
三年 …… 223

四年 …………………………………………………… 226
五年 …………………………………………………… 231
六年 …………………………………………………… 237
七年 …………………………………………………… 238
八年 …………………………………………………… 241
九年 …………………………………………………… 244
十年 …………………………………………………… 248
十一年 ………………………………………………… 252
十二年 ………………………………………………… 254
十三年 ………………………………………………… 255
十四年 ………………………………………………… 257
十五年 ………………………………………………… 259
十六年 ………………………………………………… 264
十七年 ………………………………………………… 268
十八年 ………………………………………………… 270
十九年 ………………………………………………… 273
二十年 ………………………………………………… 276
二十一年 ……………………………………………… 278
二十二年 ……………………………………………… 281
二十三年 ……………………………………………… 285
二十四年 ……………………………………………… 286
二十五年 ……………………………………………… 288
二十六年 ……………………………………………… 291
二十七年 ……………………………………………… 295
二十八年 ……………………………………………… 297
二十九年 ……………………………………………… 309
三十年 ………………………………………………… 311

三十一年 …… 314
三十二年 …… 317
三十三年 …… 318
文公 …… 325
元年 …… 325
二年 …… 329
三年 …… 334
四年 …… 337
五年 …… 340
六年 …… 342
七年 …… 346
八年 …… 350
九年 …… 354
十年 …… 359
十一年 …… 361
十二年 …… 364
十三年 …… 367
十四年 …… 371
十五年 …… 378
十六年 …… 382
十七年 …… 386
十八年 …… 388
宣公 …… 392
元年 …… 392
二年 …… 398
三年 …… 401
四年 …… 404

五年 …………………………………………… 407
六年 …………………………………………… 409
七年 …………………………………………… 410
八年 …………………………………………… 412
九年 …………………………………………… 418
十年 …………………………………………… 423
十一年 ………………………………………… 429
十二年 ………………………………………… 432
十三年 ………………………………………… 435
十四年 ………………………………………… 436
十五年 ………………………………………… 438
十六年 ………………………………………… 443
十七年 ………………………………………… 445
十八年 ………………………………………… 448
成公 ……………………………………………… 452
元年 …………………………………………… 452
二年 …………………………………………… 456
三年 …………………………………………… 463
四年 …………………………………………… 468
五年 …………………………………………… 470
六年 …………………………………………… 474
七年 …………………………………………… 477
八年 …………………………………………… 482
九年 …………………………………………… 487
十年 …………………………………………… 493
十一年 ………………………………………… 495
十二年 ………………………………………… 497

十三年 …… 498
十四年 …… 501
十五年 …… 503
十六年 …… 508
十七年 …… 515
十八年 …… 522
襄公 …… 528
元年 …… 528
二年 …… 531
三年 …… 535
四年 …… 539
五年 …… 541
六年 …… 546
七年 …… 549
八年 …… 554
九年 …… 556
十年 …… 559
十一年 …… 563
十二年 …… 568
十三年 …… 570
十四年 …… 571
十五年 …… 573
十六年 …… 576
十七年 …… 579
十八年 …… 582
十九年 …… 584
二十年 …… 590

二十一年 …… 594
二十二年 …… 597
二十三年 …… 599
二十四年 …… 604
二十五年 …… 608
二十六年 …… 613
二十七年 …… 616
二十八年 …… 619
二十九年 …… 622
三十年 …… 627
三十一年 …… 632
昭公 …… 635
元年 …… 636
二年 …… 640
三年 …… 641
四年 …… 643
五年 …… 646
六年 …… 649
七年 …… 651
八年 …… 655
九年 …… 660
十年 …… 661
十一年 …… 663
十二年 …… 667
十三年 …… 670
十四年 …… 676
十五年 …… 678

十六年 …… 680
十七年 …… 682
十八年 …… 684
十九年 …… 686
二十年 …… 689
二十一年 …… 691
二十二年 …… 694
二十三年 …… 698
二十四年 …… 703
二十五年 …… 705
二十六年 …… 709
二十七年 …… 712
二十八年 …… 715
二十九年 …… 717
三十年 …… 719
三十一年 …… 720
三十二年 …… 723
定公 …… 725
元年 …… 726
二年 …… 732
三年 …… 734
四年 …… 735
五年 …… 743
六年 …… 746
七年 …… 748
八年 …… 750
九年 …… 755

十年 …… 757
十一年 …… 761
十二年 …… 763
十三年 …… 766
十四年 …… 769
十五年 …… 774
哀公 …… 780
元年 …… 781
二年 …… 784
三年 …… 788
四年 …… 791
五年 …… 795
六年 …… 797
七年 …… 800
八年 …… 802
九年 …… 804
十年 …… 806
十一年 …… 809
十二年 …… 811
十三年 …… 813
十四年 …… 817

前　言

关于《春秋》

春秋时期，“春秋”是各国史书的通称（个别国家的史书有自己的专称，如晋国的史书称作《乘》，楚国的称作《梼杌》），仅《墨子》一书中就出现了“周之春秋”、“燕之春秋”、“宋之春秋”、“齐之春秋”等在春秋之前冠以国名的说法，《左传》对于鲁昭公二年的记载也出现了“鲁春秋”的说法，可见“春秋”的确是当时各国史书的通称，其是一种标题新闻式、编年大事记式的史书。

为何以“春秋”二字作为史书的名称，历来说法甚多，有研究者认为以春、秋纪年并作为史书称呼是沿袭殷商时的说法，殷商时期人们只将一年分为春、秋二季，故以之纪年，周初仍沿用之，进而以之称呼史书。但为较多人所接受的是西晋杜预的说法，他说：“记事者，以事系日，以日系月，以月系时，以时系年，所以纪远近、别同异也。故史之所记必表年以首事。年有四时，故错举以为所记之名也。”也就是说于一年四季之中交错选择春、秋二季来代表一年，大概是因为“春为万物之始，秋为成物之终”，进而“春秋”也就成了历史的代称了。据现有的研究，以“春秋”作为史书的称呼，应该是起于西周时期。

鲁国史书并不像晋、楚有自己的专称，大约是随着儒家势力的壮大，鲁春秋也为更多人所研习，逐渐地，“春秋”也就成为了鲁国史书的专名。

我们今日所见的《春秋》已不是鲁国史书原本的样子了，历来都认为孔子在鲁国史书或史料的基础上进行了修订或编纂工作，使之成为了我们今日所见的《春秋》。孟子认为《春秋》为孔子所作，他说：“世道衰微，邪说暴行有作，臣弑其君者有之，子弑其父者有之，孔子惧，作《春秋》。”司马迁也在《史记·孔子世家》中说孔子“乃因史记作《春秋》”，这是说孔子依据原有的史书作了《春秋》，同时还说孔子作《春秋》的办法是“笔则笔，削则削，子夏之徒不能赞一辞”，也就是对原有的史书有增补，有保留，有删改，如此形成的《春秋》尽善尽美到了一字不易的程度，即使高徒子夏也提不出一点意见。

对于孔子作《春秋》的时间也有颇多讨论，有认为孔子作《春秋》始于鲁哀公十一年（前 484）自卫返鲁之后，这年他 68 岁。有认为孔子作《春秋》是在“西狩获麟”之后，即鲁哀公十四年（前 481）孔子 71 岁时。当然，更有相反的说法，认为“西狩获麟”事件恰是孔子最后搁笔《春秋》的原因，今见《春秋》记事止于“西狩获麟”即是明证。不论取哪种说法，我们都可以认为《春秋》作于孔子晚年。

关于《穀梁传》与穀梁学

《春秋》记载了从鲁隐公元年（前 722）至鲁哀公十四年（前 481）二百四十二年间的历史事件，随着儒家政治地位的提升，《春秋》在汉武帝时被列为“五经”之一，成为必读经典。然而《春秋》文辞极其简略，加之流传过程中竹简的脱落和传抄错误，后人理解起来比较困难，于是春秋以降便出现了各种为解释《春秋》而作的著作，称作“传”。据《汉书·艺文志》著录，在西汉时至少有五种阐释《春秋》的著作流行，分别是《左传》、《公羊传》、《穀梁传》、《邹氏传》、《夹氏传》，其中后两种在西汉时即已失传，余下的《左传》、《公羊传》、《穀梁传》被合称为“春秋三传”，流传至今。

《穀梁传》共计二十一卷，是战国时人穀梁赤为阐释《春秋》所作。据唐人杨士勋的说法，穀梁赤是子夏的学生，从子夏学习《春秋》，并且为之作了传，故曰《穀梁传》。传成之后，传给孙卿（荀子），孙卿传申公，申公传江翁。后来鲁人荣广十分推崇《穀梁传》，传于蔡千秋，西汉宣帝喜好《穀梁传》，于是提拔蔡千秋为郎。甘露三年（前51）的石渠阁辩论之后，汉宣帝将《穀梁传》列为官学，由此穀梁学成为一时显学，从者如流。西汉中后期穀梁学达到了第一个高峰，后随着西汉的衰亡而逐渐式微。

穀梁学盛于西汉中后期，除穀梁学者自身的努力外，与时代变化所提供的机缘和统治者的政治需求也是密不可分的。《穀梁传》提倡的宽厚仁慈、尊尊亲亲思想，有利于纠正吏治苛酷之弊，与汉宣帝时代所提倡的"礼治"精神相契合。汉宣帝刘询是汉武帝刘彻曾孙，戾太子刘据之孙，皇太孙刘进之子，少年时因巫蛊事件曾被隐匿在民间生活过，了解民生疾苦，《汉书》称其"操行节俭，慈仁爱人"。他是被霍光拥立为帝的，即位后需要缓解复杂的社会矛盾和紧张的宗室关系，于是实行崇尚礼制、亲亲上恩的国策，而《穀梁传》的思想与汉宣帝的政治需求是一致的。同时，《穀梁传》也强调血缘正统，如《穀梁传》对鲁僖公二十四年经文"冬，天王出居于郑"的解释为："天子无出，出，失天下也。居者，居其所也，虽失天下，莫敢有也。"也就是说周天子就算从国都出逃，天下也是他的，作为诸侯也不能占有。这也为汉宣帝即位的合理性和正义性提供了理论依据。由此我们可以看出，《穀梁传》在西汉中后期的盛行，确与当时的政治需求有密切联系。而西汉衰微，东汉政权的政治需求也发生了变化，穀梁学也随之式微，不再立于学官，东汉章帝时期曾下诏选拔优秀人才，令研习穀梁学，以避免其失传。

穀梁学的第二个高峰在魏晋南北朝和隋唐时期。这个时期的穀梁学以民间的研究和注疏（通常而言，"传"是对"经"的阐释，"注"是对"传"的阐释，"疏"是对"注"的阐释）为主，一则当时政权对学术的控制没有两汉严格，学风相对自由，学者可突破穀梁学已有的权威撰写新的注疏；二则局势混乱，学者多悠游山野，潜心于学术事业，也推动了经学研究的繁荣。仅见于《隋书・经籍志》的著作就有二十余部，其中东晋范宁的《春秋穀梁传集解》得以保留下来，后来唐人杨士勋在范宁《春秋穀梁传集解》的基础上作了“疏”，后合为《春秋穀梁传注疏》一书，成为当时穀梁学的代表性著作，也就是我们今天通用的清阮元刊（勘）刻十三经注疏本。

穀梁学的第三个高峰期是在清代直至民国早期。清代整个学术风气是严谨、实证的，清人治经学也达到了经学史的最高峰，而其中治《穀梁传》的丰富程度和深入程度都远迈前代，比较有代表性的如：钟文烝（1818—1877）《春秋穀梁经传补注》、廖平（1852—1932）《穀梁古义疏》等，是从注疏的角度进行研究；许桂林（1779—1822）《春秋穀梁传时月日书法释例》、柳兴恩（1795—1880）《穀梁大义述》、侯康（1798—1837）《穀梁礼证》、江慎中（生卒年不详）《春秋穀梁传条例》、《春秋穀梁传条指》等，则是从义理角度进行研究；齐召南（1703—1768）《春秋穀梁传注疏考证》、王引之（1766—1834）《经义述闻》、阮元（1764—1849）《春秋穀梁传注疏校勘记》，则更多的是从考辩、训诂、校勘方面来研究；马国翰（1794—1857）《玉函山房辑佚书》正续编，则是从辑佚春秋穀梁学佚文着力。清人对《穀梁传》的研究著述，不论从数量还是学术价值来说，都称得上是穀梁学二千年来的最高峰。

《穀梁传》的思想特点

三传之中，《穀梁传》和《公羊传》非常类似，都采取问答的形式来铺陈《春秋》大义，寄褒贬于其中，这种解经方式与《左传》大相径庭，故历来多有将公、穀进行对比，二者相似的同时也有着各自的特点，将二者比较而言，《穀梁传》在思想上主要有以下两个特点。

一、尊尊亲亲

《穀梁传》非常强调“尊尊亲亲”,“尊尊”就是在下位者要尊敬在上位者,“亲亲”就是亲人之间要相互亲爱。

鲁成公元年经记载“秋,王师败绩于贸戎”,《穀梁传》云:“不言战,莫之敢敌也。为尊者讳敌不讳败。为亲者讳败不讳敌。尊尊亲亲之义也。然则孰败之? 晋也。”提出了“尊尊亲亲”的说法。

“尊尊”在《穀梁传》中明确地体现为尊王、尊周、尊君,除了前一例为周王讳败,还有诸如鲁隐公三年“天王崩”,《穀梁传》曰:“高曰崩,厚曰崩,尊曰崩。天子之崩,以尊也。其崩之,何也? 以其在民上,故崩之。其不名,何也? 大上,故不名也。”“大(tài)上”是说周天子至高无上的意思。又如鲁庄公十六年,诸侯“同盟于幽”,《穀梁传》认为是:“同者,有同也,同尊周也。”说诸侯结成同盟是因为共同尊奉周室。诸侯之间,肯定有共同的利益诉求才结盟,如此解释颇为牵强,却也反映出《穀梁传》强烈的尊王思想。

《左传》和《公羊传》也同样强调尊王思想,其中《公羊传》更是在开头就提出了“大一统”的观念,公羊学派在西汉时更是提出了“三世递进”说与“三统说”作为“大一统”思想的补充,察其所指,都是在反复地强调“王者无敌”、“王者无外”,意在强调在大一统的社会里,天子是至高无上的,是唯一的中心。《穀梁传》的“尊尊”思想在对天子尊贵身份的强调上与公羊学非常类似,但在看待这种尊贵身份的来源上又有细微的区别,公羊学代表人物董仲舒在《春秋繁露》中说“天子”之所以为“天子”,是因为“皇天右而子之,号称天子”,赋予了“天子”这一身份神圣的光环,将“天子”与“庶民”区分开来,这与历史文献中记载圣人感天而生的思路是一致的,强调君权来自神圣的上天,他们生来就与普通人不一样,是神圣而光辉的。

而《穀梁传》在庄公三年对“天子”的诠释则是:“独阴不生,独阳不生,独天不生,三合然后生。故曰:母之子也可,天之子也可,尊者取尊称焉，卑者取卑称焉。其曰王者，民之所归往也。”强调了不论“天子”还是普通人，都是“三合”而生的，称谓的不同只是尊卑有别而已，《穀梁传》将天子和普通人都视作有同样来源的“人”，而非受命于天的“神”，在某种意义上消除了“天子”身上的神性。最后说出“王者，民之所归往也”，也是指出天子之所以为天子，并非因为有上天的帮助，而是由于人们愿意追随，即君权来自人们的选择，而非上天的选择。而这又与孟子保民而王的思想非常类似。

《穀梁传》“尊尊”思想与《公羊传》的异同同时也反映出儒家思想在孕育发展初期的丰富和多样。

《穀梁传》“亲亲”思想在鲁隐公元年“郑伯克段于鄢”中有最明显的体现，指出：“缓追逸贼，亲亲之道也。”对于这段经文，《左传》详细叙述了共叔段叛乱的前因后果和过程，《公羊传》是逐字解释了经文，认为郑庄公杀死弟弟是恶事。《穀梁传》对这一事件的基本判断与《公羊传》类似，认为郑庄公对弟弟赶尽杀绝太过分。但不同之处在于，《穀梁传》对这一问题提出了“缓追逸贼”的解决方案。兄弟争位的情况自古便有，胜者如何处置败者是棘手的政治问题，《穀梁传》指出当弟弟叛乱了，哥哥可以攻打他，但当弟弟无法再造成威胁而逃跑的时候，哥哥不应该穷追不舍，应该给弟弟一个逃脱的机会，这就是把亲人当做亲人的对待方式。

同时，在文公二年“跻僖公”这件事上，三传基本保持一致，对此都持批判态度，《穀梁传》则更进一步地说出了“君子不以亲亲害尊尊，此《春秋》之义也”的原则，就是说在国家大事上，亲亲之道要服从尊君之义，这一论断在后世的关于庙次顺序的争论中屡被提及，影响深远。

二、保民善政

三传之中，保民在《穀梁传》和《左传》中多有体现，在《公羊传》中则少有提及。鲁隐公七年“城中丘”，《公羊传》和《左传》都认为是耽误农时，认为民力在此时应该用在耕种而不是筑城。《穀梁传》对此也持反对态度，但《穀梁传》的出发点则不在于如何使用民力效率更高，而在于“保民”要有方：“城为保民为之也。民众城小则益城，益城无极。凡城之志，皆讥也。”意思是说城池是为保护百姓而修筑的，百姓多城池小就要扩建城池，扩建城池就没有穷尽。应当以德保民，国人众志成城，国无危殆，所以经文凡是对于修筑城池的记载，都有同样讥讽的意思。

鲁桓公十四年“宋人以齐人、蔡人、卫人、陈人伐郑”，《公羊传》对此仅仅解释了“以”的字面意思，而《穀梁传》则结合“民”对“以”的内涵进行了挖掘，说：“以者，不以者也。民者，君之本也。使人以其死，非正也。”强调“民本”思想，并且以民本思想来作为判断统治者行为正与不正的标准，这一点是显著区别于围绕“大一统”这一思想阐释的《公羊传》的。

鲁庄公三十一年，庄公于春、夏、秋三季筑台于郎、薛、秦三地，《穀梁传》说：“鲁外无诸侯之变，内无国事，一年罢民三时，虞山林薮泽之利，恶内也。”认为鲁庄公的疲民行为是恶政，保民善政的思想非常明显。而《公羊传》对于这三次事件的阐释均是认为三次选址不合适，并未从民生的角度出发考虑。

鲁僖公二年十月至三年正月、四月，经文三言“不雨”，《穀梁传》解释说“不雨者，勤雨也”，“一时言不雨者，闵雨也。闵雨者，有志乎民者也”，将“勤雨”作为鲁僖公体恤民情心系民生的表现。僖公三年，六月“雨”，《穀梁传》又说：“雨云者，喜雨也。喜雨者，有志乎民者也。”对于忧虑民生的国君赞赏有加。而《公羊传》这一系列与“雨”相关事件仅仅解释为“记异”，即记载反常的自然现象而已。这两种阐释哪种更为准确，我们不方便判断，但是这两种迥异的解经思路背后是《公羊传》和《穀梁传》对“民”的不同看法，我们可以明显地感受到《穀梁传》的保民意识和倾向。

此外，《穀梁传》较《左传》不同的地方还在于非常注重“时日月例”。《穀梁传》认为《春秋》记载事件发生的时间格式的不同蕴含着不同的意义，比如鲁隐公元年“三月，公及邾仪父盟于眛”，《穀梁传》认为：“不日，其盟渝也。”就是说结盟本来应该记载日期，这里只记载了月份而没有记载日期，是因为盟约后来没有被遵守，所以只记月不记日，以示批评和贬低。《左传》则没有对日期的记载有特别的阐释和重视。

关于《春秋穀梁传》大概的情况便如前所述，阅读与研习《穀梁传》对于我们更深刻地了解与思考中华民族的历史和文化，是大有裨益的，但由于作者学力有限，书中疏漏错误难免，唯祈博雅师友同行，有以教之。

关于《穀梁传》的译注

2014年3月，受中华书局王水涣编辑之约，撰写《春秋穀梁传》译注一书。接受任务后便开始了版本、注本、今人译注本的搜集工作，与此前笔者为中华书局撰写《周礼译注》时所搜集到的版本相比，《穀梁传》的古今注本和今译本明显要少，今注今译本以上海古籍出版社的《春秋穀梁传译注》和台湾商务印书馆的《春秋穀梁传今译今注》为好，选作了我们译注的参考；在比较众多文本底本和注本之后，我们仍确定以中华书局影印版阮元刊刻《十三经注疏·春秋穀梁传注疏》为底本，同时以上海古籍出版社和北京大学出版社分别整理出版的《十三经注疏·春秋穀梁传注疏》为标点参考。

在译注过程中，我们秉持雅俗共赏与打造学术精品相统一的译注理念。相较于已有译注本，坚持通俗易懂而又精准简洁的行文风格，尽量保持经文和传文的原有语言习惯，争取做到在准确译注字面意思的同时也传递出文字背后的文化内蕴，让读者在准确理解文意的同时也能够体会到古人与我们不同的语言习惯和思考方式。同时，对于某些不易记忆的内容以适当的频率重复译注，希望省去读者往前检索的烦扰，为大家带来更好的阅读体验。总之，我们希望呈现在读者面前的，是一部集前修时贤众家之长而又后出专精的《穀梁传》译注读本，祈接受读者检验。

本书稿由我指导的博士生邹皓与我共同完成，邹皓负责文本录入和初稿撰写，我负责修改补充和最后定稿，所以，书中存在什么问题，均由我个人负责。在两年多的合作过程中，王水焕和王守青两位编辑付出了大量心血，借此奉上真诚谢意。

徐正英

2016年5月20日于中国人民大学

隐公

【题解】

鲁国是周王分封国，姬姓，始封国君为周文王之子、周武王之弟周公旦，建都曲阜（今山东曲阜）。

鲁隐公（？—公元前712年在世，公元前722年—前712年在位），姬姓，名息姑，谥隐，鲁国第十四代国君，鲁惠公之子，生母为鲁惠公继室声子。后惠公以宋女仲子为夫人，生世子允（鲁桓公）。鲁惠公去世时，允尚年幼，国人拥立息姑摄政，《春秋》记事始于隐公即位。

他在位期间曾与宋、齐、郑等国会盟；与齐、郑伐宋、伐许，皆胜；与郑国交换土地，以许田交换郑祭祀泰山的祊邑，标志着土地归周天子所有的制度开始瓦解，实际掌握政治权力的人不再是周天子而是诸侯，所谓“政在诸侯”。

隐公十一年，公子翚向隐公建议杀掉公子允被拒绝，遂转而和允密谋杀害了隐公。

元年

【经】元年①，春，王正月②。

【传】虽无事，必举正月，谨始也③。公何以不言即位？成公志也④。焉成之？言君之不取为公也。君之不取为公，何也？将以让桓也⑤。让桓正乎？曰，不正⑥。《春秋》成人之美，不成人之恶⑦。隐不正而成之，何也？将以恶桓也。其恶桓何也？隐将让而桓弑之⑧，则桓恶矣。桓弑而隐让，则隐善矣。善则其不正焉，何也？《春秋》贵义而不贵惠⑨，信道而不信邪⑩。孝子扬父之美，不扬父之恶。先君之欲与桓⑪，非正也，邪也。虽然，既胜其邪心以与隐矣。已探先君之邪志而遂以与桓，则是成父之恶也。兄弟，天伦也⑫。为子受之父，为诸侯受之君⑬。已废天伦而忘君父，以行小惠，曰小道也。若隐者，可谓轻千乘之国⑭，蹈道则未也⑮。

【注释】

①元年：君王即位第一年称元年，此为鲁隐公即位执政第一年，周平王四十九年，公元前722年。

②王正(zhēng)月：指周历正月，春秋时代各诸侯国所用历法不尽相同，夏历、殷历、周历并存，故有“三正”之说，夏历以今农历一月为正月，殷历以今农历十二月为正月，周历以今农历十一月为正月，《春秋》以鲁史为据，鲁是周最亲近之国，奉周历，故《春秋》用“王”字表示其记事用周历。

③谨：慎重，郑重。

④成公志：成全鲁隐公的心愿。公，隐公，下文的“隐”也指隐公。志，志向，心愿。《春秋》有鲁君即位年正月必书“公即位”的记事原则，而隐公、庄公、闵公、僖公、定公五君元年未书“公即位”，均属特殊情况。《左传》认为隐公是摄政，不以国君自居，未举行即位仪式，所以史官不按常例记“公即位”。《穀梁传》则认为是隐

公谦让，要把君位让给弟弟，所以史官不记“公即位”，是为了成全他的心愿。

⑤桓：鲁桓公，隐公同父异母的弟弟，鲁惠公之子，名允。据《史记·鲁世家》，惠公嫡夫人没有生儿子，惠公之妾声子生了隐公。后来，惠公夫人去世了，惠公又娶了宋武公的女儿仲子作夫人，仲子生了桓公。《左传》认为声子是妾，仲子是续弦夫人，桓公为世子，因惠公去世时他尚年幼，故由庶子隐公摄政。《穀梁传》认为声子和仲子都是后娶的夫人，隐长桓幼，让位给桓公是不对的。

⑥不正：不符合正道。

⑦《春秋》成人之美，不成人之恶(è)：成人之美，成全别人的好事。恶(è)，在此作名词，坏事。下文“恶(wù)桓”之“恶”作动词，憎恨。《论语·颜渊》有“君子成人之美，不成人之恶”之言。

⑧弑(shì)：下杀上也，特指臣杀君，子杀父母。隐公十一年冬，公子翚向隐公请求杀掉桓公，但隐公表示要让位给弟弟，翚听后感到害怕，便跑到桓公面前诬陷隐公，和桓公密谋杀死了隐公。

⑨惠：私施恩惠。

⑩信(shēn)：伸张。

⑪先君：指鲁惠公。

⑫天伦：兄先弟后，天之伦次。

⑬君：指周天子。

⑭乘(shèng)：一车四马叫乘，彼时一车四马配甲士三人，步卒七十二人。春秋后期，各诸侯国军备竞赛加剧，千乘之国已属于小国家。故《论语·先进》子路曰：“千乘之国，摄乎大国之间。”

⑮蹈道：履行正道。

【译文】

【经】鲁隐公元年，春天，周王的正月。

【传】虽然没有事,也一定记正月,是郑重地对待新君纪年的开始。对鲁隐公为什么不说“即位”呢?是为了成全隐公的心愿。如何成全隐公呢?说隐公不想当国君。隐公不想当国君,是为什么呢?他想把君位让给异母弟弟桓公。让给桓公合乎正道吗?回答说是不合乎正道的。《春秋》经文都是成全别人的美德善行,不促成别人的恶行。隐公的做法不合乎正道却又成全他,为什么呢?是用来表现对桓公的贬斥。为什么要贬斥桓公呢?隐公将要让位给桓公,但桓公却杀了他,这就是桓公的恶行了。桓公杀君,隐公谦让,就是隐公的善行。认为隐公的行为是善行,却又不合乎正道,为什么呢?《春秋》的经文是崇尚道义,而不崇尚小恩小惠的,伸张道义而不伸张邪恶。孝子显扬父亲的善行,不显扬父亲的恶行。鲁惠公想把君位传给桓公,是不合乎正道的,是邪僻的。虽然这样,最后还是克制了自己不正当的想法,将君位传给了隐公。隐公已经探测到父亲不正当的想法便要将君位让给桓公,那么这就是促成父亲的恶行了。兄弟,是有兄先弟后的天然伦次的。作为儿子是受命于父亲的,作为诸侯是受命于周天子的。隐公废弃了兄弟长幼的伦次,忘记了君王和父亲的任命,来行小恩小惠,这叫狭小的道义。像隐公这样的人,可以说是把诸侯国的君位都能看得很轻的了,至于说履行正道,则并没有做到。

【经】三月,公及邾仪父盟于眛①。

【传】及者何?内为志焉尔②。仪,字也③。父犹傅也,男子之美称也。其不言邾子何也?邾之上古微,未爵命于周也。不日④,其盟渝也⑤。眛,地名也。

【注释】

①公:鲁隐公,凡经文单称公者,均是指鲁君。及:《春秋》记鲁人与

其他诸侯国之人相会或共做某事都记作“鲁人及”或“鲁人会”，以示符合鲁国国家需要和主体意识，只有昭公七年“春，王正月，暨齐平”记作“暨”。邾(zhū)仪父：邾国国君，名克。邾，国名，在今山东曲阜东南，附庸于鲁。盟：结盟。眛(miè)：地名，约在今山东泗水东南。《左传》作“蔑”。

②内：指鲁国，《春秋》以鲁史为本，记“内”多指鲁国。

③仪，字也：指“仪”是邾国国君的字，邾国是鲁附庸之国，国君没有得到周王分封爵位，按照《春秋》记事的惯例应该称呼其名，但此处为了表示对邾与鲁结盟的赞许，就尊称了他的字。

④日：记载日期。此处经文只记录了年、月而没有记日，是为了表示对后来盟约被违背的贬斥之意。

⑤渝：背弃。指隐公七年背盟伐邾。

【译文】

【经】三月，鲁隐公和邾国国君仪父在眛缔结盟约。

【传】“及”是什么意思呢？表明这是鲁国的意愿。“仪”，是邾国国君的字。“父”相当于“傅”，缀在男子名后，是男子的美称。为什么不称“邾子”呢？因为邾国在上古时地位卑微，没有受到周天子命封爵位。不记载日期，是因为盟约后来被违背了。眛，是个地名。

【经】夏，五月，郑伯克段于鄢①。

【传】克者何？能也②。何能也？能杀也。何以不言杀？见段之有徒众也③。段，郑伯弟也。何以知其为弟也？杀世子、母弟，目君④。以其目君，知其为弟也⑤。段，弟也，而弗谓弟；公子也⑥，而弗谓公子，贬之也。段失子弟之道矣⑦，贱段而甚郑伯也⑧。何甚乎郑伯？甚郑伯之处心积虑成于杀也。于鄢,远也。犹曰取之其母之怀中而杀之云尔,甚之也。然则为郑伯者宜奈何?缓追逸贼[9],亲亲之道也。

【注释】

①郑伯:指郑庄公。郑武公之子,名寤生。郑,国名,姬姓,周宣王同母弟姬友之后,姬友即郑桓公。最初的郑地约在今陕西华县东北,郑桓公时将国中财产等迁往虢(今河南三门峡)和郐之间,后郑武公灭虢、郐并定都于其偏东的地方,在今河南新郑一带。伯,爵位名,周朝按公、侯、伯、子、男五等爵位分封诸侯,郑国是伯等爵位,故称郑伯。据《左传》,郑武公娶申(今河南南阳唐河县一带)侯之女为妻,称武姜,生庄公和段。庄公出生时足先出,惊着了姜氏,遂取名为寤生。姜氏不喜欢寤生,喜欢段,想立段为太子,多次劝说武公,武公未同意。姜氏、寤生、段之间于是有了隔阂,后来武公去世,寤生即位为君。段封于京,并在姜氏的支持下准备发兵夺位。庄公将其打败。克:攻克,击败。《穀梁传》认为"郑伯克段"即"郑伯杀段",不用"杀"字,是为了体现段有军队,郑伯杀段,并不是一般意义上的国君杀大夫,而是使用战争手段打败段而杀的他。段:郑庄公同母弟。鄢:地名,在今河南鄢陵一带。国君杀大夫一般不记载地点,此处记载"于鄢",即是说段被打败,已经逃到鄢地,庄公还去追杀,这样对待同母弟弟,是过分了,不合亲亲之道。据《左传》,段又从鄢地逃到了共(今河南辉县),并未被杀,与本传及《公羊传》有异,司马迁从《左传》。

②能:有能力或有条件做某事,能够。此指郑庄公有能力打败段。

③见(xiàn):显示。

④杀世子、母弟,目君:目君,称君,这里是直称"郑伯",隐有对国君的批评之意,认为国君做得过分了。世子,诸侯的嫡亲长子,是

当时的君位传授制度下合法的国君继承人。母弟,有同一个母亲的弟弟。

⑤知其为弟也:如果是杀世子,会说"世子段",此处只说"段",于是知道段是弟弟。

⑥公子:诸侯之子,立为储君者称世子,其余称公子。

⑦失子弟之道:此处是对段的贬低之意,段作为母弟,带兵与哥哥兵戎相见,是违背了做弟弟的准则。

⑧甚:认为……过分。此处也认为庄公处事过分,没有做到亲亲之道。

⑨逸:释放,使……逃逸。

【译文】

【经】夏天,五月,郑庄公在鄢打败了段。

【传】"克"是什么意思?能够的意思。能够什么?能够杀人。为什么不说"杀"呢?是为了显示出段有众多军队。段是郑庄公的弟弟。怎么知道他是弟弟的呢?国君杀了世子或者同母弟弟,经文记载时会直称国君,因为此处经文直称了"郑伯",所以知道段是弟弟。段是弟弟,却不称他为弟弟;是公子,却不称他为公子,这是在贬低他。段失去了作为公子和弟弟的道德准则,就贬低他,同时也认为郑庄公做得过分了。认为庄公哪里做得过分了呢?认为庄公处心积虑,最后杀掉自己的亲弟弟,做得过分了。"于鄢",就是说已经很远了,这么远还去追杀,就好像从母亲怀里夺过婴儿杀掉一样,太过分了。既然这样,那么郑庄公怎么做比较合适呢?缓慢地追击让贼子逃掉,这就符合与亲人相亲相爱的道理了。

【经】秋,七月,天王使宰咺来归惠公仲子之赗①。

【传】母以子氏②,仲子者何?惠公之母,孝公之妾也。礼,赗人之母则可,赗人之妾则不可。君子以其可辞受之。

其志[③]，不及事也。赗者何也？乘马曰赗[④]，衣衾曰襚[⑤]，贝玉曰含[⑥]，钱财曰赙[⑦]。

【注释】

①天王：周王，此指周平王。经文对于周王，或称“天子”、或称“王”、或称“天王”，都是一样的意思。宰咺（xuān）：名叫咺的家务总管。宰为官名，周天子家务总管。咺为人名。归（kuì）：馈赠。惠公仲子：下文认为仲子是鲁惠公的母亲，鲁孝公的妾。作为诸侯的妾死了，是没有资格接受周天子送助丧物品的，只有诸侯的母亲死了才有此资格。此处称“惠公仲子”是因为母以子氏，在“仲子”前加“惠公”是表明仲子是以惠公母亲的身份来享受周王送助丧物品的待遇的。通常为死者送助丧物品是常规之事，常事不记，此处记此事是为了批评其馈赠“不及事”，即惠公母亲仲子的葬事早已结束，此时再送丧礼太晚了。《左传》则认为此处为“惠公、仲子”两人，即分别为鲁惠公及桓公的母亲仲子。《公羊传》亦认为此处仲子为桓公之母。这里的仲子到底指谁，难以确认。另，若理解为惠公和仲子两人，则此处断句也当断为“惠公、仲子”。赗（fèng）：助丧的物品。

②母以子氏：母亲用儿子的号为氏。

③志：记，记载。

④乘（shèng）马：车马。礼，大夫以上皆乘四马，故赗用车马。

⑤衾：棉被，此指尸体入殓时盖尸的包被。襚（suì）：送给死者的衣服被褥。

⑥含（hàn）：放在死者口中的珠、玉、贝等物。

⑦赙（fù）：助丧的钱财。

【译文】

【经】秋天，七月，周平王派家务总管咺来为鲁惠公的母亲仲子馈送助丧物品。

【传】母亲用儿子的号为氏，仲子是谁？是鲁惠公的母亲，鲁孝公的妾。按照礼的规定，诸侯国国君的母亲死了，周天子馈送助丧物品是可以的，国君的妾死了，馈送助丧物品是不可以的。君子是可以依据礼的规定推辞或者接受的。经文记载这件事，是因为周平王馈送助丧物品没有赶上仲子下葬之事。什么是赗？车马一类的助丧物品叫赗，衣被一类的叫襚，贝壳珠玉一类的叫含，钱财一类的叫赙。

【经】九月，及宋人盟于宿①。

【传】及者何？内卑者也②。宋人，外卑者也③。卑者之盟不日。宿，邑名也。

【注释】

①及：和，与。宋：国名，子姓。西周第一代封君是商纣王同父异母哥哥微子启。周初武庚叛乱被平定后，周公旦将商族旧都的周围地区分封给微子，以示不绝商朝宗祀，是为宋国，定都商丘（今河南商丘）。宿：国名，风姓，故都在今山东东平东二十里，庄公十年被宋吞并，后入齐为邑，此处认为宿是邑名有误。

②卑：地位低的人，不是卿大夫这样地位高的人。通常公卿之盟要记录日期。

③外：《春秋》以鲁史为据，“内”指鲁国，“外”指鲁国以外的国家。

【译文】

【经】九月，鲁国和宋国在宿这个地方结盟。

【传】是谁去和对方结盟的呢？是鲁国地位不高的人。称“宋人”，表明宋国来参加这次会盟的人也是地位不高的人。地位低的人缔结盟约，不记载日期。宿，是个小城的名字。

【经】冬，十有二月，祭伯来[①]。

【传】来者，来朝也[②]。其弗谓朝何也？寰内诸侯[③]，非有天子之命，不得出会诸侯。不正其外交，故弗与朝也。聘弓鍭矢不出竟場[④]，束脩之肉不行竟中[⑤]，有至尊者不贰之也[⑥]。

【注释】

①祭(zhài)伯：祭国国君。祭，国名，姬姓，周公旦之子封国，原为畿内之国，后东迁至今河南郑州东北一带。伯，当指祭国国君为伯等爵位，一说指其兄弟排行老大。

②朝：访问。小国来访称作"朝"，大国来访称作"聘"。

③寰内诸侯：采邑在距离周天子京城千里以内的王畿之内的诸侯称作寰内诸侯。寰内，王都在中，诸侯四面绕之，故曰寰内。

④聘弓鍭(hóu)矢不出竟場(yì)：这里的意思是说卿大夫不准私自用弓箭作为聘礼，出国境去聘问。聘弓鍭矢，以弓箭作出国聘问之礼。聘弓，古者以弓矢相聘问。聘，问，访问。鍭，箭名。据《尔雅·释器》："金鏃剪羽谓之鍭。"竟場，边境。竟，本或作"境"，边界。場，疆界。因为"竟"是疆界之名，至此易主，故曰"竟場"。

⑤束脩之肉不行竟中：这里的意思是说王畿之内的大夫，如果没有王命是不能私自进行社交活动的。束脩，十条干肉叫束脩，是当时士大夫相互馈赠的礼物。脩，脯也，干肉的意思。

⑥不贰：没有二心，不背离。

【译文】

【经】冬季，十二月，祭伯前来鲁国。

【传】"来"，是来访问的意思。经文中为什么不说"朝"呢？因为采邑在王畿之内的卿士，没有天子的命令，是不能外出朝见其他诸侯的。经文认为祭伯的外交行为是不正当的，所以不用“朝”字。用于礼聘的弓箭不能随便拿出边境，大夫之间不能将十条干肉作为礼物在国境内互相馈赠，有周天子在上就不能有背离之心。

【经】公子益师卒①。

【传】大夫日卒②，正也③。不日卒，恶也④。

【注释】

①公子益师：鲁孝公之子，字众父。卒：大夫死曰卒。

②日：记载日期。隐公五年“冬，十有二月，辛巳，公子彄卒”，僖公十六年“三月，壬申，公子季友卒”，都记载了日期，而此处益师死亡没有记载日期。

③正：品行端正，指大夫的品格符合当时的道德标准。

④恶：有罪恶。《穀梁传》认为鲁国大夫去世而没有记载去世的日期，就表明该大夫有罪恶。据《左传》，没有记载公子益师去世的日期是因为隐公没有参加为其小殓的仪式。

【译文】

【经】公子益师死了。

【传】记载大夫去世的日期说明他品行端正。不记载去世的日期，是因为他有罪恶。

二年

【经】二年，春，公会戎于潜①。

【传】会者，外为主焉尔②。知者虑③，义者行④，仁者守⑤，有此三者，然后可以出会。会戎，危公也⑥。

【注释】

①戎：国名，在今山东曹县东南一带，后其地入于卫。潜：鲁地，在今山东济宁西南。

②外为主：外国主动要求的。

③知者虑：智慧的人深谋远虑。知，同“智”。

④义者行：有道义的人行事果断。

⑤仁者守：有仁德的人能够守护国土。

⑥危公：以隐公为危，即替鲁隐公担心。危，担忧。

【译文】

【经】鲁隐公二年，春天，鲁隐公跟戎国在潜会盟。

【传】“会”，表明是外国主动要求会盟的。智慧的人深谋远虑，有道义的人临事决断，有仁德的人固守国土，具备了这三种品质，之后国君才可以出境同诸侯会盟。说“会戎”，是为隐公感到担忧。

【经】夏，五月①，莒人入向②。

【传】入者，内弗受也③。向，我邑也。

【注释】

①五月：《春秋》经文对于入侵的行为通常是表示贬低的，记录越详细表示贬低之意越重，所谓“书日既为大恶，则书月者次恶，书时有小恶”。这里记五月，乃视莒人入侵向国为次恶行为。

②莒(jǔ)：国名，己姓，西周所封诸侯国，故城在今山东莒县一带，后为楚所灭。入：进入，指入侵。向：西周封国，姜姓，在今山东莒南东北，此时为莒所并，因地处莒、鲁边界，时常为两国争夺。

③内弗受：本国或当地人不愿接受。

【译文】

【经】夏天，五月，莒国人侵入向国。

【传】"入",表明当地人不接受。向,是附属在鲁国境内的一座小城。

【经】无侅帅师入极[①]。

【传】入者,内弗受也。极,国也。苟焉以入人为志者,人亦入之矣。不称氏者,灭同姓,贬也[②]。

【注释】

①无侅(hài):鲁国大夫,展氏。师:军队,此处可能指一个师的编制,依《周礼》,二千五百人曰师。极:国名,姬姓,当时鲁国的附庸之国,在今山东金乡南偏东二十五里。凡书"入某国"、"围某国",都是指进入了某国的国都,或者围攻某国的国都。

②贬:贬低。指通过不称其氏而直呼其名来贬低他。

【译文】

【经】无侅率军侵入极国。

【传】"入",表示当地人不接受。极,是国家。如果像这样以入侵别国为自己的目的,别的国家也会入侵它。不提无侅的氏,是因为他灭掉了与自己同姓的国家,就以不提姓氏这种方式来贬低他。

【经】秋,八月,庚辰[①],公及戎盟于唐[②]。

【注释】

①庚辰:专家推算,当月无庚辰,可能有错字。及:见元年三月"公及邾仪父盟于眛",据《左传》,此次会盟是由戎主动提出。大约《春秋》中记载若是参加符合鲁国国家利益的会盟,便书"及"。

②唐:鲁地,在今山东鱼台旧治东北三十里。

【译文】

秋天，八月，庚辰这天，鲁隐公和戎国在唐地缔结盟约。

【经】九月，纪履緰来逆女[①]。

【传】逆女，亲者也[②]。使大夫，非正也。以国氏者[③]，为其来交接于我，故君子进之也[④]。

【注释】

①纪：国名，姜姓，故城在今山东寿光南。履緰（xū）：纪国大夫，字子帛。《左传》作“裂緰”。逆：迎，迎娶。女：鲁隐公之女，嫁给纪国国君。

②亲：亲自。古代国君娶妻，礼应亲自出境迎娶。但从《春秋》记录的情况来看，大多数是由卿大夫代为国君迎娶。

③以国氏者：指在履緰的名字之前冠以国名。

④进：推崇、赞扬的意思。

【译文】

【经】九月，纪国大夫履緰来鲁国迎娶隐公的女儿。

【传】诸侯娶妻，应亲自迎娶。现在派大夫来，是不合正道的。在履緰名字前冠以国名，是因为他来到鲁国行交接之礼，所以君子认为还是应该赞扬这件事的。

【经】冬，十月，伯姬归于纪[①]。

【传】礼：妇人谓嫁曰归，反曰来归，从人者也。妇人在家制于父[②]，既嫁制于夫，夫死从长子，妇人不专行[③]，必有从也。伯姬归于纪，此其如专行之辞，何也？曰：非专行也，吾伯姬归于纪，故志之也。其不言使，何也？逆之道微[④]，无足道焉尔⑤。

【注释】

①伯姬：指鲁隐公的长女。伯，古时以伯、仲、叔、季排行，伯是老大。姬，鲁国姬姓，此处以父家的姓为名。归：出嫁，古时出嫁称“归”，以为嫁到夫家是女子的人生归宿。回娘家称“来归”。

②制于：受制于，被约束。制，约束，管束。

③专行：擅自行事。

④逆之道微：来迎娶的人地位低微。道，做法，方式。微，地位低微。按礼应国君亲自来迎娶，但实际是大夫来迎娶的，与国君比起来地位低微了，所以说“道微”。

⑤无足道焉尔：不值得记载。道，说，记载，记录。

【译文】

【经】冬季，十月，鲁隐公长女伯姬出嫁到纪国。

【传】按照礼制：妇女出嫁叫“归”，回娘家叫“来归”，妇女应该是顺从别人的。妇女在娘家的时候要受父亲的约束，出嫁后受丈夫约束，丈夫死了便要听从长子的话，妇女是不能擅自行事的，一定要有所顺从。“伯姬归于纪”，这句话像是说伯姬独自决断、擅自行事的意思，为什么呢？回答说：不是说伯姬独断专行，我鲁国的伯姬嫁到纪国去了，所以记载这件事。不提纪国派来的人，为什么呢？因为纪国来迎娶的人地位低，不值得记载。

【经】纪子伯莒子盟于密①。

【传】或曰，纪子伯莒子而与之盟②。或曰，年同爵同，故纪子以伯先也③。

【注释】

①纪子伯:此为何人不确。据《左传》:“冬,纪子帛莒子盟于密。鲁故也。”杜预认为子帛是上文提到的纪国大夫履緰的字,纪子帛(伯)即纪国的子帛(伯)。《穀梁传》认为是指纪国国君,“伯”作“年长”理解,然《春秋》别处经文中称纪国国君皆称“纪侯”,没有称“纪子”的。纪履緰字子帛,此处读音正符,或许杜预的说法更有道理。莒子:莒国国君。密:国名,姬姓,在今河南新密一带,春秋初期尚存。

②伯:年长,作动词,以……为年长。

③“或曰”三句:这是《穀梁传》就书写人名的顺序作出了解释。此外,杜预据《左传》的“鲁故也”认为纪国既然和鲁国联姻,那此处纪和莒会盟,是为了调解鲁莒两国关系,所以《春秋》记载纪子帛的时候参考的是记载鲁国大夫的标准,即凡是鲁人与外国会盟,记鲁国大夫于前。

【译文】

【经】纪子伯和莒国国君在密这个地方会盟。

【传】有人说,纪国国君认为莒国国君比自己年长而同他结盟。还有人说,纪国国君和莒国国君年龄一样,爵位也一样,但是纪国国君因为年长而排在前面。

【经】十有二月,乙卯①,夫人子氏薨②。

【传】夫人薨,不地③。夫人者,隐之妻也。卒而不书葬,夫人之义,从君者也④。

【注释】

①乙卯:为当年当月的十五日。

②子氏薨：鲁隐公夫人子氏去世。子氏，《左传》认为是桓公之母，即前文的“惠公仲子”；《公羊传》认为是隐公之母；《穀梁传》认为是隐公的夫人。薨（hōng），诸侯死称作薨，诸侯的夫人死也称作薨。

③地：记载地点。古时妇人不能轻易出门，有固定居所，因此不必记载死的处所。

④从君者也：随从君王的记法。隐公死没有记载葬礼，所以夫人死也不记载。

【译文】

【经】十二月，乙卯（十五）日，鲁隐公夫人子氏去世。

【传】夫人去世，不记载去世地点。经文中的“夫人”，是鲁隐公的妻子。去世了而不记载葬礼，是因为夫人应遵守的道义，要随从国君。

【经】郑人伐卫[①]。

【注释】

①郑人伐卫：据《左传》，此次伐卫是攻打公孙滑，公孙滑是郑庄公之弟段之子，鄢地之战失败后，公孙滑逃到卫国，卫国助他攻郑，占领了廪延，所以郑国伐卫。伐，攻打。卫，国名，姬姓，始封国君是周武王之弟康叔，先后建都于今河南淇县、滑县、濮阳、沁阳。此处郑人所伐之卫，国都在淇县。

【译文】

郑国人讨伐卫国。

三年

【经】三年，春，王二月，己巳[①]，日有食之[②]。

【传】言日不言朔③，食晦日也④。其日有食之何也？吐者外壤⑤，食者内壤⑥。阙然不见其壤⑦，有食之者也。有，内辞也⑧；或，外辞也。有食之者⑨，内于日也。其不言食之者，何也？知其不可知，知也⑩。

【注释】

①己巳：当年当月的初一日。

②日有食之：《汉书·五行志》推测此次日食发生在朔日，并说“贯中央，上下竟而黑”，可见是日全食。食，通“蚀”，即日食。

③朔：每月初一称朔日。

④晦：每月最后一天称晦日。

⑤壤：土地，东西。此处指太阳。

⑥内（nà）：通“纳”，纳入，吞食。

⑦阙然不见其壤：残缺不见完整的太阳。阙，残缺，亏损。

⑧有，内辞也；或，外辞也：此处意思即是说，如果是纳入，用“有”字，如果是排出，用“或”字。辞，言辞。

⑨有食之者：表示下文对经文中“有食之”这三个字的解释。

⑩知其不可知，知也：前两个“知”是知道的意思，第三个“知”通“智”，明智。

【译文】

【经】隐公三年，春天，周王的二月，己巳（初一）日，发生日食。

【传】只说在己巳这一天而不说是朔日，因为日食发生在月末那天。经文里“日有食之”是什么意思？吐是排出东西，食是吞入东西。太阳残缺了，看不见它的一部分，是因为有东西吃掉它了。“有”，是表示吞食的说法；“或”，是表示排出的说法。“有食之”，是有东西吞食掉了太阳。经文里不说明是什么吃掉太阳，为什么呢？因为它知道那是搞不清楚的，所以不说，这是明智的做法。

【经】三月，庚戌[1]，天王崩[2]。

【传】高曰崩，厚曰崩，尊曰崩。天子之崩，以尊也。其崩之，何也？以其在民上，故崩之。其不名，何也？大上[3]，故不名也[4]。

【注释】

①庚戌（xū）：当年当月的十二日。

②天王：周天子，此为周平王，公元前770年—前720年在位，名宜臼，周幽王长子，后世所言东周的首位国君。崩：天子去世叫崩。

③大上：地位至高无上。大，同“太”。

④不名：不记载名。因为名是用来区别不同人的，而周天子的地位至高无上，旁人没有任何可以跟他区分不开的地方，所以不需要用名来区分周天子和其他人了。

【译文】

【经】三月，庚辰（十二）日，周平王去世。

【传】非常高的山倒了称作“崩”，非常厚的地塌了称作“崩”，最为尊贵的人去世了称作“崩”。周天子去世叫做“崩”，因为他的地位尊贵。称天子的去世为“崩”，为什么呢？因为他的地位在百姓之上，所以称作“崩”。经文没有记载周天子的名，为什么呢？因为周天子的地位至高无上，所以不写出他的名。

【经】夏，四月，辛卯[1]，尹氏卒[2]。

【传】尹氏者何也？天子之大夫也。外大夫不卒[3]，此何以卒之也？于天子之崩为鲁主，故隐而卒之[4]。

【注释】

①辛卯：当年当月的二十四日。

②尹氏：《左传》此处记为“君氏”，认为是指隐公的母亲声子。《公羊传》和《榖梁传》记为“尹氏”，认为是周王室大夫。

③外大夫：指鲁国以外的大夫。不卒：不记载去世之事。

④隐：悲痛，痛惜。

【译文】

【经】夏天，四月，辛卯（二十四）日，尹氏去世了。

【传】尹氏是谁呢？是周天子的大夫。鲁国以外的大夫是不记载其去世之事的，这里为什么记载了呢？因为周天子上月驾崩的时候是他赴鲁国诏讣并死在了鲁国的，所以痛惜他而记载了他的去世之事。

【经】秋，武氏子来求赙①。

【传】武氏子者何也？天子之大夫也。天子之大夫，其称武氏子，何也？未毕丧②，孤未爵③。未爵使之，非正也④。其不言使，何也？无君也。归死者曰赗⑤，归生者曰赙。曰归之者，正也；求之者，非正也。周虽不求，鲁不可以不归。鲁虽不归，周不可以求之。求之为言得不得未可知之辞也。交讥之⑥。

【注释】

①武氏子：武氏之子，周王室的大夫。因周平王去世，周桓王尚在服丧，未正式即位，大夫未爵命，不得称其字，故称武氏子。赙（fù）：助丧的钱财。

②未毕丧：周平王的丧事还没有办完。父亲丧事没有办完，儿子不能即位称天子，所以后文说“无君”。

③孤未爵：是说尚没有即位的天子周桓王不能给武氏的儿子授予爵位。孤，没有父亲的孩子，此指周桓王。爵，授予爵位。

④非正也：不合乎正道，不符礼制。

⑤赗(fèng)：助丧的物品。

⑥交讥：一并讥讽。本传认为，赗、赙之类是馈赠之物，不能求取。经文用“求”字表述，是对鲁国不想馈赠和周室怕得不到馈赠而前来求取行为的一并讥讽。

【译文】

【经】秋天，周大夫武氏的儿子来鲁国求取助丧的钱财。

【传】武氏之子是谁呢？是周天子的大夫。既然是周天子的大夫，为什么称作“武氏子”呢？因为周平王的丧事还没有结束，新的天子还没有即位，不能授予他爵位。没有授予爵位就派他出使，是不符合礼制的。经文为什么不说“使”呢？因为新的天子还没有即位。送给死人助葬的车马等物品叫“赗”，送给活人治丧的钱财叫“赙”。是说馈赠这些物品，是符合礼制的；求取物品就是不合礼制的了。周王室即使不求取，鲁国也不能不馈赠；鲁国即使不馈赠，周王室也不应该去求取。用“求”字表述，就是最后能不能得到馈赠还不知道的说法。这是对周王室和鲁国一并讥讽。

【经】八月，庚辰①，宋公和卒②。

【传】诸侯日卒，正也。

【注释】

①庚辰：为当年当月的十五日。

②宋公和：宋国国君，因宋国是公、侯、伯、子、男五等爵位中的公爵，故称宋公，子姓，名和，谥穆(mù)，即宋穆公，公元前728年—

前720年在位。卒:周时制度,天子死亡称崩,诸侯死亡称薨,大夫死亡称卒。但是《春秋》经文据鲁史而成,所以只称鲁国国君死亡为薨,外国诸侯死亡则称卒,以示区别。

【译文】

【经】八月,庚辰(十五)日,宋穆公子和去世。

【传】诸侯死亡记载日期,表示他是嫡系正传。

【经】冬,十有二月,齐侯、郑伯盟于石门①。

【注释】

①齐侯:齐僖公(公元前731—前698年在位),姜姓,吕氏,名禄父,齐国为侯等爵位,故称齐侯。郑伯:郑庄公(公元前743—前701在位),姬姓,名寤生,郑国为伯等爵位,故称郑伯。石门:齐地,在今山东长清西南。

【译文】

【经】冬天,十二月,齐国国君、郑国国君在石门会盟。

【经】癸未①,葬宋缪公②。

【传】日葬,故也③,危不得葬也④。

【注释】

①癸(guǐ)未:当为十二月二十日。

②缪(mù):《左传》作"宋穆公","缪"、"穆"通用。

③故:有变故。

④危:遇到危难。

【译文】

【经】癸未(十二月二十)日，安葬宋穆公。

【传】记载安葬的日期，是发生变故，遇到了危难没有及时安葬。

四年

【经】四年，春，王二月，莒人伐杞[①]，取牟娄[②]。

【传】传曰：言伐言取，所恶也。诸侯相伐取地于是始，故谨而志之也。

【注释】

①杞：商、周诸侯国，姒姓，因弱小常遭大国攻伐而屡屡东迁，初在雍丘(今河南杞县)，杞成公迁都缘陵(今山东昌乐东南七十里)，杞文公又迁淳于(今山东安丘东北三十余里)，后为楚所灭。

②牟娄：杞地，在今山东新泰境内。

【译文】

【经】鲁隐公四年，春天，周王的二月，莒国讨伐杞国，夺取了牟娄。

【传】《传》说：称“伐”称“取”，表示对所记行为的厌恶。诸侯之间相互攻伐来夺取领地从这时开始，所以慎重地记载下来。

【经】戊申[①]，卫祝吁弑其君完[②]。

【传】大夫弑其君，以国氏者[③]，嫌也[④]，弑而代之也。

【注释】

①戊申：鲁隐公四年二月无戊申，本条经文未记月，疑为三月，当为三月十六日。

②祝吁：也叫州吁，卫国大夫，卫庄公之子，卫桓公姬完之弟。据《史记》，祝吁乃卫庄公宠妾所生，卫庄公去世后卫桓公立，祝吁骄奢，桓公绌之，祝吁出奔，又聚集卫国逃亡之人袭击了卫桓公，自立为君。开春秋以来臣杀君、子杀父、弟杀兄篡夺君位的先例。完：卫国国君，姬姓，卫氏，名完，谥桓，为卫桓公，公元前734年—前719年在位。

③以国氏：冠以国名，即姓名前加上国名。

④嫌：有篡夺君位的嫌疑。

【译文】

【经】戊申（三月十六）日，卫国的祝吁杀死了他的国君姬完。

【传】大夫杀国君，记载时在他的名字前冠以国名，表示有篡夺君位的嫌疑，杀了国君取而代之。

【经】夏，公及宋公遇于清[①]。

【传】及者，内为志焉尔[②]。遇者，志相得也。

【注释】

①宋公：宋殇公，子姓，名与夷，公元前719年—前710年在位。遇：会盟的意思。对于其内涵，本条传文说是“志相得也”。后隐公八年的传文说“不期而会曰遇。遇者，志相得也”。杜预则认为“遇者，草次之期，二国各简其礼，若道路相逢遇也”。清：卫国地名，约在今山东东阿南。

②内：指鲁国，《春秋》以鲁史为据，故称鲁为内，它国为外。

【译文】

【经】夏天，隐公和宋国国君在清会盟。

【传】“及”，是说这次会面是出于鲁国的意愿。“遇”，就是说彼此的愿望十分投合。

【经】宋公、陈侯、蔡人、卫人伐郑[①]。

【注释】

①宋公、陈侯、蔡人、卫人伐郑：据《左传》，卫、郑世有争夺，祝吁自立为君之后为了讨好诸侯，相与伐郑。宋公，宋殇公。陈侯，陈桓公，妫(guī)姓，名鲍，公元前744年—前707年在位，因陈国是五等爵位中的侯爵，故称陈侯。陈，国名，故城在今河南淮阳城关一带。周武王克商纣，求帝舜之后，得妫满封之于陈，以奉帝舜之祀。蔡人、卫人，蔡国人和卫国人，因为领军的不是国君，故称蔡人、卫人。蔡，国名，姬姓，侯爵。周武王同母弟叔度所封。叔度因与管叔挟武庚作乱，被周公旦承成王命讨伐，杀管叔，放逐叔度(蔡叔)。后续封其子胡于蔡，以奉蔡叔之祀，是为蔡仲，子孙以国为氏。蔡国始建都上蔡(今河南上蔡)，蔡平侯时徙新蔡(今河南新蔡)，后蔡昭侯时又徙州来(今安徽凤台)。

【译文】

【经】宋国国君、陈国国君、蔡国人、卫国人讨伐郑国。

【经】秋，翚帅师会宋公、陈侯、蔡人、卫人伐郑[①]。

【传】翚者何也？公子翚也。其不称公子，何也？贬之也。何为贬之也？与于弑公[②]，故贬之也。

【注释】

①翚(huī)：公子翚，字羽父，鲁国宗室大夫。据《左传》，诸侯再次伐郑，宋国前来请求鲁国出兵，隐公不同意，公子翚坚决要求带兵

前去，于是出兵，经文记载“翚帅师”是贬低他。

②与（yù）于弑公：指后来公子翚与桓公合谋杀害鲁隐公的事。与，参与。

【译文】

【经】秋天，翚率军与宋国国君、陈国国君、蔡国人、卫国人会合攻打郑国。

【传】翚是谁？是公子翚。经文里不称他为公子，是为什么呢？是贬低他。为什么要贬低他呢？因为他参与了杀害隐公的事情，所以要贬低他。

【经】九月，卫人杀祝吁于濮[①]。

【传】称人以杀[②]，杀有罪也。祝吁之挈[③]，失嫌也[④]。其月，谨之也。于濮者，讥失贼也[⑤]。

【注释】

①濮：陈地，即夷濮，不是卫国的濮水，在今安徽亳州东南。

②称人：单书国名为称国，国名加一“人”字为称人。

③挈（jiá）：提，指特用其名，称名不称族。这里是说提到祝吁的名。

④失嫌：《春秋穀梁传注疏》说是祝吁有“失当国之嫌”。就是说他篡位失败。

⑤失贼：是指卫国没有及时除掉祝吁，而让他逃离了卫国，在卫国之外的地方才除掉他。据《左传》，卫国杀祝吁于陈，其实是卫国大夫石碏（què）计划好的，或许祝吁在卫国势力颇大，诱使其离开卫国更容易将之除掉。《穀梁传》认为记载地点是为了讽刺卫国让乱贼逃到了国外。

【译文】

【经】九月，卫国在陈国的濮地杀掉了祝吁。

【传】经文称以“人”的名义来杀，表示被诛杀者是有罪的人。提到祝吁的名，是说他篡位失败而失去了主持国政的权力。经文记载月份，是郑重地对待这件事。说“于濮”，是讥讽卫国人失误，让杀害国君的贼子逃出了国境。

【经】冬，十有二月，卫人立晋①。

【传】卫人者，众辞也。立者，不宜立者也。晋之名，恶也。其称人以立之，何也？得众也。得众，则是贤也。贤则其曰不宜立，何也？《春秋》之义，诸侯与正而不与贤也②。

【注释】

①立：立为国君的意思，《春秋榖梁传注疏》认为《春秋》里面，用“立”、“纳”、“入”来记录国君即位，都有暗示是篡位的意思，即名不正言不顺。晋：公子晋，卫桓公之弟，卫宣公，曾因卫国混乱出奔邢国。据《左传》，卫人杀了祝吁之后，从邢国迎立公子晋，此处即为记此迎立之事。

②正：嫡系正传。

【译文】

【经】冬天，十二月，卫国人立晋为国君。

【传】说“卫人”，是说人数众多的意思。说“立”，表示不适合“立”的意思。称晋的名，是表示憎恶。经文中说“人”立他，为什么呢？说明他得到众人的拥护。得到众人的拥护，那么说明他是贤能的。既然贤能那经文又说不适合立为国君，为什么呢？因为《春秋》的大义，是诸侯的位置应该依据其是否嫡系正传而不应依据其是否贤能。

五年

【经】五年，春，公观鱼于棠①。

【传】传曰：常事曰视[2]，非常曰观。礼：尊不亲小事，卑不尸大功[3]。鱼，卑者之事也，公观之，非正也[4]。

【注释】

①鱼：捕鱼。棠：鲁地，在今山东鱼台西北。

②常：正常的，常规的。

③尸：居，享。

④正：合礼仪。

【译文】

【经】隐公五年，春天，鲁隐公在棠地观看捕鱼。

【传】《传》说：做符合常规的事情称作“视”，做非常规的事情称作“观”。按照礼制：地位尊贵的人不亲做小事，身份卑微的人不能占有大的功劳。捕鱼，是卑微的人做的事，鲁隐公去观看这件事，是不合礼制的。

【经】夏，四月，葬卫桓公。

【传】月葬[1]，故也[2]。

【注释】

①月葬：记录安葬的月份。

②故也：有变故。按照当时的礼制，诸侯去世后五月而葬。卫桓公死于隐公四年三月，此时下葬已经过了十三个月。之所以拖延，是有缘故的，在此期间，卫国发生了伐郑战争、除掉祝吁等系列重大历史事件。

【译文】

【经】夏天，四月，安葬卫桓公。

【传】记载下葬的月份，是有变故。

【经】秋，卫师入郕[①]。

【传】入者，内弗受也。郕，国也。将卑师众曰师[②]。

【注释】

①郕(chéng)：又作“成”或“盛”。国名，姬姓，周武王同母弟叔武始封于此，故城在今河南范县东南。一说在今山东汶上西北二十里。据《左传》：郕国曾乘卫国内乱时入侵卫国，此时卫国反击，进入郕国。

②将卑：将领的地位卑微。师众：军队人数众多。

【译文】

【经】秋天，卫国军队入侵郕国。

【传】“入”，表示郕国国内不愿意接受这样的行为。郕，是一个国家。将领地位卑微而军队人数众多便称作“师”。

【经】九月，考仲子之宫[①]。

【传】考者何也？考者成之也[②]，成之为夫人也。礼：庶子为君[③]，为其母筑宫，使公子主其祭也[④]。于子祭，于孙止。仲子者，惠公之母。隐孙而修之，非隐也。

【注释】

①考：古时宗庙宫室或重要器物初成，要举行祭礼，叫做考。仲子：《左传》和《公羊传》认为是鲁桓公的母亲。《穀梁传》认为是鲁孝公之妾，鲁惠公之母。宫：此指仲子的庙。《春秋》的惯例，周公的庙称作太庙，其他人的庙都称作官。

②成:落成。

③庶子:妾所生的儿子。

④公子:诸侯之子称为公子,这里当是指庶君的弟弟。

【译文】

【经】九月,仲子的庙落成,举行祭礼。

【传】"考"是什么意思?"考"就是落成的意思,庙落成了就可以用夫人之礼来祭祀仲子了。按照礼制:庶子做了国君,为他的母亲修筑庙寝,可以派公子主持祭祀。作为儿子可以祭祀,作为孙子就该停止祭祀了。仲子,是鲁惠公的母亲。鲁隐公作为孙子却修建祭祀她的庙寝,经文这是在批评隐公。

【经】初献六羽[①]。

【传】初,始也。穀梁子曰:"舞《夏》[②],天子八佾,诸公六佾[③],诸侯四佾。初献六羽,始僭乐矣[④]。"《尸子》曰[⑤]:"舞《夏》,自天子至诸侯皆用八佾。初献六羽,始厉乐矣[⑥]。"

【注释】

①六羽:六行四十八人的舞队跳舞。羽,指野鸡的翎毛,树之于杆,执之而舞。六羽就是六佾(yì)。另据杨伯峻注,此献六羽与考仲子之宫相关,但是两件事。考仲子之宫是为庙成而举行的落成之祭,所祭是庙。此处是仲子神主入庙,献六羽乐舞。

②《夏》:禹乐名,其乐颂扬禹能发扬尧舜之德。

③诸公:公与侯对举,此处是指爵位最高的公爵诸侯。佾:古代乐舞八人一行,称作一佾。

④僭(jiàn):超越本分,下级冒用上级的名义。因为鲁国是侯等爵位的诸侯国,应该用四佾,开始献六佾是超越本分的僭越

行为。

⑤《尸子》:先秦杂家著作,原书佚,今有清人辑本。尸子名佼,战国鲁人或魏人。

⑥厉:省减,降格。此处尸子和穀梁子对于诸侯用乐舞的看法相反,但是都认为此处初献六羽是违反了礼乐制度的。所以都隐含了对隐公不遵守礼乐规格的批评之意。其实鲁隐公献六佾符合当时天子八佾、诸侯六佾、大夫四佾、士二佾的礼制。

【译文】

【经】鲁隐公开始献上由六行舞队所跳的舞蹈。

【传】"初"是开始的意思。穀梁子说:"跳《夏》之舞,天子用八行舞队,诸公用六行舞队,诸侯用四行舞队。开始献上六行舞队的舞蹈,就是侯等爵位的鲁国开始僭越乐舞规格的意思。"《尸子》说:"跳《夏》之舞,从天子到诸侯都享用八行舞队。开始献上六行舞队的舞蹈,就是开始降低乐舞规格的意思。"

【经】邾人、郑人伐宋[①]。

【注释】

①邾人、郑人伐宋:据《左传》,伐宋是因为宋国夺取了邾国的田地,邾国向郑国求援。

【译文】

【经】邾国人、郑国人攻打宋国。

【经】螟[①]。

【传】虫灾也。甚则月,不甚则时[②]。

【注释】

①螟(míng):螟蛾的幼虫,是一种蛀食稻心的害虫。

②时:记载季节。

【译文】

【经】有螟虫。

【传】是发生了虫灾。灾害很严重就记载月份,不很严重就记载季节。

【经】冬,十有二月,辛巳[①],公子彄卒[②]。

【传】隐不爵命大夫[③],其曰公子彄,何也?先君之大夫也[④]。

【注释】

①辛巳:为当年当月的二十九日。

②公子彄(kōu):鲁国大夫,鲁孝公之子,鲁惠公之弟。

③爵命:册封任命。

④先君:前代已故国君,这里指鲁惠公。

【译文】

【经】冬天,十二月,辛巳(二十九)日,公子彄去世。

【传】隐公没有册封任命过大夫,经文里称"公子彄",为什么呢?因为彄是前代国君的大夫。

【经】宋人伐郑[①],围长葛[②]。

【传】伐国不言围邑,此其言围,何也?久之也[③]。伐不逾时[④],战不逐奔[⑤],诛不填服[⑥]。苞人民、殴牛马曰侵[⑦]。斩树木、坏宫室曰伐[⑧]。

【注释】

①宋人伐郑：据《左传》，是宋国人对郏国、郑国伐宋的报复。

②长葛：郑地，在今河南长葛东北二十余里。

③久之：指此次围长葛的时间很长，直到六年冬天才攻下长葛。

④时：季节。

⑤奔：逃兵。

⑥填服：杀戮降服的人。填，通“殄”，杀戮的意思。服，被降服的人。

⑦苞(fú)：同“俘”，俘获。殴：通“驱”，驱赶。

⑧伐：对于“侵”和“伐”的区别有多种说法。《左传》认为是“有钟鼓曰伐，无曰侵”，《公羊传》认为是“觕(cū)者曰侵，精者曰伐”，觕指骚扰边界，精指深入其国。

【译文】

【经】宋国人攻打郑国，围攻长葛。

【传】攻打一国通常不说围攻城邑，这里说了，为什么呢？因为围攻得太久了。攻打一国的时间不应超过一个季节，作战时不应该追赶逃兵，诛杀敌人不应该杀害已经降服的人。俘获百姓、驱赶牲畜叫做“侵”。砍倒树木、毁坏房屋叫做“伐”。

六年

【经】六年，春，郑人来输平[①]。

【传】输者，堕也[②]；平之为言以道成也[③]。来输平者，不果成也[④]。

【注释】

①输平：改变旧关系，来讲和。输，《左传》作“渝”，输、渝二字当时

通用,表示变、改变的意思。“渝平”与“渝盟”不同,“渝盟”表示毁弃盟约,“渝平”表示捐弃前嫌而修新好。鲁、郑本有旧怨,此则表示重修于好。平,讲和,和而不盟曰平。

②堕(huī):用同“隳(huī)”,毁坏,破坏。《穀梁传》认为“输平”是破坏和平的意思,因为到最后也没有讲和。《穀梁传》此处可能是曲解了经文。

③以道成:按照道义讲和。道,道义。成,讲和。

④果:结果,结局。

【译文】

【经】隐公六年,春天,郑国人来鲁国破坏和平。

【传】“输”,就是破坏的意思;“平”是用来表示按照道义讲和的说法。那么“来输平”就是结果没有讲和成功。

【经】夏,五月,辛酉①,公会齐侯盟于艾②。

【注释】

①辛酉(yǒu):为当年当月十二日。

②齐侯:齐僖公。艾:地名,在今山东新泰西北约五十里。位于齐、鲁之间,不清楚彼时属鲁还是属齐。

【译文】

【经】夏天,五月,辛酉(十二)日,鲁隐公和齐国国君在艾地会盟。

【经】秋,七月①。

【注释】

①七月:按照《春秋》经的书写惯例,若某个季节没有什么事需要记

录，就记一下该季节的第一个月，不遗漏季节。

【译文】

【经】秋天，七月。

【经】冬，宋人取长葛。

【传】外取邑不志[①]，此其志，何也？久之也。

【注释】

①外：鲁国以外的国家。

【译文】

【经】冬天，宋国人攻占了长葛。

【传】按照惯例，外国攻占城邑是不记载的，这里经文记载了，为什么呢？因为围攻得太久了。

七年

【经】七年，春，王三月，叔姬归于纪[①]。

【传】其不言逆[②]，何也？逆之道微[③]，无足道焉尔。

【注释】

①叔姬：隐公二年出嫁到纪国的伯姬的妹妹。春秋时诸侯的女儿外嫁，她的妹妹和侄女要陪嫁，叫媵妾。可能伯姬出嫁时叔姬还年幼，未能随行，故五年后才归于纪国。

②逆：迎娶。这里指经文没有像伯姬出嫁时那样专门用一条来记载纪国派人来迎娶。

③道微：指迎娶的规格太低，前来迎娶的人地位太卑微。道，方式，规格。微，低，小，指前来迎娶的人地位太低，不是卿大夫。

【译文】

【经】隐公七年，春天，周王的三月，叔姬嫁到纪国。

【传】经文没有记载前来迎娶的事，为什么呢？是因为迎娶的规格太低，来迎娶的人地位太卑微，不值得记载。

【经】滕侯卒①。

【传】滕侯无名，少曰世子，长曰君，狄道也②。其不正者名也③。

【注释】

①滕（téng）：周初封国，姬姓，周文王子叔绣所封，故城在今山东滕州市区西南十二华里。

②狄道：此指北方少数民族的习俗。狄，古代对北方少数民族的泛称。道，作法，方式。

③不正：不是正妻所生。

【译文】

【经】滕国国君去世。

【传】对滕侯不称名，少年时称“世子”，即位后称“君”，这是北方少数民族的习俗。不是正妻所生的儿子才称名。

【经】夏，城中丘①。

【传】城为保民为之也。民众城小则益城，益城无极②。凡城之志，皆讥也③。

【注释】

①城：修筑城墙。中丘：鲁地，在今山东临沂一带。

②益：扩建。无极：没有穷尽。

③讥：讥讽的意思。《春秋穀梁传注疏》认为此处传文的意思是“刺公不修勤德政，更造城以安民”，指应当以德保民，国人众志成城，国无危殆，如果只是一味恃城池以为固，则修城无终止，国家无宁日。所以讥之。

【译文】

【经】夏天，鲁国扩建中丘城的城墙。

【传】城池是为保护百姓而修筑的。百姓多城池小就要扩建城池，扩建城池就没有穷尽。经文凡是对于修筑城池的记载，都有讥讽的意思。

【经】齐侯使其弟年来聘[①]。

【传】诸侯之尊，弟兄不得以属通[②]。其弟云者，以其来接于我，举其贵者也[③]。

【注释】

①年：齐僖公的弟弟，名年。据《左传》，此指齐侯同母弟夷仲年。来聘：前来鲁国聘问。聘，访问的意思。

②属：亲属关系。通：交往。此处意思是说，诸侯地位很尊贵，其他人跟他应该以君臣关系相称，这样才体现出上下高低的地位，而“兄弟”这样的称呼，有暗含同等的意思，不合礼制。

③贵：弟是臣子中的亲贵者，所以称弟显示出他的尊贵身份。

【译文】

【经】齐国国君派他的弟弟年作为使者来鲁国聘问。

【传】以诸侯地位的尊贵，兄弟之间也不能以亲属关系来交往。这里经文说“弟”，是因为他是来与鲁国接洽的，要举出使他显得尊贵的称呼。

【经】秋,公伐邾[①]。

【注释】

①公伐邾(zhū):此条无传文。据《左传》,此前郑、邾伐宋,此处隐公伐邾,即为宋国报此宿怨。邾,鲁国的附属国,在今山东曲阜东南一带。

【译文】

【经】秋天,鲁隐公攻打邾国。

【经】冬,天王使凡伯来聘[①]。戎伐凡伯于楚丘以归[②]。

【传】凡伯者何也?天子之大夫也。国而曰伐,此一人而曰伐,何也?大天子之命也[③]。戎者,卫也。戎卫者,为其伐天子之使,贬而戎之也。楚丘,卫之邑也。以归,犹愈乎执也[④]。

【注释】

①天王:此处指周桓王,姬姓,名林。东周第二位国君,公元前719年—前697年在位。凡伯:人名,周王室的大夫。

②戎伐凡伯:据《左传》,此前戎人朝见周王时,凡伯未能待之以礼,故结怨。《穀梁传》认为此处是指卫国,贬称为戎。戎,春秋时对北方族群的统称,战国以后则改为对西方各少数民族的统称,界曹国与宋国之间,在今山东成武西南、曹县东南三十里,注为卫地者乃误注。楚丘:卫地,在今山东曹县东南、成武西南一带。

③大天子之命:以天子的命臣为大,表示对天子的尊重。大,意动

用法，以之为大。命，命臣，指凡伯。

④以归，犹愈乎执也：指说“带回去”比说直接说“抓了”要委婉。愈，好过。执，抓获，擒获。

【译文】

【经】冬天，周天子派凡伯作为使者来鲁国聘问。戎人在楚丘攻击了凡伯然后把他带回国了。

【传】凡伯是谁？是周天子的大夫。攻打国家才说“伐”，这里对于一个人却说“伐”，为什么呢？为了表示对天子的尊重。戎，是卫国。把卫国称作“戎”，是因为他攻击天子的使者，要贬低他，因而称作“戎”。楚丘，是卫国的城邑。说“以归”，还比说“执”要委婉一点。

八年

【经】八年，春，宋公、卫侯遇于垂[①]。

【传】不期而会曰遇[②]。遇者，志相得也[③]。

【注释】

①宋公：宋殇公。卫侯：卫宣公，姬姓，名晋，公元前718年—前710年在位。遇：会面的意思。见隐公四年“夏，公及宋公遇于清”。垂：卫地，在今山东曹县北的句阳店。一说在今山东鄄（juàn）城东南十五里。

②不期：没有预先约定。

③相得：相合。

【译文】

【经】隐公八年，春天，宋国国君、卫国国君在垂地会面。

【传】没有预先约定而会面叫做“遇”。“遇”，就是双方的意愿相合的意思。

【经】三月，郑伯使宛来归邴[1]。

【传】名宛，所以贬郑伯，恶与地也[2]。

【注释】

①宛：人名，郑国大夫。邴（bǐng）：为郑国在泰山祭祀时的汤沐之邑。此处是郑国想用邴和鲁国交换许田。郑国第一任国君郑桓公姬友是周宣王姬静的异母弟弟，周天子祭祀泰山时，郑国国君需前往助祭，邴是周天子赐给郑国国君作为其助祭时的暂居之地，邴地离鲁国近。许田则是周王赐给鲁国国君作为其朝觐周天子时的暂居之地，靠近郑国。到了春秋，周王不再祭祀泰山，邴对于郑来说也无用处，于是郑庄公打算用邴交换鲁国的许田。

②恶与地：厌恶这种交换土地的行为。诸侯的土地，仍属周天子所有，而郑庄公不通过天子，就把土地给别人，这是不合礼制的。

【译文】

【经】三月，郑国国君派大夫宛作为使者来鲁国交付邴地。

【传】直呼宛的名，是用来贬低郑国国君的，憎恶他私自把土地交换给别人。

【经】庚寅[1]，我入邴[2]。

【传】入者，内弗受也[3]。日入[4]，恶入者也。邴者，郑伯所受命于天子而祭泰山之邑也[5]。

【注释】

①庚寅：为当年三月的二十一日。

②入：进入。

③内弗受：指邴地当地人不接受。

④日：记载日期。

⑤郑伯所受命：指郑国始封君郑桓公所受任命。命，册封任命。

【译文】

【经】庚寅（二十一）日，我国进入邴地。

【传】“入”，就是邴地的人不愿意鲁国进入的意思。记载进入的日期，是表示憎恶进入者。邴，是郑国国君受到周天子的任命来参与祭祀泰山沐浴暂居的地方。

【经】夏，六月，己亥[①]，蔡侯考父卒[②]。

【传】诸侯日卒，正也[③]。

【注释】

①己亥：为当年当月二日。

②蔡侯考父：蔡国国君，姬姓，名考父，公元前749年—前715年在位，谥宣，即蔡宣公。

③正：表明该诸侯的身份是嫡系正传的意思。

【译文】

【经】夏天，六月，己亥（二）日，蔡宣公姬考父去世。

【传】诸侯去世记载日期的，表示他是嫡系正传。

【经】辛亥[①]，宿男卒[②]。

【传】宿，微国也。未能同盟，故男卒也[③]。

【注释】

①辛亥：为当年六月十四日。

②宿：国名，风姓，后为齐国的边邑，约在今山东东平东南一带。

男：爵位，在公、侯、伯、子之后，为第五等。

③男卒也：只记载爵位“男”而不记载其名。

【译文】

【经】辛亥（六月十四）日，宿国国君去世。

【传】宿，是个小国家。鲁国没有与它结盟，所以只记爵位“男”去世。

【经】秋，七月，庚午①，宋公、齐侯、卫侯盟于瓦屋②。

【传】外盟不日③，此其日，何也？诸侯之参盟于是始④，故谨而日之也。诰誓不及五帝⑤，盟诅不及三王⑥，交质子不及二伯⑦。

【注释】

①庚午：为当年当月三日。

②宋公：宋殇公。齐侯：齐僖公，姜姓，吕氏，名禄父，公元前731—前698年在位。卫侯：卫宣公。瓦屋：周地，确址待考，疑在今河南温县境内。

③外盟：指鲁国之外的诸侯国之间的会盟。

④参（sān）：三的意思。

⑤诰誓不及五帝：意思是五帝的时候不需要诰誓这种东西。诰誓，古代君王训诫勉励民众的文告或诫告军中将士的言辞。及，到的意思。五帝，传说中的五位上古帝王，《史记》认为是黄帝、颛顼、帝喾、唐尧、虞舜。

⑥盟诅不及三王：意思是夏商周三代开国之君的时候，人人诚信，会盟不需要签署盟誓、誓约之类的东西。意谓春秋时期诸侯盟誓是因为人们互不信任，没有公认的领袖的缘故，是世风日下的

表现。盟诅，又称“盟誓”、“誓约”。大事曰盟，小事曰诅。三王，指夏、商、周三代的三位君王，大禹、商汤、周武王。

⑦交质子不及二伯：意思是齐桓公的召陵之盟，晋文公的践土之盟，都不需要以儿子作人质。交，交换。质，以……作为人质。子，儿子。春秋时诸侯缔结盟约，为表诚意，通常以各自的公室子弟送往对方作为人质。二伯，此指齐桓公和晋文公。

【译文】

【经】秋天，七月，庚午（三）日，宋国国君、齐国国君、卫国国君在瓦屋会盟。

【传】鲁国之外的诸侯国之间的会盟是不记载日期的，这里经文记载了，为什么呢？三个国家的诸侯参与结盟是从这时开始的，所以慎重地记载了这件事的日期。发布诰誓这样的事追溯不到五帝治理天下的时候，盟誓之事不能追溯到夏商周三代的开国之君，交换人质这样的事在齐桓公、晋文公引领诸侯的时候也用不上。

【经】八月，葬蔡宣公。

【传】月葬，故也[①]。

【注释】

①故：有变故。具体为何变故不详。

【译文】

【经】八月，安葬蔡宣公。

【传】记载下葬的月份，表示有变故。

【经】九月，辛卯[①]，公及莒人盟于包来[②]。

【传】可言公及人，不可言公及大夫。

【注释】

①辛卯:为当年当月二十五日。

②包来:莒地,在今山东沂源东南,或以为在今莒县西浮来山。

【译文】

【经】九月,辛卯(二十五)日,鲁隐公和莒国人在包来会盟。

【传】可以说鲁国国君和某国的人,不可以说鲁国国君和某国的大夫。

【经】螟。

【译文】

【经】螟虫成灾。

【经】冬,十有二月,无侅卒①。

【传】无侅之名②,未有闻焉③。或曰,隐不爵大夫也④。或说曰:故贬之也⑤。

【注释】

①无侅(hài):《左传》作“骇”,二字可通用。

②名:直接记载名字而不记载爵位。

③未有闻:没有听说过。穀梁子说没有从自己的老师那儿听说过。

④隐不爵:鲁隐公没有册封过爵位。

⑤故:有缘故。

【译文】

【经】冬天,十二月,无侅去世。

【传】为什么直接称呼无侅的名,没有从老师那儿听说过。有人说，是因为鲁隐公没有册封任命过大夫。也有解释说，是有其他缘故而贬低他。

九年

【经】九年，春，天王使南季来聘[①]。

【传】南，氏姓也。季，字也。聘，问也。聘诸侯，非正也。

【注释】

①南季：人名，周王室大夫。聘：聘问，访问。

【译文】

【经】隐公九年，春天，周天子派南季作为使者来访问鲁国。

【传】南，是氏。季，是字。聘，是访问的意思。天子派使者来访问诸侯，不合礼制。

【经】三月，癸酉[①]，大雨震电[②]。

【传】震，雷也。电，霆也[③]。

【注释】

①癸酉（guǐyǒu）：为当年当月十日。

②雨：下雨。震电：打雷闪电。

③霆：疾雷，劈雷。

【译文】

【经】三月，癸酉（十）日，下大雨，雷电大作。

【传】震，是打雷。电，是闪电。

【经】庚辰[1],大雨雪[2]。

【传】志疏数也[3]。八日之间[4],再有大变[5],阴阳错行[6],故谨而日之也。雨月,志正也。

【注释】

①庚辰:为当年当月十七日。

②雨(yù)雪:下雪。雨,作动词,落下的意思。

③疏数(cù):稀疏与紧密。这里指两次气象相隔的日子的远近。

④八日:癸酉到庚辰日相隔八天。

⑤再:两次。

⑥阴阳错行:古人认为,雷电是阳,雪是阴。在这个季节不应该有雷电,却有了雷电,既然已经有了雷电,就不应该再有雪了,结果雷电之后八天却又下雪了。就认为是阴阳错行。

【译文】

【经】庚辰(十七)日,下大雪。

【传】这是记载不同气象相隔的远近。八天之间,气象两次有大的变化,阴阳错行,所以经文慎重地记载发生的日期。记录下雨的月份,是合乎常例的。

【经】侠卒[1]。

【传】侠者,所侠也。弗大夫者,隐不爵大夫也。隐之不爵大夫,何也?曰:不成为君也。

【注释】

①侠:人名,鲁国大夫。

【译文】

【经】侠去世。

【传】侠，就是所侠。没有称他为大夫，因为鲁隐公没有册封过大夫。隐公不册封大夫，是为什么呢？回答说：鲁隐公不想成为国君。

【经】夏，城郎①。

【注释】

①城：修城。郎：鲁地，鲁有两处郎地，此处的郎地在曲阜近郊。

【译文】

【经】夏天，修筑郎的城墙。

【经】秋，七月。

【传】无事焉，何以书①？不遗时也②。

【注释】

①书：记录。

②时：季节。据《春秋穀梁传注疏》："四时不具，不成年也。"

【译文】

【经】秋天，七月。

【传】没有什么事情，为什么还要记录呢？因为不能遗漏一个季节。

【经】冬，公会齐侯于防①。

【传】会者，外为主焉尔。

【注释】

①齐侯：齐僖公。防：鲁地，在今山东费（bì）县东北。鲁有二防，此为靠近齐国的东防，此时西防尚未为鲁所有。

【译文】

【经】冬天，鲁隐公和齐国国君在防会面。

【传】会的意思，强调是外国主动提出的会见。

十年

【经】十年，春，王二月，公会齐侯、郑伯于中丘[①]。

【注释】

①郑伯：郑庄公。中丘：隐公七年"城中丘"之中丘，鲁地，在今山东临沂。

【译文】

【经】隐公十年，春天，周王的二月，隐公和齐国国君、郑国国君在中丘会盟。

【经】夏，翚帅师会齐人、郑人伐宋[①]。

【注释】

①翚：公子翚。

【译文】

【经】夏天，翚率军会同齐国人、郑国人讨伐宋国。

【经】六月，壬戌[①]，公败宋师于菅[②]。

【传】内不言战,举其大者也[3]。

【注释】

①壬戌:为当年当月七日。败:战胜。

②菅(guān):宋地,在今山东单县北。

③内不言战,举其大者也:意思是记载鲁国与别国作战,一般不用“战”字,而是举其重要的记载,即记载胜败结果。内,鲁国自指。

【译文】

【经】六月,壬戌(七)日,鲁国在菅地打败宋军。

【传】记载鲁国的战事不说“战”,只说重要的方面。

【经】辛未[1],取郜[2]。

【注释】

①辛未:当为该年六月十六日。

②郜(gào):原为西周封国,封周文王之子于此,姬姓,《春秋》记事之前即为宋国所灭,此时已成宋地,在今山东成武东南十八里郜鼎集。

【译文】

【经】辛未(十六)日,鲁国占领了宋国郜地。

【经】辛巳[1],取防[2]。

【传】取邑不日,此其日,何也?不正其乘败人而深为利[3],取二邑,故谨而日之也。

【注释】

①辛巳：当为该年六月二十六日。

②防：此指西防，宋地，在今山东金乡西南。

③不正其乘败人而深为利：《穀梁传》认为鲁国趁宋国战败而进入宋国国境夺取利益是不合道义的。不正其，以其为不正，即认为鲁国这种行为不合正道。深为利，深入国内夺取利益。据《左传》，郜、防二地是郑国夺取，然后归于鲁国的。

【译文】

【经】辛巳（二十六）日，鲁国占领了宋国防地。

【传】占领城池不记载日期，这里经文记载了日期，为什么呢？经文认为：鲁国趁打败别国的时候极力谋取利益是不合道义的，夺取两座城池，所以慎重地记载这件事的日期。

【经】秋，宋人、卫人入郑[①]。

【注释】

①宋人、卫人入郑：据《左传》，此是郑国从郜、防班师，尚在本国远郊时，宋、卫乘虚而入。

【译文】

【经】秋天，宋国人、卫国人侵入郑国。

【经】宋人、蔡人、卫人伐载[①]。郑伯伐取之[②]。

【传】不正其因人之力而易取之[③]，故主其事也[④]。

【注释】

①载：国名，姬姓，在今河南民权东北四十五里。

②郑伯伐取之：宋、蔡、卫三国合兵攻郑，连带攻击郑国的属国载，郑国于是入载作战，击败三国，同时也夺取了载。

③取：灭国的意思。说“取”不说“灭”，表明很容易就灭掉载国了，参见昭公二十五年“齐侯取郓”传文。

④主其事：以其为事主，即以郑庄公为这件事的罪魁。

【译文】

【经】宋国人、蔡国人、卫国人攻击载国。郑国国君率军讨伐并攻取了载国。

【传】经文认为郑国国君借助别国的力量而攻取了载国不合道义，所以把郑庄公记成这件事的罪魁。

【经】冬，十月，壬午[1]，齐人、郑人入郕[2]。

【传】入者，内弗受也。日入，恶入者也。郕，国也。

【注释】

①壬午：为当年当月二十九日。

②郕（chéng）：周初封国，姬姓，周武王封弟叔武于此，在今山东宁阳东北。

【译文】

【经】冬天，十月，壬午（二十九）日，齐国人、郑国人侵入郕国。

【传】“入”，是郕国人不愿意接受的意思。记载“入”的日期，是表示对入侵者的厌恶。郕，是一个国家。

十一年

【经】十有一年，春，滕侯、薛侯来朝[1]。

【传】天子无事，诸侯相朝，正也。考礼修德[2]，所以尊天子也。诸侯来朝，时，正也。犆言[3]，同时也。累数[4]，皆至也。

【注释】

①滕(téng)侯：滕国国君。滕，西周封国，始封君为周王文之子错叔绣，姬姓，在今山东滕州市区西南十二华里。薛侯：薛国国君。薛，周初分封的异性诸侯国，任姓。相传始祖奚仲乃黄帝之后，在夏朝做过车正，封之于薛，春秋时常依附于鲁、宋、齐、晋之间，战国初为齐所灭，为齐邑。在今山东滕州东南。

②考：了解、学习、研究的意思。修：培养的意思。

③犆(tè)言：犆，单独，分别。如桓公七年“谷伯绥来朝，邓侯吾离来朝”，同一个季节来的，但不是同日到的。

④累数：笼统地说。如“滕侯、薛侯来朝”，同一个季节来，同日到。

【译文】

【经】隐公十一年，春天，滕国国君、薛国国君来鲁国访问。

【传】天子没事，诸侯间互相朝见，是合乎礼制的。了解礼制培养道德，是用来尊重周天子的。诸侯来鲁国访问，记载季节，是合于正道的。分别记载，是两个国君在同一季节先后到来。统一记载，就是两个国君同日到的。

【经】夏，五月，公会郑伯于时来[1]。

【注释】

①郑伯：指郑庄公。时来：郑地，在今河南郑州西北。据《左传》，这次会面是为了商议伐许之事。此条无传文。

【译文】

【经】夏天，五月，鲁隐公与郑国国君在时来会面。

【经】秋，七月，壬午[①]，公及齐侯、郑伯入许[②]。

【注释】

①壬午：为当年七月三日。

②齐侯：指齐僖公。许：国名，姜姓，男爵，周武王封伯夷的后人文叔于此，故城在今河南许昌东三十六里。此条无传文。

【译文】

【经】秋天，七月，壬午（三）日，隐公和齐国国君、郑国国君进入许国。

【经】冬，十有一月，壬辰[①]，公薨[②]。

【传】公薨不地，故也。隐之[③]，不忍地也。其不言葬，何也？君弑[④]，贼不讨，不书葬，以罪下也[⑤]。隐十年无正[⑥]，隐不自正也[⑦]。元年有正，所以正隐也。

【注释】

①壬辰：为当年当月十五日。

②薨（hōng）：诸侯死亡的称呼。周代，天子死称崩，诸侯死称薨，大夫死称卒或不禄，士以下人死称死，据说是从声音角度对死者的死亡所产生的影响度来概括的。

③隐：悲痛的意思。

④君弑（shì）：指鲁隐公被刺杀而死。据《左传》，公子翚向隐公请求杀掉桓公，但隐公表示要让位给弟弟，翚听了感到害怕，便跑到桓公面前诬陷隐公，并和桓公密谋杀死了隐公。

⑤下：下臣，臣子。

⑥无正：指没有记载“王正月”。

⑦不自正:不为自己正名,指鲁隐公认为自己并不宜立,是摄政。

【译文】

【经】冬天,十一月,壬辰(十五)日,隐公去世。

【传】鲁隐公去世而不记载去世的地方,因为有变故。痛惜他的死,不忍心记载地点。经文不说安葬的事,为什么呢?国君被杀,乱臣贼子没有被讨伐,不记载安葬的事,是用来谴责他的臣子的。经文中记载鲁隐公的历史中有十年都没有写“正月”,是因为他不认为自己应该是国君。元年有“正月”,就是用来为鲁隐公正名的。

桓公

【题解】

鲁桓公(? —公元前694年在世,公元前721年—前694年在位),姬姓,名允,谥桓,鲁国第十五代国君,鲁惠公之子,鲁隐公之弟,生母为鲁惠公后立之夫人仲子,隐公十一年和公子翚合谋杀死隐公后即位。桓公即位后多次参与诸侯征伐会盟,与宋、齐、郑均有交战,其中桓公二年从宋国得到郜国大鼎置于太庙。

桓公三年,娶齐僖公之女、齐襄公之妹文姜为夫人。桓公十八年,齐襄公与文姜私通,指使公子彭生杀死鲁桓公。

鲁桓公嫡长子即位为鲁庄公;庶长子为庆父,其后为孟孙氏;次子为叔牙,其后为叔孙氏;三子为季友,其后为季孙氏;此三家后来把持鲁国国政,因其始祖为鲁桓公之后,称之为“三桓”。

元年

【经】元年,春,王[①]。

【传】桓无王[②],其曰王,何也? 谨始也。其曰无王,何也? 桓弟弑兄,臣弑君,天子不能定,诸侯不能救,百姓不能去[3]，以为无王之道，遂可以至焉尔[4]。元年有王，所以治桓也[5]。正月，公即位。继故不言即位，正也。继故不言即位之为正，何也？曰先君不以其道终[6]，则子弟不忍即位也[7]。继故而言即位，则是与闻乎弑也。继故而言即位，是为与闻乎弑，何也？曰：先君不以其道终，已正即位之道而即位，是无恩于先君也。

【注释】

①王：此处疑有脱误，《左传》、《公羊传》本条经文均作"元年，春，王正月，公即位，此处缺少"正月，公即位"这几个字。在后文传文中有此数字，可能是最初将经文和传文合为一起的人出现失误，也可能是传抄过程中出现错误，将此数字位置抄错。今从底本不改，仅标明。

②桓无王：按照经文书写的惯例，记载鲁桓公的时候不书写"王"字。《穀梁传》认为此处"无王"内涵丰富，既表示鲁桓公目无王法之意，也表示当时王道已不行于天下。

③天子不能定，诸侯不能救，百姓不能去：这三句话的意思是，周天子应当约束和禁止鲁桓公的行为，诸侯应当讨伐鲁桓公的这种行为，百姓应该离开鲁桓公。可是这些现象都没有发生，所以《穀梁传》认为当时王道已经不行于天下了。定，安，停止。救，制止。去，离开。

④遂可以至焉尔：意思是于是到了弑兄弑君的地步。遂，于是。至，到了。焉，代词，指前面的弑兄弑君。

⑤治：声讨的意思。经文中元年有王，是在大彰天下有王之义，以示对桓公的声讨。

⑥不以其道终：指不是在正常的情况下去世（指被弑、死于外）。

⑦子弟：子指儿子，弟指弟弟。

【译文】

【经】桓公元年，春天，周天子在位。

【传】对鲁桓公不写“王”字，经文又说了“王”，为什么呢？是慎重地对待开始。这里说“无王”，什么意思呢？桓公是弟弟却杀了哥哥，是臣子却杀了国君，周天子不能约束他，各国诸侯不能制止他，百姓不能离他而去，因为鲁桓公做事不讲王道，于是到了弑兄弑君的地步。经文元年书写“王”字，是在声讨鲁桓公。正月，鲁桓公登上国君的位置。继承因故而亡的国君，对继承君位者不说“即位”，是符合惯例的。继承因故而亡的国君不说“即位”符合惯例，是为什么呢？回答说因为先君不是在正常情况下去世的，子弟不忍心即位。继承因故而亡的国君而说“即位”，那么就是即位之君参与了弑君阴谋。继承因故而亡的国君君位而说“即位”，就是说参与了弑君阴谋，为什么呢？回答说，因为先君是非正常死亡的，继承者自己却按照常规即位举行即位大典，这就是对先君一点情义也没有了。

【经】三月，公会郑伯于垂[①]。

【传】会者，外为主焉尔。

【注释】

①郑伯：指郑庄公。垂：卫地，在今山东曹县北句阳店一带。

【译文】

【经】三月，鲁桓公和郑国国君在垂地会见。

【传】之所以用“会”字，表明这次会见是外国主动要求的。

【经】郑伯以璧假许田[①]。

【传】假不言以[②],言以,非假也。非假而曰假,讳易地也[③]。礼:天子在上,诸侯不得以地相与也[④]。无田则无许可知矣,不言许[⑤],不与许也。许田者,鲁朝宿之邑也。邴者,郑伯之所受命而祭泰山之邑也。用见鲁之不朝于周而郑之不祭泰山也。

【注释】

①璧:古代礼器之一,玉质,圆形,扁平,中有孔,孔径约为边宽的二分之一。假:借。许田:许这个地方的田地。许,鲁地,在今河南许昌东北五十一里许田村一带。

②假不言以:这的意思是说,如果是借,就不需要说用什么来借,直接说借就可以了。以,即经文里的"以璧"。关于这里鲁、郑易地的事,详见隐公八年"三月,郑伯使宛来归邴"。

③易地:交换土地。

④与:给予。

⑤不言许:不说"许",意思是说经文里没有说"以璧假许"而说"以璧假许田",因此只是给了郑国许之田,而没有给许之邑。

【译文】

【经】郑庄公用玉璧借许田。

【传】借不说"以",说"以",就不是借。不是借而说是借,是避讳说交换土地。按照礼制:天子高高在上,诸侯之间不能够把土地相互给予。没有田地就不会有许这个小城,这是可想而知的,经文不说"许",是没有把许的小城给郑国。许田,是鲁国朝觐周天子时休息的小城。邴,是郑伯受封于周天子用作陪同祭祀泰山的小城。可见鲁国不去朝觐周天子了,而郑国也不去祭祀泰山了。

【经】夏，四月，丁未[①]，公及郑伯盟于越[②]。

【传】及者，内为志焉尔[③]。越，盟地之名也。

【注释】

①丁未：为当年当月二日。

②越：卫地，约在今山东曹县一带。

③内为志：为鲁国的想法。内，因经文以鲁国纪年，故“内”指鲁国，“外”则指鲁国之外的诸侯国。

【译文】

【经】夏天，四月，丁未（二）日，鲁桓公和郑国国君在越地结盟。

【传】及，表明这次结盟是鲁国主动发起的。越，是结盟地的名字。

【经】秋，大水。

【传】高下有水灾曰大水[①]。

【注释】

①高下：高地和低地。

【译文】

【经】秋天，大水成灾。

【传】高地和低地都水泛成灾就称作“大水”。

【经】冬，十月。

【传】无事焉，何以书？不遗时也。《春秋》编年[①]，四时具而后为年。

【注释】

①编年：按年月日顺序编写史书的体制，即编年体。

【译文】

【经】冬天，十月。

【传】没有事，为什么还记载呢？是不遗漏一个季节。《春秋》是编年体，一年四季都记录完了才是一年。

二年

【经】二年，春，王正月，戊申[①]，宋督弑其君与夷及其大夫孔父[②]。

【传】桓无王，其曰王，何也？正与夷之卒也[③]。孔父先死，其曰及，何也？书尊及卑，《春秋》之义也。孔父之先死，何也？督欲弑君而恐不立[④]，于是乎先杀孔父，孔父闲也[⑤]。何以知其先杀孔父也？曰：子既死，父不忍称其名；臣既死，君不忍称其名[⑥]，以是知君之累之也[⑦]。孔，氏；父，字谥也。或曰，其不称名，盖为祖讳也。孔子故宋也。

【注释】

①戊（wù）申：按历法推算，鲁桓公二年周历正月没有戊申，可能为误记。

②督：人名，宋国太宰华父督。与夷：宋国国君，名与夷，谥殇，为宋殇公。孔父：名嘉，宋国大夫，托孤大臣，任掌管军队的大司马，是孔子的六世祖。据《左传》，华父督杀孔父，殇公怒，华父督害怕，遂弑殇公。

③正与夷之卒也：这里的意思是说这个“王”字是为宋殇公用的，因

为他是得到了周天子册封的诸侯。也表明宋殇公是嫡长子，记载诸侯死亡并称“卒”是符合礼的。正，为“卒”正名。

④立：成功。

⑤闲：原指马厩中栅栏之类的遮挡物，这里引申为妨碍，即孔父是保护殇公的屏障，妨碍了华父督。

⑥“子既死”四句：意思是说子、臣活着的时候，父、君称呼他们的名，死了，就不忍心称呼他们的名而尊称他们的字。

⑦累：接连。

【译文】

【经】桓公二年，春天，周王的正月，戊申日，宋国的华父督杀了他的国君与夷和大夫孔父。

【传】在鲁桓公的记载中不用“王”字，这里经文说“王”，为什么呢？是为了按照合礼制的方式来记载宋殇公的去世。孔父先被杀死，经文却说“及”，为什么呢？因为书写顺序按照人物的由尊到卑，是《春秋》的义理。孔父先被杀害，为什么呢？华父督想杀害国君又怕不成功，所以就先杀害了孔父，因为孔父是他杀害国君的障碍。怎么知道孔父是先被杀害的呢？回答说：儿子已经死了，父亲不忍心称他的名；大臣已经死了，国君不忍心称他的名，凭借这点知道宋国君是跟在孔父之后死的。孔，是氏；父，是字，也是谥号。有人说：经文不称孔父的名，大概是为先祖避讳。孔子的先祖是宋国人。

【经】滕子来朝[①]。

【注释】

①滕子：滕国国君，隐公十一年称“滕侯”，据《春秋穀梁传注疏》，是被当时的天子降级。

【译文】

【经】滕国国君来鲁国朝见。

【经】三月,公会齐侯、陈侯、郑伯于稷[1],以成宋乱[2]。

【传】以者,内为志焉尔。公为志乎成是乱也。此成矣,取不成事之辞而加之焉[3]。于内之恶,而君子无遗焉尔。

【注释】

①齐侯:指齐僖公。陈侯:指陈桓公妫鲍,公元前744年—前707年在位。郑伯:指郑庄公。稷:宋地,约在今河南商丘境内。

②成:成就,促成。

③不成事之辞:没能完成事情的说法。据《左传》,本来鲁、齐、陈、郑四国是要去平定宋国内乱的,但是华父督对四国分别贿赂,于是四国立华父督为宋相,这是没能完成平乱任务。所以传文认为本应该用类似"不成功"这样的言辞来记录这件事,但是这里用了"成"这样的言辞,就隐含了讽刺之意。

【译文】

【经】三月,桓公在稷地会见齐国国君、陈国国君、郑国国君,来促成宋国的内乱。

【传】"以",表明这次会盟是鲁国主动的。鲁桓公有意促成这场内乱。这里说的是"成",其实是用"不成事"这样的说法来用在桓公身上。对于桓公干的坏事,君子的记录没有一点遗漏。

【经】夏,四月,取郜大鼎于宋[1]。戊申[2],纳于太庙[3]。

【传】桓内弑其君,外成人之乱,受赂而退[4],以事其祖,非礼也。其道以周公为弗受也。郜鼎者,郜之所为也。曰宋，取之宋也，以是为讨之鼎也[5]。孔子曰："名从主人，物从中国[6]。"故曰郜大鼎也。

【注释】

①郜（gào）：国名，姬姓，故都在今山东成武东南。周文王之子受封于郜，称郜侯，建立郜国，铸大鼎，后为宋国所灭，所以郜大鼎在宋国。

②戊申：为当年当月九日。

③太庙：周公庙。

④受赂：指华父督以郜大鼎赂桓公。

⑤讨之鼎：即讨伐宋乱所得。

⑥名从主人，物从中国：对夷狄国家的人名、国名，要按照他们自己的叫法来记载；而器物、地名要依照中原国家的叫法来记载。称"郜"就是名从主人，称"大鼎"就是物从中国。

【译文】

【经】夏天，四月，鲁国从宋国得到郜国的大鼎。戊申（九）日，安放进太庙中。

【传】鲁桓公在国内杀害了他的国君，在国外助成了别国的动乱，接受了贿赂然后回来了，用来供奉祖先，这是不合礼制的。他的做法是周公不能接受的。郜鼎，是郜国铸造的。说是宋国的，因为是从宋国得到的，把这个作为讨伐宋乱所得之鼎。孔子说："对名称要按照他们自己的叫法来记载，对器物要遵从中原国家的叫法来记载。"所以叫做"郜大鼎"。

【经】秋，七月，纪侯来朝[1]。

【传】朝时，此其月，何也？桓内弑其君，外成人之乱，于是为齐侯、陈侯、郑伯讨，数日以赂②。己即是事而朝之③，恶之④，故谨而月之也。

【注释】

①纪侯：纪国国君，姜姓。纪国此后二十年即为齐所灭，故址在今山东寿光境内。但《左传》中“纪”作“杞”，纪、杞是两个国家，从下面“九月，入杞”即九月鲁国占领杞国的经文看，可能《左传》作“杞”为是。

②数日：计着日期。

③己：即纪。

④恶之：指纪国国君在这种情况下还来朝见鲁桓公，是令人厌恶的。

【译文】

【经】秋天，七月，纪国国君前来鲁国朝见。

【传】诸侯朝见只记载季节，这里记载了月份，为什么呢？桓公在国内杀害了他的国君，在国外助成了别国的动乱，因此被齐国国君、陈国国君、郑国国君声讨，计着日子要他交出受贿之物。纪国国君在这些事发生的时候却来朝见鲁桓公，令人厌恶，所以慎重地记录这件事的月份。

【经】蔡侯、郑伯会于邓①。

【注释】

①蔡侯：指蔡桓公姬封人，公元前714年—前695年在位。蔡国是周武王之弟姬叔度的封国，俗称蔡叔，封国辖今河南上蔡一带。郑伯：指郑庄公。邓：蔡国地名，在今河南漯河东南十余里的

邓店。

【译文】

【经】蔡桓公、郑庄公在蔡国邓地会盟。

【经】九月，入杞[1]。

【传】我入之也。

【注释】

①杞：周初重封禹后之诸侯国，姒姓，后亡于楚，国都屡迁，春秋时迁移至今山东昌乐一带，一云仍在今河南杞县境内。

【译文】

【经】九月，鲁国军队进入杞国。

【传】是我国出兵进入杞国。

【经】公及戎盟于唐[1]。

【注释】

①戎：国名，后其地入于卫，在今山东曹县东南。唐：春秋时以唐为地名者有五处，此为何唐不详，或不为鲁之唐地，否则下文不应破例记载告祭祖庙。隐公二年有“公及戎盟于唐”，据《左传》，此次会盟是恢复以往的友好关系。

【译文】

【经】桓公和戎在唐结盟。

【经】冬，公至自唐[1]。

【传】桓无会[2]，而其致，何也？远之也[3]。

【注释】

①至：指回来告祭祖庙。国君外事活动，返回后要告于祖庙，称作“至”，也作“致”。

②桓无会：意为在鲁桓公的记载中不书会盟后告祭祖庙，即取消其告祭祖庙的资格，本传认为鲁桓公有弑逆之罪，以“桓无会”予以谴责。

③远之也：是为了让他远离会盟之事。按旧注通常解作与戎会盟外出太远，疑误，唐为鲁邑不远。

【译文】

【经】冬天，鲁桓公从唐地回来。

【传】鲁桓公的记载中不书写会盟后告祭祖庙，但是这里经文写了他会盟回来后举行告祖庙的致礼，为什么呢？为了让他以后远离会盟告庙之事。

三年

【经】三年，春，正月，公会齐侯于嬴[1]。

【注释】

①齐侯：指齐僖公。嬴：齐邑，在今山东莱芜西北。

【译文】

【经】桓公三年，春天，正月，鲁桓公和齐僖公在嬴会盟。

【经】夏，齐侯、卫侯胥命于蒲[1]。

【传】胥之为言犹相也[2]。相命而信谕[3]，谨言而退，以是为近古也④。是必一人先，其以相言之⑤，何也？不以齐侯命卫侯也。

【注释】

①卫侯：卫宣公姬晋。胥命：共同订立盟会之辞。本传中，是指诸侯们开会，大家平等参与，不签约，不盟誓，口头上达成协议即可。杨伯峻认为："胥命者，诸侯相见，约言而不歃血。"蒲：卫邑，在今河南长垣。

②之为言犹：训诂术语，用音同音近的同义词解释词义。"之为言"表声训，此处即"胥"与"相"读音相同，"犹"表意训，此处即"胥"就是"相"的意思。后来到清代，一些训诂学家也间或用"犹"表示声训。"之为言"与"犹"合用，其功能与"之为言"相同。相：相互。

③相：相互。信：诚。谕：使理解。

④近古：接近上古代时。

⑤以相言之：用"相互约定"来表述，即经文里说"胥命"而不说"命"。

【译文】

【经】夏天，齐国国君、卫国国君在蒲地相见，达成约定。

【传】"胥"的读音和意思都和"相"一样。相互约定并且理解彼此的诚意，慎重地说定后就各自返回，这是接近上古时代的做法。这样做，一定有一人先提出建议，经文却说"相"，为什么呢？为了避免引起齐侯命令卫侯的歧义。

【经】六月，公会杞侯于郕①。

【注释】

①杞侯:指杞武公,姒姓,公元前750年—前704年在位,因此时杞已由公爵降为侯爵,故称。郕(chéng):鲁邑,在今山东宁阳东北小汶河附近。

【译文】

【经】六月,鲁桓公在郕会见杞国国君。

【经】秋,七月,壬辰①,朔②,日有食之,既③。

【传】言日言朔④,食正朔也⑤。既者,尽也,有继之辞也⑥。

【注释】

①壬辰:为当年当月十七日。

②朔:每月初一叫朔日。

③既:尽。指日全食。

④言日言朔:说了具体的"壬辰"日子,又说是"朔"日,指同时记了两个日食的日子。

⑤正朔:每年的第一天正月初一,这里当指初一。正为正月,朔为初一。按,以今历法科学推算这年的日食发生在七月十七日。

⑥有继:尽而复生的意思,即太阳在日食之后又重新出现了。

【译文】

【经】秋天,七月,壬辰(十七)日,朔(初一)日,发生日食,太阳被完全遮住了。

【传】说了七月十七日又说了是朔(七月初一)日,日食发生正当初一。"既",是完全的意思,又有尽而复生的意思。

【经】公子翚如齐逆女[①]。

【传】逆女，亲者也。使大夫，非正也。

【注释】

①公子翚(huī)：鲁国大夫，宗室，姬姓，名翚，字羽父。公子，诸侯之子的泛称。如：往，去。逆女：指代鲁桓公迎娶文姜。依礼，诸侯娶妻必亲迎，但春秋时诸侯无出国境亲迎例，多由宗亲代迎，可能国君迎亲于国界？逆，迎。女，指齐僖公之女、齐襄公异母妹文姜。

【译文】

【经】公子翚去齐国迎亲。

【传】迎亲，应该国君亲自迎接。派大夫去，不合正礼。

【经】九月，齐侯送姜氏于讙[①]。

【传】礼：送女，父不下堂[②]，母不出祭门[③]，诸母兄弟不出阙门[④]。父戒之曰："谨慎从尔舅之言[⑤]。"母戒之曰："谨慎从尔姑之言[⑥]。"诸母般申之曰[⑦]："谨慎从尔父母之言[⑧]。"送女逾竟[⑨]，非礼也。

【注释】

①姜氏：齐僖公的女儿文姜，因为离开齐国，所以不能称女，还没嫁到鲁国，不能称夫人，只能称娘家的姓姜氏。讙(huān)：鲁邑，在今山东宁阳北稍西三十里。

②堂：住宅正中的厅堂，一般作为家族集体活动的场所。

③祭门：祭祀先祖的家庙的庙门。

④诸母：庶母。在一夫一妻多妾制的情况下，只有夫人为母，其余

均为庶母，即使是生母，也只能作为庶母。阙门：指宫门，因宫门前两侧起观望高楼以示威仪，而中间缺门扇，故称。

⑤舅：公公。

⑥姑：婆婆。

⑦般：小袋子，通常给男子的是用皮革做的，给女子的多用丝织成。

⑧申之：一再说明。

⑨竟：同“境”，边境。

【译文】

【经】九月，齐僖公把姜氏送到讙地。

【传】按照礼制：诸侯送女儿出嫁，父亲不走下大厅，母亲不走出家庙庙门，庶母和兄弟不送出阙门。父亲告诫女儿说：“要谨小慎微，遵从你公公的话。”母亲告诫女儿说：“要谨小慎微，遵从你婆婆的话。”庶母拿着小丝囊一再地嘱咐：“要谨小慎微，遵从你父母的话。”送女儿出了国境，这是不合礼制的。

【经】公会齐侯于讙。

【传】无讥乎[①]？曰：为礼也。齐侯来也，公之逆而会之可也。

【注释】

①讥：讥刺。

【译文】

【经】鲁桓公与齐僖公在讙地会面。

【传】经文这样写没有讥讽的意思吗？回答说：这是履行礼节。齐国国君来到鲁国，鲁桓公去迎接并会见他是可以的。

【经】夫人姜氏至自齐①。

【传】其不言翚之以来②，何也？公亲受之于齐侯也。子贡曰："冕而亲迎③，不已重乎？"孔子曰："合二姓之好，以继万世之后，何谓已重乎？"

【注释】

①夫人：指文姜，鲁桓公已经迎亲，所以称夫人了。至：新妇娶至国，要先告祭祖先，也称至。

②翚(huī)：指代鲁桓公到齐国迎娶文姜的公子翚。

③冕：穿着冕服。

【译文】

【经】夫人姜氏从齐国来到鲁国。

【传】经文不说夫人是公子翚接来的，为什么呢？因为是鲁桓公亲自在谨地齐国国君那里迎接到夫人的。子贡说："穿着冕服亲自去迎亲，不是太隆重了吗？"孔子说："将两个不同姓氏的人合好成一家，来延续到子孙万代，怎么能说是太隆重了呢？"

【经】冬，齐侯使其弟年来聘①。

【注释】

①其弟年：即前文提到的齐僖公弟弟夷仲年。他兄弟二人关系密切，隐公七年夷仲年就曾受齐僖公委派来鲁聘问。聘：聘问，访问，用于诸侯国之间。

【译文】

【经】冬天，齐僖公派他弟弟年作为使者来鲁国问候。

【经】有年。

【传】五谷皆熟,为有年也。

【译文】

【经】丰收年。

【传】五谷都丰收了,就是"有年"。

四年

【经】四年,春,正月,公狩于郎①。

【传】四时之田②,皆为宗庙之事也。春曰田,夏曰苗,秋曰蒐③,冬曰狩。四时之田用三焉,唯其所先得,一为干豆④,二为宾客,三为充君之庖⑤。

【注释】

①狩:打猎。郎:有两处,一为鲁邑,在今山东金乡鱼台镇东北,一为鲁国首都近郊之郎,在今山东曲阜近郊。依经文内容记鲁桓公狩猎,似当在首都近郊。

②田:打猎。

③蒐(sōu):打猎的意思。

④干:风干。豆:祭器名。

⑤庖(páo):厨房。

【译文】

【经】桓公四年,春天,正月,鲁桓公在郎地打猎。

【传】四个季节的打猎习惯,都是为了宗庙祭祀的事。春天打猎叫做"田",夏天打猎叫做"苗",秋天打猎叫做"蒐",冬天打猎叫做"狩"。四季打猎所得有三种用途,按照捕获的先后顺序来用,一是用来作祭祀的贡品，二是用来招待客人，三是用来充实国君的厨房。

【经】夏，天王使宰渠伯纠来聘①。

【注释】

①天王：周天子，指周桓王姬林，公元前719年—前697年在位。宰：官名。渠伯纠：人名，渠是氏，伯是排行，也用作字，纠是名。

【译文】

【经】夏天，周桓王派宰官渠伯纠作为使者来鲁国问候。

五年

【经】五年，春，正月，甲戌、己丑①，陈侯鲍卒②。

【传】鲍卒，何为以二日卒之？《春秋》之义，信以传信，疑以传疑。陈侯以甲戌之日出，己丑之日得，不知死之日③，故举二日以包也。

【注释】

①甲戌（xū）：为上年桓公四年十二月二十一日。己丑：为桓公五年正月六日。两个不同年份的时间放在一起记事，只能选一个年份。

②陈侯鲍：陈国国君，姓妫名鲍，谥桓，即陈桓公。

③甲戌之日出，己丑之日得，不知死之日：《左传》认为是陈桓公死后发了两次讣告的原因。《公羊传》则认为陈桓公是甲戌日癫狂出走，己丑日才找到尸体，不知道是哪天逝世的，所以记了两天。《穀梁传》的说法同《公羊传》。

【译文】

【经】桓公五年，春天，正月，甲戌日、己丑日，陈桓公妫鲍去世。

【传】陈侯妫鲍去世，为什么要用两个日子来记录他的去世呢？因为《春秋》记事的原则，确定的说法用来记载可信的事，怀疑的说法用来记载可疑的事。陈侯在甲戌（桓公四年十二月二十一日）这天出走，己丑（桓公五年正月六日）这天被发现已经死了，不知道确切的死亡日期，所以两个日子都记下来将其死亡日期包含在其中。

【经】夏，齐侯、郑伯如纪①。

【注释】

①齐侯、郑伯：齐僖公、郑庄公。如：到。纪：姜姓诸侯国，侯爵，在今山东寿光境内。

【译文】

【经】夏天，齐僖公、郑庄公去了纪国。

【经】天王使任叔之子来聘①。

【传】任叔之子者，录父以使子也。故微其君臣，而着其父子，不正父在子代仕之辞也②。

【注释】

①天王：周天子，指周桓王姬林。任叔之子：任叔，周王室大夫。任叔之子，任叔的儿子。同隐公三年“武氏子”一样，在朝中没有爵位，父亲年迈，由子代劳。

②代仕：代为担任职务。

【译文】

【经】周桓王派任叔的儿子作为使者来问候。

【传】“任叔之子”这个说法，是通过记载父亲来表明派的是他儿子。所以这里隐藏君臣关系，显示父子关系，是认为父亲健在而由儿子代劳出使聘问的做法不合正道。

【经】葬陈桓公。

【译文】

【经】安葬陈桓公。

【经】城祝丘[①]。

【注释】

①祝丘：鲁邑，故城在今山东临沂稍东约三十五里处。

【译文】

【经】鲁国修筑祝丘的城墙。

【经】秋，蔡人、卫人、陈人从王伐郑[①]。

【传】举从者之辞也。其举从者之辞，何也？为天王讳伐郑也。郑，同姓之国也，在乎冀州[②]，于是不服[③]，为天子病矣[④]。

【注释】

①王：周天子，指周桓王姬林。伐郑：讨伐郑国，春秋期间天子亲征

只此一役。

②冀州：古九州之一，据杨士勋疏："冀州者，天下之中州，自唐虞及夏殷皆都焉。则冀州是天子之常居，以郑近王畿，则举之以为说。"当时郑国中心在新郑，地处豫州，与周王室所在的洛阳十分接近，故此处是以"冀州"代指王畿之地，并非是说洛阳在冀州。

③于是：于，在。是，这里，代指前面的冀州。

④病：侮辱、羞辱的意思。

【译文】

【经】秋天，蔡国、卫国、陈国跟随周桓王讨伐郑国。

【传】这是突出跟随周天子伐郑的国家的写法。经文用突出跟随者的写法，为什么呢？是为了避讳提到周天子伐郑的事。郑国，是和周王室同姓的诸侯国，就在王畿之地附近，在这里却不服从周天子的统治，因此使周天子感到耻辱。

【经】大雩[①]。

【注释】

①大雩(yú)：天旱求雨的祭祀。大雩是大旱求大雨的祭祀，国君亲临国都南郊，谢过自责，使童男童女各八人边舞边呼雨。

【译文】

【经】举行大规模求雨仪式。

【经】螽[①]。

【传】螽，虫灾也。甚则月，不甚则时。

【注释】

①螽(zhōng):一种蝗虫。

【译文】

【经】螽虫成灾。

【传】螽虫,是蝗虫成灾。灾害严重就记载发生的月份,不严重就记载发生的季节。

【经】冬,州公如曹[①]。

【传】外相如不书[②],此其书,何也?过我也[③]。

【注释】

①州公:州国国君。州,周封国名,姜姓,建都淳于(今山东安丘东北),后为杞所灭。曹:国名,姬姓,周武王封其弟振铎于丘(今山东定陶),建都于陶,公元前487年为宋所灭。

②外:鲁国以外的国家。相:相互。如:相互来往。

③过:经过。

【译文】

【经】冬天,州国国君到曹国。

【传】对外国相互来往不记载,这里经文记载了,为什么呢?因为路过鲁国。

六年

【经】六年,春,正月,寔来[①]。

【传】寔来者,是来也[②]。何谓是来?谓州公也。其谓之是来何也?以其画我[③],故简言之也。诸侯不以过相朝也[④]。

【注释】

①寔:"实"的异体字,《穀梁传》解释作"是、此"的意思。据杨伯峻,古本经、传是分开各自成书的,"寔来"本紧接上年经,全文为:"冬,州公如曹。六年春正月,寔来。"后来将经书不同的年份分开来之后,此一事分别记在了两年。

②是:代词,这,代指前文的州公。

③画:路过的意思。《公羊传》作"化我","画"是"化"的同音通假。

④过:经过,路过。

【译文】

【经】桓公六年,春天,正月,州国国君来到鲁国。

【传】"寔来",是"是来"的意思。"是来"是说什么呢?是说州公。说他"是来"是为什么呢?因为他只是路过鲁国,所以简要地说一下。因为诸侯之间不能借路过的机会进行访问。

【经】夏,四月,公会纪侯于郕[①]。

【注释】

①纪侯:纪国国君纪武侯,姜姓。纪国都于纪,在今山东寿光,后为齐所灭。郕:《左传》作"成",古时"郕"、"成"通用,在今山东宁阳北。

【译文】

夏天,四月,鲁桓公在郕会见纪国国君纪武侯。

【经】秋,八月,壬午[①],大阅。

【传】大阅者何?阅兵车也。修教明谕[②],国道也。平而修戎事[③],非正也。其日,以为崇武,故谨而日之。盖以观妇人也④。

【注释】

①壬午：为该年八月的八日。

②修教明谕：修治教化，让百姓知道。

③平：指和平时期。戎事：指习武练兵之事。戎，兵器。

④观妇人：给夫人观看。观，示的意思，给……看。妇人，夫人。

【译文】

【经】秋天，八月，壬午（八）日，举行盛大的阅兵仪式。

【传】“大阅”是什么？指检阅武器和战车。修治教化，让百姓知道礼义，是治国的正道。太平时期修治兵事，是不合常规的。经文中记载日期，因为阅兵表示崇尚武力，所以郑重地记载日期。但大概这次检阅是用来给夫人观看的。

【经】蔡人杀陈佗①。

【传】陈佗者，陈君也。其曰陈佗，何也？匹夫行，故匹夫称之也。其匹夫行奈何？陈侯憙猎②，淫猎于蔡③，与蔡人争禽。蔡人不知其是陈君也，而杀之。何以其是陈君也？两下相杀④，不道⑤。其不地，于蔡也。

【注释】

①陈佗（tuō）：陈桓公妫鲍的异母弟弟，在陈桓公病重时杀害了陈桓公的儿子免，使自己成为君位继承人，在陈桓公死后成为陈国国君。

②憙：同“喜”。

③淫：过分沉溺。

④下：地位低的人，此处指与国君比起来地位低的人。

⑤道：说，此处指记载。

【译文】

【经】蔡国人杀了陈国国君妫佗。

【传】陈佗，是陈国国君。经文说“陈佗”，为什么呢？他的行为像没有教养的平民，所以用称呼平民的称呼称他。他平民那样的行为是什么呢？他喜欢打猎，在蔡国恣意射猎，和蔡国人争夺猎获的飞鸟。蔡国人不知道他是陈国国君，就把他杀了。怎么知道他是陈国国君呢？因为地位低的人两相厮杀，是不予记载的。经文没有记载他被杀的地点，说明是那是在蔡国。

【经】九月，丁卯[1]，子同生[2]。

【传】疑[3]，故志之，时曰同乎人也[4]。

【注释】

①丁卯：为当年九月的二十四日。

②子同：桓公嫡子，后来的鲁庄公，名为同。据杨伯峻，鲁国的公子，无论嫡庶，皆称子，故称子同。

③疑：怀疑这不是桓公的儿子。

④同乎人：跟别人长得相同，指不像桓公。

【译文】

【经】九月，丁卯（二十四）日，桓公的儿子同出生。

【传】《春秋》对此怀疑，所以记录下来，当时人们说孩子长得像别人。

【经】冬，纪侯来朝。

【译文】

【经】冬天，纪武侯前来朝访。

七年

【经】七年，春，二月，己亥[①]，焚咸丘[②]。

【传】其不言邾咸丘，何也？疾其以火攻也[③]。

【注释】

①己亥：为该年二月的二十八日。

②咸丘：地名，邾邑，在今山东巨野东南，晋杜预注为鲁地。

③以火攻：《穀梁传》、《公羊传》都解"焚咸丘"作火攻之法，杨伯峻《春秋左传注》认为"焚咸丘"是用火烧法田猎的意思。

【译文】

【经】桓公七年，春天，二月，己亥（二十八）日，用火攻咸丘。

【传】经文不说邾国的咸丘，为什么呢？是憎恶鲁国用火攻来攻击咸丘。

【经】夏，穀伯绥来朝[①]。邓侯吾离来朝[②]。

【传】其名，何也？失国也[③]。失国则其以朝言之，何也？尝以诸侯与之接矣[④]。虽失国，弗损吾异日也。

【注释】

①穀伯绥：穀国国君嬴绥。穀，国名，嬴姓，故城在今湖北谷城西北。伯，谷国国君的爵位。绥，穀国国君的名。

②邓侯吾离：邓国国君曼吾离。邓，国名，曼姓，公元前678年为楚

所灭,故城在今河南邓州,也有说在湖北襄阳邓城。吾离,邓国国君的名。

③失国:指国家被灭。穀国被灭,不见记载,不知何时被哪国所灭。邓国被灭是在鲁庄公十六年,此时邓尚未灭国,这里对经文的解释恐怕有误。据《左传》:"名,贱之也。"

④尝:曾经。

【译文】

【经】夏天,穀国国君嬴绥来朝访。邓国国君曼吾离来朝访。

【传】经文称呼了名字,为什么呢?他们失去了国家。既然失去了国家,那么经文又用"朝见"来说他们来访,为什么呢?鲁国曾经用诸侯之礼对待他们。即使他们失去了国家,也不能降低鲁国接待他们的礼仪。

八年

【经】八年,春,正月,己卯[①],烝[②]。

【传】烝,冬事也。春兴之,志不时也[③]。

【注释】

①己卯:为当年正月的十四日。

②烝(zhēng):冬季的祭祀。

③志:记载。不时:不合时节。《穀梁传》认为,经文记载这件事是因为在春天举行烝祭是不对的,所以要记载下来。

【译文】

【经】桓公八年,春天,正月,己卯(十四)日,举行烝祭。

【传】烝祭,是冬天的祭祀。但在春天举行了,这是记载祭祀不按时令举行。

【经】天王使家父来聘[①]。

【注释】

①家父：天子的大夫。《春秋穀梁传注疏》认为姓家名父。

【译文】

【经】周天子派家父作为使者来鲁国访问。

【经】夏，五月，丁丑[①]，烝。

【传】烝，冬事也。春夏兴之，黩祀也[②]，志不敬也。

【注释】

①丁丑：为当年五月的十三日。

②黩(dú)：亵渎。

【译文】

【经】夏天，五月，丁丑(十三)日，举行烝祭。

【传】烝祭，是冬天的祭祀。在春天和夏天举行了，是对祭祀的亵渎，这是记载不敬重祭祀的行为。

【经】秋，伐邾[①]。

【注释】

①邾(zhū)：国名，即邹，鲁国的附属国，战国时为楚宣王所灭。故址在今山东曲阜东南。

【译文】

【经】秋天，鲁国攻打邾国。

【经】冬，十月，雨雪。

【译文】

【经】冬天，十月，下雪了。

【经】祭公来[①]，遂逆王后于纪[②]。

【传】其不言使焉，何也？不正其以宗庙之大事即谋于我[③]，故弗与使也。遂，继事之辞也[④]。其曰遂逆王后，故略之也。或曰，天子无外[⑤]，王命之则成矣。

【注释】

①祭公：《春秋穀梁传注疏》认为是“寰内诸侯，为天子三公者”的意思。杨伯峻认为或许是隐公元年提到的祭伯，此时称公，或此时为天子三公。

②纪：国名，姜姓，都于纪，在今山东寿光。

③以宗庙之大事即谋于我：将宗庙大事与鲁国商量。即，接近。宗庙之大事，指天子迎娶王后。即谋于我，《春秋穀梁传注疏》认为“天子命祭公就鲁共卜，择纪女可中后者便逆之，不复反命”。

④继事之辞：指后一件事接着前一件事的说法，表示顺承关系。

⑤天子无外：对于天子来说，天下是没有内外之分的。

【译文】

【经】祭公来到鲁国，然后一起到纪国迎接王后。

【传】经文不说“使”（鲁国去迎王后），为什么呢？因为经文认为把社稷大事拿来和鲁国商量是不合适的，所以不用“使”字。“遂”，是表示后一件事接着前一件事的说法。经文说“遂逆王后”，故意省略了“使”字。有人说：“对天子来说，天下不分内外，天子命令的事就一定会成功。”

九年

【经】九年，春，纪季姜归于京师①。

【传】为之中者②，归之也。

【注释】

①纪季姜：即上文提到的王后。纪为纪国，季为其姊妹排行，姜为其姓。归：嫁。京师：王都，指洛邑(今河南洛阳)。

②中：主婚。当时天子从诸侯国娶妻，由同姓诸侯为之主婚，当中间人。

【译文】

【经】桓公九年，春天，纪国的季姜出嫁到了京城。

【传】鲁国是为婚事主婚的，将纪姜嫁到京城。

【经】夏，四月。

【译文】

【经】夏天，四月。

【经】秋，七月。

【译文】

【经】秋天，七月。

【经】冬，曹伯使其世子射姑来朝①。

【传】朝不言使②，言使非正也。使世子伉诸侯之礼而来朝③，曹伯失正矣。诸侯相见曰朝。以待人父之道待人之子，以内为失正矣④。内失正，曹伯失正，世子可以已矣⑤。则是放命也⑥。《尸子》曰："夫已，多乎道⑦。"

【注释】

①曹伯：曹桓公。世子：太子，后来的曹庄公。射(yì)姑：世子的名。

②朝不言使：《穀梁传》认为只有诸侯来访用"朝"，士大夫来访用"使"和"聘"。

③伉：对等，匹配。

④内：指鲁国。

⑤已：停止。

⑥放命：违背命令。

⑦多乎道：合乎多方面的道义。

【译文】

【经】冬天，曹国国君派他的太子射姑作为使者来访问。

【传】说"朝"就不说"使"，说"使"表示不合礼制。派太子作使者，用诸侯之礼来访问，曹国国君的做法不合礼制。只有诸侯之间的相见才能说"朝"。用接待别国父亲的礼节来接待他的儿子，这样鲁国的做法也不合礼制了。鲁国做法不合礼，曹国国君的做法也不合礼，太子可以因此停止访问。那么这又是违背命令了。《尸子》说："如果中止访问，就合乎多方面的礼制了。"

十年

【经】十年，春，王正月，庚申①，曹伯终生卒②。

【传】桓无王，其曰王，何也？正终生之卒也[3]。

【注释】

①庚申：为当年正月的六日。

②曹伯终生：曹国国君，名终生，谥桓，即曹桓公。

③正终生之卒也：见桓公二年春，传文“正与夷之卒也”。

【译文】

【经】桓公十年，春天，周王的正月，庚申（初六）日，曹桓公终生去世。

【传】在鲁桓公的记载中不用“王”字，这里经文说“王”，为什么呢？是为了按照合礼制的方式来记载曹桓公的去世。

【经】夏，五月，葬曹桓公。

【译文】

【经】夏天，五月，安葬了曹桓公。

【经】秋，公会卫侯于桃丘[1]，弗遇。

【传】弗遇者，志不相得也。弗，内辞也[2]。

【注释】

①卫侯：卫宣公。桃丘：卫国地名，在今山东阳谷东陶城铺。

②内辞：为本国国君讳饰之辞。鲁桓公本与卫宣公相约在桃丘会晤，但是卫侯背约不往，因而没有相见。《春秋穀梁传注疏》认为“倡会者卫，鲁至桃丘而卫不来，故书‘弗遇’以杀耻”。

【译文】

【经】秋天，鲁桓公要在桃丘会见卫宣公，没有见到。

【传】“弗遇”，是双方心意不合的意思。“弗”，是为鲁桓公讳饰之辞。

【经】冬，十有二月，丙午[①]，齐侯、卫侯、郑伯来战于郎[②]。

【传】来战者，前定之战也。内不言战，言战则败也[③]。不言其人，以吾败也，不言及者[④]，为内讳也。

【注释】

①丙午：为当年十二月的二十七日。

②齐侯：指齐僖公姜禄父。卫侯：指卫宣公姬晋。郑伯：指郑庄公姬寤生。郎：鲁国有两个郎，一为隐公元年“费伯帅师城郎”之郎，距曲阜约二百里。一为隐公九年“夏，城郎”之郎，即此处的郎。在鲁近郊，可见三国之师已至曲阜近郊。

③内不言战，言战则败也：《春秋》记载鲁国与别国作战，一般不用“战”字，如果用了“战”字，就表明鲁国战败了。《春秋》尊鲁，不忍言鲁败，故以“战”讳饰“败”。

④“不言其人”三句：不言其人，不说鲁国率兵的人。不言及者，不用“及”字。这两句的意思就是不言何人与敌军作战，即没有写作“公及某某战”而写作“某某来战”。

【译文】

【经】冬天，十二月，丙午（二十七）日，齐僖公、卫宣公、郑庄公与鲁在郎地交战。

【传】“来战”的意思，是先前已商定了会战。记载鲁国不说“战”，说“战”就表明鲁国战败了。不说领兵之人，因为鲁国打了败仗。不用

“及”字，是为鲁国避讳言败。

十一年

【经】十有一年，春，正月，齐人、卫人、郑人盟于恶曹[①]。

【注释】

①恶曹：卫地，在今河南延津西南。

【译文】

【经】桓公十一年，春天，正月，齐国、卫国、郑国在恶曹结盟。

【经】夏，五月，癸未[①]，郑伯寤生卒[②]。

【注释】

①癸未：为当年五月的七日。

②郑伯寤生：郑国国君，名寤生，谥庄，即郑庄公。

【译文】

【经】夏天，五月，癸未（初七）日，郑庄公姬寤生去世。

【经】秋，七月，葬郑庄公。

【译文】

【经】秋天，七月，安葬郑庄公。

【经】九月，宋人执郑祭仲[①]。

【传】宋人者，宋公也[②]。其曰人，何也？贬之也。

【注释】

①宋人执郑祭仲：在《左传》里，本条经文和后面两条经文是合并作一条经文的。执，捕捉，拘捕。祭仲，郑国卿大夫。

②宋公：宋庄公，子姓，名冯。

【译文】

【经】九月，宋国诱捕了郑国大夫祭仲。

【传】宋人，是宋国国君的意思。经文说"人"，为什么呢？为了贬斥他的行为。

【经】突归于郑[①]。

【传】曰突，贱之也。曰归，易辞也[②]。祭仲易其事，权在祭仲也。死君难，臣道也。今立恶而黜正[③]，恶祭仲也。

【注释】

①突归于郑：郑庄公死后，祭仲本立世子忽为国君，后来在宋国的威胁下，改立因谋杀祭仲失败而在外流亡的公子突为国君，即郑厉公。突，郑国公子突，郑庄公次子。归，指祭仲将公子突从宋国带回郑国。

②易：轻视、轻慢的意思。

③立恶而黜正：公子忽是长子，且人品正，公子突是次子，人品恶，按礼应当立公子忽。

【译文】

【经】公子突回到郑国。

【传】称"突"，是贬低他。说"归"，是轻视的说法。祭仲改变了国君更替的事，因为国家大权在他一人手中。国君有难的时候为国君而死，是做臣下应遵守的道义。现在祭仲立了不当立为国君的人，废除了应当立为国君的人,经文这样记载是为了表示对祭仲的厌恶。

【经】郑忽出奔卫[①]。

【传】郑忽者,世子忽也。其名,失国也。

【注释】

①郑忽:郑庄公的嫡长子姬忽。

【译文】

【经】郑国的忽跑到卫国去了。

【传】郑忽,就是郑国的太子姬忽。称呼他的名字,因为他失去了国家。

【经】柔会宋公、陈侯、蔡叔[①],盟于折[②]。

【传】柔者何?吾大夫之未命者也[③]。

【注释】

①柔:鲁国大夫。宋公:宋庄公子冯。陈侯:陈哀公妫溺。蔡叔:蔡桓侯之弟,蔡国大夫。

②折:地名,不知今何地。

③未命:没有分封任命。

【译文】

【经】柔和宋庄公、陈哀公、蔡桓侯之弟,在折地结盟。

【传】柔是谁?是我们鲁国尚未正式任命的大夫。

【经】公会宋公于夫钟[①]。

【注释】

①夫(fú)钟:鲁地,约在今山东汶上东北。钟,《公羊传》作"童","童"、"钟"两字可通假。

【译文】

【经】鲁桓公和宋庄公在夫钟会见。

【经】冬,十有二月,公会宋公于阚[1]。

【注释】

①阚(kàn):鲁地,当在今山东汶上西。

【译文】

【经】冬天,十二月,鲁桓公和宋庄公在阚会见。

十二年

【经】十有二年,春,正月。

【译文】

【经】桓公十二年,春天,正月。

【经】夏,六月,壬寅[1],公会纪侯、莒子[2],盟于曲池[3]。

【注释】

①壬寅:当为该年六月的十二日。

②纪侯:纪国国君纪武侯。莒(jǔ)子:当指莒敖公。莒为西周封国,己姓,都于莒(今山东莒县)。

③曲池：鲁地，在今山东宁阳东北。

【译文】

【经】夏天，六月，壬寅（十二）日，鲁桓公会见纪国国君、莒国国君，在曲池结盟。

【经】秋，七月，丁亥[①]，公会宋公、燕人[②]，盟于谷丘[③]。

【注释】

①丁亥：当为该年七月的十七日。

②宋公：宋庄公子冯。燕人：可能是指南燕国国君。燕国有二，一为北燕国，即为大家平常所熟知的燕国，建都于蓟（今北京），《史记》有《燕召公世家》。一为南燕国，姞姓，小国无世家，不知其君号谥，其国都约在今河南延津东北四五十里。

③谷丘：宋地，约在今河南商丘东南四十里。

【译文】

【经】秋天，七月，丁亥（十七）日，鲁桓公会见宋庄公、南燕国国君，在谷丘结盟。

【经】八月，壬辰[①]，陈侯跃卒[②]。

【注释】

①壬辰：鲁桓公十二年八月无壬辰，记时可能有误。

②陈侯跃：陈国国君，侯爵，名跃，谥厉，即陈厉公。陈国都于宛丘（今河南淮阳）。

【译文】

【经】八月，壬辰日，陈厉公陈跃去世。

【经】公会宋公于虚[1]。

【注释】

①虚：宋地，约在今河南延津东。

【译文】

【经】鲁桓公和宋庄公在虚会面。

【经】冬，十有一月，公会宋公于龟[1]。

【注释】

①龟：宋地，约在今河南睢县。

【译文】

冬天，十一月，鲁桓公和宋庄公在龟会面。

【经】丙戌[1]，公会郑伯[2]，盟于武父[3]。

【注释】

①丙戌：当为该年十一月的十八日。

②郑伯：郑厉公姬突。

③武父：郑地，在今山东东明西南。

【译文】

【经】丙戌（十八）日，鲁桓公会见郑厉公，在武父结盟。

【经】丙戌，卫侯晋卒[1]。

【传】再称日[2]，决日义也[3]。

【注释】

①卫侯晋:卫国国君,姓姬名晋,谥宣,即卫宣公。

②再:两次。

③决日义:这里的意思是说,鲁桓公与郑厉公会盟和卫宣公去世这两件事记载日期的含义有别,所以要分别记载。决,判断、区别的意思。

【译文】

【经】丙戌(十八)日,卫宣公姬晋去世。

【传】两次记载日期,是为了区别同一天发生两件大事的含义。

【经】十有二月,及郑师伐宋。丁未[①],战于宋。

【传】非与所与伐战也[②]。不言与郑战[③],耻不和也。于伐与战[④],败也。内讳败,举其可道者也[⑤]。

【注释】

①丁未:当为该年十二月的十日。

②非:责难,责备。与:就是“及”的意思。所与伐:跟鲁国一起攻打宋国的国家,即郑国。战:作战。这里是鲁、郑两国共同伐宋,结果内部不和,内部相互打了起来。

③不言与郑战:指经文直接说“战于宋”,没有提到郑国。

④于伐与战:在伐宋的时候与(郑)作战。

⑤举其可道者:即言战不言败。虽然与郑国内讧不是好事,但内讧后还打了败仗是更大的耻辱,所以经文写相对较小的耻辱。

【译文】

【经】十二月,和郑军一起讨伐宋国。丁未(十)日,(鲁郑)在宋国交战。

【传】经文是在责备鲁国与共同伐宋的国家作战。不明说与郑国作战,是为内讧不和感到羞耻。在讨伐宋国的过程中鲁郑内部又交战,鲁国打败了。经文避讳说打败仗,只说出一些可以说的话来。

十三年

【经】十有三年,春,二月,公会纪侯、郑伯①。己巳②,及齐侯、宋公、卫侯、燕人战③。齐师、宋师、卫师、燕师败绩。

【传】其言及者,由内及之也④。其曰战者,由外言之也⑤。战称人,败称师,重众也。其不地,于纪也⑥。

【注释】

①纪侯:纪国国君纪武侯。郑伯:郑厉公姬突。

②己巳:当为该年二月的初三日。

③齐侯:齐僖公姜禄父。宋公:宋庄公子冯。卫侯:卫惠公姬朔。燕人:此处燕指南燕,燕人当是指其国君,因国家僻小,不称爵位。

④由内及之:由鲁国说起,指说鲁国跟某国怎么样。

⑤由外言之:从外国说起,是强调与鲁国作战的另一方。

⑥纪:纪国,也有观点认为此处“纪”当是“己”,指鲁国。

【译文】

【经】桓公十三年,春天,二月,鲁桓公会见纪武侯、郑厉公。己巳(初三)日,与齐僖公、宋庄公、卫惠公、南燕国国君作战。齐军、宋军、卫军、燕军战败。

【传】经文说“及”,因为是由鲁国说起。说“战”,因为是由外国说起。记载作战称“人”,战败称“师”,是重视人数众多的意思。经文不记载作战地点,因为战争就发生在纪国的土地上。

【经】三月，葬卫宣公。

【译文】

【经】三月，安葬卫宣公。

【经】夏，大水。

【译文】

【经】夏天，发生大水灾。

【经】秋，七月。

【译文】

【经】秋天，七月。

【经】冬，十月。

【译文】

【经】冬天，十月。

十四年

【经】十有四年，春，正月，公会郑伯于曹。

【译文】

【经】桓公十四年，春天，正月，鲁桓公与郑厉公在曹国会面。

【经】无冰[1]。

【传】无冰,时燠也[2]。

【注释】

①无冰:周历的正月春季相当于今天的冬季,故应该有冰,无冰就表明气候反常,所以史官将其记录下来。

②燠(yù):暖,热。

【译文】

【经】正月没有冰。

【传】没有冰,因为时令反常变暖了。

【经】夏,五[1],郑伯使其弟御来盟[2]。

【传】诸侯之尊,弟兄不得以属通[3]。其弟云者,以其来我,举其贵者也[4]。来盟,前定也。不日,前定之盟不日。孔子曰:"听远音者,闻其疾而不闻其舒。望远者,察其貌而不察其形。"立乎定、哀以指隐、桓,隐、桓之日远矣[5]。夏五,传疑也。

【注释】

①五:"五"字后面文字有缺,或指五月。

②其弟御:郑厉公的弟弟,名姬御。隐公七年也有"齐侯使其弟年来聘"的记载。

③以属通:作为亲属交往。即是说诸侯的兄弟与诸侯之间应是君臣关系。

④举其贵者:弟弟和臣子两个身份中,弟弟的身份更加尊贵,所以称弟。

⑤隐、桓之日远矣：指孔子生活在鲁定公、鲁哀公的时期，写鲁隐公、鲁桓公时期的事情，相距时间太远了，可能有不清楚的地方。

【译文】

【经】夏天，五月，郑厉公派他弟弟姬御作为使者来鲁国结盟。

【传】诸侯地位尊贵，他的兄弟也不能以亲属关系与之交往。经文里说“弟”，因为他来的是鲁国，所以要特别举出他尊贵的身份。来盟，就是说这次结盟事先已经约定过了。不记载日期，因为事前约定的结盟照例是不记载日期的。孔子说：“听远处的声音，能听到激扬的而听不到舒缓的。看远处的事物，能看到大体形貌而看不到面色姿容。”生活在鲁定公、鲁哀公时期来记述鲁隐公、鲁桓公时代的事情，时代距今太远了。“夏，五”，就是存疑的写法。

【经】秋，八月，壬申[①]，御廪灾[②]。乙亥[③]，尝[④]。

【传】御廪之灾不志，此其志，何也？以为唯未易灾之余而尝可也[⑤]，志不敬也。天子亲耕，以共粢盛[⑥]，王后亲蚕，以共祭服[⑦]。国非无良农工女也，以为人之所尽事其祖祢[⑧]，不若以己所自亲者也。何用见其未易灾之余而尝也？曰：甸粟而内之三宫[⑨]，三宫米而藏之御廪[⑩]，夫尝，必有兼甸之事焉[⑪]。壬申，御廪灾，乙亥，尝，以为未易灾之余而尝也[⑫]。

【注释】

①壬申：当为该年八月的十五日。

②御廪(lǐn)：储存祭祀所用谷物的仓库。

③乙亥：当为该年八月的十八日。

④尝：秋祭名。

⑤未易：没有改换。用火灾之后剩余的粮食祭祀是不合礼制的，也

就是传文说的“不敬”。

⑥粢盛(zīchéng):指盛放在祭器内的谷类祭品。

⑦祭服:祭祀时穿的礼服。

⑧祢(nǐ):父亲的意思。父亲去世,牌位进入宗庙后就称作祢,“生称父,死称考,入庙称祢”。

⑨甸:甸师的省称,甸师是当时官名,掌管公田耕种等事。粟:指未去皮的稻谷,这里用作动词,指收上来的粮食。内:同“纳”,收纳、保存的意思。三宫:诸侯夫人的代称。

⑩米:指去皮的稻谷,这里也用作动词,指舂米。

⑪兼甸:即兼旬,二十日。“甸”当为“旬”字之误。兼旬是指三宫的夫人亲自将粟舂成米,大约要二十日,所以用兼旬来指夫人亲自舂米这一过程。

⑫以为未易灾之余:《穀梁传》认为壬申日受灾,乙亥日就举行尝祭,时间太近,不足兼旬,所以认为没有更换新的粮食就直接用火灾剩余的粮食举行了尝祭。

【译文】

【经】秋天,八月,壬申(十五)日,储存祭祀所用谷物的仓库发生火灾。乙亥(十八)日,举行尝祭。

【传】储存祭祀所用谷物的仓库发生火灾是不用记载的。这里经文记载了,为什么呢?因为使用了火灾之后剩余的粮食举行尝祭,所以要记载这种对神不敬的行为。天子亲自种田,来供用祭祀的粮食,王后亲自养蚕,来供用祭祀穿的衣服。国中不是没有好的农夫和手巧的女子,因为用别人尽心尽力做的东西来侍奉祖先,不如自己亲自动手做的好。怎么看出来是用火灾剩余的粮食进行尝祭的呢?回答是,甸师收上来的谷物保存到三宫,三宫舂好的米储存到御廪。尝祭,一定要有三宫夫人舂米这二十日的工序。壬申(十五)日,御廪火灾,乙亥(十八)日,就举行了尝祭,因此知道没有更换火灾剩余的粮食就举行了尝祭。

【经】冬，十有二月，丁巳[①]，齐侯禄父卒[②]。

【注释】

①丁巳：当为该年十二月的初二日。

②齐侯禄父：齐国国君，名禄父，一作禄甫，谥僖，即齐僖公。

【译文】

【经】冬天，十二月，丁巳（十二）日，齐僖公姜禄父去世。

【经】宋人以齐人、蔡人、卫人、陈人伐郑[①]。

【传】以者，不以者也[②]。民者，君之本也。使人以其死，非正也。

【注释】

①以：率领的意思。

②不以者：不该率领的意思，指四国不应该把本国军队交给宋国率领。《穀梁传》认为经文用"以"字有反讽的意思。

【译文】

【经】宋国率领齐军、蔡军、卫军、陈军讨伐郑国。

【传】经文用"以"字，是说不该率领的意思。百姓，是国君的根本。驱使百姓去作战送死，是不合正道的。

十五年

【经】十有五年，春，二月，天王使家父来求车[①]。

【传】古者诸侯时献于天子，以其国之所有，故有辞让，而无征求[②]。求车，非礼也。求金，甚矣。

【注释】

①家父：天子周桓王时期的大夫，见桓公八年“天子使家父来聘”。

②故有辞让，而无征求：《左传》中说“诸侯不贡车、服，天子不求私财”。

【译文】

【经】桓公十五年，春天，二月，周天子派大夫家父作为使者来鲁国求取车辆。

【传】古时候诸侯按时向天子献上他的国家产出的物品，所以天子只有推辞谦让的事，而没有征收索取的事。求取车辆，不合礼制。求取金钱，就更过分了。

【经】三月，乙未[1]，天王崩[2]。

【注释】

①乙未：当为该年三月的十一日。

②天王：周天子，这里是周桓王姬林，公元前719—前697年在位。

【译文】

【经】三月，乙未（十一）日，周桓王去世。

【经】夏，四月，己巳[1]，葬齐僖公。

【注释】

①己巳：当为该年四月的十五日。

【译文】

【经】夏天，四月，己巳（十五）日，安葬齐僖公姜禄父。

【经】五月，郑伯突出奔蔡①。

【传】讥夺正也②。

【注释】

①出奔蔡：逃到蔡国。据《左传》记载，郑厉公不满祭仲专权，欲除掉他，计谋败露，于是出逃往蔡国。

②讥：讥讽。夺正：郑庄公死后，本来应该是身为世子的姬忽（郑昭公）即位，但是由于宋国的干涉，公子姬突即位为郑厉公。所以说公子姬突即位为夺正。

【译文】

【经】五月，郑厉公姬突逃往蔡国。

【传】这是讥讽姬突篡夺了郑昭公姬忽的君位。

【经】郑世子忽复归于郑①。

【传】反正也②。

【注释】

①郑世子忽：即郑昭公，名忽。诸侯的儿子里面，长子称世子，是正统的君位继承人。

②反正：指姬忽又重新得到本应由他继承的君位。

【译文】

【经】郑国世子姬忽回到郑国。

【传】这是姬忽重新得到了本应属于他的君位。

【经】许叔入于许①。

【传】许叔，许之贵者也，莫宜乎许叔②。其曰入③，何也？

其归之道，非所以归也[4]。

【注释】

①许叔：许庄公的弟弟。隐公十一年鲁、齐、郑三国入侵许国，许庄公姜弗逃到卫国，郑庄公就让许叔居住在许城东部。

②莫宜乎许叔：没有比许叔更合适的了。这里指没有人比许叔更适合作为许国复国的国君。

③其曰入：《穀梁传》认为经文里面对于回归，用“入”字是恶辞，用“归”字是善辞。

④非所以归：《春秋穀梁传注疏》认为他“进无王命，退非父授”，所以不合礼制。

【译文】

【经】许庄公之弟许叔从许国东部回到许都。

【传】许叔，是许国身份尊贵的人，没有比许叔更合适的了。经文说“入”，为什么呢？他回国都的方式，不是应该有的方式。

【经】公会齐侯于蒿[1]。

【注释】

①齐侯：指齐襄公姜诸儿，乃前注齐僖公姜禄父的长子。蒿（hāo）：地名，今在何处不详，疑在齐、鲁之间，似当在今山东新泰一带。

【译文】

【经】鲁桓公和齐襄公在蒿会面。

【经】邾人、牟人、葛人来朝[1]。

【注释】

①邾(zhū)人:指邾国国君,国都在邹(今山东邹县),故称邹。牟(móu)人:指牟国国君,牟国是周朝分封子爵国,故城在今山东莱芜城东。葛人:指葛国国君,葛国故城在今河南宁陵一带。因邾、牟、葛三国都是鲁国的附属国,故轻称其国君为“人”。朝:访问。

【译文】

【经】邾国、牟国、葛国的国君前来鲁国访问。

【经】秋,九月,郑伯突入于栎[①]。

【注释】

①栎(lì):郑国别都,在今河南禹州,位于郑国国都西南九十里。

【译文】

【经】秋天,九月,郑厉公姬突进入栎。

【经】冬,十有一月,公会宋公、卫侯、陈侯于袲[①],伐郑[②]。

【传】地而后伐,疑辞也[③],非其疑也。

【注释】

①宋公、卫侯:指宋庄公、卫惠公,见前注。陈侯:指陈庄公妫林。袲(yí):郑地,在今安徽宿州城西。

②伐郑:此时是郑昭公在位,伐郑实际是攻打郑昭公姬忽。但是《穀梁传》认为这是讨伐郑厉公姬突,所以后文说不应迟疑。

③疑辞:疑,迟疑的意思。据《左传》和《史记》的记载,这次诸侯国伐郑是为了帮助姬突,而《穀梁传》认为是讨伐姬突,故说不应

迟疑。

【译文】

【经】冬天，十一月，鲁桓公和宋庄公、卫惠公、陈庄公在袲会面，讨伐郑国。

【传】先记载地点再记载讨伐，是表示诸国有迟疑，经文是在批评这种迟疑态度。

十六年

【经】十有六年，春，正月，公会宋公、蔡侯[①]、卫侯于曹[②]。

【注释】

①蔡侯：指蔡桓侯姬封人。蔡国国都在今河南上蔡一带。

②曹：曹国，姬姓，伯爵，建都陶丘（今山东定陶境）。

【译文】

【经】桓公十六年，春天，正月，鲁桓公和宋庄公、蔡桓侯、卫惠公在曹国会面。

【经】夏，四月，公会宋公、卫侯、陈侯、蔡侯伐郑[①]。

【注释】

①陈侯、蔡侯：《春秋穀梁传注疏》认为“蔡常在卫上，今序陈下，盖后至”。说明五国是先后出兵的。

【译文】

【经】夏天，四月，鲁桓公和宋庄公、卫惠公、陈庄公、蔡桓侯一起攻打郑国。

【经】秋，七月，公至自伐郑[①]。

【传】桓无会[②]，其致何也[③]？危之也[④]。

【注释】

①至：国君外出回国告祭祖庙。自：来自。

②桓无会：意为在鲁桓公的记载中不会记载会盟后告祭祖庙。

③致：通“志”，记载。

④危：为……感到忧惧。

【译文】

【经】秋天，七月，鲁桓公攻打郑国归来，举行告祭祖庙的典礼。

【传】在鲁桓公的记载中不会记载会盟后告祭祖庙，这里经文为什么记载了呢？是为他感到担忧。

【经】冬，城向[①]。

【注释】

①向：小国，先依附于莒，现依附于鲁。

【译文】

【经】冬天，修筑向邑的城墙。

【经】十有一月，卫侯朔出奔齐[①]。

【传】朔之名，恶也。天子召而不往也。

【注释】

①卫侯朔出奔齐：卫惠公，姓姬名朔。姬朔当初是杀掉太子伋而即

位的，为公子泄和公子职怨恨，后来此二位公子攻打卫惠公，立太子伋之弟黔牟为君，卫惠公遂逃往齐国。

【译文】

【经】十一月，卫惠公逃往齐国。

【传】直接称呼他的名字“朔”，是憎恶他。周天子曾经召见他，他竟拒绝前往。

十七年

【经】十有七年，春，正月，丙辰[①]，公会齐侯、纪侯，盟于黄[②]。

【注释】

①丙辰：当为该年正月的十三日。

②黄：齐地，今在何处不详，疑在今山东淄博之淄川区一带。

【译文】

【经】桓公十七年，春天，正月，丙辰（十三）日，鲁桓公与齐襄公、纪国国君会面，在黄地结盟。

【经】二月，丙午[①]，公及邾仪父盟于趡[②]。

【注释】

①丙午：该年二月无丙午日，此处可能有误。

②趡（cuǐ）：鲁地，在今山东泗水和邹城之间。

【译文】

【经】二月，丙午日，鲁桓公和邾国国君仪父在趡会盟。

【经】夏，五月，丙午[1]，及齐师战于郎[2]。

【传】内讳败，举其可道者也[3]。不言其人[4]，以吾败也。不言及之者[5]，为内讳也。

【注释】

①丙午：该年五月的初五日。

②郎：鲁地，在今山东鱼台东北。

③举其可道者也：即言战不言败。

④其人：率领鲁军的人。

⑤及之者：率领齐军的人。

【译文】

【经】夏天，五月，丙午（初五）日，和齐国军队在郎地交战。

【传】经文避讳说战败，只说可以说出来的话。不说率领鲁军的人，是因为鲁国打了败仗。不说与之交战的将帅，是为鲁国避讳。

【经】六月，丁丑[1]，蔡侯封人卒[2]。

【注释】

①丁丑：当为该年六月的初六日。

②蔡侯封人：蔡国国君，姓姬名封人，谥桓，即蔡桓侯。

【译文】

【经】六月，丁丑（初六）日，蔡桓侯姬封人去世。

【经】秋，八月，蔡季自陈归于蔡[1]。

【传】蔡季，蔡之贵者也。自陈，陈有奉焉尔[2]。

【注释】

①蔡季：蔡桓侯的弟弟，名献武，继位为哀侯。

②奉：帮助。指陈国帮助蔡季回国。

【译文】

【经】秋天，八月，蔡季从陈国回到蔡国。

【传】蔡季，是蔡国身份尊贵的人。从陈国回来，因为陈国对此有帮助。

【经】癸巳[①]，葬蔡桓侯。

【注释】

①癸巳：当为该年八月的二十三日。

【译文】

【经】癸巳（八月二十三）日，安葬蔡桓侯。

【经】及宋人、卫人伐邾。

【译文】

【经】鲁国和宋国、卫国攻打邾国。

【经】冬，十月，朔[①]，日有食之。

【传】言朔不言日[②]，食既朔也[③]。

【注释】

①朔：每月第一天。

②言日：指记载干支日期。

③既朔：朔日后一天，即初二。

【译文】

【经】冬天，十月，朔(初一)日，发生日食。

【传】说了朔日而不说日期，是因为日食发生在初二。

十八年

【经】十有八年，春，王正月，公会齐侯于泺[①]。公与夫人姜氏遂如齐。

【传】泺之会，不言及夫人，何也？以夫人之伉[②]，弗称数也。

【注释】

①齐侯：指齐襄公姜诸儿，公元前698年—前686年在位。泺(luò)：鲁地，今山东济南西北的洛口。

②伉：骄纵。

【译文】

【经】桓公十八年，春天，周王正月，鲁桓公和齐襄公在泺会面。鲁桓公与夫人姜氏接着就去了齐国。

【传】在泺的会盟中，没有说到夫人，为什么呢？因为夫人骄纵，就没有算上她。

【经】夏，四月，丙子[①]，公薨于齐[②]。

【传】其地，于外也。薨称公，举上也[③]。

【注释】

①丙子：当为该年四月的初十日。

②薨(hōng)：周代天子死称崩，诸侯死称薨，大夫死称不禄，一般人死称死。据说这些称呼，是从声音角度依死者之死所产生的影响力而定的。也都统称卒。

③举上：称“公”以表示尊贵，公是五等爵位中最高的了。

【译文】

【经】夏天，四月，丙子日，鲁桓公在齐国去世。

【传】经文记载地点，因为是在外国。鲁桓公去世称“公”，是用最上等的爵位表示尊重。

【经】丁酉[1]，公之丧至自齐[2]。

【注释】

①丁酉(yǒu)：当为该年的五月初一日。

②丧：指灵柩。

【译文】

【经】丁酉(五月初一)日，鲁桓公的灵柩从齐国运回到鲁国。

【经】秋，七月。

【译文】

【经】秋天，七月。

【经】冬，十有二月，己丑[1]，葬我君桓公。

【传】葬我君，接上下也[2]。君弑，贼不讨，不书葬[3]，此其言葬，何也？不责逾国而讨于是也[④]。桓公葬而后举谥，谥所以成德也，于卒事乎加之矣[⑤]。知者虑，义者行，仁者守，有此三者备，然后可以会矣。

【注释】

①己丑：当为该年十二月的十七日。

②接上下：全国上下。就是说“我君”是对全国上下的人而言的。

③君弑(shì)，贼不讨，不书葬：国君被杀，弑君的人没有被讨伐，就不能记载安葬的事。这是《春秋》记事的原则，也是表明当时臣子有为君父报仇的责任和义务。鲁桓公是被夫人姜氏和齐襄公合谋害死的，所以传文有此一说。

④不责：不要求。逾国而讨：越过国境去讨伐凶手。于是：于此时。齐国比鲁国强大，去找齐国为鲁桓公报仇不现实。

⑤卒事：死后。

【译文】

【经】冬天，十二月，己丑(二十七)日，安葬我们的国君鲁桓公。

【传】经文说安葬我们的国君，是就全国上下而说的。国君被杀害，凶手还没有被讨伐，是不能记载安葬的，这里记载安葬，是为什么呢？在这种时候是不能要求越过国境去讨伐凶手的。桓公安葬了之后确定他的谥号，定谥号是用来表彰君主生前的功业美德的，只有在他死后才能加赠。有智慧的人深谋远虑，讲道义的人行事果断，有仁德的人能守护国家，有了这三种品质，这样之后才可以外出会盟。

庄公

【题解】

鲁庄公(公元前706年—前662年在世,公元前693年—前662年在位),姬姓,名同,谥庄,鲁国第十六代君主,鲁桓公之子,生母为鲁桓公夫人文姜,鲁桓公去世后即位为国君。鲁庄公是鲁国有作为的国君之一,颇有武功,曾进攻过卫、郳、戎、徐等国,也曾打败过入侵的宋、齐、楚等国。

庄公在位期间正值齐桓公称霸时期,齐强鲁弱,两国间有三次重要的作战,第一次是在庄公九年,鲁国支持出逃在鲁的公子纠回国与公子小白(齐桓公)争夺君位,出兵伐齐,两军战于乾时,鲁国大败,被迫杀了公子纠,且将管仲送回齐国。第二次是在庄公十年,齐国入侵,庄公接受了曹刿的建议,于长勺大败齐军。第三次是在庄公十三年,鲁庄公和齐桓公在柯地会面,曹沫劫持齐桓公逼迫其归还了齐侵占的鲁国土地。

鲁庄公夫人为齐国的哀姜,哀姜无子,其妾有叔姜、孟任、成风,叔姜生启方,孟任生子般,成风生申。庄公三十二年,庄公去世前欲立子般为君,季友支持立子般,叔牙则建议立庄公庶长兄庆父,于是季友设计除掉了叔牙。当年八月,庄公去世,季友立子般为君。十月,庆父杀子般,立启方为君,为鲁闵公。

元年

【经】元年，春，王正月[①]。

【传】继弑君[②]，不言即位[③]，正也。继弑君不言即位之为正，何也？曰：先君不以其道终[④]，则子不忍即位也。

【注释】

①王：指周天子，此时在位的是周庄王姬佗，此时是周庄王四年。

②继弑君：继承被杀的国君，指鲁桓公。

③不言即位：即经文没有说“元年，春，王正月，公即位”。

④不以其道终：指国君不是寿终正寝，而是非正常死亡。

【译文】

【经】鲁庄公元年，春天，周王的正月。

【传】继承被杀害的国君的君位，不说“即位”，是符合礼制的。继承被杀害的国君不说“即位”符合礼制，为什么呢？回答说：前代国君不是正常死亡的，那儿子就不忍心即位。

【经】三月，夫人孙于齐[①]。

【传】孙之为言犹孙也，讳奔也。接练时[②]，录母之变，始人之也[③]。不言氏姓，贬之也。人之于天也，以道受命；于人也，以言受命[④]。不若于道者[⑤]，天绝之也。不若于言者，人绝之也。臣子大受命[⑥]。

【注释】

①夫人：指鲁桓公的夫人姜氏。孙（xùn）：同“逊”，逃遁。

②接:在……的时候。练:本义是指提纯丝帛使它们成为洁白柔软的熟丝,这里是祭祀名,指父母去世第十一个月祭于家庙,可穿练过的布帛,故以为名。

③始:开始。人:通“仁”,仁义,仁爱。

④人之于天也,以道受命;于人也,以言受命:意为人对于上天,是通过道义来承受天命的;对于君王、父母,是通过教诲来接受约束的。

⑤若:顺从。

⑥大受命:同时受教于天的道义和人的言论。

【译文】

【经】三月,夫人出逃到齐国。

【传】“孙”的意思就相当于“逊”,是忌讳说“奔”。在举行练祭的时候,记载母亲的变故,是开始以仁义对待她。不说她的姓氏,是贬低她。人对于上天,是通过道义来承受天命的;对于君王、父母,是通过教诲来接受约束的。不顺从天道的人,上天会灭绝他;不顺从教诲的人,众人会弃绝他。作为臣子要同时受教于天的道义和人的言论。

【经】夏,单伯逆王姬[①]。

【传】单伯者何?吾大夫之命乎天子者也。命大夫,故不名也。其不言如[②],何也?其义不可受于京师也。其义不可受于京师,何也?曰:躬君弑于齐[③],使之主婚姻,与齐为礼[④],其义固不可受也。

【注释】

①单(shàn):天子畿内的地名。《穀梁传》认为单伯是由周天子命封

的鲁国大夫，而据杨伯峻等，单伯是天子之卿，封地在单，是周天子的大夫而非鲁大夫。逆：迎。《左传》作“送”。天子嫁女给诸侯，由于天子与诸侯地位尊卑不同，所以天子不亲自主婚，由同姓诸侯为之主婚。这里是周王嫁女于齐，鲁侯主婚，故天子之卿送女来鲁，故《左传》“送”字正确，《穀梁传》此处有误。王姬：周王之女通称。

②如：去，往。这里的意思是说经文没有说“如某地逆王姬”。

③躬君：我们的国君。躬，自己，自身。

④为：践行，施行。

【译文】

【经】夏天，单伯迎接周王的女儿。

【传】单伯是谁？是由周天子任命的鲁国大夫。因为是周天子任命的大夫，所以就不写名字了。经文里不说“如”，为什么呢？因为按照道义，鲁国不能从周天子那儿接受这样的命令。按照道义，鲁国不能从周天子那儿接受这样的命令，为什么呢？回答说：我们的国君在齐国被杀害，让我们来主婚，跟齐国按礼制交往，按照道义当然是不可以接受这样的命令的。

【经】秋，筑王姬之馆于外①。

【传】筑，礼也。于外，非礼也。筑之为礼，何也？主王姬者，必自公门出②。于庙则已尊，于寝则已卑③，为之筑，节矣④。筑之外，变之正也。筑之外，变之为正，何也？仇雠之人⑤，非所以接婚姻也⑥。衰麻⑦，非所以接弁冕也⑧。其不言齐侯之来逆，何也？不使齐侯得与吾为礼也。

【注释】

①筑：建造。馆：行馆。外：城外。

②公门:指朝廷的外门。

③于庙则已尊,于寝则已卑:这两句的意思是将公主安置在这两个地方都不合适,单修一处行馆最合适。庙指朝堂,是诸侯听政公干的地方。寝指寝宫,是诸侯休息的地方。已,太。

④节:适合。

⑤仇雠(chóu):仇敌。

⑥接:接合。这里的意思就是说,齐国是鲁国的仇敌,两国不能举办婚姻之事。

⑦衰(cuī)麻:丧服。古人丧服胸前缀有麻布,头上围麻绳,腰间缠麻绳。

⑧接:迎接。弁(biàn)冕:弁和冕都是冠名。通常礼服用弁,而吉礼之服用冕。

【译文】

【经】秋天,在城外为周天子的女儿建造行馆。

【传】建造行馆,是符合礼制的。在城外建造,则是不合礼制的。建造行馆是合礼制的,为什么呢?因为主持周天子的女儿婚事的人,一定是从公门出来。将公主安置在朝堂内就显得太尊贵了,安置在鲁君寝宫又显得太轻慢,为她修建一座行馆,是合适的。修在城外,是符合礼制的变通。修在了城外,这样的变通是符合礼制的,为什么呢?因为相互是仇敌的人,是不能结为婚姻的。穿着丧服的人,也不能去迎接穿着礼服的人。经文不说齐国国君来迎亲,为什么呢?是不让齐国有机会与我国进行礼节上的交往。

【经】冬,十月,乙亥[①],陈侯林卒[②]。

【传】诸侯日卒,正也。

【注释】

①乙亥：当为该年十月的十七日。

②陈侯林：陈国国君，姓妫名林，谥庄，即陈庄公。

【译文】

【经】冬天，十月，乙亥（十七）日，陈庄公妫林去世。

【传】记载诸侯去世的日期，是符合礼制的。

【经】王使荣叔来锡桓公命①。

【传】礼有受命②，无来锡命。锡命，非正也。生服之，死行之③，礼也。生不服，死追锡之，不正甚矣。

【注释】

①荣叔：周大夫。锡：同“赐”。命：命封。

②受命：主动去接受命封。

③死行之：指去世后按照爵位对应的规格举行葬礼。

【译文】

【经】周天子派荣叔作为使者来追赐鲁桓公。

【传】按照礼制有诸侯主动去接受册命和赏赐的，没有周天子派人来册命和赏赐的。周天子派人来赏赐，不合礼制。国君活着的时候应该服从周天子，去世后按照爵位举行对应规格的葬礼，这是礼制的规定。活着的时候没有服侍天子，去世了却又来追赐他，太不合礼制了。

【经】王姬归于齐。

【传】为之中者归之也①。

【注释】

①为之中者：作为中间人的，指鲁国，在这则婚事中是主婚的诸侯。

【译文】

【经】周天子的女儿嫁到齐国。

【传】是鲁国把周天子的女儿嫁到齐国的。

【经】齐师迁纪、郱、鄑、郚①。

【传】纪，国也。郱、鄑、郚，国也。或曰，迁纪于郱、鄑、郚。

【注释】

①郱（píng）：纪国地名，在今山东临朐东南。鄑（zī）：纪国地名，在今山东昌邑西北。郚（wú）：纪国地名，在今山东安丘西南。

【译文】

【经】齐军迁移纪地、郱地、鄑地、郚地的民众。

【传】纪，是国家。郱、鄑、郚，也是国家。有人说：把纪国迁到郱、鄑、郚。

二年

【经】二年，春，王二月，葬陈庄公。

【译文】

【经】鲁庄公二年，春天，周王的二月，安葬陈庄公妫林。

【经】夏，公子庆父帅师伐于馀丘①。

【传】国而曰伐。于馀丘，邾之邑也。其曰伐，何也？公子贵矣，师重矣，而敌人之邑②，公子病矣③。病公子，所以讥乎公也。其一曰：君在而重之也。

【注释】

①庆父：鲁庄公的同母弟弟，据《史记·鲁世家》："庄公有三弟，长曰庆父……"于馀丘：邾国地名，在今山东临沂境内。

②敌：对抗。

③病：耻辱。

【译文】

【经】夏天，公子庆父率军去攻打于馀丘。

【传】对国家才称"伐"。于馀丘，是邾国的小城。经文里说"伐"，为什么呢？因为公子身份尊贵，军队人数众多，却同别国的一个小城对抗，是公子的耻辱。说是公子的耻辱，是以此来讥讽鲁庄公的。有另一种说法说：因为邾国的国君在这里，所以用"伐"来表示对此事的重视。

【经】秋，七月，齐王姬卒①。

【传】为之主者，卒之也。

【注释】

①王姬：即元年冬嫁往齐国的周王之女。

【译文】

【经】秋天，七月，嫁在齐国的周王之女去世。

【传】是鲁国为她主婚的，所以要记载她的去世。

【经】冬，十有二月，夫人姜氏会齐侯于禚[①]。

【传】妇人既嫁不逾竟，逾竟，非正也。妇人不言会，言会，非正也。飨，甚矣。

【注释】

①姜氏：鲁庄公的母亲文姜。齐侯：齐襄公姜诸儿，文姜的同父异母兄长，二人私通，曾合谋杀文姜的丈夫鲁桓公。禚（zhuó）：齐地，在今山东长清境。

【译文】

【经】冬天，十二月，夫人姜氏和齐襄公在禚会面。

【传】女子已经出嫁就不能再走出国境，走出国境，是不合礼制的。对于女子不能说“会”，说“会”，是不合礼制的。设宴款待，就更过分了。

【经】乙酉[①]，宋公冯卒[②]。

【注释】

①乙酉：当为该年十二月的初四日。

②宋公冯：宋国国君，姓子名冯，谥庄，即宋庄公。

【译文】

【经】乙酉（十二月初四）日，宋庄公子冯去世。

三年

【经】三年，春，王正月，溺会齐师伐卫[①]。

【传】溺者何也？公子溺也。其不称公子，何也？恶其会仇雠而伐同姓[②]，故贬而名之也。

【注释】

①溺：鲁国大夫，同时也是鲁国宗室。

②同姓：卫国和鲁国都是姬姓。

【译文】

【经】鲁庄公三年，春天，周王的正月，溺会同齐襄公攻打卫国。

【传】溺是谁呢？是鲁国公子姬溺。经文不称公子，为什么呢？是厌恶他会同仇敌而去攻打同姓的国家，所以要贬低他称他的名字。

【经】夏，四月，葬宋庄公。

【传】月葬，故也[①]。

【注释】

①故：变故。

【译文】

【经】夏天，四月，安葬宋庄公。

【传】记载下葬的月份，是有变故。

【经】五月，葬桓王[①]。

【传】传曰：改葬也。改葬之礼缌[②]，举下[③]，缅也[④]。或曰，却尸以求诸侯[⑤]。天子志崩不志葬，必其时也。何必焉？举天下而葬一人，其义不疑也[⑥]。志葬，故也[⑦]，危不得葬也。曰：近不失崩[⑧]，不志崩，失天下也。独阴不生，独阳不生，独天不生，三合然后生。故曰：母之子也可，天之子也可，尊者取尊称焉，卑者取卑称焉。其曰王者，民之所归往也。

【注释】

①桓王：周桓王姬林，按照当时的礼制，天子七月而葬，周桓王应该在鲁桓公十五年十月就安葬了，这里又提到安葬桓王，所以《穀梁传》认为是改葬。

②缌（sī）：细麻布，当时多用来制作丧服。

③举下：使用等级较低的。这里是指缌服是丧服中最末一等。

④缅：缅怀。

⑤却：停、退的意思，就是推迟下葬。尸：柩，装着尸体的棺材。尸和柩对举的时候有区别，不对举的时候则通用。求诸侯：等各国诸侯来参加葬礼。

⑥义：道理。

⑦故：有缘故，有变故。

⑧近不失崩：指鲁国离周天子所在的洛阳近，不会不知道天子驾崩的消息。

【译文】

【经】五月，安葬周桓王。

【传】《传》说：这是改葬。改葬时候的礼仪要求穿缌质丧服，用最末一等的，是缅怀的意思。又有另一种说法：这是停尸缓葬以等待诸侯们来参加葬礼。对天子只记载去世时间不记载安葬时间，因为一定会在规定的时间安葬。为什么一定呢？因为全天下都要为天子举行葬礼，这道理是不容置疑的。记载安葬，是有缘故的，有危难之事不能及时安葬。再说：鲁国距周天子近，不会不知道天子去世的消息，如果不记载天子去世，就是天子失去天下了。万物只有阴不能诞生，只有阳不能诞生，只有天不能诞生，三者合在一起了才能诞生。所以说，可以说是母亲的儿子，可以说是上天的儿子，尊贵的人就采用尊贵的称呼，卑微的人就采用卑微的称呼。称为“王”的，因为他是万民都归顺向往的人。

【经】秋，纪季以酅入于齐也[①]。

【传】酅，纪之邑也。入于齐者，以酅事齐也。入者，内弗受也。

【注释】

①纪季：纪哀侯姜叔姬的弟弟姜季。酅（xī）：纪国邑名，在今山东临淄东。

【译文】

【经】秋天，纪国国君的弟弟纪季带着酅城归入齐国。

【传】酅，是纪国的小城。“入于齐”的意思，就是把酅归入齐国侍奉齐侯了。“入”的意思，表示齐不应该接受。

【经】冬，公次于郎[①]。

【传】次，止也。有畏也[②]，欲救纪而不能也[③]。

【注释】

①次：驻扎。

②有畏也：指害怕齐国。

③欲救纪而不能也：本来鲁庄公是要与郑厉公会面商量救纪国的事的，但郑厉公拒绝了。

【译文】

【经】冬天，鲁庄公驻扎在郎。

【传】次，停留的意思。有所畏惧，想救纪国却又不能够。

四年

【经】四年，春，王二月，夫人姜氏飨齐侯于祝丘[①]。

【传】飨,甚矣。飨齐侯,所以病齐侯也。

【注释】

①飨:设宴款待。祝丘:齐地地名,在今山东临沂河东区汤河镇故县村。

【译文】

【经】庄公四年,春天,周王二月,鲁桓公夫人文姜在祝丘设宴款待齐襄公。

【传】设宴款待,太过分了。经文说设宴款待齐襄公,是用来讥讽齐襄公的。

【经】三月,纪伯姬卒[①]。

【传】外夫人不卒,此其言卒,何也?吾女也[②]。适诸侯则尊同[③],以吾为之变[④],卒之也。

【注释】

①纪伯姬:隐公二年纪履緰迎娶的女子。

②吾女:指纪伯姬是鲁国国君的女儿。

③适:嫁。尊同:尊贵的地位相同。

④变:变更书写体例。

【译文】

【经】三月,嫁到纪国的伯姬去世。

【传】外国的夫人去世不记载,这里经文记载了,为什么呢?因为伯姬是我们鲁国国君的女儿。嫁给了诸侯那么地位就和诸侯一样尊贵了,因为是我国国君的女儿,所以变更书写体例,记载她的去世。

【经】夏，齐侯、陈侯、郑伯遇于垂[①]。

【注释】

①齐侯：齐襄公姜诸儿。陈侯：陈宣公妫(guī)杵臼(chǔjiù)。郑伯：此时郑国的国君是子婴，他是郑庄公的儿子，郑昭公忽、郑厉公突、公子亹(wěi)的弟弟。遇：《穀梁传》认为"不期而会曰遇"、"遇者，志相得也"。垂：春秋卫邑，当在今山东曹县北句阳店。

【译文】

【经】夏天，齐襄公、陈宣公、郑伯子婴在垂会面。

【经】纪侯大去其国[①]。

【传】大去者，不遗一人之辞也。言民之从者，四年而后毕也。纪侯贤而齐侯灭之，不言灭而曰大去其国者，不使小人加乎君子。

【注释】

①纪侯大去其国：据《左传》记载，纪哀侯姜叔姬不愿屈辱附属齐国，便将国家让给其弟姜季，自己出逃避难，姜季就是纪威侯。

【译文】

【经】纪国国君纪哀侯姜叔姬彻底地离开了他的国家。

【传】大去的意思，就是没有留下一个人的意思。就是说愿意追随纪国国君的民众，四年之后已经全部离开了。纪国国君贤明，但是齐国却灭亡了纪国，不说灭国而说彻底地离开他的国家，是为了不让道德败坏的人凌驾在道德高尚的人之上。

【经】六月，乙丑[①]，齐侯葬纪伯姬[②]。

【传】外夫人不书葬，此其书葬，何也？吾女也。失国，故隐而葬之[3]。

【注释】

①乙丑：当为该年六月的二十三日。

②齐侯：齐襄公。

③隐：伤痛，悲痛。

【译文】

【经】六月，乙丑（二十三）日，齐襄公安葬了纪伯姬。

【传】外国的夫人下葬是不记载的，这里经文记载了下葬，为什么呢？因为伯姬是我国国君的女儿。又失去了国家，所以感到悲伤而记载了。

【经】秋，七月。

【译文】

【经】秋天，七月。

【经】冬，公及齐人狩于郜[1]。

【传】齐人者，齐侯也。其曰人，何也？卑公之敌，所以卑公也。何为卑公也？不复仇而怨不释，刺释怨也。

【注释】

①郜：地名，或为隐公十年之郜，此时已由宋地而为鲁地，在今山东城武东南十八里。

【译文】

【经】冬天，鲁庄公与齐襄公一起在郜打猎。

【传】齐人，就是齐襄公的意思。经文说“人”，为什么呢？贬低庄公的敌人，以此来贬低庄公。为什么贬低庄公呢？没有报先君的仇，对齐国的怨恨就不能消除，这样写是讽刺他消除了怨恨。

五年

【经】五年，春，王正月。

【译文】

【经】鲁庄公五年，春天，周王的正月。

【经】夏，夫人姜氏如齐师[①]。

【传】师而曰如，众也。妇人既嫁不逾竟，逾竟非礼也。

【注释】

①如：去，往。

【译文】

【经】夏天，鲁桓公夫人文姜到齐国的军队中去。

【传】到军队中去却用了“如”，说人数众多。女子已经出嫁就不能越过国境，越过国境是不合礼制的。

【经】秋，郳黎来来朝[①]。

【传】郳，国也。黎来，微国之君，未爵命者也。

【注释】

①郳(ní):小国,亦称小邾、小邾娄,曹姓,开国君主是邾文公之子友(一说名肥),后为楚灭。在山东滕州。黎来:郳国国君的名字。

【译文】

【经】秋天,郳国国君黎来来鲁国访问。

【传】郳,是一个国家。黎来,是这个小国的国君,没有得到周天子授予的爵位。

【经】冬,公会齐人、宋人、陈人、蔡人伐卫①。

【传】是齐侯、宋公也②,其曰人,何也?人诸侯,所以人公也。其人公,何也?逆天王之命也③。

【注释】

①伐卫:此次伐卫是为了帮助卫惠公姬朔。桓公十六年他逃亡到齐国,此时诸国帮他回国。

②齐侯、宋公:齐襄公姜诸儿、宋闵公子捷。

③逆天王之命:指周王不愿意立朔为卫国国君,于是在庄公六年派兵救卫。

【译文】

【经】冬天,鲁庄公和齐国人、宋国人、陈国人、蔡国人一起攻打卫国。

【传】这是齐国国君、宋国国君,经文说“人”,为什么呢?用“人”称呼诸侯,就是用“人”来称呼鲁庄公。经文用“人”来称呼鲁庄公,为什么呢?因为他违背周天子的命令。

六年

【经】六年，春，王三月，王人子突救卫[1]。

【传】王人，卑者也。称名，贵之也[2]，善救卫也。救者善，则伐者不正矣。

【注释】

①王人：周王室的官员。子突：该官员的名。

②贵：以……为贵，就是尊重的意思。

【译文】

【经】鲁庄公六年，春天，周王的三月，周王室的官员子突救援卫国。

【传】王人的意思，就是地位卑微的官员。称呼他的名字，是尊重他，是赞许他救援卫国的行为。救援卫国的人值得赞许，那么攻打卫国的人就是不正义的了。

【经】夏，六月，卫侯朔入于卫。

【传】其不言伐卫纳朔，何也？不逆天王之命也[1]。入者，内弗受也。何用弗受也？为以王命绝之也。朔之名，恶也[2]。朔入逆，则出顺矣。朔出入名[3]，以王命绝之也。

【注释】

①逆：违背。

②恶（wù）：厌恶、憎恶的意思。

③出入：指出国和回国。

【译文】

【经】夏天，六月，卫惠公姬朔进入卫国。

【传】经文不说诸国攻打卫国而使卫惠公姬朔回国，为什么呢？是因为不能违背周天子的命令。入，就是卫国人不愿意接受的意思。为什么不接受呢？是按照周天子的命令废弃他。直接称呼他的名字“朔”，是厌恶他。姬朔进入卫国是违背天子之命的，那么离开卫国就是顺从天子了。姬朔出入卫国都直呼他的名字，是按照天子的命令废弃他。

【经】秋，公至自伐卫[①]。

【传】恶事不致，此其致，何也？不致，则无用见公之恶事之成也。

【注释】

①至：诸侯出国归来之后举行的告庙之礼，告诉祖先自己平安回来了。下文“致”也是这个意思。

【译文】

【经】秋天，鲁庄公从攻打卫国的战场回来告祭祖庙。

【传】对做了坏事回来是不记载其告庙活动的，这里记载了，为什么呢？不记载的话，就无法用来表现庄公做成了坏事。

【经】螟[①]。

【注释】

①螟（míng）：一种蛀食稻心的害虫，此当泛指虫灾。

【译文】

发生虫灾。

【经】冬，齐人来归卫宝。

【传】以齐首之，分恶于齐也。使之如下齐而来我然[①]，恶战则杀矣[②]。

【注释】

①下：在下位。

②恶战：罪恶的战事。杀：减轻。

【译文】

【经】冬天，齐国送来卫国的宝物。

【传】因为齐国是伐卫的首领，所以将罪恶分给齐国。让这件事看起来好像齐国处在下位而来我国的样子，那这罪恶战事的罪责就减轻了。

七年

【经】七年，春，夫人姜氏会齐侯于防[①]。

【传】妇人不会，会，非正也。

【注释】

①防：鲁地，在今山东费县东北。

【译文】

【经】庄公七年，春天，鲁桓公夫人文姜在防地会见齐襄公。

【传】女子不能会见，会见，是不合礼制的。

【经】夏，四月，辛卯昔[①]，恒星不见。

【传】恒星者，经星也[②]。日入至于星出，谓之昔。不见者,可以见也。

【注释】

①辛卯:当为该年四月的初五日。昔:日暮。

②经:常的意思。

【译文】

【经】夏天,四月,辛卯(初五)日的晚上,恒星不见了。

【传】恒星,就是经常可以看见的星星。日落之后星星出来之前这段时间,就叫做昔。不见的意思,是说本来可以看见的。

【经】夜中[①],星陨如雨[②]。

【传】其陨也如雨,是夜中与?《春秋》着以传着,疑以传疑[③]。中之几也[④],而曰夜中,着焉尔。何用见其中也?失变而录其时[⑤],则夜中矣。其不曰恒星之陨,何也?我知恒星之不见,而不知其陨也。我见其陨而接于地者,则是雨说也[⑥]。着于上,见于下[⑦],谓之雨;着于下,不见于上,谓之陨,岂雨说哉?

【注释】

①夜中:夜半,半夜。

②陨(yǔn):特指星星坠落于此地。

③着以传着,疑以传疑:对于明显的事情便用确实的说法,对于可疑的事情便传用疑惑的说法。

④几:微,指夜中这样的时刻微约难以辨察。

⑤录其时:记录时刻。指星象有变的时候就检录漏刻,以此为起点推算夜半。

⑦雨(yù):表示落下来的意思。

⑧着于上,见于下:显现于天上,被看见在地上。就是说看得见落下来的过程,就叫做“雨”,只看见落在了地上这个结果,而没见到它从天上落下来的过程,就叫做“陨”。

【译文】

【经】半夜,星星落下来像下雨。

【传】星星落下来像下雨,是在半夜吗?《春秋》对于明显的事情便用确实的说法,对于可疑的事情便传用疑惑的说法。半夜是一个难以辨察的时刻,却说了是半夜,就是很明确的。是根据什么知道是在半夜的呢?星象有了变化的时候就检录漏刻,就知道是半夜了。经文不说恒星陨落了,为什么呢?因为记录的人只知道恒星看不见了,而不知道它是否坠落了。记录的人看见它落下来然后掉到地上,那么这用“雨”来说。显现于天上,被看见在地上,称作“雨”;显现于地上,没有被看见在天上的,就称作“陨”,怎么可以用“雨”来称说呢?

【经】秋,大水。

【传】高下有水灾,曰大水。

【译文】

【经】秋天,大水成灾。

【传】高地和低地都有涨水成灾就称作“大水”。

【经】无麦、苗[①]。

【传】麦、苗同时也。

【注释】

①苗:黍、稷的幼苗,禾初生曰苗,秀曰禾。此时是周历的秋天,相当于夏历的夏天,夏天麦子收获,禾苗刚开始生长。

【译文】

【经】没有麦子、禾苗。

【传】麦子和禾苗同时受灾。

【经】冬,夫人姜氏会齐侯于谷[①]。

【传】妇人不会,会,非正也。

【注释】

①谷:齐国地名,在今山东东阿。

【译文】

【经】冬天,鲁桓公夫人文姜和齐襄公在谷会面。

【传】女子不能会见,会见,是不合礼制的。

八年

【经】八年,春,王正月,师次于郎,以俟陈人、蔡人[①]。

【传】次,止也。俟,待也。

【注释】

①俟陈人、蔡人:陈国、蔡国打算攻打鲁国,这是鲁国做好准备。

【译文】

【经】庄公八年,春天,周王的正月,鲁国军队驻扎在郎,等待陈国、蔡国的来犯。

【传】次，是驻扎。俟，是等待。

【经】甲午[①]，治兵[②]。

【传】出曰治兵[③]，习战也[④]。入曰振旅[⑤]，习战也。治兵而陈、蔡不至矣。兵事以严终，故曰善陈者不战[⑥]，此之谓也。善为国者不师，善师者不陈，善陈者不战，善战者不死，善死者不亡。

【注释】

①甲午：当为该年的正月十三。

②治兵：操练军队。

③出：出到郊野。

④习战：练习作战。

⑤入：指进入国都。振旅：整顿军队。

⑥陈：布设军阵。

【译文】

【经】甲午（正月十三）日，操练军队。

【传】出到郊野叫操练军队，这是练习作战。进入国都叫整顿军队，这也是练习作战。操练了军队，陈国、蔡国就不来了。军事上从始至终都要严整，所以说善于布阵的人不必作战，就是说的这个。善于治理国家的人不必依靠军队，善于指挥军队的人不必布阵，善于布阵的人不必作战，善于作战的人不必担心伤亡，善于为国而死的人可以使他的国家不亡。

【经】夏，师及齐师围郕[①]，郕降于齐师。

【传】其曰降于齐师何？不使齐师加威于郕也。

【注释】

①郕(chéng):又作“成”。西周封国。姬姓,始封之君为周文王之子叔武。在今山东汶上北,一说在今河南范县东南。

【译文】

【经】夏天,鲁军和齐军围攻郕国,郕国向齐国投降。

【传】经文为什么说向齐国投降呢?为了不让齐军向郕国施加武力。

【经】秋,师还[①]。

【传】还者,事未毕也,遁也。

【注释】

①还:指鲁军回国。

【译文】

【经】秋天,鲁军回国。

【传】还,是战事还没有结束,就退却了。

【经】冬,十有一月,癸未[①],齐无知弑其君诸儿[②]。

【传】大夫弑其君,以国氏者,嫌也[③],弑而代之也。

【注释】

①癸未:当为该年十一月的初七日。

②无知:齐国大夫,公孙无知,是齐僖公之弟夷仲年之子。诸儿:齐襄公的名。

③嫌:有篡夺君位的嫌疑。

【译文】

【经】冬天，十一月，癸未（初七）日，齐国的无知杀死了他的国君姜诸儿。

【传】大夫杀国君，记载时在他的名字前冠以国名，表示有篡夺君位的嫌疑，杀了国君取而代之。

九年

【经】九年，春，齐人杀无知。

【传】无知之挈①，失嫌也②。称人以杀大夫③，杀有罪也。

【注释】

①挈（qiè）：提，指特用其名，称名不称族。这里是说提到无知的名字。可与隐公四年卫人杀祝吁互相参考。

②失嫌：失去主政的权力。

③称人：指经文书写“齐人”。

【译文】

【经】庄公九年，春天，齐国人杀了公孙无知。

【传】提到无知的名字，是说他失去了主政的权力。经文称说“人”诛杀，表示被诛杀者是有罪的人。

【经】公及齐大夫盟于暨①。

【传】公不及大夫②。大夫不名，无君也。盟，纳子纠也③。不日，其盟渝也。当齐无君，制在公矣④。当可纳而不纳⑤，故恶内也⑥。

【注释】

①暨:鲁国地名,在今山东枣庄东。

②公不及大夫:意为鲁国国君不与别国大夫结盟。《春秋穀梁传注疏》解释说:"《春秋》之义,内大夫可以会诸侯,公不可以盟外大夫,所以明尊卑,定内外也。"

③纳子纠也:送公子纠回国。庄公九年主要涉及齐国的公子纠和公子小白争夺君位之事。齐襄公即位后,管仲和召忽保公子纠逃到母舅鲁国避难,鲍叔牙保公子小白到莒国避难。齐襄公去世,公孙无知被杀之后,二位公子争夺君位,鲁国欲送公子纠回国即位,遣管仲在公子小白回国路上截击,公子小白诈死后偷偷回国,而鲁国以为小白已死便缓缓送公子纠回国,晚于公子小白,公子小白即位为齐桓公,发兵在乾时击败鲁军,后又杀死公子纠,详见《史记·齐太公世家》。

④制:裁决,裁断。

⑤当可纳而不纳:指鲁国送公子纠回国晚了,让公子小白当上了齐君。

⑦内:指鲁国。

【译文】

【经】鲁庄公和齐国大夫在暨会盟。

【传】鲁国国君不与别国大夫结盟。经文没有说大夫的名字,因为齐国没有国君。约定的内容,是送公子纠回国。不记载日期,因为盟约变了。在齐国没有国君时,决定权在鲁庄公手里。在可以送回国的时候而没有送回国,所以贬低鲁国。

【经】夏,公伐齐,纳纠。

【传】当可纳而不纳,齐变而后伐,故干时之战不讳败,恶内也。

【译文】

【经】夏天，鲁庄公讨伐齐国，要把公子纠送回国。

【传】在可以送回国的时候而没有送回国，齐国发生了变故之后去讨伐，所以记录乾时之战时不避讳说战败，是为了贬低鲁国。

【经】齐小白入于齐。

【传】大夫出奔反，以好曰归，以恶曰入。齐公孙无知弑襄公，公子纠、公子小白不能存，出亡。齐人杀无知，而迎公子纠于鲁。公子小白不让公子纠，先入，又杀之于鲁，故曰齐小白入于齐，恶之也。

【译文】

【经】齐国的小白进入齐国。

【传】大夫出逃回来，认为他好就记“归”，认为他不好就记“入”。齐国的公孙无知杀了齐襄公，公子纠、公子小白不能待下去，出逃国外。齐国人杀了公孙无知，到鲁国迎接公子纠。公子小白不相让于公子纠，先进入齐国，又在鲁国杀害他，所以经文说“齐小白入于齐”，是厌恶他。

【经】秋，七月，丁酉①，葬齐襄公。

【注释】

①丁酉：当为该年七月的二十四日。

【译文】

【经】秋天，七月，丁酉(二十四)日，安葬齐襄公。

【经】八月，庚申[①]，及齐师战于乾时[②]，我师败绩。

【注释】

①庚申：当为该年八月的十八日。

②乾时：齐地，在今山东临淄的西边。

【译文】

【经】八月，庚申（十八）日，鲁军和齐军在乾时交战，我军打了败仗。

【经】九月，齐人取子纠杀之。

【传】外不言取，言取，病内也[①]。取，易辞也，犹曰取其子纠而杀之云尔。十室之邑，可以逃难，百室之邑，可以隐死。以千乘之鲁而不能存子纠，以公为病矣。

【注释】

①病：指责，责备。

【译文】

【经】九月，齐国人得到公子纠并把他杀害。

【传】对外国是不用“取”字的，用“取”字，是责备鲁国。取，表示很容易的说辞，就相当于“很容易地得到公子纠而后把他杀害了”这样的说法。有十户人家的小城，可以逃避危难，有百户人家的小城，可以隐藏不死。凭借有战车千乘的鲁国却不能保住公子纠，经文认为这是鲁庄公的耻辱。

【经】冬，浚洙[①]。

【传】浚洙者，深洙也。着力不足也[②]。

【注释】

①浚(jùn):疏浚,挖掘。洙:古水名,源出今山东新泰东北,西流泰安东南,折西南,到济宁泗水北与泗水合流,西至曲阜城东北又与泗水分流,西经济宁与溪合流,折南注入泗水。

②着:显现。

【译文】

【经】冬天,疏浚洙水。

【传】浚洙,就是挖深洙水的河道。显现出鲁国的兵力不足。

十年

【经】十年,春,王正月,公败齐师于长勺[①]。

【传】不日,疑战也[②]。疑战而曰败,胜内也。

【注释】

①长勺:鲁国地名,在今山东莱芜东北,一说在今曲阜北。

②疑战:指突然袭击。

【译文】

【经】鲁庄公十年,春天,周王的正月,鲁庄公率军在长勺击败齐军。

【传】不记载日期,因为是突然袭击。突袭而又说击败,因为是鲁国取得胜利。

【经】二月,公侵宋[①]。

【传】侵时,此其月,何也?乃深其怨于齐,又退侵宋以众其敌,恶之,故谨而月之。

【注释】

①侵：有钟鼓叫“伐”，没有钟鼓叫“侵”。

【译文】

【经】二月，鲁庄公率军入侵宋国。

【传】入侵一般记载季节，这里经文记载月份，为什么呢？已经加深了和齐国的怨仇，又退兵入侵宋国来增加自己的敌人，贬低这种做法，所以慎重地记载了这件事的月份。

【经】三月，宋人迁宿[①]。

【传】迁，亡辞也。其不地[②]，宿不复见也。迁者，犹未失其国家以往者也。

【注释】

①迁：指迁移走当地的民众而占领他们的土地。宿：国名，风姓，约在今山东东平东南。

②不地：不记载迁往何处。

【译文】

【经】三月，宋国人迁走宿国。

【传】迁，是灭亡的说辞。经文没有记载迁往何处，宿国也没有在经文中再出现了。用“迁”字，就好像没有失去国家而离开了一样。

【经】夏，六月，齐师、宋师次于郎。

【传】次，止也。畏我也。

【译文】

【经】夏天，六月，齐军、宋军在郎地驻扎。

【传】次，是驻扎的意思。畏惧我国。

【经】公败宋师于乘丘[1]。

【传】不日，疑战也。疑战而曰败，胜内也。

【注释】

①乘丘：鲁国地名，在今山东兖州西南三十五里。

【译文】

【经】鲁庄公率军在乘丘击败宋军。

【传】不记载日期，因为是突然袭击。突袭而又说击败，因为是鲁国取得胜利。

【经】秋，九月，荆败蔡师于莘[1]，以蔡侯献武归[2]。

【传】荆者楚也。何为谓之荆？狄之也。何为狄之？圣人立，必后至，天子弱，必先叛，故曰荆，狄之也。蔡侯何以名也？绝之也。何为绝之？获也。中国不言败[3]，此其言败，何也？中国不言败，蔡侯其见获乎？其言败，何也？释蔡侯之获也。以归，犹愈乎执也。

【注释】

①莘（shēn）：蔡国地名，在今河南汝南一带。

②蔡侯献武：蔡哀侯，姓姬，名献武，公元前694年—前675年在位。

③中国：指中原各国。

【译文】

【经】秋天，九月，楚国在莘击败蔡军，把蔡哀侯献武带回国。

【传】荆就是楚国。为什么称呼它为荆？是把它看做蛮族。为什么把它看做蛮族？天子即位，它一定最后来朝见，天子柔弱，它一定最先背叛，所以称为荆，把它看做蛮族。为什么称呼蔡哀侯的名字？是弃绝他。为什么弃绝他？因为他被俘虏了。中原各国不用“败”字，这里经文说了“败”，为什么呢？中原各国不用“败”字，蔡哀侯被俘虏了吗？经文说“败”，为什么呢？是为了说明蔡哀侯被俘虏了。说“以归”，尚且比说“执”要委婉一些。

【经】冬，十月，齐师灭谭[①]，谭子奔莒[②]。

【注释】

①谭：小国名，在今山东济南东。

②莒(jǔ)：莒国，己姓，在今山东莒县境。

【译文】

【经】冬天，十月，齐军灭亡了谭国，谭国国君逃往莒国。

十一年

【经】十有一年，春，王正月。

【译文】

【经】鲁庄公十一年，春天，周王的正月。

【经】夏，五月，戊寅[①]，公败宋师于鄑[②]。

【传】内事不言战，举其大者[③]。其日，成败之也[④]。宋万之获也[⑤]。

【注释】

①戊寅：当为该年五月的十七日。

②郚(zī)：鲁地，在今山东汶上附近。

③内事不言战：对有鲁国参与的战争不用"战"字，只记载战争结果。如果用"战"字，那就是鲁国战败的讳饰之辞。

④成：《春秋穀梁传注疏》认为是"结日列陈，不以诈相袭，得败师之道，故曰成也"。结日是占卜用语，《说文解字》中解释"成"为"成，就也"。《广韵》中解释"成"为"凡功卒业就谓之成"。

⑤宋万：宋国大夫，南宫长万，南宫是其氏，长是其字，万是其名。

【译文】

【经】夏天，五月，戊寅(十七)日，鲁庄公率军在郚打败宋军。

【传】鲁国参与的战争不说"战"，只说出重要的。经文记载日期，是为了表明正大光明地打败宋国。宋万被俘虏了。

【经】秋，宋大水。

【传】外灾不书，此何以书？王者之后也[①]。高下有水灾曰大水。

【注释】

①王者之后：宋国是殷商王室之后，其初代国君微子启是商纣王的异母哥哥。

【译文】

【经】秋天，宋国发生大水灾。

【传】外国的灾祸不记载，这里为什么记载了呢？因为宋国是殷商王室的后代。高地和低地都有水灾就称作"大水"。

【经】冬，王姬归于齐[①]。

【传】其志，过我也。

【注释】

①王姬：周庄王姬佗之女。

【译文】

【经】冬天，周庄王的女儿嫁到齐国。

【传】经文记载，是因为她路过了鲁国。

十二年

【经】十有二年，春，王三月，纪叔姬归于酅[①]。

【传】国而曰归，此邑也，其曰归，何也？吾女也，失国，喜得其所，故言归焉尔。

【注释】

①纪叔姬：纪伯姬的妹妹，随伯姬嫁到纪国，后纪国为齐所灭，叔姬此时去依靠姜季。酅（xī）：庄公三年，姜季带着酅投靠齐国作为齐国的附庸。

【译文】

【经】庄公十二年，春天，周王的三月，纪叔姬回到酅城。

【传】只有对国家才说“归”，酅是小城，经文说“归”，为什么呢？因为叔姬是鲁国国君的女儿，失去了国家，高兴她又得到了处所，所以说“归”。

【经】夏，四月。

【译文】

【经】夏天，四月。

【经】秋，八月，甲午[1]，宋万弑其君捷[2]。

【传】宋万，宋之卑者也。卑者以国氏。及其大夫仇牧[3]，以尊及卑也[4]。仇牧，闲也[5]。

【注释】

①甲午：当为该年八月的初十日。

②捷：宋闵公的名。传文中的“及其大夫仇牧”疑为经文，应当接在此句之后，今遵照阮本原样抄录。

③仇牧：宋国大夫，据《左传》，宋万杀害宋闵公后又杀害了仇牧。此句疑应是经文，即“宋万弑其君捷及其大夫仇牧”。

④以尊及卑：指先写到宋闵公，再写到仇牧。

⑤闲：栏杆一类的遮拦物，此处是守护的意思。据《公羊传》、《史记》等，仇牧听说宋闵公被杀，便前往救援，在宫门被宋万杀害。

【译文】

【经】秋天，八月，甲午（初十）日，宋万杀害了他的国君子捷。

【传】宋万，是宋国地位卑微的人。卑微的人却冠以国名。和他的大夫仇牧，是从地位尊贵的写到地位卑微的。仇牧，守护了宋闵公。

【经】冬，十月，宋万出奔陈。

【译文】

【经】冬天，十月，宋万逃亡陈国。

十三年

【经】十有三年,春,齐人、宋人、陈人、蔡人、邾人会于北杏[①]。

【传】是齐侯、宋公也。其曰人,何也?始疑之。何疑焉?桓非受命之伯也[②],将以事授之者也。曰:可以乎?未乎?举人,众之辞也[③]。

【注释】

①北杏:齐国地名,在今山东东阿北。

②伯:指方伯,一方诸侯之长。

③众之辞:人数众多的说法,也就是说大家都同意。

【译文】

【经】庄公十三年,春天,齐国人、宋国人、陈国人、蔡国人、邾国人在北杏会盟。

【传】这是齐桓公和宋桓公。经文里称人,为什么呢?是因为一开始时有疑惑。为什么疑惑呢?因为齐桓公不是受到天子任命的方伯,将要把事委任给他。说:可以给他吗?不可以吗?经文用"人"字,是表示人数众多的说法。

【经】夏,六月,齐人灭遂[①]。

【传】遂,国也。其不日,微国也。

【注释】

①遂:国名,妫(guī)姓,为虞舜之后,在今山东宁阳西北。据《左

传》，年初齐国召集北杏之会，商讨平定宋国内乱之事，遂国没有到会，于是在夏天的时候齐国将其灭亡。

【译文】

【经】夏天，六月，齐国灭亡了遂国。

【传】遂，是一个国家。经文不记载日期，因为它是小国。

【经】秋，七月。

【译文】

【经】秋天，七月。

【经】冬，公会齐侯，盟于柯[①]。

【传】曹刿之盟也[②]，信齐侯也。桓盟虽内与[③]，不日，信也[④]。

【注释】

①柯：齐国地名，在今山东阳谷东北。

②曹刿（guì）：鲁国大夫。之：去，往。

③内：指鲁庄公。

④信：守信用。

【译文】

【经】冬天，鲁庄公会见齐桓公，在柯结盟。

【传】曹刿参加了会盟，齐桓公守信用。虽然鲁庄公也参加了与齐桓公的会盟，却没有记载日期，是因为齐桓公守信用。

十四年

【经】十有四年，春，齐人、陈人、曹人伐宋。

【译文】

【经】庄公十四年，春天，齐国人、陈国人、曹国人讨伐宋国。

【经】夏，单伯会伐宋[1]。

【传】会，事之成也[2]。

【注释】

①单伯：周大夫，即鲁庄公元年送王姬的单伯。

②成：指伐宋已经结束了。

【译文】

【经】夏天，周大夫单伯会见讨伐宋国的诸侯。

【传】“会”的意思，就是伐宋已经结束了。

【经】秋，七月，荆入蔡。

【传】荆者，楚也。其曰荆，何也？州举之也[1]。州不如国，国不如名，名不如字。

【注释】

①州举之：指把楚国称作“荆”，称它的州名。

【译文】

【经】秋天，七月，楚国入侵蔡国。

【传】荆，就是楚国。经文说“荆”，为什么呢？是称它的州名。称州名比不上称国名，称国名比不上称人名，称人名比不上称人的字。

【经】冬，单伯会齐侯、宋公、卫侯、郑伯于鄄[1]。

【传】复同会也。

【注释】

①齐侯：指齐桓公姜小白，公元前685年—前643年在位。宋公：指宋桓公子御说，公元前681年—前651年在位。卫侯：指卫惠公姬朔，公元前688年—前669年在位。郑伯：指郑厉公姬突，公元前701年—前697年及公元前680年—前673年在位。鄄（juàn）：卫地名，在今山东鄄城北旧城镇。

【译文】

【经】冬天，周大夫单伯和齐桓公姜小白、宋桓公子御说、卫惠公姬朔、郑厉公姬突在鄄会面。

【传】再一次共同会面。

十五年

【经】十有五年，春，齐侯、宋公、陈侯、卫侯、郑伯会于鄄。

【传】复同会也。

【译文】

【经】庄公十五年，春天，齐桓公、宋桓公、陈宣公、卫惠公、郑厉公在鄄会面。

【传】再一次共同会面。

【经】夏，夫人姜氏如齐[①]。

【传】妇人既嫁不逾竟，逾竟，非礼也。

【注释】

①夫人姜氏：指鲁桓公的夫人文姜。

【译文】

【经】夏天，鲁桓公夫人文姜前往齐国。

【传】妇女已经出嫁了就不应该越过国境，越过国境，是不合礼制的。

【经】秋，宋人、齐人、邾人伐郳[①]。

【注释】

①郳（ní）：小国，亦称小邾、小邾娄，曹姓，开国君主是邾文公之子友（一说名肥），后为楚灭。在山东滕州。

【译文】

【经】秋天，宋国人、齐国人、邾国人讨伐郳国。

【经】郑人侵宋。

【译文】

【经】郑国人入侵宋国。

【经】冬，十月。

【译文】

【经】冬天，十月。

十六年

【经】十有六年，春，王正月。

【译文】

【经】庄公十六年，春天，周王的正月。

【经】夏，宋人、齐人、卫人伐郑。

【译文】

【经】夏天，宋国人、齐国人、卫国人讨伐郑国。

【经】秋，荆伐郑。

【译文】

【经】秋天，楚国讨伐郑国。

【经】冬，十有二月，会齐侯、宋公、陈侯、卫侯、郑伯、许男、曹伯、滑伯、滕子[①]，同盟于幽[②]。

【传】同者，有同也，同尊周也。不言公[③]，外内寮一[④]，疑之也[⑤]。

【注释】

①齐侯、宋公、陈侯、卫侯、郑伯、许男、曹伯、滑伯、滕子：齐桓公姜小白、宋桓公子御说、陈宣公妫杵臼、卫惠公姬朔、郑厉公

姬突、许穆公姜新臣、曹庄公姬射姑、滑国国君、滕国国君。

②幽：宋地名，在今河南兰考。

③不言公：指没有提到鲁庄公，没有用“公会某某”这样的格式。

④外内寮：指远近诸侯。寮，通“僚”，这里指诸侯。

⑤疑之：怀疑他。指诸侯们都怀疑鲁国是否愿意奉齐为诸侯盟主。

【译文】

【经】冬天，十二月，与齐桓公、宋桓公、陈宣公、卫惠公、郑厉公、许穆公、曹庄公、滑国国君、滕国国君会面，共同在幽结下盟约。

【传】同，就是有共同的地方，是共同尊奉周王室。不提鲁庄公，是因为远近的诸侯一致都怀疑他（是否愿意拥戴齐桓公为盟主）。

【经】邾子克卒[①]。

【传】其曰子，进之也。

【注释】

①邾子克：邾国国君，子爵，曹姓，名克。

【译文】

【经】邾国国君曹克去世。

【传】经文称“子”，是因为周王已经赐给他爵位了。

十七年

【经】十有七年，春，齐人执郑詹[①]。

【传】人者，众辞也。以人执，与之辞也[②]。郑詹，郑之卑者。卑者不志，此其志，何也？以其逃来志之也。逃来则何志焉[③]？将有其末，不得不录其本也。郑詹，郑之佞人也[4]。

【注释】

①郑詹(zhān):《穀梁传》认为是郑国地位低的官员,杜预认为是郑国的执政大臣。

②与之辞:表示赞同的写法。“与”是赞同的意思。

③逃来则何志焉:这句也是紧接前一问的,不是问为什么记载逃来,而是问为什么要记逃来就要先记载他被抓,不能只记载逃来吗?

④佞(nìng)人:善以巧言献媚的人。

【译文】

【经】庄公十七年,春天,齐国人抓了郑国的郑詹。

【传】“人”,是表示人数众多的说法。用“人”去抓获,是表示赞同的写法。郑詹,是郑国的地位卑微的人,地位卑微的人不应记载,这里记载了,为什么呢?因为记载了他逃到鲁国来。逃到鲁国来为什么就要记载呢?因为将要有一个结果,就不能不记载它的开始。郑詹,是郑国巧言献媚的人。

【经】夏,齐人歼于遂[1]。

【传】歼者,尽也。然则何为不言遂人尽齐人也?无遂之辞也[2]。无遂则何为言遂?其犹存遂也[3]。存遂奈何?曰:齐人灭遂,使人戍之。遂之因氏饮戍者酒而杀之[4],齐人歼焉。此谓狎敌也[5]。

【注释】

①遂:古国名,妫姓,在今山东宁阳北。庄公十三年(前681)被

齐国所灭。

②无遂之辞：表示遂国已经不存在了的说法。

③其犹存遂：如同遂国还存在。就是说经文这么写是为了让遂国看起来还存在一样。

④因氏：遂国的大家族之一。

⑤狎敌：轻敌。

【译文】

【经】夏天，齐国人在遂被全歼。

【传】歼，是全部消灭的意思。既然这样为什么不说遂国人全歼了齐国人呢？这是表示遂国已经不存在了的说法。遂国不存在了那又为什么说“遂”呢？就如同遂国还存在一样。怎么遂国还存在呢？回答说：齐国人灭亡了遂国，派军队驻守。遂国的因氏请守军喝酒然后杀了他们，齐国人被全歼。这就叫做轻敌。

【经】秋，郑詹自齐逃来。

【传】逃义曰逃[①]。

【注释】

①义：正义。因为前文说“齐人”抓了他，说明他有过错，所以在这件事当中齐国是正义的。

【译文】

【经】秋天，郑国的郑詹从齐国逃到鲁国来。

【传】逃避正义叫逃。

【经】冬，多麋[①]。

【注释】

①麋(mí):麋鹿。

【译文】

【经】冬天,麋鹿很多。

十八年

【经】十有八年,春,王三月,日有食之。

【传】不言日,不言朔[①],夜食也。何以知其夜食也?曰:王者朝日[②]。故虽为天子,必有尊也,贵为诸侯,必有长也。故天子朝日,诸侯朝朔[③]。

【注释】

①朔:每月第一天。

②王者朝日:指天子朝日的礼仪。天子每天在刚出太阳时,服玄冕在东门外朝日。这里承上文而言,是说天子朝日的时候日食还未完全结束,见太阳有缺损,所以知道是夜里发生日食。

③诸侯朝朔:指诸侯每月朔日在太庙举行仪式,听受天子发布的月历及政令。

【译文】

【经】庄公十八年,春天,周王的三月,发生日食。

【传】不说具体日期,不说是朔日,是夜里发生日食。怎么知道是夜里发生的日食呢?回答说:天子在日出的时候举行朝日之礼。所以即使作为天子,也一定有所尊崇,身份尊贵的诸侯,也一定有比他还大的。所以天子有朝日之礼,诸侯有朝朔之礼。

【经】夏,公追戎于济西[①]。

【传】其不言戎之伐我，何也？以公之追之。不使戎迩于我也[2]。于济西者，大之也[3]。何大焉？为公之追之也。

【注释】

①济西：济水之西。

②迩：近。

③大之也：意思是说济西是一个很大的范围，而不是说具体追到某个地点。这是因为鲁庄公亲自去追击，所以用了这样一种褒扬的写法。

【译文】

【经】夏天，鲁庄公率军追击戎人到济水以西地区。

【传】经文不说戎人攻打鲁国，为什么呢？因为是鲁庄公追击他们。没有让戎人接近我国。"于济西"，是夸大的说法。为什么夸大呢？因为是鲁庄公在追击他们。

【经】秋，有蜮[1]。

【传】一有一亡曰有[2]。蜮，射人者也。

【注释】

①蜮（yù）：食禾苗的害虫。当时传说为一种能含沙射影、使人发病的动物。《穀梁传》即这么认为。

②亡：同"无"，没有。

【译文】

【经】秋天，发生蜮灾。

【传】时有时无就叫做"有"。蜮，是一种能射影的动物。

【经】冬，十月。

【译文】

【经】冬天，十月。

十九年

【经】十有九年，春，王正月。

【译文】

【经】庄公十九年，春天，周王的正月。

【经】夏，四月。

【译文】

【经】夏天，四月。

【经】秋，公子结媵陈人之妇于鄄①，遂及齐侯、宋公盟②。

【传】媵，浅事也，不志。此其志，何也？辟要盟也③。何以见其辟要盟也？媵，礼之轻者也。盟，国之重也。以轻事遂乎国重，无说④。其曰陈人之妇⑤，略之也。其不日，数渝，恶之也。

【注释】

①公子结：鲁国大夫。媵（yìng）：诸侯嫁女于一国，另一个国家

以庶出之女陪嫁，叫做媵。据杨伯峻，此处是卫国之女嫁与陈宣公妫杵臼为夫人，鲁国以女陪嫁，使公子结往送女。

②遂：表示后一件事接着前一件事。鄄（juàn）：卫国地名，在今山东鄄城北旧城镇。

③辟：通“避”，回避。要：通“邀”，邀请。

④说：解释。意为盟会是国家的重大事件，应当郑重其事地书之于经，如果轻描淡写地提及，就必有原因，否则解释不通。经文把小事写在大事前面，就是为了使这次会盟看起来像是不期而遇的。

⑤陈人之妇：指卫国嫁与陈宣公为夫人的女子，这里是略称。《春秋穀梁传注疏》认为这是因为本条经文的重点是会盟，只是为了掩饰鲁国主动邀请齐、宋会盟才记了一下送女之事，所以简略。

【译文】

【经】秋天，公子结送嫁往陈国为媵的女子到鄄地，在这之后与齐桓公、宋桓公结盟。

【传】护送陪嫁女子，是小事，不应记载。这里经文记载了，为什么呢？是回避邀请齐、宋会盟。怎么看出来经文在回避邀请齐、宋会盟呢？送陪嫁女子，是礼节中很轻微的事情。会盟，是国家的重大的事情。把轻微的事情放在国家大事前面，没法解释。经文说“陈人之妇”，是省略的说法。经文不记载会盟的日期，是因为盟约多次改变，对此表示憎恶。

【经】夫人姜氏如莒①。

【传】妇人既嫁不逾竟，逾竟，非正也。

【注释】

①夫人姜氏：指鲁桓公的夫人文姜。莒(jǔ)：国名，己姓，都城在今山东莒县境内。

【译文】

【经】夫人姜氏到莒国去。

【传】女子已经出嫁就不能再走出国境，走出国境，是不合礼制的。

【经】冬，齐人、宋人、陈人伐我西鄙①。

【传】其曰鄙，远之也。其远之，何也？不以难迩国②。

【注释】

①鄙：边远地区。

②迩：近。国：国都。

【译文】

【经】冬天，齐国人、宋国人、陈国人攻打我国西部边远地区。

【传】经文说“鄙”，表示那是很远的地方。经文表示那是很远的地方，为什么呢？不使战事接近我们的国都。

二十年

【经】二十年，春，王二月，夫人姜氏如莒。

【传】妇人既嫁不逾竟，逾竟非正也。

【译文】

【经】庄公二十年，春天，周王的二月，鲁桓公夫人文姜到莒国去。

【传】女子已经出嫁就不能再走出国境，走出国境，是不合礼制的。

【经】夏，齐大灾。

【传】其志，以甚也。

【译文】

【经】夏天，齐国发生大灾害。

【传】经文记载这件事，因为太严重了。

【经】秋，七月。

【译文】

【经】秋天，七月。

【经】冬，齐人伐我。

【译文】

【经】冬天，齐国人攻打我国。

二十一年

【经】二十有一年，春，王正月。

【译文】

【经】庄公二十一年，春天，周王的正月。

【经】夏，五月，辛酉[1]，郑伯突卒[2]。

【注释】

①辛酉：当为该年五月的二十七日。

②郑伯突：郑国国君，姓姬名突，谥厉，即郑厉公。

【译文】

【经】夏天，五月，辛酉（二十七）日，郑厉公姬突去世。

【经】秋，七月，戊戌[1]，夫人姜氏薨。

【传】妇人弗目也[2]。

【注释】

①戊戌：当为该年七月的初五日。

②弗目：不记载死亡的地点。

【译文】

【经】秋天，七月，戊戌（初五）日，鲁桓公夫人文姜去世。

【传】妇人不记载去世的地点。

【经】冬，十有二月，葬郑厉公。

【译文】

【经】冬天，十二月，安葬郑厉公。

二十二年

【经】二十有二年，春，王正月，肆大眚[1]。

【传】肆，失也[②]。眚，灾也[③]。灾纪也[④]，失故也。为嫌天子之葬也[⑤]。

【注释】

①肆大眚(shěng)：进行大赦。肆，放佚，赦免。眚，过失，罪过。

②失：赦免。

③灾：罪恶，错误。

④纪：惩治。

⑤嫌：接近，迫于。指进行大赦是鲁庄公为了使自己想做的事情符合礼制，也就是迫于礼制，不得不进行大赦。天子之葬：指周天子制定的丧葬制度。《穀梁传》认为文姜有弑君之罪，按礼不该记载其安葬，于是庄公进行大赦，就是为了使安葬文姜符合礼制。

【译文】

【经】庄公二十二年，春天，周王的正月，进行大赦。

【传】肆，是赦免的意思。眚，是罪过的意思。有罪过是要惩治的，赦免了是有原因的。是为了符合天子制定的丧葬制度。

【经】癸丑[①]，葬我小君文姜[②]。

【传】小君，非君也。其曰君，何也？以其为公配[②]，可以言小君也。

【注释】

①癸丑：当为该年周王的正月二十三日。

②小君：对诸侯之妻的称呼。

③公：指鲁桓公。

【译文】

【经】周王正月癸丑(二十三)日,安葬了我国国君鲁桓公的夫人文姜。

【传】小君,不是国君。经文说"君",为什么呢?因为她是鲁桓公的配偶,可以称小君。

【经】陈人杀其公子御寇[①]。

【传】言公子而不言大夫,公子未命为大夫也[②]。其曰公子,何也?公子之重视大夫[③],命以执公子[④]。

【注释】

①御寇:陈宣公的太子。

②命:任命,被任命。

③重:重要的。视:比照。

④执:执行。公子:这里指公子之礼,是说受过命的大夫可以享受公子等级的礼遇。

【译文】

【经】陈国人杀掉了他们的公子妫御寇。

【传】称公子而不称大夫,是因为公子没有被任命为大夫。经文称公子,为什么呢?因为公子地位的重要性如同大夫一样,大夫受到任命之后可以享受公子般的礼遇。

【经】夏,五月。

【译文】

【经】夏天,五月。

【经】秋，七月，丙申[①]，及齐高傒盟于防[②]。

【传】不言公，高傒伉也[②]。

【注释】

①丙申：当为该年七月的初九日。

②高傒（旧读 xí）：齐国大夫。防：鲁地，在今山东费县东北。

③伉：匹敌，对等。鲁庄公是诸侯，高傒是大夫，如果写成“公及高傒……”就是高傒和庄公平等了，所以不写。

【译文】

【经】秋天，七月，丙申（初九）日，和齐国的高傒在防地会盟。

【传】不说“公”，因为那样就与高傒对等了。

【经】冬，公如齐纳币[①]。

【传】纳币，大夫之事也。礼有纳采[②]，有问名[③]，有纳征[④]，有告期[⑤]，四者备，而后娶，礼也。公之亲纳币，非礼也，故讥之。

【注释】

①纳币：又称“纳征”，古婚礼六礼之一。男女双方缔婚之后，男方把聘礼送往女家。纳币不自往，所以传文说非礼也。

②纳采：采择女也，就是选择挑选女子的意思。

③问名：问女之姓氏归以卜其吉凶。

④纳征：即纳币。

⑤告期：告知婚期。

【译文】

【经】冬天，鲁庄公到齐国去送定婚的聘礼。

【传】送聘礼，是大夫的事情。根据婚嫁礼节，娶亲有挑选女子，有问清姓氏，有馈赠聘礼，有告知婚期，四件事完备，然后迎娶，才合乎礼制。鲁庄公亲自去送聘礼，不合礼制，所以讥讽他。

二十三年

【经】二十有三年，春，公至自齐。

【译文】

【经】庄公二十三年，春天，鲁庄公从齐国回来告祭祖庙。

【经】祭叔来聘[①]。

【传】其不言使，何也？天子之内臣也[②]。不正其外交，故不与使也。

【注释】

①祭(zhài)叔：周天子的大夫。

②内臣：宫廷内的臣僚。

【译文】

【经】祭叔来鲁国访问。

【传】经文不说使臣，为什么呢？因为祭叔是天子王室内的大臣。他的外交不合正道，所以不给他使臣的身份。

【经】夏，公如齐观社[①]。

【传】常事曰视，非常曰观。观，无事之辞也，以是为尸女也[②]。无事不出竟。

【注释】

①社：祭祀土地神。

②尸：主持。

【译文】

【经】夏天，鲁庄公到齐国观看祭祀土地神。

【传】符合惯例的事情就说“视”，不合惯例的就说“观”。观，是表示没有要事的说法，认为这是为了去看主持仪式的女子。没有重要的事情是不应该离开国境的。

【经】公至自齐。

【传】公如[①]，往时，正也。致月，故也。如，往月、致月，有惧焉尔。

【注释】

①如：去，往。

【译文】

【经】鲁庄公从齐国回来告祭祖庙。

【传】鲁庄公出行，去的时候记载季节，是符合常例的。归来告祭祖庙的时候记载月份，是表示有变故。出行，去的时候记载月份、归来告祭祖庙也记载月份，是表示有所担忧。

【经】荆人来聘[①]。

【传】善累而后进之[②]。其曰人，何也？举道不待再[③]。

【注释】

①荆人：楚国人。

②善：善行。累：积累。进之：指褒扬。

③举：奉行。这句话指对于夷狄来说，只要奉行正道就要表彰，不必等待第二次。

【译文】

【经】楚国人来访问。

【传】善行有所积累然后褒奖他。经文说“人”，为什么呢？因为奉行正道不必等待第二次。

【经】公及齐侯遇于谷①。

【传】及者，内为志焉尔。遇者，志相得也。

【注释】

①谷：齐国地名，在今山东东阿境。

【译文】

【经】鲁庄公和齐桓公在谷地会面。

【传】“及”，是说这次会面是出于鲁国的意愿。“遇”，就是说彼此的愿望十分投合。

【经】萧叔朝公①。

【传】微国之君，未爵命者。其不言来，于外也。朝于庙，正也，于外，非正也②。

【注释】

①萧：宋的附属国，在今安徽萧县一带。

②朝于庙，正也，于外，非正也：在庙堂朝见，是符合礼制的。在国外朝见，是不合礼制的。

【译文】

【经】萧国国君来访问鲁庄公。

【传】小国的国君，没有得到周天子册封的爵位。经文不说“来”，因为是在国外会面。在庙堂朝见，是符合礼制的。在国外朝见，是不合礼制的。

【经】秋，丹桓宫楹[①]。

【传】礼：天子、诸侯黝垩[②]，大夫仓[③]，士黈[④]。丹楹，非礼也。

【注释】

①丹：朱色。这里用作动词，涂为朱色。桓宫：鲁桓公之庙。楹(yíng)：厅堂前部的柱子。

②黝(yǒu)：黑色，指把柱子涂成黑色。垩(è)：白土，指把墙壁涂成白色。

③仓：涂为青色。

④黈(tǒu)：涂为黄色。

【译文】

【经】秋天，把鲁桓公寝庙的柱子涂为朱色。

【传】按礼，天子和诸侯用黑柱白墙，大夫的涂为青色，士涂为黄色。将柱子涂为朱色，不合礼制。

【经】冬，十有一月，曹伯射姑卒[①]。

【注释】

①曹伯射姑：曹国国君，姓姬，名射(yì)姑，谥庄，即曹庄公。

【译文】

【经】冬天，十一月，曹庄公姬射姑去世。

【经】十有二月，甲寅①，公会齐侯，盟于扈②。

【注释】

①甲寅：当为该年十二月的初五日。

②扈(hù)：齐地名，疑在今山东观城废县境内。

【译文】

【经】十二月，甲寅(初五)日，鲁庄公和齐桓公会面，在扈地缔结盟约。

二十四年

【经】二十有四年，春，王三月，刻桓宫桷①。

【传】礼：天子之桷，斫之砻之②，加密石焉③。诸侯之桷，斫之砻之。大夫斫之。士斫本。刻桷，非正也。夫人④，所以崇宗庙也，取非礼与非正⑤，而加之于宗庙，以饰夫人，非正也。刻桓宫桷，丹桓宫楹，斥言桓宫以恶庄也⑥。

【注释】

①刻：雕刻。桷(jué)：方形的椽子。

②斫(zhuó)：砍，削。砻(lóng)：磨。

③加密石：用细密的石头磨。

④夫人：这里用作动词，迎娶夫人。

⑤取：同“娶”。非礼与非正：《春秋穀梁传注疏》认为：“非礼谓娶仇

女,非正谓刻桷丹楹也。”

⑥斥言:指称。

【译文】

【经】庄公二十四年,春天,周王的三月,雕刻鲁桓公寝庙的方形椽子。

【传】按礼:天子庙的方形椽子,削砍后要磨,然后还要用细石磨。诸侯庙的方形椽子,削砍后要磨。大夫的方形椽子,只要削砍。士的只要砍去树根就可以了。雕刻方形椽子,是不合正道的。迎娶夫人,是用来尊重祖先的。娶妻不合礼制不合正道,又对宗庙施加不合礼制的做法,来向夫人夸耀,是不合正道的。雕刻鲁桓公寝庙的方形椽子,涂红桓公寝庙厅堂前部的柱子,经文直接指称“桓宫”来表示对庄公的厌恶。

【经】葬曹庄公。

【译文】

【经】安葬曹庄公姬射姑。

【经】夏,公如齐逆女。

【传】亲迎,恒事也①,不志。此其志,何也?不正其亲迎于齐也②。

【注释】

①恒:平常的,普通的。

②不正其亲迎于齐:认为亲自到齐国迎娶不合正道,因为齐国与鲁国有弑君之仇。

【译文】

【经】夏天，鲁庄公到齐国去迎娶夫人。

【传】亲自迎亲，是普通事，不记载。这里经文记载了，为什么呢？因为经文认为鲁庄公到齐国亲自迎娶是不合正道的。

【经】秋，公至自齐。

【传】迎者，行见诸[1]，舍见诸[2]。先至，非正也。

【注释】

①行：行走。诸：代词，这里指夫人。

②舍：住宿。

【译文】

【经】秋天，鲁庄公从齐国回来告祭祖庙。

【传】迎亲时，应该在行走的时候看着夫人，在住宿的时候也看着夫人。先回国告祭祖庙，是不合正道的。

【经】八月，丁丑[1]，夫人姜氏入。

【传】入者，内弗受也。日入，恶入者也。何用不受也[2]？以宗庙弗受也。其以宗庙弗受，何也？娶仇人子弟[3]，以荐舍于前[4]，其义不可受也。

【注释】

①丁丑：当为该年八月的初二日。

②用：由。

③娶仇人子弟：可知鲁庄公迎娶的夫人姜氏当是齐襄公姜诸儿的女儿，齐襄公是鲁庄公的舅父，因与鲁庄公的母亲文姜通奸而合

谋杀害了庄公的父亲鲁桓公,故此处说迎娶仇人的女儿。

④荐:进献,祭奠供奉。舍:置放。

【译文】

【经】八月,丁丑(初二)日,夫人姜氏进入鲁国。

【传】入,表示鲁国不愿意接受。记载进入的日期,是厌恶进入的人。为什么不接受呢?因为祖先不接受她。因为祖先不接受她,为什么呢?娶仇人的女儿,让她祭奠供奉,将供品放置在宗庙,按照道义是不能接受的。

【经】戊寅①,大夫宗妇觌②,用币③。

【传】觌,见也。礼:大夫不见夫人,不言及,不正其行妇道,故列数之也④。男子之贽⑤,羔、雁、雉、腒⑥。妇人之贽,枣、栗、锻修⑦。用币,非礼也。用者,不宜用者也。大夫,国体也⑧,而行妇道,恶之,故谨而日之也。

【注释】

①戊寅:当为该年八月的初三日。

②大夫宗妇:同姓大夫之妇。《穀梁传》认为这里是指大夫和他的妻子,似有误。觌(dí):相见,会见。

③币:玉帛之类礼品。

④列:并列。数:数说,称说。这里指把“大夫”、“宗妇”并列称说,而不说“大夫及宗妇”。

⑤贽:初见尊长时带的礼物。

⑥羔、雁、雉、腒:小羊、大雁、野鸡、干鸟肉。

⑦枣、栗、锻修:枣子、栗子、干肉。

⑧国体:国家的主体。指大夫是国家的辅佐之臣。

【译文】

【经】八月戊寅（初三）日，同姓大夫的妻子相见，互赠礼品。

【传】“觌”，是见面的意思。按照礼制：大夫不能见国君的夫人，不说“及”，是认为他实行妇女的做事准则不合正道，所以并列称说他们。男子间的见面礼，有小羊、大雁、野鸡、干鸟肉。女子间的见面礼，有枣子、栗子、干肉。使用玉帛之类的礼品，不合礼制。“用”的意思，就是说不适合用。大夫，是国家的辅佐之臣，却按照妇女的准则来做事，厌恶他，所以慎重地记载这件事的日期。

【经】大水。

【译文】

【经】发生水灾。

【经】冬，戎侵曹，曹羁出奔陈[1]。

【注释】

①曹羁（jī）：据《公羊传》，曹羁是曹国大夫。据贾逵，是曹国国君。据杜预，是曹国世子。阙疑。

【译文】

【经】冬天，戎国入侵曹国，曹羁出逃到陈国。

【经】赤归于曹[1]。郭公[2]。

【传】赤盖郭公也，何为名也？礼：诸侯无外归之义，外归，非正也。

【注释】

①赤:按照本传的解释,赤是郭公的名。

②郭公:郭国国君,姓任,名赤。归附于曹。

【译文】

【经】任赤归附于曹国。是郭国国君。

【传】赤是郭国国君,为什么称呼他的名字?按照礼制:诸侯没有归附他国的道理,归附他国,是不合正道的。

二十五年

【经】二十有五年,春,陈侯使女叔来聘[①]。

【传】其不名,何也?天子之命大夫也。

【注释】

①陈侯:指陈宣公妫杵臼,公元前692年至前648年在位。女叔:陈国大夫,女是其氏,叔是其字。

【译文】

【经】庄公二十五年,春天,陈宣公派女叔作为使臣来访问。

【传】经文不说名字,为什么呢?因为他是天子任命的大夫。

【经】夏,五月,癸丑[①],卫侯朔卒[②]。

【注释】

①癸丑:当为该年五月的十二日。

②卫侯朔:卫国国君,姓姬,名朔,谥惠,即卫惠公。

【译文】

【经】夏天,五月,癸丑(十二)日,卫惠公姬朔去世。

【经】六月，辛未[①]，朔[②]，日有食之。

【传】言日言朔，食正朔也。

【注释】

①辛未：当年当月初一日。

②朔：指每月的初一日。

【译文】

【经】六月，辛未（初一）日，朔（初一）日，发生日食。

【传】说了“日”又说“朔”，日食发生在初一是符合规律的。

【经】鼓[①]，用牲于社[②]。

【传】鼓，礼也。用牲，非礼也。天子救日，置五麾[③]，陈五兵、五鼓[④]，诸侯置三麾，陈三鼓、三兵。大夫击门，士击柝[⑤]。言充其阳也[⑥]。

【注释】

①鼓：击鼓。

②牲：用于祭祀的家畜。社：社坛，祭祀土地神的场所。

③五麾（huī）：五种颜色的旗帜，置于东西南北中五个方位，旗帜颜色为青、赤、白、黄、黑。

④五兵：五种兵器，矛、戟、钺、楯、弓矢。五鼓：不知是五种不同的鼓还是同一种鼓涂不同颜色，阙疑。

⑤柝（tuò）：木梆子。

⑥阳：阳气。

【译文】

【经】击鼓，杀牲祭祀土地神。

【传】击鼓，符合礼制。使用牲畜，不合礼制。天子举行救日仪式，树立五色的旗帜，陈列五种兵器、五门鼓，诸侯树立三色的旗帜，陈列三门鼓、三种兵器。大夫敲击门，士敲打木梆。说这样可以充实阳气。

【经】伯姬归于杞[①]。

【传】其不言逆，何也？逆之道微，无足道焉尔。

【注释】

①伯姬：鲁庄公长女。杞：国名，姒姓，此时的杞国已从河南东迁到今山东昌乐东南，是一个在夹缝中生存的小国。

【译文】

【经】鲁庄公长女伯姬嫁到杞国。

【传】经文不说迎娶的事，为什么呢？因为来迎娶的人地位太低，不值得说。

【经】秋，大水。鼓，用牲于社、于门。

【传】高下有水灾，曰大水。既戒鼓而骇众[①]，用牲可以已矣。救日以鼓兵，救水以鼓众。

【注释】

①戒鼓：击鼓使大家警觉。

【译文】

【经】秋天，大水灾。击鼓，用牲畜在社坛、城门祭祀。

【传】高处和低处都水灾泛滥，叫做大水。已经击鼓报警而惊起了众人，杀牲畜就不必了。救日需要击鼓、陈列兵器，救水需要击鼓、惊动众人。

【经】冬，公子友如陈[1]。

【注释】

①公子友：鲁大夫，又称季子、季友、公子季友，鲁桓公姬允的幼子，鲁庄公姬同的弟。

【译文】

【经】冬天，公子姬友到陈国去。

二十六年

【经】二十有六年，春，公伐戎[1]。

【注释】

①戎：国名，戎姓，春秋时代戎人所建戎国当在今山东曹县附近，是齐国的附属国。

【译文】

【经】庄公二十六年，春天，鲁庄公率军讨伐戎人。

【经】夏，公至自伐戎。

【译文】

【经】夏天，鲁庄公讨伐戎人归来告祭祖庙。

【经】曹杀其大夫[1]。

【传】言大夫而不称名姓，无命大夫也[2]。无命大夫而曰大夫，贤也，为曹羁崇也。

【注释】

①大夫：此大夫为何人不详，《穀梁传》认为是曹羁。

②无命大夫：指没有受到周王册封的大夫。

【译文】

【经】曹国杀害了它的大夫。

【传】说是大夫却不称呼他的名字和姓氏，因为是没有受到周王册封的大夫。没有受到册封的大夫而称他为大夫，因为他是贤明的，这是在推崇曹羁。

【经】秋，公会宋人、齐人伐徐[①]。

【注释】

①徐：国名，嬴姓，在今安徽泗县西北。一说在今江苏泗洪一带。

【译文】

【经】秋天，鲁庄公会同宋国人、齐国人讨伐徐国。

【经】冬，十有二月，癸亥，朔[①]，日有食之。

【注释】

①癸亥，朔：当为该年十二月初一日，距今历法推算，阳历十一月十日。

【译文】

【经】冬天，十二月，癸亥（初一）日，朔（初一）日，发生日食。

二十七年

【经】二十有七年，春，公会杞伯姬于洮[①]。

【注释】

①杞伯姬：庄公二十五年嫁到杞国去的鲁庄公长女。洮（táo）：鲁地，在今山东泗水东南。

【译文】

【经】庄公二十七年，春天，鲁庄公和嫁往杞国的长女在洮地会面。

【经】夏，六月，公会齐侯、宋公、陈侯、郑伯①，同盟于幽②。

【传】同者，有同也，同尊周也。于是而后授之诸侯也。其授之诸侯，何也？齐侯得众也。桓会不致③，安之也④。桓盟不日，信之也⑤。信其信⑥，仁其仁⑦。衣裳之会十有一⑧，未尝有歃血之盟也⑨，信厚也。兵车之会四⑩，未尝有大战也，爱民也。

【注释】

①齐侯、宋公、陈侯、郑伯：齐桓公姜小白、宋桓公子御说、陈宣公妫杵臼、郑文公姬踕（jiē）。

②幽：宋地名，在今河南兰考。

③桓会不致：指与齐桓公会面归来不记载其告祭祖庙的仪式。

④安之也：认为与齐桓公会面是安全的。襄公二十九年传文说："致君者，殆其往而喜其返。"

⑤信：认为守信用。

⑥信：前一个"信"作动词，"相信、信任"的意思。后一个"信"作名词，"信义"的意思。

⑧仁：以……为仁。仁：仁义，泛指仁爱、正义、宽厚等道德规范。

⑨衣裳之会：指国与国之间以礼交好的盟会。

⑩歃(shà)血之盟：诸侯会盟，盟者微饮牲血，或以牲血涂口旁，表示信誓。举行过此类仪式的会盟叫歃血之盟。若互相信任，则不必举行此类仪式。

⑪兵车之会：谓诸侯带领军队来协商战事的盟会。

【译文】

【经】夏天，六月，鲁庄公和齐桓公、宋桓公、陈宣公、郑文公会面，共同在幽地结下盟约。

【传】同，就是有共同之处的意思，是共同尊奉周王室。在这之后就授予齐桓公领导诸侯的权力。授予他领导诸侯的权力，为什么呢？因为齐桓公得到众诸侯拥护。与齐桓公会盟归来不记载其告祭祖庙的仪式，因为对与齐桓公会盟感到安心。与齐桓公会盟不记载日期，因为认为齐桓公是守信用的。相信齐桓公的信义，认为他的仁义行为是符合道德标准的。齐桓公主持的衣裳之会十一次，没有出现过歃血为盟的情况，因为他的信义深厚。齐桓公主持兵车之会四次，没有发生过大的战斗，是爱惜百姓啊。

【经】秋，公子友如陈[①]，葬原仲[②]。

【传】言葬不言卒，不葬者也。不葬而曰葬，讳出奔也[③]。

【注释】

①公子友：鲁大夫，又称季子、季友、公子季友，鲁桓公幼子，鲁庄公幼弟。

②原仲：陈国大夫。

③讳出奔：据《公羊传》，公子庆父、公子牙、公子友都是鲁庄公的同母弟弟，庆父、子牙与庄公夫人私通，友欲治其罪而无权，坐视不理又不忍与庄公的同胞之情，于是向庄公请求去陈国参加原仲

的葬礼。外国大夫去世本来不记载下葬的，这里用作公子友前往陈国的借口记载了，表明公子友前往陈国实际是有其他原因的。

【译文】

【经】秋天，公子姬季友前往陈国，安葬原仲。

【传】说安葬不说去世，因为通常不记载外国大夫安葬的。不记载安葬而又说了安葬，是公子季友为出逃避讳。

【经】冬，杞伯姬来①。

【注释】

①来：诸侯的女儿出嫁后回来探亲称作“来”。

【译文】

【经】冬天，嫁到杞国的庄公长女伯姬回国。

【经】莒庆来逆叔姬①。

【传】诸侯之嫁子于大夫，主大夫以与之②。来者，接内也③。不正其接内，故不与夫妇之称也④。

【注释】

①莒(jǔ)庆：莒国大夫，名庆。叔姬：鲁庄公之女，嫁予莒庆。

②主大夫以与之：指由主婚的大夫将诸侯之女嫁给莒庆。因为这里莒庆是大夫，不当由庄公亲自与之行婚嫁之礼。

④接内：指与庄公行婚嫁之礼，大夫与诸侯直接行礼，不合礼制，所以不正。

⑤不与夫妇之称：指不称莒庆与叔姬为夫妇。

【译文】

【经】莒国的大夫庆来鲁国迎娶叔姬。

【传】诸侯嫁女给大夫,由主婚的大夫把女子嫁给他。来,是与鲁庄公直接接触。经文认为莒庆与庄公直接接触是不合正道的,所以不以夫妇称呼。

【经】杞伯来朝[①]。

【注释】

①杞伯:当指杞国国君杞德公,姒姓,伯爵,名不详,公元前672年—前655年在位。

【译文】

【经】杞国国君来访问。

【经】公会齐侯于城濮[①]。

【注释】

①城濮:卫地,在今山东鄄城西南临濮集。

【译文】

【经】鲁庄公和齐桓公在城濮会面。

二十八年

【经】二十有八年,春,王三月,甲寅[①],齐人伐卫[②],卫人及齐人战,卫人败绩。

【传】于伐与战,安战也[③]?战卫[④],战则是师也。其曰人，何也？微之也。何为微之也？今授之诸侯，而后有侵伐之事，故微之也。其人卫，何也？以其人齐，不可不人卫也。卫小齐大，其以卫及之[5]，何也？以其微之，可以言及也。其称人以败，何也？不以师败于人也。

【注释】

①甲寅：依历法推算，该年三月无甲寅，记载疑有误。

②齐人伐卫：据《左传》，庄公十九年子颓作乱，攻打周惠王，失败之后逃往卫国，卫国为其提供庇护，此时齐国讨伐卫国即是为此。

③安：哪里。

④卫：指卫国都城朝歌，在今河南淇县县城。

⑤以卫及之：指把卫放在"及"前面。通常放前面的都是尊者或大者。

【译文】

【经】庄公二十八年，春天，周王的三月，甲寅日，齐国人讨伐卫国，卫国人和齐国人战斗，卫国人战败了。

【传】在讨伐时与卫国战斗，在哪里战斗呢？在卫国都城战斗，既然是战斗，那么这就是军队了。经文说"人"，为什么呢？为了表示轻视齐国。为什么要轻视它呢？因为现在给了它领导诸侯的权力，而后就发生了侵略攻打的事情，所以轻视它。经文称卫也用"人"，为什么呢？因为经文用"人"称了齐，不能不用"人"称卫了。卫国是小国齐国是大国，经文把卫放在"及"之前，为什么呢？因为经文轻视齐国，所以可以说卫及齐。经文说"卫人"打败了，为什么呢？不能说"师"被别人打败了。

【经】夏，四月，丁未[1]，邾子琐卒[2]。

【注释】

①丁未：当为该年四月的二十三日。

②郲子琐：郲国国君，姓曹名琐。

【译文】

【经】夏天，四月，丁未（二十三）日，郲国国君曹琐去世。

【经】秋，荆伐郑。

【传】荆者，楚也。其曰荆，州举之也。

【译文】

【经】秋天，楚国攻打郑国。

【传】荆，是楚国。经文说“荆”，是用州名称呼它。

【经】公会齐人、宋人救郑。

【传】善救郑也。

【译文】

【经】鲁庄公会同齐国人、宋国人救援郑国。

【传】经文赞许去救援郑国。

【经】冬，筑微[①]。

【传】山林薮泽之利[②]，所以与民共也。虞之[③]，非正也。

【注释】

①微：鲁国邑名，在今山东阳谷南寿张镇。

②薮(sǒu):表示草多水少的湿地。利:资源。

③虞:官名,帝舜曾命伯益为虞,掌管山泽的草木鸟兽。这里作动词,意为设置虞官控制它。

【译文】

【经】冬天,修筑微邑。

【传】山野森林草地湖泊的资源,是用来与百姓共享的。设置虞官控制它,是不合正道的。

【经】大无麦、禾。

【传】大者,有顾之辞也[①],于无禾及无麦也[②]。

【注释】

①顾:等待。意思是说之前麦子没有收获,后来稻子也没有收获,就将两件灾害记在一起。

②于无禾及无麦:这里的先后顺序有误,当是无麦在前,无禾在后。

【译文】

【经】麦子和稻子都没有收成。

【传】大,是表示等待的说法,从稻子没有收成到麦子没有收成。

【经】臧孙辰告籴于齐[①]。

【传】国无三年之畜[②],曰国非其国也。一年不升[③],告籴诸侯。告,请也。籴,籴也。不正,故举臧孙辰以为私行也[④]。国无九年之畜曰不足。无六年之畜曰急。无三年之畜曰国非其国也。诸侯无粟,诸侯相归粟,正也。臧孙辰告籴于齐,告然后与之,言内之无外交也。古者税什一,丰年补败，不外求而上下皆足也。虽累凶年[5]，民弗病也[6]。一年不艾而百姓饥[7]，君子非之。不言如，为内讳也。

【注释】

①臧孙辰：鲁国大夫，姓臧孙，名辰，字文仲。籴(dí)：买粮食。

②畜：通"蓄"，指粮食积蓄。

③升：成，指收成。

④举臧孙辰：意思是只说"臧孙辰"而不说"使"，这是为庄公避讳。

⑤累：连续。凶年：荒年，指收成不好。

⑥病：困乏，行而无资谓之乏，居而无食谓之困。

⑦艾(yì)：同"刈"，收获。

【译文】

【经】臧孙辰到齐国请求购买粮食。

【传】国家没有三年的粮食积蓄，可以说这个国家算不上国家了。一年没有收成，就向诸侯请求购粮。告，是请求。籴，是买粮。不合正道，所以只是说了臧孙辰，把这当做他的私人行为。国家没有九年的粮食积蓄就可以说不足了。没有六年的粮食积蓄就可以说紧急了。没有三年的粮食积蓄就可以说国家算不上国家了。诸侯没有粮食，别的诸侯就给他粮食，这是合于正道的。臧孙辰到齐国请求购买粮食，请求之后才给他，这是说鲁国没有搞好外交。古时候抽收成的十分之一为税，用丰年弥补荒年，不向外国求助而全国粮食都足够。即使连续荒年，百姓也不困乏。一年没有收获而百姓就挨饿，君子批评这样的现象。不说"如"，是为庄公避讳。

二十九年

【经】二十有九年，春，新延厩[1]。

【传】延厩者，法厩也[②]。其言新，有故也[③]。有故则何为书也？古之君人者，必时视民之所勤[④]。民勤于力[⑤]，则功筑罕[⑥]。民勤于财，则贡赋少[⑦]。民勤于食，则百事废矣。冬筑微，春新延厩，以其用民力为已悉矣[⑧]。

【注释】

①延：厩名。厩：马圈。

②法厩：按照礼制修建的马圈。

③故：旧。

④时：按时，时时。勤：苦，劳累。

⑤力：劳役。

⑥功筑：土木工程。

⑦贡赋：赋税。

⑧悉：尽。

【译文】

【经】庄公二十九年，春天，修缮了延厩。

【传】延厩，是按照礼制修建的马厩。经文说“新”，因为有旧的。有旧的那为什么要记载呢？古时候统治百姓的人，一定要时时查看百姓所劳累的事情。百姓苦于劳役，那么土木工程就减少。百姓苦于无钱，那么赋税就减少。百姓苦于无粮，那所有的事情都停止。冬天修筑微邑，春天修缮延厩，所以记载是因为鲁国使用民力已经用尽了。

【经】夏，郑人侵许。

【译文】

【经】夏天，郑国人入侵许国。

【经】秋，有蜚[①]。

【传】一有一亡曰有。

【注释】

①蜚（fěi）：食稻花的小飞虫。

【译文】

【经】秋天，有蜚虫成灾。

【传】时有时无的叫做“有”。

【经】冬，十有二月，纪叔姬卒[①]。

【注释】

①纪叔姬：当为鲁隐公之幼女，隐公七年，叔姬陪嫁到纪。

【译文】

【经】冬天，十二月，嫁到纪国去的鲁隐公幼女叔姬去世。

【经】城诸及防[①]。

【传】可城也[②]。以大及小也[③]。

【注释】

①诸：鲁国邑名，在今山东诸城西南。防：鲁国邑名，在今山东费县东北。

②可城：似指冬季无农事，可以筑城。

③以大及小：指先说诸再说防，因为诸比防大。

【译文】

【经】修筑诸邑和防邑的城墙。

【传】可以修筑城墙。从大邑说到小邑。

三十年

【经】三十年，春，王正月。

【译文】

庄公三十年，春天，周王的正月。

【经】夏，师次于成[①]。

【传】次，止也，有畏也。欲救鄣而不能也[②]。不言公，耻不能救鄣也。

【注释】

①成：鲁国地名，在今山东宁阳北。

②鄣（zhāng）：据杨伯峻，鄣地乃纪国的远邑，纪亡已二十七年，纪季仍兼保鄣邑，此年齐桓公始降鄣而有之。当在今江苏赣榆旧城北七十五里处。

【译文】

【经】夏天，鲁国军队驻扎在成地。

【传】次，是停留的意思，因为有所畏惧。想要救鄣地但是又做不到。不提鲁庄公，因为他不能救鄣地感到耻辱。

【经】秋，七月，齐人降鄣[①]。

【传】降犹下也[②]。鄣，纪之遗邑也。

【注释】

①降:使……投降。

②下:攻陷。

【译文】

【经】秋天,七月,齐国人使郱地投降。

【传】降相当于攻陷。郱,是纪国遗留下来的小城。

【经】八月,癸亥[1],葬纪叔姬。

【传】不日卒而日葬,闵纪之亡也[2]。

【注释】

①癸亥:当为该年八月的二十三日。

②闵(mǐn):怜悯,哀伤。

【译文】

【经】八月,癸亥(二十三)日,安葬纪叔姬。

【传】不记载去世的日期而记载下葬的日期,是怜悯纪国的灭亡。

【经】九月,庚午朔[1],日有食之,鼓,用牲于社。

【注释】

①庚午朔:依历法推算当在八月二十八日。

【译文】

【经】九月,庚午(初一),朔日,发生日食,击鼓,在祭祀土地神的庙里杀牲祭神。

【经】冬，公及齐侯遇于鲁济[①]。

【传】及者，内为志焉尔。遇者，志相得也。

【注释】

①鲁济：鲁国境内的济水。济水流经齐、鲁，在鲁为鲁济，在齐为齐济。

【译文】

【经】冬天，鲁庄公和齐桓公在鲁国境内的济水边上会面。

【传】及，表示是鲁国主动的。遇，表示双方意见是一致的。

【经】齐人伐山戎[①]。

【传】齐人者，齐侯也。其曰人，何也？爱齐侯乎山戎也[②]。其爱之何也？桓内无因国[③]，外无从诸侯[④]，而越千里之险，北伐山戎，危之也。则非之乎？善之也。何善乎尔？燕，周之分子也[⑤]，贡职不至[⑥]，山戎为之伐矣[⑦]。

【注释】

①山戎：北方少数民族名，也叫北戎。

②爱：爱护，顾惜。这里是指不把“齐侯”和“山戎”并称。

③内无因国：指没有山戎周边国家作为内应。

④外无从诸侯：指没有其他诸侯国跟随讨伐。

⑤分子：支庶的子孙。燕国的第一代君主是周初担任太保的召公，姬姓。

⑥贡职：诸侯向朝廷缴纳的税赋。

⑦山戎为之伐：意思是说山戎常年攻打燕国，使燕国与朝廷隔绝，齐桓公就是为此去讨伐山戎的。

【译文】

【经】齐国人讨伐山戎。

【传】齐人，就是齐桓公。经文说“人”为什么呢？爱惜齐侯，不让“山戎”与“齐侯”并称。经文为什么爱惜齐桓公呢？桓公既没有山戎周边的国家作为内应，也没有其他诸侯国跟随，而翻越几千里的险地，向北去讨伐山戎，为他感到担忧。那么是批评他吗？是褒扬他，为什么褒扬他呢？燕国，是周朝的分支子孙，向朝廷的税赋不能缴纳，讨伐山戎就是为了这件事。

三十一年

【经】三十有一年，春，筑台于郎[①]。

【注释】

①郎：鲁地，在鲁都城南郊，今山东曲阜附近。

【译文】

【经】庄公三十一年，春天，在郎地修筑高台。

【经】夏，四月，薛伯卒[①]。

【注释】

①薛伯：薛国国君任伯勤，谥宣，即薛宣侯，公元前685年至前660年在位。薛，详见隐公十一年注。

【译文】

【经】夏天，四月，薛宣侯任伯勤去世。

【经】筑台于薛。

【译文】

【经】在薛地修筑高台。

【经】六月，齐侯来献戎捷[①]。

【传】齐侯来献捷者，内齐侯也[②]。不言使，内与同，不言使也。献戎捷，军得曰捷。戎菽也[③]。

【注释】

①戎捷：伐戎所得的战利品。

②内：以……为自国人。据《春秋穀梁传注疏》："齐桓内救中国，外攘夷狄，亲倚之情，不以齐为异国，故不称使，若同一国也。"

③戎菽：胡豆，以其产于山戎而得名。

【译文】

【经】六月，齐桓公来送上伐戎所得的战利品。

【传】说"齐侯来献捷"，是把齐桓公当成自己国家的人。不说"使"，因为当做同一国家的人了，就不说"使"了。献上伐戎所得战利品，通过军事行动得到的叫做战利品。送来的是胡豆。

【经】秋，筑台于秦[①]。

【传】不正罢民三时[②]，虞山林薮泽之利。且财尽则怨，力尽则怼[③]。君子危之，故谨而志之也。或曰，倚诸桓也[④]。桓外无诸侯之变，内无国事[⑤]，越千里之险，北伐山戎，为燕辟地。鲁外无诸侯之变，内无国事，一年罢民三时，虞山林薮泽之利，恶内也。

【注释】

①秦：鲁国地名，在今河南范县东南旧城。

②罢：用同“疲”，使……疲劳。三时：这里指春、夏、秋三季农忙时节都耗费民力营建高台。

③怼（duì）：怨恨。

④倚：靠近，意思是说庄公是将自己的行为向齐桓公靠拢。

⑤国事：国家大事，指祭祀、征讨等。

【译文】

【经】秋天，在秦地修筑高台。

【传】认为在春、夏、秋三季农忙时节都驱使百姓服劳役疲劳不堪，又设置虞官控制山野森林草地湖泊的资源，是不合正道的。况且民众财物穷尽，就会产生怨恨，民力又竭尽，民众就会愤怒。君子为此感到担忧，所以慎重地记载下来。有人说：“这是依附齐桓公。”齐桓公在外没有诸侯侵扰，在内没有国家大事，跨越千里的险境，向北讨伐山戎，为燕国开疆辟地。鲁庄公在外没有诸侯侵扰，在内没有国家大事，一年之中使百姓三个季节都很疲劳，又设虞官控制山野森林草地湖泊的资源，厌恶鲁庄公的这些做法。

【经】冬，不雨。

【译文】

【经】冬天，没有下雨。

三十二年

【经】三十有二年，春，城小谷[①]。

【注释】

①小谷：鲁地，在今山东曲阜西北。但是《左传》认为此处小谷是齐邑，齐桓公修筑小谷，把它作为管仲的采邑。

【译文】

【经】庄公三十二年，春天，修筑小谷的城墙。

【经】夏，宋公、齐侯遇于梁丘[①]。

【传】遇者，志相得也。梁丘在曹、邾之间，去齐八百里。非不能从诸侯而往也，辞所遇[②]，遇所不遇[③]，大齐桓也。

【注释】

①梁丘：鲁地，在今山东菏泽成武东北。

②辞所遇：这里指齐桓公没有会见去梁丘沿途的诸侯。

③遇所不遇：指遇到宋桓公。这里的意思是宋、齐正常交往是不会经过梁丘的，二人在此相会，足见齐桓公是专门赴会。

【译文】

【经】夏天，宋桓公、齐桓公在梁丘会面。

【传】遇，表示双方的志趣相同。梁丘在曹地、邾地之间，距离齐地八百里。不是不能让诸侯跟从而前往，推辞了沿路的诸侯，专门会见宋桓公，这是褒扬齐桓公。

【经】秋，七月，癸巳[①]，公子牙卒[②]。

【注释】

①癸巳：当为该年七月的初四日。

②公子牙：叔牙，据《左传》，鲁庄公有三个弟弟，由长至幼分别是庆

父、叔牙、季友。庄公就君位继承人的人选征求叔牙和季友的意见，叔牙推荐庆父，季友支持庄公的儿子子般。后来季友知道叔牙支持庆父后派人毒死了叔牙。

【译文】

【经】秋天，七月，癸巳（初四）日，公子牙去世。

【经】八月，癸亥[①]，公薨于路寝[②]。

【传】路寝，正寝也。寝疾居正寝，正也。男子不绝于妇人之手，以齐终也[③]。

【注释】

①癸亥：当为该年八月的初五日。

②寝：寝室。天子有六寝，路寝一，小寝五，诸侯有三寝，正寝一，燕寝二。正寝又叫路寝、大寝，燕寝叫小寝。平时居燕寝，斋戒或疾病居路寝。当时以为诸侯或夫人死于路寝为得其正。

③齐：通“斋”，指清心洁身。

【译文】

【经】八月，癸亥（初五）日，鲁庄公在正寝去世。

【传】路寝，是正寝。卧病居住在正寝，是合乎礼制的。男子不能死于女色，要清心洁身而死。

【经】冬，十月，乙未[①]，子般卒[②]。

【传】子卒日，正也。不日，故也。有所见则日[③]。

【注释】

①乙未：当为该年十月的初二日。

②子般：鲁庄公的儿子，庄公死后，公子友（即季友）扶他上位，公子庆父指使人杀害子般，公子友出逃到陈，公子庆父立子启为闵公。

③见（xiàn）：显现。

【译文】

【经】冬天，十月，乙未（初二）日，子般去世。

【传】公子去世记载日期，合正道。不记载日期，是有变故。如果想有所显现那么就要记载日期。

【经】公子庆父如齐。

【传】此奔也，其曰如，何也？讳莫如深[1]，深则隐[2]。苟有所见，莫如深也[3]。

【注释】

①讳：为国隐讳。

②深：重大，意思是说为国隐讳没有比弑君、贼奔更深重的事了。隐：隐讳。

③莫如深也：没有像这么重大的了。意思是说如果有人看到这件事，就知道没有什么比这个更重大的了。

【译文】

【经】公子庆父到齐国去。

【传】这是出逃，经文说"如"，为什么呢？为国隐讳没有什么比这更深重的事了，事情重大就要隐讳。如果要显示什么，没有比这重大的了。

【经】狄伐邢[1]。

【注释】

①狄:泛称北方少数民族。邢:国名,姬姓,始封君为周公之子。初封地在今河北邢台境。鲁僖公元年迁于夷仪(今山东聊城西南)。鲁僖公二十五年灭于卫。

【译文】

【经】狄人攻打邢国。

闵公

【题解】

鲁闵公(？—公元前660年在世,公元前661年—前660年在位),姬姓,名启方,谥闵,鲁国第十七代国君,鲁庄公之子,生母为鲁庄公妾叔姜,叔姜为鲁庄公夫人哀姜之妹,由庆父在杀害子般后立为国君。闵公二年,庆父欲自立为君,与哀姜合谋杀害闵公,国人不满,庆父逃亡莒国,哀姜回到齐国。季友奉公子申即位,是为鲁僖公。

元年

【经】元年,春,王正月。

【传】继弑君,不言即位,正也。亲之非父也[①],尊之非君也[②],继之如君父也者,受国焉尔。

【注释】

①亲之非父也:以亲属关系论不是父亲。这里指闵公继承的是子般的君位,子般是他的异母哥哥。

②尊之非君也：以尊卑关系论不是国君。指子般还没有正式称国君就被杀害。

【译文】

【经】元年，春天，周王的正月。

【传】继承被杀的君主，不说即位，是合于正道的。以亲属关系论不是父亲，以尊卑关系论不是国君，继承子般就像继承国君和父亲一样，因为从他那里接受了国家。

【经】齐人救邢[①]。

【传】善救邢也。

【注释】

①救邢：庄公三十二年狄人伐邢，管仲建议齐桓公救援邢国，于是桓公发兵救邢。

【译文】

【经】齐国救援邢国。

【传】这是褒扬救援邢国。

【经】夏，六月，辛酉[①]，葬我君庄公。

【传】庄公葬而后举谥[②]，谥所以成德也，于卒事乎加之矣。

【注释】

①辛酉：当为该年六月的初七日。

②举：称引，提出。

【译文】

【经】夏天，六月，辛酉（初七）日，安葬我们的国君鲁庄公。

【传】鲁庄公安葬后才称谥号，起谥号是用来成就他的德行的，在丧事后加封于他。

【经】秋，八月，公及齐侯盟于洛姑[①]。

【传】盟纳季子也[②]。

【注释】

①洛姑：齐地，今在何处不明，或谓在今山东平阴境，或谓在今博兴境。

②季子：即季友，鲁庄公的弟弟，庄公去世后扶持子般即位，据《左传》，子般被杀之后他逃往陈国。

【译文】

【经】秋天，八月，鲁闵公姬启和齐桓公姜小白在洛姑会盟。

【传】会盟是要接纳季子回国。

【经】季子来归。

【传】其曰季子，贵之也[①]。其曰来归，喜之也。

【注释】

①其曰季子，贵之也：季子名友，经文没有直接称季友而称季子，是尊称。贵，尊重，以之为贵。

【译文】

【经】季子回到鲁国。

【传】经文说“季子”，是尊重他。经文说“来归”，是为他回国感到高兴。

【经】冬，齐仲孙来[①]。

【传】其曰齐仲孙，外之也。其不目而曰仲孙[②]，疏之也。其言齐，以累桓也[③]。

【注释】

①齐仲孙：《穀梁传》和《公羊传》都认为仲孙就是鲁国的庆父。《左传》认为仲孙是齐国大夫。

②不目：不称名，指不称公子庆父。

③累：牵涉，指齐桓公收留公子庆父。

【译文】

【经】冬天，齐国的仲孙来鲁国。

【传】经文说"齐仲孙"，是把他当外人。不称名而说"仲孙"，是疏远他。经文说"齐"，是表示牵涉到齐桓公。

二年

【经】二年，春，王正月，齐人迁阳[①]。

【注释】

①迁：迁移，这里是指齐国迁走当地人而夺取其地。阳：国名，姬姓，都城在今山东沂水西南。

【译文】

【经】闵公二年，春天，周王的正月，齐国人迁走了阳国人。

【经】夏，五月，乙酉[1]，吉禘于庄公[2]。

【传】吉禘者，不吉者也。丧事未毕而举吉祭，故非之也。

【注释】

①乙酉：当为该年五月的初六日。

②禘(dì)：大祭名。庄公去世三年的时候应举行大祭，在祖庙里立上牌位。这里鲁庄公姬同去世，丧服未终而行吉禘大祭，不合礼制，因此记此事，以示讥讽。

【译文】

【经】夏天，五月，乙酉(初六)日，为鲁庄公举行吉祭。

【传】吉禘，是不吉祥的。丧事还没有完就举行吉祭，所以认为这样是不对的。

【经】秋，八月，辛丑[1]，公薨[2]。

【传】不地，故也。其不书葬，不以讨母葬子也[3]。

【注释】

①辛丑：当为该年八月的十四日。

②公薨：据《左传》，闵公的师傅夺取了卜齮(yǐ)的田，鲁闵公没有制止，后来庆父指使卜齮杀害了闵公。诸侯死称薨。

③讨：讨伐，声讨。母：这里是指鲁庄公的夫人哀姜也参与了庆父谋乱。鲁闵公虽然是叔姜所生，但从名义上来说也是夫人哀姜之子。

【译文】

【经】秋天，八月，辛丑(十四)日，鲁闵公去世。

【传】不记载地点，因为是死于变故。经文不说安葬的事，不能一边声讨母亲一边安葬儿子。

【经】九月，夫人姜氏孙于邾[①]。

【传】孙之为言犹孙也，讳奔也。

【注释】

①孙：同“逊”。夫人姜氏：鲁庄公的夫人哀姜。邾（zhū）：邾国，曹姓，故城在今山东邹城附近。

【译文】

【经】九月，鲁庄公夫人哀姜逃到邾国。

【传】“孙”这样的说法相当于“逊”，是避讳说“奔”。

【经】公子庆父出奔莒[①]。

【传】其曰出，绝之也。庆父不复见矣。

【注释】

①莒（jǔ）：莒国，己姓，后地为齐国占领。在今山东莒县。

【译文】

【经】公子庆父逃往莒国。

【传】经文说“出”，是永绝之义。庆父再也没有出现在经文中了。

【经】冬，齐高子来盟[①]。

【传】其曰来，喜之也。其曰高子，贵之也。盟立僖公也。不言使，何也？不以齐侯使高子也。

【注释】

①齐高子：齐国大夫，杜预认为是高傒。

【译文】

【经】冬天，齐国的高子来鲁国会盟。

【传】经文说“来”，是为此感到高兴。经文说“高子”，是尊重他。来会盟是商定立僖公的事。不说“使”，为什么呢？为了显得不是齐桓公派他来的。

【经】十有二月，狄入卫[①]。

【注释】

①狄：拿着武器带着狗的狩猎民族，周代的时候活动于齐、鲁、晋、卫各国之间，后世子孙以族名为姓氏，又是以国为氏的姓氏。入：进入，这是避讳说灭。据《左传》，卫懿（yì）公喜欢鹤，以致于玩物丧志，狄人入侵，国人都不愿抵抗，懿公率亲信抵御，战败身死，卫公子申带领卫人逃跑，国都沦陷。卫国被狄人灭国，后来在齐国的帮助下复国，但从此沦为小国。

【译文】

【经】十二月，狄人进入卫国。

【经】郑弃其师[①]。

【传】恶其长也[②]。兼不反其众[③]，则是弃其师也。

【注释】

①弃其师：抛弃它的军队。据《左传》，郑国人厌恶高克，就派他率军驻扎黄河上以防狄人侵郑，久而不召回，军队溃散了，高克也

逃往陈国。

②长：尊长，长官，这里指高克。

③兼：连接分句，表示递进关系。众：兵士，士卒。

【译文】

【经】郑国抛弃了自己的军队。

【传】郑国厌恶军队的统帅高克。加上不让军队的士兵返回，这就是抛弃军队。

僖公

【题解】

鲁僖公(? —公元前 627 年在世,公元前 659 年—前 627 年在位),姬姓,名申,谥僖,鲁国第十八代国君,鲁庄公之子,生母为鲁庄公妾成风。据《史记 · 鲁世家》,他是闵公姬启的弟弟,而《汉书 · 五行志》则认为他是闵公的庶兄。闵公被杀害后,由公子季友拥立为国君。

僖公即位时年幼,由季友执政,季友去世后僖公逐渐掌握鲁国国政,时正值齐桓、晋文先后称霸时期,楚国也逐渐强大,先后发生了晋楚城濮之战、秦晋韩原之战、宋楚泓之战、秦晋殽之战等关键战役以及召陵之盟这样的重大事件。鲁僖公在位期间先后经历齐桓、晋文称霸,同时又要面对宋襄、楚成等强敌环伺的局面,鲁国先依附于齐,晋文公称霸之后长期依附于最强大的晋国。

元年

【经】元年,春,王正月。

【传】继弑君不言即位,正也。

【译文】

【经】僖公元年,春天,周王的正月。

【传】继承被杀害的君主的君位不说“即位”,是合于正道的。

【经】齐师、宋师、曹师次于聂北①,救邢②。

【传】救不言次,言次非救也。非救而曰救,何也?遂齐侯之意也③。是齐侯与④?齐侯也。何用见其是齐侯也?曹无师⑤,曹师者,曹伯也。其不言曹伯,何也?以其不言齐侯,不可言曹伯也。其不言齐侯,何也?以其不足乎扬⑥,不言齐侯也。

【注释】

①聂北:春秋时邢地,在今山东茌(chí)平博平镇西洪官屯乡南五里的郭摄庄。据《左传》,此时邢国被狄人入侵,所以诸侯去救。

②邢:邢国,西周早期所封五十三个姬姓国之一,侯爵,故都在今河北邢台,后迁到今山东聊城附近。

③遂:成就,成全。

④是:代词,这。

⑤曹无师:曹国没有军队。《穀梁传》认为曹国这样的小国家是没有军队的。

⑥扬:称扬,称说。

【译文】

【经】齐军、宋军、曹军驻扎在聂北,救援邢国。

【传】救援就不应说驻扎,说驻扎就不是救援了。不是救援却又说救援,为什么呢?是为了成全齐桓公的心意。这是齐国国君吗?是齐国国君。从哪里看出来他是齐国国君呢?曹国没有军队,曹军,就是曹国国君。经文不说曹国国君，为什么呢？因为经文没有说齐国国君，就不可以说曹国国君。经文不说齐国国君，为什么呢？因为这件事不值得赞扬，就不说齐国国君了。

【经】夏，六月，邢迁于夷仪[①]。

【传】迁者，犹得其国家以往者也[②]。其地，邢复见也。

【注释】

①夷仪：邢国地名，在今山东聊城西南。

②犹得其国家以往者也：见庄公十年“犹未失其国家以往者也”。

【译文】

【经】夏天，六月，邢国迁到夷仪。

【传】迁，就好像是他们的国家还在而离开了一样。经文记载地点，因为邢国又出现了。

【经】齐师、宋师、曹师城邢。

【传】是向之师也，使之如改事然[①]，美齐侯之功也。

【注释】

①改事：换了一件事。因为是之前救刑的军队，按照惯例应该说“遂”，而不必再说一遍“齐师、宋师、曹师”，再重复一遍就显得像是另一件事情了，《穀梁传》认为这是为了赞美齐桓公所采用的写法。

【译文】

【经】齐军、宋军、曹军帮助修筑邢国城墙。

【传】这是之前的军队，经文重写使它像换了一件事一样，是为了赞美齐桓公的功绩。

【经】秋，七月，戊辰①，夫人姜氏薨于夷②。

【传】夫人薨不地。地，故也。

【注释】

①戊辰：当为该年七月的二十六日。

②夫人姜氏：哀姜。她与庆父合谋杀害闵公之后逃亡邾国，被齐人抓住，在夷地将其杀死。诸侯夫人死也可称薨。夷：齐国地名，今不详。

【译文】

【经】秋天，七月，戊辰（二十六）日，夫人姜氏在夷地去世。

【传】夫人去世是不记载地点的。记载地点，说明有变故。

【经】齐人以归。

【传】不言以丧归①，非以丧归也。加丧焉②，讳以夫人归也③，其以归，薨之也④。

【注释】

①丧：名词，遗体。

②加丧：指哀姜是被杀死的。丧，动词，死亡。焉：语气助词，表示肯定语气。

③讳以夫人归也：意思是说因为哀姜是被杀死的，所以也避讳说“以夫人归”，直接说“以归”。

④薨（hōng）：作动词，使……死亡，也就是杀害的意思。

【译文】

【经】齐人把她带回国。

【传】不说把遗体带回国，因为不是带遗体回国的。哀姜是被杀死的，避讳说齐人带着夫人回国，齐人把她带回国，杀了她。

【经】楚人伐郑[1]。

【注释】

①伐郑：据《左传》，是因为郑国与齐国走得比较近。

【译文】

【经】楚国人讨伐郑国。

【经】八月，公会齐侯、宋公、郑伯、曹伯、邾人于柽[1]。

【注释】

①齐侯、宋公、郑伯、曹伯、邾人：齐桓公姜小白、宋桓公子御说、郑文公姬踕、曹昭公姬班、邾文公籧篨(qúchú)。柽(chēng)：宋邑，在今河南淮阳西南。

【译文】

【经】八月，鲁僖公和齐桓公、宋桓公、郑文公、曹昭公、邾文公在柽地会盟。

【经】九月，公败邾师于偃[1]。

【传】不日，疑战也[2]。疑战而曰败，胜内也。

【注释】

①偃：邾地，在今山东费县南。

②疑战：设假象搞突袭。

【译文】

【经】九月，鲁僖公在偃地打败了邾国军队。

【传】不记载日期，因为是突然袭击。突袭而又说击败，因为是鲁国取得胜利。

【经】冬，十月，壬午[①]，公子友帅师败莒师于丽[②]，获莒挐[③]。

【传】莒无大夫，其曰莒挐，何也？以吾获之，目之也[④]。内不言获，此其言获，何也？恶公子之绐[⑤]。绐者奈何？公子友谓莒挐曰："吾二人不相说，士卒何罪？"屏左右而相搏，公子友处下，左右曰："孟劳！"孟劳者，鲁之宝刀也。公子友以杀之。然则何以恶乎绐也？曰，弃师之道也[⑥]。

【注释】

①壬午：当为该年十月的十二日。

②丽：鲁地名，地址不详。

③莒挐（jǔrú）：莒挐是莒国国君的弟弟。

④目：称说。

⑤绐（dài）：欺骗。

⑥弃师之道：抛弃军队的做法。《穀梁传》认为公子友身为将领而只身独斗，忘记了自己的职责，置军队安危于不顾，是抛弃军队的做法。虽侥幸获胜，但这种作法不足取。

【译文】

【经】冬天，十月，壬午（十二）日，鲁公子季友率军在丽地打败莒军，俘获了莒挐。

【传】莒国没有天子任命的大夫，经文说莒挐，为什么呢？因为我们俘获了他，所以称他的名字。鲁国是不说俘获的，这里经文说俘获，为什么呢？是因为憎恶鲁公子季友使诈。欺诈是怎么回事？公子季友对莒挐说："我们二人之间彼此不愉快，士兵们有什么罪过呢？"让左右退下两人徒手相互搏斗，公子季友处于下风。左右喊："孟劳！"孟劳，是鲁国的宝刀。公子季友用孟劳杀了莒挐。既然这样，那么为什么憎恶欺诈呢？回答说："这是抛弃军队的做法。"

【经】十有二月，丁巳[①]，夫人氏之丧至自齐。

【传】其不言姜，以其杀二子[②]，贬之也。或曰，为齐桓讳杀同姓也。

【注释】

①丁巳：当为该年十二月的十二日。

②杀二子：指哀姜与庆父合谋杀死了子般和鲁闵公，这两人从名义上都是她的儿子。

【译文】

【经】十二月，丁巳（十二）日，庄公夫人氏哀姜的遗体从齐国运回。

【传】经文不说"哀姜"，因为她杀死了自己的两个孩子，是在贬斥她。有人说："这是为齐桓公避讳说他杀了同姓的族人。"

二年

【经】二年，春，王正月，城楚丘[①]。

【传】楚丘者何？卫邑也。国而曰城[2]，此邑也，其曰城，何也？封卫也。则其不言城卫，何也？卫未迁也[3]。其不言卫之迁焉，何也？不与齐侯专封也[4]。其言城之者，专辞也[5]。故非天子不得专封诸侯。诸侯不得专封诸侯，虽通其仁[6]，以义而不与也。故曰，仁不胜道。

【注释】

①楚丘：卫邑，在今河南滑县东。闵公二年，狄人灭卫，这里是诸侯帮助卫国复国的地方。

②国：国都。

③卫未迁：此时卫国人尚在曹国避难，还没有迁到楚丘。

④专：表示专独，擅自、独自。齐桓公带领诸侯城楚丘，实际就是重新分封卫国于楚丘。《春秋》这么只记载"城楚丘"就是不赞同齐桓公擅自分封诸侯。

⑤专辞：指专限鲁国使用的说辞，这里本是诸侯共同帮助卫国筑城，《春秋》这样记载显得只有鲁国在筑城。

⑥通：通达，明了。

【译文】

【经】僖公二年，春天，周王的正月，修筑楚丘的城墙。

【传】楚丘是哪里？是卫国的小城。只有国都才说"城"，这里是小城，经文说"城"，为什么呢？这是在分封卫国。那么经文不说修筑卫国国都城墙，为什么呢？因为卫国还没有迁徙到这里。经文不说卫国迁徙，为什么呢？不赞同齐国国君擅自分封诸侯。经文说"城"某个地方，是专门的说法。所以不是天子不能分封诸侯。诸侯不能擅自分封诸侯，即使明了他的仁义，但是按照道义却不赞同。所以说，仁义不能胜过道义。

【经】夏，五月，辛巳[1]，葬我小君哀姜[1]。

【注释】

①辛巳：当为该年五月的十四日。

②小君：对诸侯夫人的称呼。

【译文】

【经】夏天，五月，辛巳（十四）日，安葬了鲁庄公的夫人哀姜。

【经】虞师、晋师灭夏阳[1]。

【传】非国而曰灭，重夏阳也。虞无师，其曰师，何也？以其先晋，不可以不言师也。其先晋，何也？为主乎灭夏阳也[2]。夏阳者，虞、虢之塞邑也[3]。灭夏阳，而虞、虢举矣[4]。虞之为主乎灭夏阳，何也？晋献公欲伐虢[5]，荀息曰[6]："君何不以屈产之乘、垂棘之璧而借道乎虞也[7]？"公曰："此晋国之宝也，如受吾币而不借吾道[8]，则如之何？"荀息曰："此小国之所以事大国也。彼不借吾道，必不敢受吾币。如受吾币而借吾道，则是我取之中府，而藏之外府，取之中厩而置之外厩也。"公曰："宫之奇存焉[9]，必不使受之也。"荀息曰："宫之奇之为人也，达心而懦[10]，又少长于君[11]，达心则其言略，懦则不能强谏，少长于君，则君轻之。且夫玩好在耳目之前，而患在一国之后，此中知以上乃能虑之，臣料虞君，中知以下也。"公遂借道而伐虢。宫之奇谏曰："晋国之使者，其辞卑而币重，必不便于虞[12]。"虞公弗听，遂受其币而借之道。宫之奇谏曰："语曰：'唇亡则齿寒。'其斯之谓与！"挈其妻子以奔曹。献公亡虢，五年而后举虞。荀息牵马操璧而前曰[13]："璧则犹是也，而马齿加长矣。"

【注释】

①虞：国名，姬姓，故都在今山西平陆东北。据《史记·吴太伯世家》，周太王三子季历贤能，太王欲立季历，于是季历的两个哥哥太伯和仲雍出逃到荆蛮之地，断发文身，以使季历即位。后来季历即位，传姬昌（周文王），又传姬发（周武王），武王灭殷之后寻找太伯、仲雍的后人，找到周章，已为吴君，因而封之，又封周章之弟虞仲为侯，遂有虞国。晋：国名，姬姓，周武王少子唐叔虞之后。周成王封弟叔虞于唐，叔虞子燮父改国号为晋，始为晋侯。夏阳：虢（guó）国地名，是虞、虢边界的要地，在今山西平陆东北。

②主：主要作用。

③虢（guó）：国名，姬姓，有西虢、东虢、北虢，此处的是北虢，开国君主是西周季历子虢仲之后，国都上阳，在今河南三门峡东。塞：关塞、边界险要之处。

④举：被攻克，被占领。

⑤晋献公：晋国国君姬诡诸，晋文公重耳的父亲，公元前677年—前651年在位。

⑥荀息：晋国大夫。

⑦屈：晋国地名，产良马。在今山西吉县北。垂棘：晋国地名，盛产碧玉。在今山西潞城北。借道乎虞：向虞国借道。虞在晋南，虢在虞南，所以晋国要攻打虢国，需要向虞国借道。此条就是成语"假道灭虢""唇亡齿寒"的出处。

⑧币：玉帛之类的礼品，这里指晋国要送给虞国的礼品。

⑨宫之奇：虞国大夫，贤能。

⑩达心：心智通达，明白事理。懦：懦弱。

⑪少长于君：意思是从小与国君一起长大。一说年龄稍微比国君

大些。

⑫便：有利。

⑬操：持。

【译文】

【经】虞国军队、晋国军队灭亡了虢国要地夏阳。

【传】不是国家而说灭亡，是重视夏阳。虞国没有军队，经文说“师”，为什么呢？因为把它放在晋国之前说，不可以不说“师”。经文把它放在晋国之前，为什么呢？因为它在灭亡夏阳这件事中起主要作用。夏阳，是虞、虢之间险要的关塞。灭亡了夏阳，那虞、虢就要被攻克了。虞国在灭夏阳这件事中起主要作用，为什么呢？晋献公想要攻打虢，荀息说：“国君您为什么不用屈地出产的骏马、垂棘出产的玉璧向虞国借道呢？”晋献公说：“这是晋国的宝物，如果他们接受了我们的礼物却不借道给我们，那么怎么办呢？”荀息说：“这些礼品是小国用来供奉给大国的东西。他们不借道给我们，一定不敢接受我们的礼物。如果接受了我们的礼物之后借道给我们，那就是我们把玉从内部的库房取出来，而放到外部的库房，把马从内部的马厩牵出来，而放到外部的马厩。”晋献公说：“虞国大夫宫之奇还在，一定不会让虞国国君接受礼物的。”荀息说：“宫之奇为人处世，心智通达但是懦弱，小时候又和国君一起长大。心智通达就说话简略，懦弱就不会极力劝谏，与国君一起长大，国君就会轻视他的意见。况且供玩赏的奇珍异宝就在眼前，而祸患还在另一个国家后面，这是中等智慧以上的人才能考虑到的，我估计虞国国君，是在中等智慧以下的。”晋献公于是借道来讨伐虢国。宫之奇劝说道：“晋国的使者，言辞谦卑但是礼物贵重，一定不利于我虞国。”虞国国君不听，于是接受了晋国的礼物然后借道路给他们。宫之奇劝说道：“常言道：‘嘴唇没了牙齿就寒冷。’说的就是这样的事啊。”带上他的妻子和孩子逃到曹国。晋献公灭亡了虢国，五年之后攻克了虞国。荀息牵着骏马拿着玉璧来到晋献公面前说：“玉璧还是那个样子，而骏马长了岁数而已。”

【经】秋，九月，齐侯、宋公、江人、黄人盟于贯①。

【传】贯之盟，不期而至者，江人、黄人也。江人、黄人者，远国之辞也。中国称齐、宋，远国称江、黄，以为诸侯皆来至也。

【注释】

①齐侯、宋公：齐桓公、宋桓公。江：国名，嬴姓，位于今河南息县以西。黄：国名，嬴姓，在今河南潢川西。贯：宋国地名，在今山东曹县南。

【译文】

【经】秋天，九月，齐桓公、宋桓公、江国国君、黄国国君在宋国贯地会盟。

【传】贯地的会盟，没有事先约定而到来的，是江国国君、黄国国君。"江人、黄人"，是表示遥远的国家的说法。中原的国家说了齐国、宋国，遥远的国家说了江国、黄国，用来表示诸侯们都来会盟了。

【经】冬，十月，不雨①。

【传】不雨者，勤雨也②。

【注释】

①雨(yù)：下雨。

②勤：殷切盼望。

【译文】

【经】冬天，十月，没有下雨。

【传】说"没有下雨"，就是殷切盼望下雨的意思。

【经】楚人侵郑。

【译文】

【经】楚国人入侵郑国。

三年

【经】三年，春，王正月，不雨。

【传】不雨者，勤雨也。

【译文】

【经】僖公三年，春天，周王的正月，没有下雨。

【传】说"没有下雨"，就是殷切盼望下雨的意思。

【经】夏，四月，不雨。

【传】一时言不雨者①，闵雨也②。闵雨者，有志乎民者也。

【注释】

①时：季节。

②闵（mǐn）：忧虑，担心。

【译文】

【经】夏天，四月，没有下雨。

【传】一个季节都说"没有下雨"，是为不下雨感到忧虑。为不下雨感到忧虑，是心系百姓。

【经】徐人取舒[①]。

【注释】

①徐：国名，先祖为东夷的一支，分布在今淮河中下游一带，称徐方、徐夷。周初在今安徽泗县一带建立徐国。舒：国名，偃姓。故地在今安徽舒城。

【译文】

【经】徐国人攻克舒国。

【经】六月，雨。

【传】雨云者，喜雨也[①]。喜雨者，有志乎民者也。

【注释】

①喜：为……感到高兴。

【译文】

【经】六月，下雨了。

【传】说"下雨了"，是为下雨感到高兴。为下雨感到高兴，是心系百姓。

【经】秋，齐侯、宋公、江人、黄人会于阳谷[①]。

【传】阳谷之会，桓公委、端、搢笏而朝诸侯[②]，诸侯皆谕乎桓公之志。

【注释】

①齐侯、宋公、江人、黄人：指齐桓公（春秋五霸之首）、宋桓公、江国

国君、黄国国君。阳谷:齐地,在今山东阳谷北三里。

②委:戴着委貌之冠。委,即委貌,国君在隆重仪式上所带的一种黑色丝织品制成的礼帽。夏朝时叫母追,商朝时叫章甫,周朝时叫委貌。端:穿着礼服。搢(jìn):插。笏(hù):君臣朝会时所执的手板。将所议之事书写于上,以备遗忘。这里“委、端、搢笏”就是所谓的衣裳之会。朝:专指诸侯相见或朝拜天子。

【译文】

【经】秋天,齐桓公、宋桓公、江国国君、黄国国君在齐国阳谷会盟。

【传】阳谷的会盟,齐桓公戴着礼帽、穿着礼服、插着笏板来和诸侯会面,诸侯们都明白齐桓公的想法了。

【经】冬,公子季友如齐莅盟[①]。

【传】莅者,位也[②]。其不日,前定也。不言及者,以国与之也[③]。不言其人,亦以国与之也。

【注释】

①莅(lì)盟:到会结盟。

②位(lì):到……位置去。

③与(yù):参与,参加。

【译文】

【经】冬天,鲁公子季友去齐国到会结盟。

【传】莅,就是到……去的意思。经文不记载日期,因为是之前约定的。不说“及”,因为是以国家的名义参与的。不说和谁,因为也是以国家的名义参加的。

【经】楚人伐郑。

【译文】

【经】楚国人攻打郑国。

四年

【经】四年，春，王正月，公会齐侯、宋公、陈侯、卫侯、郑伯、许男、曹伯侵蔡[①]，蔡溃[②]。

【传】溃之为言上下不相得也[③]。侵，浅事也[④]。侵蔡而蔡溃，以桓公为知所侵也。不土其地[⑤]，不分其民[⑥]，明正也[⑦]。

【注释】

①齐侯、宋公、陈侯、卫侯、郑伯、许男、曹伯：指齐僖公姬申、齐桓公姜小白、宋桓公子御说、陈宣公妫(guī)杵臼(chǔjiù)、卫文公姬辟疆(姬毁)、郑文公姬踕(jié)、许穆公姜新臣、曹昭公姬班。蔡：蔡国，姬姓，侯爵。辖今河南上蔡一带。

②溃：败，乱。

③之为言：相当于"之言"，训诂术语。得：契合，和谐，合适。

④浅事：小规模军事行动。

⑤土：占领土地。

⑥分：分割。

⑦明：表明。

【译文】

【经】僖公四年，春天，周王的正月，鲁僖公和齐桓公、宋桓公、陈宣公、卫文公、郑文公、许穆公、曹昭公入侵蔡国，蔡国溃败。

【传】"溃"是君臣心意不合的意思。入侵，是小规模军事行动。入侵蔡国然后蔡国溃败了，因为齐桓公了解他所入侵的对象。不占领蔡国的土地，不分割蔡国的百姓，表明这是合于正道的。

【经】遂伐楚，次于陉[①]。

【传】遂，继事也。次，止也。

【注释】

①陉(xíng)：楚国地名，在今河南漯河郾城区南。

【译文】

【经】接着就讨伐楚国，在楚国陉地驻扎。

【传】遂，表示后一件事接着前一件事。次，停止的意思。

【经】夏，许男新臣卒[①]。

【传】诸侯死于国，不地。死于外，地。死于师，何为不地？内桓师也[②]。

【注释】

①许男新臣：许国国君，男等爵位，名新臣，谥穆，即许穆公。

②内桓师：以齐桓公的军队为自己国家的。

【译文】

【经】夏天，许穆公姜新臣去世。

【传】诸侯在国内去世，不记载地点。在国外去世，记载地点。在军队里去世，为什么不记载地点呢？是以齐桓公的军队为自己国家的。

【经】楚屈完来盟于师[①]，盟于召陵[②]。

【传】楚无大夫，其曰屈完，何也？以其来会桓，成之为大夫也[3]。其不言使,权在屈完也[4]。则是正乎?曰,非正也。以其来会诸侯,重之也。来者何?内桓师也。于师,前定也。于召陵,得志乎桓公也。得志者,不得志也,以桓公得志为仅矣[5]。屈完曰:"大国之以兵向楚,何也?"桓公曰:"昭王南征不反[6],菁茅之贡不至[7],故周室不祭。"屈完曰:"菁茅之贡不至,则诺[8]。昭王南征不反,我将问诸江。"

【注释】

①屈完:楚国大夫。

②召陵:楚国地名,在今河南漯河郾城区东。

③成:成全,成就。

④权在屈完:决定权在屈完手里。

⑤仅:少。

⑥昭王南征不反:指西周前期周昭王姬瑕到楚国南巡被淹死之事。周昭王荒淫不理朝政,他到楚国视察,百姓给他一艘用胶粘在一起的船,行至江中船毁人亡。此事已过去几百年,这是齐桓公为讨伐楚国找借口。

⑦菁茅之贡不至:菁茅是一种香草,楚地特产。将其捆成捆,祭祀时,将酒倒到其上渗下去,象征神喝了酒,叫做缩酒。楚国不上贡菁茅,周王室无缩酒之物。

⑧诺:答应,应允。这是承认过错并答应送去。

【译文】

【经】楚国的屈完来到诸侯联军驻地中盟会,在楚地召陵结成盟约。

【传】楚国没有大夫,经文称屈完,为什么呢?因为他来和齐桓公会盟,所以让他具有大夫的身份。经文不说"使",因为决定权在屈完手里。那么这样合于正道吗?回答说,不合正道。因为他来和诸侯会盟,所以尊重他。为什么说“来”呢？因为把齐桓公的军队当做自己国家的。说在军队里，表明是提前约定的。说在召陵，表明他在齐桓公这里达到了目的。屈完达到了目的，就是齐桓公没有达到目的。因为桓公只是达到了很少的目的。屈完说：“各大国对楚使用武力，为什么呢？”齐桓公说：“周昭王到南方巡视而没有回去，菁茅草的进献没有到达，所以周王室不能祭祀了。”屈完说：“菁茅草的进献没有送到，那么我们答应进献。周昭王到南方巡视没有返回，我去问问江水。”

【经】齐人执陈袁涛涂[①]。

【传】齐人者，齐侯也。其人之，何也？于是哆然外齐侯也[②]，不正其逾国而执也。

【注释】

①袁涛涂：陈国大夫。据《左传》，诸侯联军与楚国定下盟约之后准备退兵，会途经陈、郑，袁涛涂为了避免陈国供给军队粮食，建议齐桓公取道东边而触怒了桓公。

②哆（chǐ）然：哆然的意思是众人指责的样子。外：排斥。

【译文】

【经】齐国人抓了陈国的袁涛涂。

【传】“齐人”，就是齐桓公。经文用“人”称呼他，为什么呢？因为在这件事上众人纷纷指责和排斥齐桓公，认为他越过别国而抓人是不合正道的。

【经】秋，及江人、黄人伐陈。

【传】不言其人及之者何？内师也。

【译文】

【经】秋天，和江国人、黄国人讨伐陈国。

【传】不说是谁和江人、黄人一起，为什么呢？因为是鲁国的军队。

【经】八月，公至自伐楚。

【传】有二事偶[1]，则以后事致。后事小，则以先事致。其以伐楚致，大伐楚也。

【注释】

①偶：对等，等同。这里指伐楚和伐陈两件事。

【译文】

【经】八月，鲁僖公讨伐楚国归来举行告祭祖庙的仪式。

【传】有两件事对等，那么用后面那件事告祭祖庙。后一件事小，那么用前一件事告祭祖庙。鲁僖公用伐楚这件事告祭，是认为伐楚是大事。

【经】葬许穆公。

【译文】

【经】安葬许穆公。

【经】冬，十有二月，公孙兹帅师会齐人、宋人、卫人、郑人、许人、曹人侵陈[1]。

【注释】

①公孙兹：鲁国大夫，姬叔牙之子叔孙戴伯。

【译文】

【经】冬天，十二月，鲁国大夫公孙兹率军会同齐国人、宋国人、卫国人、郑国人、许国人、曹国人入侵陈国。

五年

【经】五年，春，晋侯杀其世子申生[1]。

【传】目晋侯[2]，斥杀，恶晋侯也。

【注释】

①晋侯：晋献公姬诡诸。杀其世子申生：申生是晋献公夫人齐姜之子，立为太子。后齐姜去世，献公立骊姬为夫人，生奚齐，骊姬欲以奚齐为太子，遂设计陷害申生，申生自杀，公子夷吾和公子重耳分别出奔。世子，立为储君的那个儿子。

②目：称。

【译文】

【经】僖公五年，春天，晋献公杀了太子申生。

【传】称"晋侯"，是贬斥杀太子，是憎恶晋献公。

【经】杞伯姬来朝其子[1]。

【传】妇人既嫁不逾竟，逾竟，非正也。诸侯相见曰朝，伯姬为志乎朝其子也[2]。伯姬为志乎朝其子，则是杞伯失夫之道矣。诸侯相见曰朝，以待人父之道待人之子，非正也。故曰杞伯姬来朝其子，参讥也[3]。

【注释】

①杞伯姬：鲁女，庄公二十五年出嫁到杞国，为杞成公夫人。朝：

使……朝见。

②为:有。志:心愿,愿望。

③参(sān):指被讥刺的三件事,一是杞伯姬越境回鲁,二是杞伯失夫之道,三是鲁僖公以待杞伯的礼仪接待其子。

【译文】

【经】嫁到杞国的鲁女伯姬回国,让她的儿子来朝见。

【传】女子已经出嫁就不能越过国界了,越过国界,不合正道。诸侯之间见面才说“朝”,伯姬是希望让她的儿子来朝见。伯姬想要让她的儿子来朝见,那么就是杞伯没有做到丈夫应尽的职责。诸侯相互见面才说“朝”。用接待他父亲的礼仪接待他的儿子,不合正道。所以说经文记“杞伯姬来朝其子”,是同时讥讽了三件事。

【经】夏,公孙兹如牟①。

【注释】

①公孙兹:鲁国大夫,姬叔牙之子叔孙戴伯。牟(móu):国名,与鲁国邻近,在今山东莱芜东。

【译文】

【经】夏天,公孙兹去了牟国。

【经】公及齐侯、宋公、陈侯、卫侯、郑伯、许男、曹伯会王世子于首戴①。

【传】及以会,尊之也。何尊焉?王世子云者,唯王之贰也②。云可以重之③,存焉,尊之也。何重焉?天子世子,世天下也④。

【注释】

①齐侯、宋公、陈侯、卫侯、郑伯、许男、曹伯：齐桓公、宋桓公、陈宣公、卫文公、郑文公、许僖公姜业（公元前658年—前621年在位）、曹昭公。王世子：周天子的太子，此处为周惠王姬阆的太子姬郑，后来的周襄王。太子郑的母亲惠后宠爱小儿子姬叔带，于是惠王有废太子之意，齐桓公作此会，尊太子郑以使周王室安定。首戴：卫地，在今河南睢县东南。

②唯：表示强调、肯定的语气。贰：第二个，指继承者。

③云：说。

④世：继承。

【译文】

【经】鲁僖公及齐桓公、宋桓公、陈宣公、卫文公、郑文公、许僖公、曹昭公与周惠王的太子姬郑在首戴会面。

【传】先说“及”再说“会”，表示尊重他。为什么尊重呢？所谓周天子的太子，是天子的继承人。说可以因此重视他，显示他的存在，是尊重他。为什么尊重他呢？因为周天子的太子，是要继承天下的。

【经】秋，八月，诸侯盟于首戴。

【传】无中事而复举诸侯[①]，何也？尊王世子而不敢与盟也[②]。尊则其不敢与盟，何也？盟者，不相信也，故谨信也[③]，不敢以所不信而加之尊者。桓，诸侯也，不能朝天子，是不臣也。王世子，子也，块然受诸侯之尊己而立乎其位[④]，是不子也。桓不臣，王世子不子，则其所善焉何也？是则变之正也[⑤]。天子微，诸侯不享觐[⑥]，桓控大国，扶小国，统诸侯，不能以朝天子，亦不敢致天王[⑦]，尊王世子于首戴，乃所以尊天王之命也。世子含王命会齐桓[⑧]，亦所以尊天王之命也。世子受之可乎？是亦变之正也。天子微，诸侯不享觐，世子受诸侯之尊己，而天王尊矣，世子受之可也。

【注释】

①中事：指某时期中重要的事情，这里指先会见、后结盟，这中间没有记载其他事。复举诸侯：指又称了“诸侯”，《穀梁传》认为先会见、后结盟，如果中间没有记载重要的事，则不举“诸侯”，直接记载“盟于首戴”即可。

②不敢与盟：不敢与太子结盟约，指上一条经文记载会见提到了王世子，如果此条经文不提“诸侯”直接说“盟于首戴”，会让人觉得是诸侯与王世子缔结盟约。

③盟者，不相信也，故谨信也：意为结盟是因为相互不信任，所以通过这种方式来使各方谨守信义。

④块然：安然自得的样子。

⑤变之正：变通常规礼仪，使其合乎正道。《穀梁传》认为特殊情况下不必拘泥礼仪规定，可以有所变通。

⑥享：进献，把东西献给天子。觐(jìn)：诸侯在秋季朝见天子。

⑦致：招致。

⑧舍：奉，领受。

【译文】

【经】秋天，八月，诸侯们在首戴缔结盟约。

【传】中间没有重要的事情但又称了“诸侯”，为什么呢？是尊重周天子的太子而不敢跟他缔结盟约。尊重他就不敢与他缔结盟约，为什么呢？结盟，是因为互相不信任，所以通过这种方式来使各方谨守信义，不敢用不信任的态度对待尊贵的人。齐桓公，是诸侯，不去朝见天子，这是不合人臣之道的。周天子的太子，是儿子，安然自得地接受诸侯尊奉自己而处在尊位，这是不合人子之道的。齐桓公不合人臣之道，周天子的太子也不合人子之道，那么经文所称赞的是什么呢？这就是变通常规礼仪使其合乎正道的做法。周天子衰微，诸侯不进献不朝见，齐桓公控制大国，扶助小国，统领诸侯，不能带领他们去朝见周天子，也不敢请周天子来相见，在首戴尊奉周天子的太子，是用这样的方式来尊重周天子的命令。太子领受了天子的命令与齐桓公会面，也是用这样的方式来尊重周天子的命令。太子接受尊奉可以吗？这也是变通常礼使其合于正道。天子式微，诸侯不进献不朝见，太子接受诸侯尊奉自己，那么天子就受到尊重了，太子接受尊奉是可以的。

【经】郑伯逃归不盟①。

【传】以其去诸侯②，故逃之也。

【注释】

①郑伯逃归不盟：据《左传》，首戴之会不合周惠王之意，于是他挑拨郑文公使他不参与会盟。郑伯，郑文公姬辟疆（姬毁）。

②去：离开。

【译文】

【经】郑文公逃回郑国不参与结盟。

【传】因为他离开诸侯，所以说他逃跑。

【经】楚人灭弦①，弦子奔黄②。

【传】弦，国也。其不日，微国也。

【注释】

①弦：国名，小国，姬姓，一说隗姓，子爵，其地在今河南潢川西北息县南，一说在今湖北浠水西。

②弦子：弦国国君。黄：国名，小国，嬴姓，故地在今河南潢川西，公元前648年为楚所灭。

【译文】

【经】楚国人灭亡了弦国，弦国国君姬弦子逃到了黄国。

【传】弦，是国家。经文不记载日期，因为它是一个小国家。

【经】九月，戊申，朔[①]，日有食之。

【注释】

①戊申，朔：依今历法推算当为公元前655年八月十九日。

【译文】

【经】九月，戊申日，朔日，发生日食。

【经】冬，晋人执虞公。

【传】执不言所于地，缊于晋也[①]。其曰公，何也？犹曰其下执之之辞也。其犹下执之之辞，何也？晋命行乎虞民矣。虞虢之相救，非相为赐也[②]。今日亡虢，而明日亡虞矣。

【注释】

①缊：包含，这里指虞国已经被包含在晋国国土以内了。

②赐：给予恩惠，赏赐。

【译文】

【经】冬天，晋国人抓获了虞国国君。

【传】抓获了却不说抓获的地点，因为虞国国土已经被晋国包含在内了。经文称公，为什么呢？就相当于是说他的下臣抓住了他的说法。这就相当于是他的下臣把他抓住的说法，为什么呢？因为是晋国命令虞人抓的。虞国和虢国之间是相互用来救助的关系，不是相互利用来获得好处的关系。今天灭亡了虢国，接下来第二天就灭亡了虞国。

六年

【经】六年，春，王正月。

【译文】

【经】僖公六年，春天，周王的正月。

【经】夏，公会齐侯、宋公、陈侯、卫侯、曹伯伐郑[①]，围新城[②]。

【传】伐国不言围邑，此其言围，何也？病郑也[③]，着郑伯之罪也[④]。

【注释】

①伐郑：讨伐郑国，诸侯伐郑是因为之前郑国逃离首戴之盟。

②新城：郑国地名，在今河南新密东南。

③病：指责。

④着：使……显现。

【译文】

【经】夏天，鲁僖公会同齐桓公、宋桓公、陈宣公、卫文公、曹昭公讨伐郑国，包围了新城。

【传】讨伐国家不说包围城邑，这里说了包围，为什么呢？是指责郑国，彰显郑文公逃离首戴结盟的罪过。

【经】秋，楚人围许[①]，诸侯遂救许。

【传】善救许也。

【注释】

①围许：据《左传》，楚人围许是为了救郑。

【译文】

【经】秋天，楚国人包围了许国，诸侯们于是救援许国。

【传】这是褒扬救援许国的行为。

【经】冬，公至自伐郑。

【传】其不以救许致，何也？大伐郑也。

【译文】

【经】冬天，鲁僖公伐郑归来告祭祖庙。

【传】鲁僖公不用救援许国的事来告祭祖庙，为什么呢？因为他认为讨伐郑国的事情更重大。

七年

【经】七年，春，齐人伐郑[①]。

【注释】

①齐人伐郑：上次伐郑因救许未成，此时齐桓公再次伐郑。

【译文】

【经】僖公七年，春天，齐国人再次讨伐郑国。

【经】夏，小邾子来朝[①]。

【注释】

①小邾子：小邾国国君，乃是鲁庄公五年之郳(ní)黎来。据杨伯峻，邾国国君曹夷父封其小子肥于郳(今山东滕州东)，黎来是肥的曾孙，附从齐国尊周室，周室命之为小邾子。

【译文】

【经】夏天，小邾子来鲁国访问。

【经】郑杀其大夫申侯[①]。

【传】称国以杀大夫，杀无罪也。

【注释】

①申侯：郑国大夫，僖公四年陈国大夫袁涂涛触怒齐桓公即是因为申侯的出卖，后袁涂涛也在郑伯面前诋毁他。据《左传》，此时齐国伐郑，郑文公杀他，一方面是为了取悦齐国，另一方面也是因为袁涂涛的诋毁。

【译文】

【经】郑国杀害了它的大夫申侯。

【传】以国家的名义杀害大夫，是杀害无罪的人。

【经】秋，七月，公会齐侯、宋公、陈世子款、郑世子华[①]，盟于宁母[②]。

【传】衣裳之会也[③]。

【注释】

①陈世子款：陈国太子，姓妫（guī），名款。郑世子华：郑国太子，姓姬，名华。

②宁母：鲁地，在今山东鱼台境内。

③衣裳之会：指国与国之间以礼交好的盟会。

【译文】

【经】秋天，七月，鲁僖公和齐桓公、宋桓公、陈国太子妫款、郑国太子姬华会面，在宁母结盟。

【传】这是国与国之间以礼交好的盟会。

【经】曹伯班卒[①]。

【注释】

①曹伯班：曹国国君，姓姬，名班，谥昭，即曹昭公。

【译文】

【经】曹昭公姬班去世。

【经】公子友如齐。

【译文】

【经】鲁公子季友到齐国去。

【经】冬，葬曹昭公。

【译文】

【经】冬天，安葬曹昭公。

八年

【经】八年，春，王正月，公会王人、齐侯、宋公、卫侯、许男、曹伯、陈世子款[①]，盟于洮[②]。

【传】王人之先诸侯，何也？贵王命也。朝服虽敝，必加于上；弁冕虽旧[③]，必加于首；周室虽衰，必先诸侯。兵车之会也[④]。

【注释】

①王人：周王室地位低下的小官。曹伯：指新即位的曹共公姬襄，公元前653年—前618年在位。

②洮：曹地，在今山东鄄(juàn)城西。

③弁(biàn)冕：弁冕都是冠名，通常礼服用弁，而吉礼之服用冕。

④兵车之会：谓诸侯带领军队来协商战事的盟会。据《左传》，僖公七年末，周惠王驾崩，太子姬郑担忧姬叔带争位，秘不发丧，先向齐国告难，此时诸侯会盟，是为了谋定周室，立太子郑，是为周襄王。

【译文】

【经】僖公八年，春天，周王的正月，鲁僖公和周王室的小官、齐桓公、宋桓公、卫文公、许僖公、曹共公姬襄、陈国太子妫款会盟，在洮结盟。

【传】把周王室的小官放在诸侯前面，为什么呢？是尊重周天子的命令。朝服虽然破旧，一定要穿在外面；弁冕虽然陈旧，一定要戴在头上；周王室虽然衰微，一定要放在诸侯之前。这次是兵车之会。

【经】郑伯乞盟[①]。

【传】以向之逃归乞之也。乞者,重辞也[2],重是盟也[3]。乞者,处其所而请与也[4],盖汋之也[5]。

【注释】

①乞:祈求。

②重:份量重。

③重:看重,重视。

④处其所:待在他的处所。指郑文公没有亲自前来请求,而是派人前来,先试探一下齐桓公的态度。

⑤汋:通"酌",斟酌求取,此处指试探。

【译文】

【经】郑文公祈求参与盟会。

【传】因为之前逃跑回国所以用了"乞"字。乞,是分量很重的说法,表明看重这次盟会。乞,是待在他的处所而派人前往请求允许,大概是为了试探一下。

【经】夏,狄伐晋[1]。

【注释】

①狄伐晋:据《左传》,去年这个时候晋军在采桑打败狄人,此时狄人前来报复。狄是牧猎民族,周代的时候活动于齐、鲁、晋、卫各国之间,后世子孙以族名为姓氏,又是以国为氏的姓氏。

【译文】

【经】夏天,狄人攻打晋国。

【经】秋,七月,禘于大庙[1],用致夫人[2]。

【传】用者，不宜用者也；致者，不宜致者也。言夫人，必以其氏姓。言夫人而不以氏姓，非夫人也，立妾之辞也，非正也。夫人之[3]，我可以不夫人之乎？夫人卒葬之，我可以不卒葬之乎？一则以宗庙临之而后贬焉[4]，一则以外之弗夫人而见正焉。

【注释】

①禘（dì）：宗庙五年一次的大祭。大庙：太庙，鲁国始祖周公的庙寝。

②用：为了，因为，表示原因。致：达到。按照《穀梁传》的说法鲁僖公之母是鲁庄公的妾，这里僖公在禘祭时告祖，将其立为夫人。《左传》和《公羊传》对此条经文的解释各不同，可参看。

③夫人：这里用作动词，指僖公将其立为夫人。

④临：置，加于其上。这里指将宗庙在夫人之前说，并且之后不称她的姓氏，以此来表明经文对她的批判态度。

【译文】

【经】秋天，七月，鲁僖公在太庙举行禘祭，是为了达到（将其母亲）立为夫人的目的。

【传】为了，是不该为此的意思；达到，是不该达到的意思。说到夫人，一定用她的姓氏。说到夫人而没有用她的姓氏，就不是夫人，是立妾为夫人的说辞，不合正道。国君将其立为夫人，我可以不称夫人吗？去世了以夫人之礼安葬她，我可以不按夫人之礼记载她的丧事吗？一方面是把祖庙写在她的前面然后贬低她，一方面是用外国不把她看做夫人来表明正道。

【经】冬，十有二月，丁未[1]，天王崩[2]。

【注释】

①丁未：当为该年十二月的十八日。

②天王崩：这里指周惠王姬阆，公元前673—至前653年在位，周惠王其实是在鲁僖公七年末去世的，但当时的太子姬郑秘不发丧，此时才发丧，故经文此时才记载此事。依礼：天子去世称“崩”，寓有如山崩地裂的声响一样巨大的震荡。诸侯去世称“薨(hōng)”，则寓声响相对小些。

【译文】

【经】冬天，十二月，丁未（十八）日，周惠王驾崩。

九年

【经】九年，春，王三月，丁丑[①]，宋公御说卒[②]。

【注释】

①丁丑：当为该年三月的十九日。

②宋公御说：宋国国君，姓子，名御说(yuè)，谥桓，即宋桓公。

【译文】

【经】僖公九年，春天，周王的三月，丁丑（十九）日，宋桓公子御说去世。

【经】夏，公会宰周公、齐侯、宋子、卫侯、郑伯、许男、曹伯于葵丘[①]。

【传】天子之宰，通于四海[②]。宋其称子，何也？未葬之辞也。礼：柩在堂上[③]，孤无外事[④]。今背殡而出会[⑤]，以宋子为无哀矣。

【注释】

①宰周公：即周王室的太宰，食邑于周，故称宰周公。宰，官名，掌管天子事务，传达天子命令。宋子：新即位的宋国国君，即宋襄公子兹甫，公元前650年—前637年在位。据《左传》："凡在丧，王曰小童，公侯曰子。"葵丘：宋国地名，在今河南兰考东。

②通：往来。

③柩(jiù)：已装殓尸体的棺材。

④孤：丧父未葬的新即位的国君。

⑤背：离弃。

【译文】

【经】夏天，鲁僖公和周天子的太宰、齐桓公、宋襄公、卫文公、郑文公、许僖公、曹共公在葵丘会盟。

【传】周天子的宰官，可以和四海的诸侯交往。称宋国国君为子，为什么呢？是表示前代国君还没有安葬的说法。按礼：灵柩还放在堂上，遗孤没有外交上的事情。现在离开殡葬之事而出国会盟，认为宋国新国君没有哀痛。

【经】秋，七月，乙酉[①]，伯姬卒[②]。

【传】内女也，未适人，不卒，此何以卒也？许嫁，笄而字之[③]，死则以成人之丧治之[④]。

【注释】

①乙酉：当为该年七月的二十九日。

②伯姬：鲁僖公的女儿。

③笄(jī)：簪子，女子到十五岁可以束发成髻，插簪子，举行笄礼，以示成人。

④治：办理。

【译文】

【经】秋天，七月，乙酉（二十九）日，伯姬去世。

【传】是鲁国国君的女儿，还没有嫁人，不记载去世，这里为什么记载了去世呢？因为已经订婚了，举行了笄礼就称她的表字了，去世了就按成年人的丧礼来治丧。

【经】九月，戊辰[①]，诸侯盟于葵丘。

【传】桓盟不日，此何以日？美之也[②]，为见天子之禁[③]，故备之也[④]。葵丘之会，陈牲而不杀，读书加于牲上[⑤]，壹明天子之禁[⑥]，曰，毋雍泉[⑦]，毋讫籴[⑧]，毋易树子[⑨]，毋以妾为妻，毋使妇人与国事。

【注释】

①戊辰：当为该年九月的十三日。

②美：褒扬，赞美。

③为：表示原因。见：显示，体现。天子之禁：周天子的禁令。

④备：详细记载，使完备。

⑤书：指盟书。

⑥壹：表示范围，完全。

⑦雍泉：堵塞水源。

⑧讫(qì)籴(dí)：就是不卖粮食给别国。讫，阻止，制止。

⑨树子：已立为世子的嫡长子。据何休，树立本正辞，无易本正当立之子。

【译文】

【经】九月，戊辰（十三）日，诸侯在葵丘结盟。

【传】齐桓公的盟会不记载日期，这里为什么记载了呢？是为了褒扬他，因为他宣布了周天子的禁令，所以要详细地记载。葵丘的会盟，只把祭祀的家畜捆起来而不杀，宣读了盟书放在家畜身上，完全表明了天子的禁令，说，不要堵塞水源，不要阻碍购买粮食，不要更换太子，不要把妾立为妻，不要让妇女参与国事。

【经】甲子①，晋侯诡诸卒②。

【注释】

①甲子：史官漏记月，当指周历的十一月甲子日，即当年十一月的十日。

②晋侯诡诸：晋国国君，姓姬名诡诸，谥献，即晋献公。

【译文】

【经】十一月甲子（初十）日，晋献公姬诡诸去世。

【经】冬，晋里克杀其君之子奚齐①。

【传】其君之子云者，国人不子也②。国人不子，何也？不正其杀世子申生而立之也。

【注释】

①里克：晋国大夫。奚齐：晋献公之子，献公宠姬丽姬所生，丽姬欲立之，设计害死太子申生，逼走公子夷吾和重耳。详见前文，亦可参看《左传》。

②子：在丧期间，国君称子。

【译文】

【经】冬天，晋国大夫里克杀死了国君晋献公的儿子奚齐。

【传】经文说奚齐是国君的儿子,因为晋国人不把他当做国君。晋国人不把他当做国君,为什么呢?认为晋献公杀害了太子申生而立他为君是不合正道的。

十年

【经】十年,春,王正月,公如齐。

【译文】

【经】僖公十年,春天,周王的正月,鲁僖公到齐国去。

【经】狄灭温[①],温子奔卫。

【注释】

①温:周王畿内小国,在今河南温县南。

【译文】

【经】狄人灭亡了温国,温国国君逃到卫国。

【经】晋里克弑其君卓[①],及其大夫荀息[②]。

【传】以尊及卑也,荀息闲也[③]。

【注释】

①里克:晋国大夫。卓:晋献公和所宠爱的丽姬所生幼子,名姬卓子。一说是丽姬妹妹所生。

②荀息:晋国大夫,晋献公去世前将奚齐托孤给他。据《左传》,里克杀奚齐时荀息欲自尽,被人劝说又立卓子为君,此时卓子亦被

杀，荀息自杀。此事发生在鲁僖公九年末，记载于僖公十年当是此时方收到讣告。

③闲：护卫，保护。

【译文】

【经】晋国的里克杀害了晋国国君姬卓子，和晋国大夫荀息。

【传】从地位尊的写到地位卑的，荀息是保护姬卓子的。

【经】夏，齐侯、许男伐北戎。

【译文】

【经】夏天，齐桓公、许僖公讨伐北戎。

【经】晋杀其大夫里克。

【传】称国以杀，罪累上也[①]。里克弑二君与一大夫，其以累上之辞言之，何也？其杀之不以其罪也。其杀之不以其罪奈何？里克所为杀者，为重耳也。夷吾曰："是又将杀我乎？"故杀之不以其罪也。其为重耳弑奈何？晋献公伐虢，得丽姬，献公私之[②]。有二子，长曰奚齐，稚曰卓子[③]。丽姬欲为乱，故谓君曰："吾夜者梦夫人趋而来曰[④]：'吾苦畏[⑤]。'胡不使大夫将卫士而卫冢乎？"公曰："孰可使？"曰："臣莫尊于世子，则世子可。"故君谓世子曰："丽姬梦夫人趋而来曰：'吾苦畏。'女其将卫士而往卫冢乎。"世子曰："敬诺[⑥]。"筑宫[⑦]，宫成。丽姬又曰："吾夜者梦夫人趋而来曰：'吾苦饥。'世子之宫已成，则何为不使祠也[⑧]？"故献公谓世子曰："其祠。"世子祠。已祠，致福于君[⑨]。君田而不在。丽姬以酖为酒[10]，药脯以毒[11]。献公田来，丽姬曰："世子已祠，故致福于君。"君将食，丽姬跪曰："食自外来者，不可不试也。"覆酒于地而地贲[12]。以脯与犬，犬死。丽姬下堂而啼呼曰："天乎！天乎！国，子之国也，子何迟于为君？"君喟然叹曰："吾与女未有过切，是何与我之深也[13]？"使人谓世子曰："尔其图之。"世子之傅里克谓世子曰："入自明。入自明则可以生，不入自明则不可以生。"世子曰："吾君已老矣，已昏矣。吾若此而入自明，则丽姬必死。丽姬死，则吾君不安。所以使吾君不安者，吾不若自死，吾宁自杀以安吾君，以重耳为寄矣[14]。"刎脰而死[15]。故里克所为弑者，为重耳也。夷吾曰："是又将杀我也。"

【注释】

①罪：罪行，恶行。累：连累，牵涉。上：国君，此时晋国在位的为晋惠公夷吾。

②私：个人占有。

③稚曰卓子：据《左传》是丽姬的妹妹生的卓子，阙疑。

④夫人：指晋献公已去世的夫人齐姜，为太子申生的生母。

⑤苦畏：以畏为苦。畏是害怕的意思。

⑥敬诺：恭敬应答之辞，犹言遵命。

⑦宫：指太子守墓住的宫室。

⑧祠(sì)：祭祀，祈祷。

⑨致福于君：福是祭祀用的酒肉，意为奉献祭祀用的酒肉。祭祀后的酒肉献给国君，以示为君主添福。

⑩酖(zhèn)：鸩的异体字，毒酒的意思。

⑪药：下毒药。

⑫贲(fèn):隆起。

⑬深:狠毒,过分。

⑭寄:托付。

⑮脰(dòu):颈项。

【译文】

【经】晋国杀掉了它的大夫里克。

【传】以国家的名义杀害,是罪行牵涉到国君。里克杀了两位国君与一位大夫,经文用牵涉到国君的言辞说这件事,为什么呢?因为国君杀里克不是因为里克的罪行。为什么国君杀里克不是因为里克的罪行?里克之所以被杀,是因为重耳。夷吾说:"这个人又将要杀死我吗?"所以不是因为他的罪过杀死他。他为什么因为重耳被杀呢?晋献公讨伐虢国的时候,得到了丽姬,献公私下娶为妾,生了两个儿子,大的叫奚齐,小的叫卓子。丽姬想要作乱,因此对献公说:"我晚上梦见夫人疾走来说:'我很害怕。'为什么不派大夫率领卫士去守卫陵墓呢?"献公说:"可以派遣谁呢?"丽姬说:"没有比太子更尊贵的大臣,那么可以派太子去。"因此献公对太子说:"丽姬梦到夫人疾走来说:'我很害怕。'你带领卫士去守卫陵墓吧。"太子说:"遵命。"修筑守墓住的宫室,修好了。丽姬又说:"我晚上梦到夫人疾走来说:'我很饥饿。'太子的宫室已经修好,那为什么不祭祀呢?"因此献公对太子说:"祭祀吧。"太子于是祭祀。已经祭祀了,奉献祭祀用的酒肉给献公。献公外出打猎而不在。丽姬往酒里下毒酒,往肉里加毒药。献公打猎归来,丽姬说:"太子已经祭祀过了,所以献祭祀用的酒肉给您。"献公将要吃,丽姬下跪说:"食物是从外边来的,不可以不试毒。"把酒倒在地上,地就隆起。把肉给狗吃,狗就死了。丽姬走下厅堂大哭道:"天啊!天啊!国家,迟早是你的国家,你为什么还觉得做国君太晚了呢?"献公长叹道:"我对你没有过失,这是为什么对我这么狠毒呢?"派人对太子说:"你自己考虑吧。"太子的老师里克对太子说:"进宫去自己说明白。进宫去自己说明白了就可以活,不进宫去自己说明白就不可以活。”太子说：“我的国君已经老了，已经糊涂了。我如果像这样进宫自己说明白，那么丽姬就一定会死，丽姬死了，那么我的国君就不能安宁。假如要让我的国君不得安宁，我不如自己死去，我宁愿自杀来让我的国君安宁，重耳托付给你了。”于是自刎而死。所以里克杀害新国君，为的是重耳。夷吾说：“这个人又将要杀我了。”

【经】秋，七月。

【译文】

【经】秋天，七月。

【经】冬，大雨雪。

【译文】

【经】冬天，下大雪。

十一年

【经】十有一年，春，晋杀其大夫丕郑父[1]。

【传】称国以杀，罪累上也。

【注释】

①丕(pī)郑父：晋国大夫。

【译文】

【经】僖公十一年，春天，晋国杀害了它的大夫丕郑父。

【传】以国家的名义杀害，表明罪行牵涉到国君。

【经】夏，公及夫人姜氏会齐侯于阳谷[1]。

【注释】

①阳谷：齐地，在今山东阳谷北。

【译文】

【经】夏天，鲁僖公和夫人姜氏在阳谷与齐桓公会面。

【经】秋，八月，大雩[1]。

【传】雩月，正也。雩得雨曰雩，不得雨曰旱。

【注释】

①雩（yú）：求雨的祭祀称作雩，这里用作动词。

【译文】

【经】秋天，八月，鲁国举行求雨的祭祀。

【传】举行求雨仪式要记载月份，是符合正道的。求雨而下雨了称作雩，不下雨称作旱。

【经】冬，楚人伐黄[1]。

【注释】

①楚人伐黄：据《左传》，是因为黄国跟齐国亲近，而不向楚国纳贡。黄，当时的小国，嬴姓，在今河南潢川西。

【译文】

【经】冬天，楚国人讨伐黄国。

十二年

【经】十有二年，春，王正月，庚午，日有食之[①]。

【注释】

①庚午，日有食之：据专家研究，此处所记日食的月份有误。

【译文】

【经】僖公十二年，春天，周王的正月，庚午日，发生日食。

【经】夏，楚人灭黄。

【传】贯之盟[①]，管仲曰："江、黄远齐而近楚，楚，为利之国也。若伐而不能救，则无以宗诸侯矣[②]。"桓公不听，遂与之盟。管仲死[③]，楚伐江灭黄，桓公不能救，故君子闵之也[④]。

【注释】

①贯之盟：见僖公二年，以齐国为首的多个诸侯国在贯地订立了盟约，当时远离齐国的小国江国和黄国都参加了。"贯"是宋地，在今山东曹县境内。

②宗：成为宗主国，作宗主国。

③管仲死：《穀梁传》认为管仲是死在楚灭黄之前，据《史记》，管仲去世当在僖公十五年，是在灭黄之后。

④闵：怜悯，哀伤。

【译文】

【经】夏天，楚国人灭亡了黄国。

【传】在贯地结盟时，管仲说："江国、黄国距离齐国遥远但是与楚国接近，楚国，是贪利的国家。如果楚国讨伐江、黄而我们不能救援，那么就没有办法让诸侯以我们为宗主国。”齐桓公不听从他的意见，接着就与江、黄结盟。管仲死后，楚国讨伐江国灭亡黄国，齐桓公不能去救援，所以君子为此感到哀伤。

【经】秋，七月。

【译文】

【经】秋天，七月。

【经】冬，十有二月，丁丑[①]，陈侯杵臼卒[②]。

【注释】

①丁丑：当为该年的十二月十一日。

②陈侯杵臼：陈国国君，姓妫，名杵臼，谥宣，即陈宣公。

【译文】

【经】冬天，十二月，丁丑（十一）日，陈宣公妫杵臼去世。

十三年

【经】十有三年，春，狄侵卫。

【译文】

【经】僖公十三年，春天，狄人入侵卫国。

【经】夏，四月，葬陈宣公。

【译文】

【经】夏天，四月，安葬了陈宣公妫杵臼。

【经】公会齐侯、宋公、陈侯、卫侯、郑伯、许男、曹伯于鹹①。

【传】兵车之会也②。

【注释】

①陈侯：指新即位的陈穆公妫款，陈宣公妫杵臼之子，公元前647年至前632年在位。鹹（xián）：卫国地名，在今河南濮阳东南。

②兵车之会：指诸侯带领军队来协商战事的盟会。据《左传》，此次会盟一方面是因为淮夷威胁杞国，另一方面是为了安定周王室。

【译文】

【经】鲁僖公和齐桓公、宋襄公、陈穆公、卫文公、郑文公、许僖公、曹共公在鹹地会盟。

【传】这次是兵车之会。

【经】秋，九月，大雩。

【译文】

【经】秋天，九月，举行隆重的祈雨仪式。

【经】冬，公子友如齐。

【译文】

【经】冬天，鲁公子季友去齐国。

十四年

【经】十有四年，春，诸侯城缘陵[①]。

【传】其曰诸侯，散辞也[②]。聚而曰散，何也？诸侯城，有散辞也，桓德衰矣。

【注释】

①缘陵：杞国国都，在今山东昌乐东南。杞国国都初在雍丘（今河南杞县），于杞成公时迁缘陵，后杞文公迁淳于（今山东安丘东北）。

②散：涣散，分散。

【译文】

【经】僖公十四年，春天，诸侯修筑缘陵杞国国都的城墙。

【传】经文说诸侯，是表示涣散的言辞。聚集在一起却说涣散，为什么呢？诸侯修筑城墙，是出现涣散的言辞，表明齐桓公的德行衰微了。

【经】夏，六月，季姬及缯子遇于防[①]，使缯子来朝。

【传】遇者，同谋也。来朝者，来请己也[②]。朝不言使[③]，言使，非正也。以病缯子也。

【注释】

①季姬：鲁僖公的女儿，嫁给缯国国君。缯子：缯国国君。缯国为姒姓，传为大禹后裔，故城在今山东枣庄东。防：鲁国地名，在今

山东费县东北。

②请己：请僖公让自己回家。据《左传》，季姬归宁，缯子未同行，僖公怒，于是留下了季姬，后来缯子来请僖公让季姬回缯。

③朝不言使：朝见不能称派遣。

【译文】

【经】夏天，六月，鲁僖公之女季姬和缯国国君在防地相会，让缯国国君前来访问。

【传】遇，就是共同策划的意思。来访问，是来请僖公让自己回家。访问不能称派遣，称派遣，不合正道。用这种方法来指责缯国国君。

【经】秋，八月，辛卯[1]，沙鹿崩[2]。

【传】林属于山为鹿[3]。沙，山名也。无崩道而崩，故志之也。其日，重其变也。

【注释】

①辛卯：当为该年八月的初五日。

②沙鹿：杜预认为沙鹿是山的名字，《公羊传》认为是河边的城邑。鹿，同"麓"，山脚。崩：倒塌。

③属：连接。

【译文】

【经】秋天，八月，辛卯（初五）日，沙山的山脚崩塌了。

【传】树林和山连接的地方是山脚。沙，是山的名字。没有崩塌的道理却崩塌了，所以记载这件事。经文记载日期，是表示重视这种变故。

【经】狄侵郑。

【译文】

【经】狄人侵入郑国。

【经】冬，蔡侯肸卒[①]。

【传】诸侯时卒，恶之也。

【注释】

①蔡侯肸(xī)：蔡国国君，姓姬，名肸，侯爵，谥穆，即蔡穆侯。

【译文】

【经】冬天，蔡穆侯姬肸去世。

【传】诸侯记载去世的季节，是厌恶他。

十五年

【经】十有五年，春，王正月，公如齐。

【译文】

【经】僖公十五年，春天，周王的正月，鲁僖公到齐国去。

【经】楚人伐徐[①]。

【注释】

①伐徐：据《左传》，是因为徐国跟中原国家走得比较近。徐国为当时小国，故城在今江苏泗洪一带。

【译文】

【经】楚国人讨伐徐国。

【经】三月，公会齐侯、宋公、陈侯、卫侯、郑伯、许男、曹伯，盟于牡丘[①]。

【传】兵车之会也[②]。

【注释】

①牡丘：齐地，在今山东聊城东。

②兵车之会：谓诸侯带领军队来协商战事的盟会。据《左传》，此次会盟是因为楚人伐徐。

【译文】

【经】三月，鲁僖公和齐桓公、宋襄公、陈穆公、卫文公、郑文公、许僖公、曹共公会盟，在牡丘订立盟约。

【传】这次是兵车之会。

【经】遂次于匡[①]。

【传】遂，继事也。次，止也，有畏也。

【注释】

①匡：宋地，在今河南睢县东。

【译文】

【经】接着就在匡地驻扎。

【传】遂，表示后一件事接着前一件事。次，是停止的意思，表示有所畏惧。

【经】公孙敖帅师及诸侯之大夫救徐[①]。

【传】善救徐也。

【注释】

①公孙敖：鲁国大夫，鲁公子庆父之子。

【译文】

【经】鲁国大夫公孙敖率领军队和诸侯国的大夫们救援徐国。

【传】褒扬救援徐国的行为。

【经】夏，五月，日有食之。

【译文】

【经】夏天，五月，发生日食。

【经】秋，七月，齐师、曹师伐厉[1]。

【注释】

①厉：国名，今在何处有两说，一说在湖北随县，一说在河南鹿邑。

【译文】

【经】秋天，七月，齐军、曹军讨伐厉国。

【经】八月，螽[1]。

【传】螽，虫灾也。甚则月，不甚则时。

【注释】

①螽（zhōng）：属蝗虫科，食农作物。

【译文】

【经】八月，螽虫成灾。

【传】螽，是害虫泛滥成灾。严重就记载月份，不是很严重就记载季节。

【经】九月，公至自会。

【译文】

【经】九月，鲁僖公从会盟地回国，举行了告祭祖庙的仪式。

【经】季姬归于缯。

【译文】

【经】鲁僖公之女季姬回到缯国。

【经】己卯[①]，晦[②]，震夷伯之庙[③]。

【传】晦，冥也[④]。震，雷也。夷伯，鲁大夫也。因此以见天子至于士皆有庙。天子七庙，诸侯五，大夫三，士二[⑤]。故德厚者流光[⑥]，德薄者流卑[⑦]。是以贵始，德之本也[⑧]。始封必为祖[⑨]。

【注释】

①己卯：当为该年九月的三十日。

②晦：每月最后一日。《穀梁传》和《公羊传》都认为是昏暗的意思，误。

③震：雷击。夷伯：《穀梁传》认为是鲁国大夫，然未指明是谁；《左传》认为是展氏之祖；《公羊传》认为是季氏的家臣。此处阙疑。

④冥：昏暗。

⑤天子七庙，诸侯五，大夫三，士二：指天子有七庙，祭祀父、祖父、曾祖、高祖、高祖的父和祖父、始祖七人。诸侯五庙，祭祀父、祖父、曾祖、高祖、始祖五人。大夫三庙，祭祀父、祖父、曾祖。士二庙，祭祀父、祖父。

⑥流：流传。光：远。

⑦卑：近。

⑧德：这里指德的恩泽。

⑨祖：祖庙，宗庙。指始祖的宗庙要永远祭祀。

【译文】

【经】己卯（九月三十）日，月末一天，雷电击中了夷伯的庙寝。

【传】晦，是昏暗的意思。震，是打雷的意思。夷伯，是鲁国的大夫。由此可以见得从天子到士都有宗庙。天子有七代先人的庙，诸侯有五代先人的庙，大夫有三代先人的庙，士有两代先人的庙。所以德行深厚的人恩泽流传久远，德行浅薄的人恩泽流传短暂。因此尊重始祖，因为他是恩泽的根本。第一个受封的一定有宗庙。

【经】冬，宋人伐曹[1]。

【注释】

①伐曹：据《左传》，宋国此次伐曹是为了报复庄公十四年时曹国伐宋之事。

【译文】

【经】冬天，宋国人讨伐曹国。

【经】楚人败徐于娄林[1]。

【传】夷狄相败，志也。

【注释】

①娄林：徐地，在今安徽泗县北。

【译文】

【经】楚国人在娄林击败徐国。

【传】蛮族之间相互击败，记载下来了。

【经】十有一月，壬戌[①]，晋侯及秦伯战于韩[②]。获晋侯[③]。

【传】韩之战，晋侯失民矣[④]，以其民未败，而君获也。

【注释】

①壬戌：当为该年十一月的十四日。

②晋侯：指晋惠公姬夷吾，公元前650年—前637年在位。秦伯：指秦穆公嬴任好，春秋五霸之一，公元前659年—前621年在位。韩：晋地，在今山西芮(ruì)城附近。

③获：据《公羊传》，"君生得曰获，大夫生死皆曰获"。

④失民：失去民心。

【译文】

【经】十一月，壬戌(十四)日，晋惠公和秦穆公在晋国的韩地交战。秦生擒晋惠公。

【传】韩地的战斗，表明晋惠公失去民心了，因为晋国的人民没有被击败，但是国君却被生擒了。

十六年

【经】十有六年，春，王正月，戊申[①]，朔，陨石于宋五。

【传】先陨而后石，何也？陨而后石也。于宋四竟之内曰宋。后数，散辞也[②]。耳治也[③]。

【注释】

①戊申：不详，依后面“朔”推测，当为该年正月的第一天，存疑。

②散辞：分散。

③耳治：听说，听到。治，通“志”，记载。

【译文】

【经】僖公十六年，春天，周王的正月，戊申日，月初的第一天，天上落下了石头在宋国，有五块。

【传】先说落下再说是石头，为什么呢？因为落下来之后才知道是石头。在宋国四面的边境之内就叫做宋国。后说数目，是表示散落各地的意思。也表示是根据听闻记载的。

【经】是月，六鷁退飞[①]，过宋都[②]。

【传】是月也，决不日而月也[③]。六鶂退飞，过宋都，先数，聚辞也，目治也[④]。子曰：石，无知之物；鶂，微有知之物。石无知，故日之；鶂微有知之物，故月之。君子之于物，无所苟而已[⑤]。石、鶂且犹尽其辞，而况于人乎。故五石六鷁之辞不设[⑥]，则王道不亢矣[⑦]。民所聚曰都。

【注释】

①鷁（yì）：一种水鸟，能高飞。退飞：倒退着飞。

②宋都：宋国的都城为商丘，在今河南商丘睢阳区西南。

③决：区分，确定。指鶂鸟飞过的时间和陨石的时间不是同一天，只是在这个月而已。

④目治：用眼记下。治，通“志”。

⑤苟：马虎，草率。

⑥设：指记载。

⑦亢：高亢，指弘扬。

【译文】

【经】这个周王的正月，六只鹢鸟倒退着飞，飞过宋国的都城。

【传】这个月的意思，是确定与陨石不是同一天而只是同一月。六只鶂鸟倒退着飞，经过宋国的都城，先说数目，表示是聚集在一起的，是凭目视记下的。老师说：石头，是没有知觉的事物；鶂鸟，是有一点知觉的事物。石头没有知觉，所以记载日期；鶂鸟是有一点知觉的事物，所以记载月份。君子对于事物，没有草率的。石头、鶂鸟尚且有详尽的文辞，何况对于人呢？所以五块石头六只鹢鸟的记载不出现，那么天子治理天下的大道就不能弘扬了。百姓聚集的地方叫做都城。

【经】三月，壬申[①]，公子季友卒[②]。

【传】大夫日卒，正也。称公弟叔、仲，贤也。大夫不言公子、公孙，疏之也。

【注释】

①壬申：当为该年三月的二十五日。

②公子季友：鲁庄公的弟弟姬子友。

【译文】

【经】三月，壬申（二十五）日，公子季友去世。

【传】大夫记载去世的日期，是合于正道的。以“叔”“仲”称鲁公的弟弟，是表示此人是贤能的。对大夫如果不称“公子”、“公孙”，就表示疏远他。

【经】夏，四月，丙申[①]，缯季姬卒[②]。

【注释】

①丙申：当为该年四月的二十日。

②缯：春秋小国，姒姓，传为禹的后裔，公元前566年为莒国所灭。故城在山东枣庄东。一说在今山东兰陵向镇西。

【译文】

【经】夏天，四月，丙申（二十）日，嫁到缯国的季姬去世。

【经】秋，七月，甲子[①]，公孙兹卒[②]。

【传】大夫日卒，正也。

【注释】

①甲子：当为该年七月的十九日。

②公孙兹：鲁国大夫，公子叔牙的儿子。

【译文】

【经】秋天，七月，甲子（十九）日，公孙兹去世。

【传】大夫记载去世的日期，合于正道。

【经】冬，十有二月，公会齐侯、宋公、陈侯、卫侯、郑伯、许男、邢侯、曹伯于淮[①]。

【传】兵车之会也。

【注释】

①公、齐侯、宋公、陈侯、卫侯、郑伯、许男、邢侯、曹伯：鲁僖公姬申，

齐桓公姜小白,宋襄公子兹甫,陈穆公妫(guī)款,卫文公姬辟疆(姬毁),郑文公姬踕,许僖公姜业,邢国国君,曹共公姬襄。淮:淮夷地。在今江苏盱眙(xūyí)附近。据《左传》,本次诸侯会面是因为淮夷侵扰缯国。

【译文】

【经】冬天,十二月,鲁僖公与齐桓公、宋襄公、陈穆公、卫文公、郑文公、许僖公、邢国国君、曹共公在淮地会面。

【传】这次是兵车之会。

十七年

【经】十有七年,春,齐人、徐人伐英氏①。

【注释】

①英氏:国名,楚的附庸国,也称英,偃姓,无爵,始祖为皋陶之后。故地在今安徽金寨东南,湖北英山东北。

【译文】

【经】僖公十七年,春天,齐国人、徐国人讨伐英国。

【经】夏,灭项①。

【传】孰灭之?桓公也。何以不言桓公也?为贤者讳也。项,国也,不可灭而灭之乎?桓公知项之可灭也,而不知己之不可以灭也。既灭人之国矣,何贤乎?君子恶恶,疾其始;善善,乐其终。桓公尝有存亡继绝之功,故君子为之讳也。

【注释】

①项:春秋小国,姬姓,子爵,又称项子国,在今河南项城与沈丘之间。故城当在沈丘槐店回族镇西郊。

【译文】

【经】夏天,灭亡项国。

【传】谁灭亡了它?是齐桓公。为什么不说出齐桓公呢?是为贤明的人避讳。项,是国家,是不应该灭亡却灭亡了它吗?齐桓公知道项是可以灭亡的,但是不知道自己不可以灭亡它。已经灭亡了别人的国家,哪里还称得上贤能呢?君子憎恨罪恶,从一开始就憎恶;褒扬善行,直到最后也乐于褒扬。齐桓公曾经有保存灭亡的国家、延续断绝的世系的功劳,所以君子为他避讳。

【经】秋,夫人姜氏会齐侯于卞[1]。

【注释】

①卞(biàn):鲁邑名,在今山东泗水东。

【译文】

【经】秋天,鲁僖公夫人姜氏和齐桓公在卞邑会面。

【经】九月,公至自会。

【译文】

【经】九月,鲁僖公从会盟的淮地回国告祭祖庙。

【经】冬,十有二月,乙亥[1],齐侯小白卒[2]。

【传】此不正[3],其日之,何也?其不正前见矣[4]。其不正之前见何也？以不正入虚国[⑤]，故称嫌焉尔。

【注释】

①乙亥：当为该年十二月的初八日。

②齐侯小白：齐国国君，姓姜，名小白，谥桓，即齐桓公。

③不正：指齐桓公继承君位的方式不合礼制。《穀梁传》认为齐桓公是通过不合法的方式继承君位的。

④前见：指庄公九年称"齐小白"而不称"公子小白"。

⑤虚国：指没有君主的国家。

【译文】

【经】冬天，十二月，乙亥（初八）日，齐桓公姜小白去世。

【传】齐桓公继承君位不合礼制，经文记载了去世的日期，为什么呢？他的不合礼制前文已经显现了。为什么他不合礼制的地方之前已经显现了呢？因为他以不合礼制的方式进入没有君主的国家，所以说是不正当的即位。

十八年

【经】十有八年，春，王正月，宋公、曹伯、卫人、邾人伐齐[①]。

【传】非伐丧也[②]。

【注释】

①宋公、曹伯：宋襄公子兹甫、曹共公姬襄。伐齐：据《左传》，齐桓公死后，齐太子姜昭出奔宋国，易牙、寺人貂立公子无亏，此时宋襄公集合诸侯伐齐是为了立太子昭，后来齐人杀无亏，公子昭得立，为齐孝公。

②非：责备。

【译文】

【经】僖公十八年，春天，周王的正月，宋襄公、曹共公、卫国人、邾国人讨伐齐国。

【传】这是责备讨伐正在办理丧事的国家。

【经】夏，师救齐。

【传】善救齐也。

【译文】

【经】夏天，鲁军救援齐国。

【传】这是褒扬鲁国救援齐国的行为。

【经】五月，戊寅[①]，宋师及齐师战于甗[②]。齐师败绩。

【传】战不言伐[③]，客不言及。言及，恶宋也。

【注释】

①戊寅：当为该年五月的十四日。

②甗（yǎn）：齐地，在今山东济南历城境内。据《左传》，齐人杀无亏之后，齐国其他公子的势力不愿公子昭即位，于是与诸侯军队作战，被打败，公子昭入国即位。

③战不言伐：用了交战，就不说讨伐。即"伐""战"不并举。

【译文】

【经】五月，戊寅（十四）日，宋军和齐军在齐境甗地交战。齐军战败。

【传】说了交战就不说讨伐，对外军不说"及"。说了"及"，表示憎恶宋国。

【经】狄救齐。

【传】善救齐也。

【译文】

【经】狄人救援齐国。

【传】褒扬狄救援齐国的行为。

【经】秋，八月，丁亥[1]，葬齐桓公。

【注释】

①丁亥：依历法推算，该年八月无丁亥，疑误。

【译文】

【经】秋天，八月，丁亥日，安葬齐桓公。

【经】冬，邢人、狄人伐卫[1]。

【传】狄，其称人，何也？善累而后进之。伐卫，所以救齐也，功近而德远矣。

【注释】

①邢：邢国为商周古国，姬姓，侯爵，为西周早期分封的五十三个姬姓国之一。故城在今河北邢台。

【译文】

【经】冬天，邢国人、狄人讨伐卫国。

【传】狄，经文用“人”称呼它，为什么呢？善行有所积累然后褒奖他。讨伐卫国，是为了救援齐国，功绩近在眼前而美德却流传久远。

十九年

【经】十有九年，春，王三月，宋人执滕子婴齐[①]。

【注释】

①滕子婴齐：滕国国君，此为滕宣公，名婴齐。

【译文】

【经】僖公十九年，春天，周王的三月，宋国人抓捕了滕国国君婴齐。

【经】夏，六月，宋公、曹人、邾人盟于曹南[①]。

【注释】

①曹南：曹国南部边境。

【译文】

【经】夏天，六月，宋襄公、曹国人、邾国人在曹国南部边境盟会。

【经】缯子会盟于邾。己酉[①]，邾人执缯子[②]，用之[③]。

【传】微国之君，因邾以求与之盟。人因己以求与之盟，己迎而执之[④]。恶之，故谨而日之也。用之者，叩其鼻以衈社也[⑤]。

【注释】

①己酉：当为该年六月的二十一日。

②缯子:缯国国君。

③用:指杀人或杀牲以祭。

④迎:迎击。

⑤叩:敲击。这里是指打破缯子的鼻子,用他的鼻血来祭祀。衈(èr):指祭礼中取血涂祭社器。

【译文】

【经】缯国国君参与在邾地的会盟。六月己酉(二十一)日,邾国人抓捕了缯国国君,用他来祭祀社神。

【传】小国的国君,想通过邾国来请求参与这次盟会。别人想依靠自己来请求参与这个盟会,自己却迎击而且抓捕了他。憎恶这种行为,所以慎重地记载这件事的日期。用他祭祀社神,就是打破他的鼻子用他的血来祭祀土地神。

【经】秋,宋人围曹。

【译文】

【经】秋天,宋国人包围了曹国。

【经】卫人伐邢。

【译文】

【经】卫国人讨伐邢国。

【经】冬,会陈人、蔡人、楚人、郑人盟于齐。

【译文】

【经】冬天，鲁国和陈国、蔡国、楚国、郑国在齐国盟会。

【经】梁亡[1]。

【传】自亡也。湎于酒[2]，淫于色[3]，心昏，耳目塞[4]。上无正长之治[5]，大臣背叛，民为寇盗[6]。梁亡，自亡也。如加力役焉[7]，湎不足道也。梁亡，郑弃其师，我无加损焉[8]，正名而已矣[9]。梁亡，出恶正也[10]。郑弃其师，恶其长也。

【注释】

①梁：国名，嬴姓，国土在今陕西韩城南，据《左传》是为秦所灭。

②湎：沉迷。

③淫：放纵，沉湎。

④耳目塞：耳目闭塞，指听不进意见。

⑤正：指合乎春秋之义。长：尊长，长官。这里正长就是指行为处事或治理方式合乎正道的统治者。

⑥寇盗：寇匪，盗贼。

⑦力役：指武力征伐。这里是说如果指明了梁国是由于外国武力入侵才灭亡的，那梁国自取灭亡的行为就得不到揭露了。

⑧加损：添加或减少，指在这两件事的叙述上是没有增删，如实记载的。

⑨正：辨正，确定。

⑩出：出于，来源于。正：政权，政治。

【译文】

【经】梁国灭亡。

【传】梁国是自取灭亡的。国君沉迷于宴饮，放纵于女色，头脑昏聩，耳目闭塞。在高位的没有合乎正道的尊长应有的治理方式，大臣们背叛他，百姓称他为寇匪、盗贼。梁国灭亡，是自取灭亡。如果添加上武力征伐，那么国君的沉湎荒淫就不值得说了。梁国灭亡，郑国抛弃他们的军队，我们没有增删，只是辨别清楚了它们的责任罢了。梁国灭亡，是源于不好的政权。郑国抛弃他们的军队，是因为厌恶军队的统帅。

二十年

【经】二十年，春，新作南门[①]。

【传】作，为也，有加其度也[②]。言新，有故也，非作也。南门者，法门也[③]。

【注释】

①作：修建，建造。南门：都城的正门。

②度：规模。

③法门：据《春秋穀梁传注疏》："法门，谓天子诸侯皆南面而治，法令之所出入，故谓之法门。"

【译文】

【经】僖公二十年，春天，鲁都新修建了南门。

【传】作，是修建的意思，是增加它的规模。说新建，因为有旧的，是指责这次修建。南门，是发布法令的门。

【经】夏，郜子来朝[①]。

【注释】

①郜(gào)子：郜国国君。郜国早已灭亡，此处何以出现郜子，众说

纷纭,阙疑。郜国故城在今山东成武东南。

【译文】

【经】夏天,郜国国君前来访问。

【经】五月,己巳[①],西宫灾[②]。

【传】谓之新宫,则近为祢宫[③]。以谥言之,则如疏之然,以是为闵宫也。

【注释】

①己巳:当为该年五月的二十三日。

②西宫:这里是指供奉鲁闵公牌位的庙寝。

③近:似乎,好像。祢(nǐ)宫:父庙。

【译文】

【经】五月,己巳(二十三)日,西边的庙寝发生火灾。

【传】如果称作新宫,就好像是在说父亲的庙寝。如果用谥号来称呼它,就好像是在疏远它的样子,因此这是闵公的庙寝。

【经】郑人入滑[①]。

【注释】

①入滑:据《左传》,滑国叛郑亲卫,所以郑国伐之。滑国为姬姓伯爵之国,都城原在今河南滑县,后迁至今河南偃师府店镇。

【译文】

【经】郑国人侵入滑国。

【经】秋,齐人、狄人盟于邢。

【传】邢为主焉尔。邢小,其为主何也?其为主乎救齐[①]。

【注释】

①救齐:据《左传》,本次会盟是因为去年卫国伐邢,故此谋划对策。齐桓公死后,宋襄公想称霸,联合卫国与齐国为敌,狄、邢、齐则想削弱宋国势力,故与之为敌,数年间两方争斗不断。

【译文】

【经】秋天,齐国人、狄人在邢国盟会。

【传】邢国是这次会盟的主持国。邢国是小国,它来主持是为什么呢?因为它在救援齐国的行动中起主要作用。

【经】冬,楚人伐随[①]。

【传】随,国也。

【注释】

①随:姬姓诸侯国,侯爵,封随,故城在今湖北随州。

【译文】

【经】冬天,楚国人讨伐随国。

【传】随,是一个国家。

二十一年

【经】二十有一年,春,狄侵卫。

【译文】

【经】僖公二十一年，春天，狄人侵入卫国。

【经】宋人、齐人、楚人盟于鹿上[①]。

【注释】

①鹿上：宋地，在今山东巨野西南曹县东北。

【译文】

【经】宋国、齐国、楚国在鹿上缔结盟约。

【经】夏，大旱。

【传】旱时，正也。

【译文】

【经】夏天，发生大旱灾。

【传】记载发生旱灾的季节，是合乎义理的。

【经】秋，宋公、楚子、陈侯、蔡侯、郑伯、许男、曹伯会于雩[①]。执宋公以伐宋[②]。

【传】以，重辞也[③]。

【注释】

①楚子：楚成王，芈(mǐ)姓，熊氏，名恽，故可称芈恽，亦可称熊恽，子爵，公元前671年—前626年在位，楚国国君均可称芈某某或熊某某。蔡侯：蔡庄公姬甲午，侯爵，公元前645年—前612年在

位。雩(yú):宋地,在今河南睢县境内。

②执:拘押。以:连词,表示连贯关系,就,而后。

③重辞:份量很重的说法。表明经文对这件事的重视。

【译文】

【经】秋天,宋襄公、楚成王、陈穆公、蔡庄公、郑文公、许僖公、曹共公在雩会盟。拘押了宋襄公而后讨伐宋国。

【传】以,是份量很重的说法。

【经】冬,公伐邾[1]。

【注释】

①邾(zhū):鲁国的附属国,曹姓,故城在今山东邹城。

【译文】

【经】冬天,鲁僖公讨伐邾国。

【经】楚人使宜申来献捷[1]。

【传】捷,军得也。其不曰宋捷,何也?不与楚捷于宋也。

【注释】

①宜申:楚国大夫。

【译文】

【经】楚国人派宜申为使者来鲁国送上战利品。

【传】战利品,是军事行动中获得的。经文不说这是来自宋国的战利品,为什么呢?因为不赞同楚国从宋国获得战利品。

【经】十有二月，癸丑[1]，公会诸侯盟于薄[2]。

【传】会者，外为主焉尔。

【注释】

①癸丑：当为该年十二月的初十日。

②薄：地名，即亳，宋地，在今河南商丘北。

【译文】

【经】十二月，癸丑（初十）日，鲁僖公和诸侯在薄地会面，缔结盟约。

【传】“会”的意思，是外国主持的这次会盟。

【经】释宋公。

【传】外释不志，此其志何也？以公之与之盟目之也。不言楚，不与楚专释也。

【译文】

【经】释放了宋襄公。

【传】外国释放囚禁之人是不记载的，这里为什么记载了呢？因为鲁僖公参与了会盟所以记载了。不说楚国，是不赞同楚国独占释放宋襄公的权力。

二十二年

【经】二十有二年，春，公伐邾，取须句[1]。

【注释】

①须句：国名，风姓，在今山东东平东南。

【译文】

【经】僖公二十二年,春天,鲁僖公讨伐邾国,攻取须句国。

【经】夏,宋公、卫侯、许男、滕子伐郑[1]。

【注释】

①宋公、卫侯、许男:宋襄公、卫文公、许僖公。伐郑:据《左传》,宋襄公伐郑是因为郑国与楚国关系亲近。

【译文】

【经】夏天,宋襄公、卫文公、许僖公、滕国国君讨伐郑国。

【经】秋,八月,丁未[1],及邾人战于升陉[2]。

【传】内讳败,举其可道者也。不言其人,以吾败也。不言及之者,为内讳也。

【注释】

①丁未:当为该年八月的初八日。

②升陉(xíng):鲁国地名,今在何处不详。

【译文】

【经】秋天,八月,丁未(初八)日,和邾国人在升陉交战。

【传】为鲁国避讳战败的事,只说可以说的事。不说对方统帅,因为我们战败了。不说是谁与对方交战,是为鲁国隐讳。

【经】冬,十有一月,己巳[1],朔,宋公及楚人战于泓[2]。宋师败绩。

【传】日事遇朔曰朔。《春秋》三十有四战，未有以尊败乎卑，以师败乎人者也。以尊败乎卑，以师败乎人，则骄其敌[3]。襄公以师败乎人，而不骄其敌，何也？责之也。泓之战，以为复雩之耻也[4]。雩之耻，宋襄公有以自取之。伐齐之丧、执滕子、围曹、为雩之会，不顾其力之不足，而致楚成王[5]，成王怒而执之。故曰：礼人而不答，则反其敬[6]。爱人而不亲，则反其仁。治人而不治，则反其知。过而不改，又之，是谓之过。襄公之谓也。古者被甲婴胄[7]，非以兴国也，则以征无道也，岂曰以报其耻哉！宋公与楚人战于泓水之上。司马子反曰[8]："楚众我少，鼓险而击之[9]，胜无幸焉[10]。"襄公曰："君子不推人危，不攻人厄。须其出[11]。"既出，旌乱于上，陈乱于下[12]。子反曰："楚众我少，击之，胜无幸焉。"襄公曰："不鼓不成列。"须其成列而后击之，则众败而身伤焉。七月而死。倍则攻，敌则战[13]，少则守。人之所以为人者，言也。人而不能言，何以为人？言之所以为言者，信也。言而不信，何以为言？信之所以为信者，道也。信而不道，何以为道？道之贵者时，其行势也。

【注释】

①己巳：依后面"朔"字测知，当为该年十一月的初一日。

②泓：宋国境内，水名，在今河南柘城西北。

③骄：轻视。

④雩(yú)之耻：指上年楚联合几国在宋的雩地盟会上抓捕宋襄公并讨伐宋国一事。

⑤致：招致。

⑥反:反省。

⑦被甲婴胄:穿上铠甲戴上头盔。

⑧司马子反:宋国司马,名子反。

⑨鼓:鸣鼓攻击。

⑩幸:侥幸。

⑪须:等待。

⑫陈:用同“阵”,阵势,行阵。

⑬敌:匹配,对等。

【译文】

【经】冬天,十一月,己巳(初一)日,月初的第一天,宋襄公和楚国人在泓水交战。宋军被击败。

【传】记载事件逢初一就称“朔”。《春秋》记载了三十四次战事,没有称呼尊贵的败给称呼卑微的,没有称“师”的败给称“人”的。称呼尊贵的败给称呼卑微的,称“师”的败给称“人”的,是因为轻视他的敌人。宋襄公以称“师”败给称“人”的,但不是轻视他的敌人,为什么呢?是责备他。泓水之战,是为了报复雩之会的耻辱。雩之会的耻辱,是宋襄公咎由自取。讨伐丧事中的齐国、抓滕国国君、围攻曹国、举行雩地的会盟,不考虑他的实力不够,去招楚成王来,楚成王发怒就拘押了他。所以说,以礼待人,别人却不回应,就要反思自身是否恭敬。关爱别人,别人却不与自己亲近,就要反思自己是否仁爱。治理民众而得不到治理,就要反思自己的智慧。有过错却不改,再次犯错,这就叫做过错。说的就是宋襄公。古时候的人穿上铠甲带上头盔,不是为了振兴国家,就是为了征讨不讲道义的,岂是说为了刷雪自己的耻辱的!宋襄公与楚国人在泓水边上作战,司马子反说:“楚军人多我军人少,击鼓攻击处在险境的敌人,一定能够获胜。”宋襄公说:“道德高尚的人不把危难推给别人,不攻击处在困境的人。等他们爬上岸来。”楚军已经上岸了,旌旗凌乱,阵势散乱。子反说:“楚军人多我军人少,攻击他们,一定能够获胜。”宋襄公说：“不击鼓攻击没有列好阵势的军队。”等到楚军列好阵势之后攻击宋军，结果宋军溃败而襄公自己也受伤了。过了七个月就去世了。两军交战，兵力双倍于敌人就发起攻势，兵力对等就可以交战，兵力偏少就采取守势。人之所以是人，在于可以说话。作为人却不能说话，还怎么称为人呢？话之所以成为话，在于守信用。说话却不守信用，还怎么说话呢？信用所以成为信用，是因为讲道义。讲信用却不讲道义，还怎么讲道义呢？讲道义的可贵之处在于合乎时宜，就是顺应形势地发展。

二十三年

【经】二十有三年，春，齐侯伐宋[①]，围闵[②]。

【传】伐国不言围邑，此其言围，何也？不正其以恶报恶也。

【注释】

①齐侯：姜昭，齐桓公姜小白之子，公元前642年—前633年在位。

②闵(mǐn)：宋邑，在今山东金乡东北。

【译文】

【经】僖公二十三年，春天，齐孝公讨伐宋国，围攻闵邑。

【传】讨伐国家不说围攻城邑，这里经文说了围攻，为什么呢？因为认为齐以恶行报复恶行是不合正道的。

【经】夏，五月，庚寅[①]，宋公兹父卒[②]。

【传】兹父之不葬，何也？失民也。其失民何也？以其不教民战[③]，则是弃其师也。为人君而弃其师，其民孰以为君哉[④]？

【注释】

①庚寅：当为该年五月的二十五日。

②宋公兹父：宋国国君，姓子，名兹父，一作兹甫，谥襄，即宋襄公。

③教：训练。

④孰：代词，谁。

【译文】

【经】夏天，五月，庚寅（二十五）日，宋襄公子兹父去世。

【传】不记载兹父的下葬，为什么呢？因为他失去了民心。他为什么失去了民心呢？因为他不训练民众作战，那这是抛弃他的军队。作为国君却抛弃了他的军队，民众谁还把他当做国君呢？

【经】秋，楚人伐陈。

【译文】

【经】秋天，楚国人讨伐陈国。

【经】冬，十有一月，杞子卒。

【译文】

【经】冬天，十一月，杞国国君去世。

二十四年

【经】二十有四年，春，王正月。

【译文】

【经】僖公二十四年，春天，周王的正月。

【经】夏，狄伐郑。

【译文】

【经】夏天，狄人讨伐郑国。

【经】秋，七月。

【译文】

【经】秋天，七月。

【经】冬，天王出居于郑[①]。

【传】天子无出。出，失天下也。居者，居其所也。虽失天下，莫敢有也。

【注释】

①出居于郑：指周襄王姬郑出逃到郑国。周襄王有一异母弟名子带，当初与周襄王争王位失败逃到齐国，襄王即位后念兄弟之情将其召回。后襄王娶狄人女子隗氏为后，子带与隗氏私通，襄王废隗氏。子带引狄人兵攻襄王，襄王不敌，出奔郑国，求救于鲁、秦、晋。

【译文】

【经】冬天，周襄王姬郑出逃到郑国居住。

【传】天子不存在“出逃”的说法。说“出逃”，就是失去了天下。“居住”，就是居住在他的处所。即使失去了天下，也没有人敢占有天下。

【经】晋侯夷吾卒①。

【注释】

①晋侯夷吾：晋国国君，姓姬，名夷吾，谥惠，即晋惠公。

【译文】

【经】晋惠公姬夷吾去世。

二十五年

【经】二十有五年，春，王正月，丙午①，卫侯毁灭邢②。

【传】毁之名，何也？不正其伐本而灭同姓也③。

【注释】

①丙午：当为该年正月的二十日。

②毁(huǐ)：卫文公的名。

③本：有血缘关系的宗族。同姓：邢国和卫国都是姬姓国，都是西周最早分封的五十三个姬姓国之一。邢国始封君为周公旦之子，卫国始封君为周武王和周公旦之弟。

【译文】

【经】僖公二十五年，春天，周王的正月，丙午(二十)日，卫国国君姬毁灭亡了邢国。

【传】称了毁的名字，为什么呢？因为认为他讨伐同宗灭亡同姓的行为不合正道。

【经】夏，四月，癸酉①，卫侯毁卒②。

【注释】

①癸酉(yǒu):当为该年四月的十九日。

②卫侯毁:卫国国君,姓姬,名毁,谥文,即卫文公。

【译文】

【经】夏天,四月,癸酉(十九)日,卫文公姬毁去世。

【经】宋荡伯姬来逆妇①。

【传】妇人既嫁不逾竟,宋荡伯姬来逆妇,非正也。其曰妇,何也?缘姑言之之辞也②。

【注释】

①荡伯姬:此为鲁女嫁予宋国大夫荡氏为妻者。宋桓公生公子荡,其后人以荡为氏。荡伯姬此时前来是为其子迎娶女子。

②姑:婆婆。

【译文】

【经】宋国的荡伯姬来迎娶儿媳妇。

【传】妇女已经出嫁就不能越过国境,宋国的荡伯姬来迎娶儿媳妇,不合正道。经文称"妇",为什么呢?因为是从婆婆的身份来说的话。

【经】宋杀其大夫。

【传】其不称名姓,以其在祖之位①,尊之也。

【注释】

①祖:祖先,祖宗。位:位次,辈份。这里《穀梁传》认为宋国杀的是孔子的祖辈,所以孔子不称其名。

【译文】

【经】宋国杀了他们的大夫。

【传】经文不称被杀大夫的名字和姓氏，因为他是孔子的祖辈，要尊重他。

【经】秋，楚人围陈，纳顿子于顿[1]。

【传】纳者，内弗受也。围，一事也；纳，一事也，而遂言之。盖纳顿子者陈也。

【注释】

①顿：国名，姬姓，故城在今河南项城西。顿子迫于陈而奔楚。

【译文】

【经】秋天，楚国人包围陈国，送顿国国君进入顿国。

【传】纳，就是顿城人不接受的意思。包围，是一件事；送回国，是一件事，却前后相连地说。原来送顿国国君回国的是陈国。

【经】葬卫文公。

【译文】

【经】安葬卫文公。

【经】冬，十有二月，癸亥[1]，公会卫子、莒庆[2]，盟于洮[3]。

【传】莒无大夫，其曰莒庆，何也？以公之会目之也[4]。

【注释】

①癸亥：当为该年十二月的十二日。

②卫子：新即位的卫国国君卫成公，姓姬，名郑，卫是侯爵，本应称卫侯，因其父卫文公去世未超过一年，故称卫子，公元前634年—前633年在位。莒(jǔ)庆：莒国大夫名庆。

③洮(táo)：鲁地，在今山东泗水境内，一说在曹地，在今山东鄄城西。

④之：前一个“之”是“去、往”的意思。后一个“之”是代词，指莒庆，因为鲁僖公亲自去会盟，所以对莒庆也采用高规格的称呼方式，以表示对僖公的尊重。

【译文】

【经】冬天，十二月，癸亥(十二)日，鲁僖公和卫成公、莒国的庆会盟，在洮地结成盟约。

【传】莒国没有周天子册封的大夫，经文说莒庆，为什么呢？因为鲁僖公参加了会盟，所以称庆的名字。

二十六年

【经】二十有六年，春，王正月，己未[①]，公会莒子、卫宁速盟于向[②]。

【传】公不会大夫，其曰宁速，何也？以其随莒子，可以言会也。

【注释】

①己未：当为该年正月的初九日。

②卫宁速：卫国大夫。向：莒国地名，在今山东莒县南七十里。

【译文】

【经】僖公二十六年，春天，周王的正月，己未(初九)日，鲁僖公和莒国国君、卫国的宁速会面，在向地结成盟约。

【传】诸侯不与大夫会面,经文说到了宁速,为什么呢?因为他和莒国国君一起参加会面的,所以可以说他参与会面。

【经】齐人侵我西鄙。公追齐师至巂[1],弗及。

【传】人,微者也[2]。侵,浅事也。公之追之,非正也。至巂,急辞也。弗及者,弗与也,可以及而不敢及也。其侵也曰人,其追也曰师,以公之弗及,大之也[3]。弗及,内辞也。

【注释】

①巂(juàn):齐国地名,在今山东东阿西部一带。

②微:地位低。

③大之:使齐军显得强大。因为鲁国可以追上而不敢追上,所以经文称"师",夸大齐的力量。

【译文】

【经】齐国人入侵我国西部边境。鲁僖公追击齐军到了巂地,没有追上。

【传】称"人",是地位低的人。说侵,是小事。僖公追击齐军,不合正道。到了巂地,是表示急促的说法。没有追上,是表明没有交战,可以追上但是不敢追上。经文对于入侵的时候称"人",对于追击的时候称"师",因为鲁僖公没有追上,所以这样说显得齐军强大。没有追上,是为鲁国避讳的说法。

【经】夏,齐人伐我北鄙。

【译文】

【经】夏天,齐国人讨伐我国的北部边境。

【经】卫人伐齐。

【译文】

【经】卫国人讨伐齐国。

【经】公子遂如楚乞师[①]。

【传】乞，重辞也[②]。何重焉？重人之死也，非所乞也。师出不必反，战不必胜，故重之也。

【注释】

①公子遂：鲁国大夫。乞：祈求，求祷。

②重：看重，重视。

【译文】

【经】鲁大夫公子遂到楚国请求出兵。

【传】乞，是表示很重视的说法。重视什么呢？重视人的死亡，批评去乞求出兵。军队派出去不一定能返回，交战不一定能获胜，所以重视死亡。

【经】秋，楚人灭夔[①]，以夔子归。

【传】夔，国也。不日，微国也。以归，犹愈乎执也。

【注释】

①夔(kuí)：国名，芈(mǐ)姓，在今湖北秭(zǐ)归东。

【译文】

【经】秋天，楚国人灭亡夔国，把夔国国君带回国。

【传】夔，是国家。不记载日期，因为它是小国。说"以归"，尚且比说"执"要委婉一些。

【经】冬，楚人伐宋，围闵[①]。

【传】伐国不言围邑，此其言围，何也？以吾用其师，目其事也，非道用师也[②]。

【注释】

①闵（mǐn）：宋邑，在今山东金乡东北。

②道：道路，指鲁借楚军，楚军中途去伐了宋。

【译文】

【经】冬天，楚国人讨伐宋国，围攻宋国闵邑。

【传】讨伐国家不说围攻城邑，这里说了围攻，为什么呢？因为我国要借用楚国的军队，所以要记载这件事，批评楚国军队中途动用武力围攻宋邑。

【经】公以楚师伐齐，取谷[①]。

【传】以者，不以者也。民者，君之本也。使民以其死，非其正也。

【注释】

①谷：齐地，在今山东东阿境内。

【译文】

【经】鲁僖公借用楚军讨伐齐国，攻取齐国谷地。

【传】借用，就是不应该借用的意思。民众，是作为国君的根本。驱使民众让他们死亡，不是做国君的正道。

【经】公至自伐齐。

【传】恶事不致[1]，此其致之，何也？危之也[2]。

【注释】

①致：通“志”，记载。

②危：忧惧，担心。

【译文】

【经】鲁僖公从伐齐前线回来告祭祖庙。

【传】不好的事情不记载告祭祖庙，这里经文记载了告祭祖庙，为什么呢？是为鲁僖公感到担忧。

二十七年

【经】二十有七年，春，杞子来朝。

【译文】

【经】僖公二十七年，春天，杞国国君来访问。

【经】夏，六月，庚寅[1]，齐侯昭卒[2]。

【注释】

①庚寅：当为该年六月的十八日。

②齐侯昭：齐国国君，姓姜，名昭，谥孝，即齐孝公。

【译文】

【经】夏天，六月，庚寅（十八）日，齐孝公姜昭去世。

【经】秋，八月，乙未[①]，葬齐孝公。

【注释】

①乙未：当为该年八月的二十四日。

【译文】

【经】秋天，八月，乙未（二十四）日，安葬齐孝公。

【经】乙巳[①]，公子遂帅师入杞[②]。

【注释】

①乙巳：指当年的九月十四日。

②入杞：据《左传》，年初杞子来朝时，用夷礼，鲁国不满，此时鲁公子姬遂入杞，是责其无礼。

【译文】

【经】乙巳（九月十四）日，公子姬遂率军进入杞国。

【经】冬，楚人、陈侯、蔡侯、郑伯、许男围宋[①]。

【传】楚人者，楚子也。其曰人，何也？人楚子，所以人诸侯也。其人诸侯，何也？不正其信夷狄而伐中国也。

【注释】

①楚人、陈侯、蔡侯、郑伯、许男：指楚成王芈（mǐ）恽，公元前671年—前626年在位；陈穆公妫（guī）款，侯爵，公元前647年—前632年在位；蔡庄公姬甲午，侯爵，公元前645年—前612年在位；郑文公姬踕，伯爵，公元前672年—前628年在位；许僖公姜

业，男爵，公元前658年—前621年在位。

【译文】

【经】冬天，楚国人、陈国国君、蔡国国君、郑国国君、许国国君围攻宋国。

【传】楚国人，是楚成王。经文称“人”，为什么呢？用“人”称楚成王，相当于用“人”称诸侯们。经文用“人”称诸侯，为什么呢？因为认为他们相信野蛮的人而讨伐中原国家不合正道。

【经】十有二月，甲戌[①]，公会诸侯盟于宋。

【注释】

①甲戌：当为该年十二月的初五日。

【译文】

【经】十二月，甲戌（初五）日，鲁僖公和诸侯会盟，在宋地结成盟约。

二十八年

【经】二十有八年，春，晋侯侵曹。晋侯伐卫[①]。

【传】再称晋侯，忌也[②]。

【注释】

①晋侯：指晋文公姬重耳，侯爵，春秋五霸之一，公元前636年—前628年在位。侵曹、伐卫：据《左传》，二十七年冬，楚围宋，此时晋伐曹、卫为解宋围，同时晋文公重耳在流亡时期，卫国和曹国没有以礼待之，故此时伐之。先是与卫国借道伐曹，卫国不予，于是伐曹之后直接伐卫。

②忌：憎恶。

【译文】

【经】僖公二十八年，春天，晋文公重耳入侵曹国、晋文公重耳讨伐卫国。

【传】称两次晋侯，是憎恶他。

【经】公子买戍卫[①]。不卒戍[②]，刺之[③]。

【传】先名后刺，杀有罪也。公子启曰[④]："不卒戍者，可以卒也。可以卒而不卒，讥在公子也，刺之可也。"

【注释】

①公子买：鲁国大夫，字子丛。

②卒：完成，完毕。

③刺：杀。据《左传》，公子买去守卫卫国，楚人也前去救援，然而依然不能战胜晋国，鲁害怕晋国，于是杀公子买以取悦于晋，对楚国则说公子买没有完成守卫任务。

④公子启：芈(mǐ)启，字子闾，楚平王之子，楚昭王之兄。

【译文】

【经】鲁大夫公子买守卫卫国。没有完成守卫任务，杀了他。

【传】先说名字再说杀，是杀有罪的人。楚公子启说："不完成守卫任务的意思，是本来可以完成的。可以完成而未完成，是在谴责公子买，杀了他是可以的。"

【经】楚人救卫。

【译文】

【经】楚国人救援卫国。

【经】三月，丙午[①]，晋侯入曹，执曹伯[②]，畀宋人[③]。

【传】入者，内弗受也。日入，恶入者也。以晋侯而斥执曹伯，恶晋侯也。畀，与也。其曰人，何也？不以晋侯畀宋公也[④]。

【注释】

①丙午：当为该年三月的初八日。

②曹伯：曹共公姬襄，公元前653年—前618年在位。

③畀(bì)：给予。据《左传》："执曹伯，分曹、卫之田以畀送人。"则执曹伯、畀宋人当为两件事。但是《穀梁传》似乎理解为将曹伯交给宋国，或有误。

④不以晋侯畀宋公：不让晋侯给宋公。因为"畀"有上给予下的意思，而宋公与晋侯是同级的，所以不能说晋侯畀宋公。

【译文】

【经】三月，丙午(初八)日，晋文公进入曹国，抓了曹共公，交给宋国人。

【传】进入的意思，就是当地人不接受。记载进入的日期，是厌恶进入的人。称"晋文公"来斥责俘虏曹共公，是厌恶晋文公。畀，是给予的意思。经文说"人"，为什么呢？是不能说晋侯给宋公。

【经】夏，四月，己巳[①]，晋侯、齐师、宋师、秦师及楚人战于城濮[②]。楚师败绩。

【注释】

①己巳：当为该年四月的初二日。

②战于城濮：城濮之战，缘起于鲁僖公二十七年楚围宋，此时晋伐

曹、卫以解宋围，楚王退回申地。楚将子玉不遵王命撤退，反而请战，楚王又予之少量援兵，加上其原有围攻宋国的军队与晋作战。一开始晋退避三舍，子玉则冒进追击。后来交战之时，晋国将领胥臣以虎皮蒙马，率先击溃由陈、蔡组成的楚国右军。之后栾枝让战车拖着柴草佯装逃跑，诱楚军追击，晋中军拦腰截击楚国追兵，与晋上军夹击击溃楚国左军，楚军仅子玉所率中军免于溃败。至此晋国大获城濮之战全胜，不久之后晋文公即称霸于诸侯。

【译文】

【经】夏天，四月，己巳(初二)日，晋文公、齐军、宋军、秦军和楚国人在城濮交战。楚军战败。

【经】楚杀其大夫得臣[①]。

【注释】

①得臣：成得臣，即子玉。据《左传》，城濮战败后，楚王派人跟子玉说："你如果回来，如何面对申、息之地的父老乡亲？"(申、息二邑的子弟都随子玉在城濮战死)于是子玉在回到楚境内的连谷时自杀。后来楚王又派人赦免他，可惜赶到的时候为时已晚。

【译文】

【经】楚国杀死了他们的大夫成得臣(子玉)。

【经】卫侯出奔楚[①]。

【注释】

①卫侯：卫成公姬郑。据《左传》，卫成公听说楚国在城濮之战战

败，感到害怕，遂出奔到楚，后来就到了陈国。

【译文】

【经】卫成公出奔到楚国。

【经】五月，癸丑[①]，公会晋侯、齐侯、宋公、蔡侯、郑伯、卫子、莒子[②]，盟于践土[③]。

【传】讳会天王也[④]。

【注释】

①癸丑：当为该年五月的十六日。

②晋侯、齐侯、宋公、蔡侯、郑伯、卫子、莒子：晋文公姬重耳、齐昭公姜潘（前633年—前613年在位）、宋成公子王臣（前636年—前620年在位）、蔡庄公姬甲午、郑文公姬踕、卫成公姬郑、莒纪公己庶其。此时卫成公出奔在外，前来赴会的其实是其弟姬叔武。

③践土：春秋郑地，在今河南原阳西南。

④会天王：据《左传》，践土之会周襄王姬郑赴会，在会盟中封晋文公重耳为诸侯之伯，晋文公于此称霸诸侯。

【译文】

【经】五月，癸丑（十六）日，鲁僖公和晋文公、齐昭公、宋成公、蔡庄公、郑文公、卫成公、莒纪公会面，在践土缔结盟约。

【传】避讳说与周天子会面。

【经】陈侯如会[①]。

【传】如会，外乎会也[②]，于会受命也。

【注释】

①陈侯:陈穆公妫(guī)款。如:到,往。陈国本是和楚国关系紧密,楚败之后想与晋国搞好关系,遂来践土参会。

②外:排斥,疏远。

【译文】

【经】陈穆公到会盟的地方。

【传】说"如会",是排斥他在会盟之外,只是在会盟上接受命令而已。

【经】公朝于王所。

【传】朝不言所,言所者,非其所也[①]。

【注释】

①朝不言所,言所者,非其所也:诸侯朝见周天子都是在宗庙里,因此在说到诸侯朝见周天子时不必说在什么地方,如果说出朝见的地点,那就违反常规了。

【译文】

【经】鲁僖公在周天子的处所朝见周天子。

【传】朝见周天子不说"所"字,说了"所",就表明那原本不是天子的处所。

【经】六月,卫侯郑自楚复归于卫[①]。

【传】自楚,楚有奉焉尔[②]。复者,复中国也[③]。归者,归其所也。郑之名,失国也。

【注释】

①复归：卫叔武接受践土之盟后，晋国准许卫成公姬郑回国。卫侯郑即卫成公，郑是其名。据《左传》："凡去其位，复归其位曰复归。"

②奉：给予，帮助。

③中国：据《春秋穀梁传注疏》："中国，犹国中也。"

【译文】

【经】六月，卫成公姬郑从楚国回到卫国。

【传】说"从楚国"，表明楚国对卫成公有帮助。"复"，就是回到国中的意思。"归"，就是回到他的处所。称他的名字"郑"，因为他曾失去国家。

【经】卫元咺出奔晋[①]。

【注释】

①元咺(xuān)：卫国大夫，受卫成公之命帮叔武守国，后卫成公疑心他欲拥立叔武为君，先杀了他的儿子角，后来又杀了叔武，元咺被迫出奔晋国。

【译文】

【经】卫大夫元咺出逃到晋国。

【经】陈侯款卒[①]。

【注释】

①陈侯款：陈国国君，姓妫(guī)，名款，谥穆，即陈穆公。

【译文】

【经】陈穆公妫款去世。

【经】秋，杞伯姬来①。

【注释】

①杞伯姬：据杨伯峻："伯姬，鲁庄公女，杞成公夫人，于庄公二十五年归杞，至是三十八年，已老。"

【译文】

【经】秋天，嫁到杞国去的伯姬回来。

【经】公子遂如齐。

【译文】

【经】鲁公子姬遂到齐国去。

【经】冬，公会晋侯、宋公、蔡侯、郑伯、陈子、莒子、邾子、秦人于温①。

【传】讳会天王也。

【注释】

①晋侯、宋公、蔡侯、郑伯、陈子、莒子、邾子、秦人：晋文公、宋成公、蔡庄公、郑文公、陈共公、莒纪公、邾文公、秦穆公。温：温国都城，在今河南温县境内。陈子：指新即位的陈共公妫(guī)朔，侯爵，因其父陈穆公妫款去世不足一年，故称"子"。公元前631

年—前614年在位。莒子:按在位时间推算当为莒纪公己庶其。邾(zhū)子:按在位时间推算当为邾文公籧篨(qúchú)。据《左传》,此次温之会,是为了“讨不服”,指下文执卫侯、讨许。

【译文】

【经】冬天,鲁僖公和晋文公、宋成公、蔡庄公、郑文公、陈共公、莒纪公、邾文公、秦穆公在温地会面。

【传】避讳说与周天子会面。

【经】天王守于河阳[1]。

【传】全天王之行也[2],为若将守而遇诸侯之朝也,为天王讳也。水北为阳,山南为阳。温,河阳也。

【注释】

①守:同“狩”,冬日田猎之名。这里是为周天子避讳,据《左传》,温之会,“晋侯召王,以诸侯见,且使王狩”。据《史记·晋世家》:“冬,晋侯会诸侯于文,欲率之朝周,力未能,恐其有畔者,乃使人言周襄王狩于河阳。”河阳:黄河北岸,水北为阳。

②全:保全,指保全周天子襄王姬郑此次出行的名誉。

【译文】

【经】周襄王姬郑在黄河北岸打猎。

【传】这是保全周天子的出行,看起来就好像是将要打猎而遇到诸侯来朝见,这是为周天子避讳。河的北边称作阳,山的南边称作阳。温地,在黄河的北边。

【经】壬申[1],公朝于王所。

【传】朝于庙,礼也。于外,非礼也。独公朝与?诸侯尽朝也。其日，以其再致天子[②]，故谨而日之。主善以内，目恶以外[③]。言曰公朝，逆辞也[④]，而尊天子。会于温，言小诸侯。温，河北地，以河阳言之，大天子也。日系于月，月系于时。壬申，公朝于王所，其不月，失其所系也。以为晋文公之行事，为已傎矣[⑤]。

【注释】

①壬申：当为该年的十月十七日。

②致：招致。这是晋文公第二次召天子前来参加会盟了，前一次是践土之会。

③主善以内，目恶以外：记载善行以鲁国为主，记载恶事以其他诸侯国为主。这里的善指鲁僖公朝天子，因为主善以内，所以只说鲁僖公朝见。恶则是指诸侯再见天子。

④逆辞：违反常规的说法。这里是指虽然这种记载表明已经违反常规了，但是说了鲁僖公去朝见天子，仍是表示了他对天子的尊重。

⑤傎：同“颠”，颠倒。

【译文】

【经】壬申（十月十七）日，鲁僖公在周天子的处所朝见周天子。

【传】在庙堂之上朝见，是符合礼制的。在庙堂之外，是不合礼制的。只有鲁僖公去朝见了吗？诸侯们都去朝见了。经文记载日期，是因为第二次见天子了，所以慎重地记载日期。记载善行以鲁国为主，记载恶事以其他诸侯国为主。说鲁僖公去朝拜，是违反常规的说法，但仍是尊重了周天子。说在温地会面，是以诸侯为小。温地，在黄河北岸，所以用黄河以北来称呼他，是以天子为大。日期系联在月份之下，月份系联在季节之下。“壬申，公朝于王所。”经文不记载月份，是表明失掉了他所依附的啊。这是经文认为晋文公的所作所为，已经颠倒了。

【经】晋人执卫侯[①]，归之于京师[②]。

【传】此入而执，其不言入，何也？不外王命于卫也。归之于京师，缓辞也[③]，断在京师也[④]。

【注释】

①执卫侯：据《左传》，此前出奔晋国的卫国大夫元咺(xuān)与卫成公在晋文公面前对质，结果卫侯不胜，于是晋文公抓捕卫成公将其囚禁在京师。元咺回到卫国，立公子瑕。

②京师：周王都，今河南洛阳。

③缓：缓慢。《穀梁传》认为一个"之"字表明了将卫侯送往京师太缓慢了，因为要由周天子做决断，所以应该尽快送往京师，故此处隐有责备之意。另可见成公十五年"晋侯执曹伯，归于京师"，《穀梁传》释为"不言之，急辞也，断在晋侯也"。

④断：决断，判断。

【译文】

【经】晋国人抓捕了卫国国君卫成公姬郑，把他带到京师。

【传】这是进入卫国去抓捕，经文不说进入，为什么呢？不把卫置于周天子的命令之外。说"归之于京师"，是表示缓慢的说法，因为是在京师由周天子做决断的。

【经】卫元咺自晋复归于卫。

【传】自晋，晋有奉焉尔。复者，复中国也。归者，归其所也。

【译文】

【经】卫国大夫元咺从晋国回到卫国。

【传】从晋国,表明晋国对他有帮助。“复”的意思,是回到国中。“归”的意思,是回到他的处所。

【经】诸侯遂围许[①]。

【传】遂,继事也。

【注释】

①围许:围攻许国。据杨伯峻,许国本从楚,楚败之后,与楚交好的国家纷纷与晋交好,独许不与。且周襄王姬郑在践土、河阳,许也不来朝见。

【译文】

【经】各诸侯国接着围攻许国。

【传】遂,表示后一件事接着前一件事。

【经】曹伯襄复归于曹[①]。

【传】复者,复中国也。天子免之,因与之会[②]。其曰复,通王命也[③]。

【注释】

①复归于曹:城濮之战前,晋文公抓了曹共公,此时放回。据《左传》,晋文公生病,曹共公的侍从贿赂了晋国的筮史,让他为曹共公说好话,使晋文公放了曹共公。《穀梁传》则认为晋文公是在执行周天子的命令。

②因:表示承接,于是。指接下来曹国参与围许。

③通：显示。

【译文】

【经】曹共公姬襄回到曹国。

【传】“复”，是回到国中。周天子赦免了他，于是参与会面。经文说“复”，是显示这是周天子的命令。

【经】遂会诸侯围许。

【传】遂，继事也。

【译文】

【经】接着曹共公会合诸侯围攻许国。

【传】遂，是表示后一件事接着前一件事。

二十九年

【经】二十有九年，春，介葛卢来[①]。

【传】介，国。葛卢，微国之君未爵者也。其曰来，卑也。

【注释】

①介：国名，爵、姓不详，其地大约位于今安徽萧县以北。葛卢：介国国君的名字。

【译文】

【经】鲁僖公二十九年，春天，介国国君葛卢来鲁国。

【传】介，是一个国家。葛卢，小国的国君没有被授予爵位的。经文说“来”，因为他的地位低。

【经】公至自围许。

【译文】

【经】僖公围攻许国回来告祭祖庙。

【经】夏，六月，公会王人、晋人、宋人、齐人、陈人、蔡人、秦人，盟于翟泉①。

【传】

【注释】

①翟泉：水名，在周天子王城之外，在今河南洛阳城中。

【译文】

【经】夏天，六月，鲁僖公和周襄王的大夫、晋国大夫、宋国大夫、齐国大夫、陈国大夫、蔡国大夫、秦国大夫会面，在翟泉缔结盟约。

【经】秋，大雨雹①。

【注释】

①雨(yù)：落下。

【译文】

【经】秋天，下了很大的冰雹。

【经】冬，介葛卢来①。

【注释】

①介葛卢来：据《左传》，葛卢年初来时未能见到鲁僖公，于是年末再来。

【译文】

【经】冬天，介国的国君葛卢来鲁国。

三十年

【经】三十年，春，王正月。

【译文】

【经】僖公三十年，春天，周王的正月。

【经】夏，狄侵齐。

【译文】

【经】夏天，狄人入侵齐国。

【经】秋，卫杀其大夫元咺[①]。

【传】称国以杀，罪累上也，以是为讼君也[②]。卫侯在外，其以累上之辞言之，何也？待其杀而后入也。

【注释】

①杀其大夫元咺(xuān)：卫成公被囚于京师之后买通各种关系，教唆卫国大臣杀死了元咺、公子瑕、公子瑕的弟弟。

②讼：状告，控告。

【译文】

【经】秋天，卫国杀死了他们的大夫元咺。

【传】以国家的名义杀害，表明罪行涉及国君，是用这样的说法来控诉国君。卫国国君在国外，经文用涉及国君的说法来说这件事，为什么呢？因为他在等待杀害元咺之后就进入卫国。

【经】及公子瑕。

【传】公子瑕，累也，以尊及卑也。

【译文】

【经】和公子瑕。

【传】公子瑕，是受连累的，从身份尊贵的说到身份低的。

【经】卫侯郑归于卫。

【译文】

【经】卫国国君姬郑回到卫国。

【经】晋人、秦人围郑[①]。

【注释】

①围郑：据《左传》："晋侯、秦伯围郑，以其无礼于晋，且贰于楚也。"无礼指晋文公流亡之时，郑文公对其无礼。贰于楚则是指城濮之战时，郑是楚国阵营的。

【译文】

【经】晋国人、秦国人围攻郑国。

【经】介人侵萧[①]。

【注释】

①萧：宋附庸国，子姓，本为宋邑，因叔大心讨伐南宫万有功，宋封为附庸，在今安徽萧县境。

【译文】

【经】介国人入侵萧地。

【经】冬，天王使宰周公来聘[①]。

【传】天子之宰，通于四海[②]。

【注释】

①宰：官职名，掌管天子事务，传达天子命令。周公：周王室的太宰称周公，据《左传》，此时的周公是阅。

②通：交往，往来。

【译文】

【经】冬天，周襄王派宰周公来鲁国访问。

【传】天子的太宰，可以与天下的诸侯往来。

【经】公子遂如京师，遂如晋。

【传】以尊遂乎卑，此言不敢叛京师也[①]。

【注释】

①叛：背叛，反叛。

【译文】

【经】公子姬遂到京师去，接着去了晋国。

【传】从尊贵的到地位低的，这是说鲁国不敢反叛周王朝。

三十一年

【经】三十有一年，春，取济西田[①]。

【注释】

①济西田：济水以西的田地。据《左传》，是僖公二十八年晋伐曹分其地，现在分给诸侯。据《公羊》，则是此田本属鲁，曹侵之，此时晋将其归于鲁。

【译文】

【经】僖公三十一年，春天，鲁获得济水以西的田地。

【经】公子遂如晋[①]。

【注释】

①如晋：到晋国去。据《左传》，公子遂是去感谢晋国的。

【译文】

【经】公子遂到晋国去。

【经】夏，四月，四卜郊[①]，不从[②]，乃免牲[③]，犹三望[④]。

【传】夏，四月，不时也。四卜，非礼也[⑤]。免牲者，为之缁衣熏裳[⑥]，有司玄端[⑦]，奉送至于南郊。免牛亦然[⑧]。乃者，亡乎人之辞也[⑨]。犹者，可以已之辞也。

【注释】

①四卜：四次占卜，这里指四次占卜是否举行郊祭。郊：祭祀名。

郊祭有两种，一是冬至日祭祀天地的仪式，因为过了这一天白天渐渐变长，这种郊祭是天子之祭，时间固定在每年冬至，所以是常规祭祀，不需要占卜日期。另一种郊祭是在春天祈求一年农事顺利的仪式，祭祀之后开始一年的耕种劳作，时间约在每年正月的辛日，取“新”的谐音，每月有三个辛日，称上辛日、次辛日、下辛日，需占卜在哪个辛日进行农事之郊祭比较吉利。若三卜都不吉利，则可以四卜，但郊祭的日期不能晚于春分。通常三卜不从，剩下的日期就过了时限了，那么今年就不能再举行郊祭了。这里鲁国举行的当是祈谷之祭，周历的四月是夏历的二月，正是初春。郊祭之前要先占卜某头牛用作祭品是否吉利，若是吉利，则将其善养以备郊祭，且改称为“牲”，若不吉利。则更换一头牛再占卜，此为卜牛。然后要占卜在哪一天举行郊祭。

②不从：不顺，不吉利，即指占卜结果不利于举行郊祭。

③免牲：免除宰杀供祭祀用的牛。祭祀之前，要先占卜筛选出来的牛是否适合用于祭祀，若适合，则再占卜祭日，祭日定后，则将备祭之牛改称“牲”。祭祀前有变故，就应免除杀牲。后文认为这时就要为牲穿上黑色上衣，浅红色的下裙，饲牛人穿上黑色的礼服，把它送到南郊去。

④望：望祭，祭祀山川，鲁之三望为东海、泰山、淮水。望祭当附于郊祭，这里郊祭已经取消，则望祭也应取消。

⑤非礼也：《穀梁传》认为占卜四次是不合礼制的。另据《左传》，郊祭是常规的祭祀，不需要占卜其是否举行，只需要占卜某牛用于祭祀是否吉利和具体在某一天祭祀是否吉利。《左传》似乎误将此郊祭认为是天子之祭了。

⑥缁：黑色。纁：浅红色。

⑦有司：有关部门的官员，这里指负责养牛的官员。玄端：黑色礼服，祭祀时穿。

⑧牛:没有被定为祭品的牛便还是称作“牛”。

⑨亡乎人:与人无关,就是说这不是人力能及的。

【译文】

【经】夏天,四月,四次占卜郊祭,不吉利,就放了用于祭祀的家畜,还是举行了望祭。

【传】夏天,四月,不是合适的季节。四次占卜,不合礼制。所谓“免牲”,就是要为用作祭祀的牛穿上黑色上衣,浅红色的下裙,饲牛人穿上黑色的礼服,把它送到南郊去。所谓“免牛”也是这样。“乃”,就是表示与人无关的说法。“犹”,是可以停止了的意思。

【经】秋,七月。

【译文】

【经】秋天,七月。

【经】冬,杞伯姬来求妇[①]。

【传】妇人既嫁不逾竟,杞伯姬来求妇,非正也。

【注释】

①来求妇:指杞伯姬来为自己的儿子杞桓公求娶妻子。自僖公二十七年鲁、杞关系紧张以来,杞伯姬两次回鲁,或是为了示好鲁国,缓和关系。

【译文】

【经】冬天,嫁到杞国去的伯姬前来求娶儿媳。

【传】妇女已经出嫁就不能越过国境回娘家,嫁到杞国的伯姬来为杞国国君求娶妻子,不合正道。

【经】狄围卫。

【译文】

【经】狄人围攻卫国。

【经】十有二月，卫迁于帝丘[①]。

【注释】

①帝丘：卫国地名，在今河南濮阳县城西南。鲁僖公二年“城楚丘”之后再次迁都。

【译文】

【经】十二月，卫国迁都到帝丘。

三十二年

【经】三十有二年，春，王正月。

【译文】

【经】僖公三十二年，春天，周王的正月。

【经】夏，四月，己丑[①]，郑伯捷卒[②]。

【注释】

①己丑：当为该年四月的十五日。

②郑伯捷：郑国国君，姓姬，名捷（或作“踕”），谥文，即郑文公。

【译文】

【经】夏天，四月，己丑（十五）日，郑文公姬捷去世。

【经】卫人侵狄。

【译文】

【经】卫人入侵狄人。

【经】秋，卫人及狄盟。

【译文】

【经】秋天，卫人和狄人缔结盟约。

【经】冬，十有二月，己卯[①]，晋侯重耳卒[②]。

【注释】

①己卯：当为该年十二月的初九日。

②晋侯重耳：晋国国君，姓姬，名重耳，谥文，即晋文公。

【译文】

【经】冬天，十二月，己卯（初九）日，晋文公姬重耳去世。

三十三年

【经】三十有三年，春，王二月，秦人入滑[①]。

【传】滑，国也。

【注释】

①滑：国名，姬姓，伯爵，故地在今河南偃师东南。秦国本欲伐郑，行军途中得知泄露了消息，遂班师回国，在回国途中顺道灭滑。

【译文】

【经】僖公三十三年，春天，周王的二月，秦国人进入滑国。

【传】滑，是一个国家。

【经】齐侯使国归父来聘[1]。

【注释】

①齐侯：齐昭公姜潘，公元前633年—前613年在位。国归父：人名，齐国大夫。

【译文】

【经】齐昭公派国归父为使者来鲁访问。

【经】夏，四月，辛巳[1]，晋人及姜戎败秦师于殽[2]。

【传】不言战而言败，何也？狄秦也。其狄之何也？秦越千里之险，入虚国，进不能守，退败其师，徒乱人子女之教，无男女之别。秦之为狄，自殽之战始也[3]。秦伯将袭郑，百里子与蹇叔子谏曰[4]："千里而袭人，未有不亡者也。"秦伯曰："子之冢木已拱矣[5]，何知！"师行，百里子与蹇叔子送其子而戒之，曰："女死[6]，必于殽之岩唫之下[7]。我将尸女于是[8]。"师行，百里子与蹇叔子随其子而哭之，秦伯怒曰："何为哭吾师也？"二子曰："非敢哭师也，哭吾子也。我老矣。彼不死则我死矣。"晋人与姜戎要而击之殽[9]，匹马倚轮无反者[10]。晋人者，晋子也[11]。其曰人，何也？微之也。何为微之？不正其释殡而主乎战也。

【注释】

①辛巳：当为该年四月的十三日。

②殽(yáo)：山名，崤山，在今陕西潼关至河南新安一带。秦晋殽之战，据《左传》，鲁僖公三十二年，秦发兵欲偷袭郑国，三十三年二月到达滑国边界，郑国商人弦高冒充郑国使臣，求见孟明视并犒劳秦军，私下里派人回郑通风报信，秦军统帅见郑已有防备，遂取消了袭郑计划，灭滑国而回军。然秦军向东袭郑，经过晋国境内而不借道，晋对此不满，遂联合姜戎在殽山设下埋伏。四月，秦军灭滑回师到达殽山谷地，晋和姜戎联军突然发起进攻，秦军全军覆灭，孟明视等三将被擒。

③自殽之战始也：《穀梁传》认为，秦本非夷狄，但在殽之战中，越千里之险，攻入无备之滑国，灭滑不能守之，退兵又被晋军打败。入滑之时，放纵暴乱，“乱人子女之教，无男女之别”，因而自此被视为夷狄。

④百里子：秦国大夫百里奚。原为虞国大夫，晋灭虞后，拒绝为晋做官，被充作秦穆公夫人的陪嫁之臣。百里奚以为耻，出逃至宛，被楚人捕获。秦穆公闻知他贤能，用五羖(gǔ)羊皮赎回，以国政相委，世称五羖大夫。蹇叔子：蹇叔，秦大夫，早年游于宋国，由百里奚举荐给秦穆公，任上大夫。

⑤拱：双手合抱。据《左传》，秦穆公派人对他说：“尔何知？中寿，尔墓之木拱矣。”中寿当在六十至八十之间，意思是说如果你中寿而亡，你坟墓上的树木已经有合抱之粗了。谓其老迈无用。

⑥女：同“汝”，你。

⑦岩唫(yín)：指高峻险要的山崖。

⑧尸女：为你收尸。

⑨要：拦阻，截击。

⑩倚：同“奇”，单个。

⑪晋子：指新即位的晋襄公姬欢，晋文公重耳之子，公元前627—前621年在位，因此时距晋文公去世不满一年，故称晋襄公为晋子而不称晋侯。

【译文】

【经】夏天，四月，辛巳（十三）日，晋国人和姜戎在殽山击败秦军。

【传】不说“战”而说“败”，为什么呢？是把秦国看做夷狄。为什么把秦国看做夷狄呢？因为秦国跨越千里的险地，入侵没有防备的国家，进入了滑国又不能守卫它，退兵了又被打败，只扰乱了滑的教化，放纵荒淫没有男女的区别。把秦视作夷狄，是从殽之战开始的。秦穆公将要偷袭郑国，百里奚与蹇叔劝谏说：“跨越千里去偷袭别人，没有不失败的。”秦穆公说：“你们墓上的树已经有合抱之粗了，你们知道什么？”军队出发，百里奚和蹇叔送他们的儿子并且告诫他们，说：“你一定会死在殽山险要的山崖之下，我将要到那儿去替你收尸。”军队出发，百里奚和蹇叔跟随他们的儿子而哭泣。秦穆公生气地说：“为什么哭我们的军队？”他俩说：“不敢哭军队，是为儿子哭泣。我老了，他不死我也要死了。”晋国人与姜戎在殽截击了秦军，没有一匹马一个车轮回到秦国。“晋人”，是晋襄公姬欢。经文说“人”是为什么呢？是轻视他。为什么轻视晋襄公呢？因为认为他不顾父丧而领兵出战是不合正道的。

【经】癸巳[1]，葬晋文公。

【传】日葬，危不得葬也[2]。

【注释】

①癸巳：当为该年四月的二十五日。

②危：有危难。

【译文】

【经】癸巳（四月二十五）日，安葬晋文公。

【传】记载下葬的日期，是因为有危难没有及时下葬。

【经】狄侵齐。

【译文】

【经】狄人入侵齐国。

【经】公伐邾，取訾楼[①]。

【注释】

①訾(zī)楼：邾邑，在今山东济宁境内。

【译文】

【经】鲁僖公讨伐邾国，攻取了訾楼。

【经】秋，公子遂帅师伐邾。

【译文】

【经】秋天，鲁公子遂率军讨伐邾国。

【经】晋人败狄于箕[①]。

【注释】

①箕：晋地，在今山西蒲县东北。

【译文】

【经】晋国人在箕地打败了狄人。

【经】冬，十月，公如齐。

【译文】

【经】冬天，十月，鲁僖公到齐国去。

【经】十有二月，公至自齐。

【译文】

【经】十二月，鲁僖公从齐国回来告祭祖庙。

【经】乙巳[①]，公薨于小寝[②]。

【传】小寝，非正也。

【注释】

①乙巳：当为该年十二月的十一日。

②小寝：天子、诸侯所居住的宫室名。古代天子有六寝，正寝一，小寝五；诸侯有三寝，正寝一，燕寝二。正寝又叫路寝、大寝，燕寝叫小寝、内寝。其中正寝居中，以听政治事，燕寝在东西两旁，以时燕息。《穀梁传》认为薨于小寝为不正，讥其近女色。当时以为诸侯或夫人死于路寝为得其正。

【译文】

【经】乙巳（十二月十一）日，鲁僖公在小寝去世。

【传】在小寝去世，不合正道。

【经】陨霜不杀草[①]。

【传】未可杀而杀，举重也[2]。可杀而不杀，举轻也[3]。

【注释】

①陨：降落，降下。杀：伤害。

②重：重要的。参见定公元年“冬，十月，陨霜杀菽”条。

③轻：次要的。

【译文】

【经】降霜了却没有伤害草木。

【传】可以不伤害而伤害了的，就列举重要的事物。可以伤害而没有伤害到，就列举次要的事物。

【经】李、梅实[1]。

【传】实之为言，犹实也。

【注释】

①实：结果实。

【译文】

【经】李树、梅树结果实。

【传】“实”的意思，就是果实的意思。

【经】晋人、陈人、郑人伐许[1]。

【注释】

①伐许：据《左传》，是“讨其贰于楚也”。

【译文】

【经】晋国人、陈国人、郑国人讨伐许国。

文公

【题解】

鲁文公(？—公元前609年在世,公元前626年—前609年在位),姬姓,名兴,谥文,鲁国第十九代国君,鲁僖公之子,生母为鲁僖公夫人声姜,在鲁僖公去世后即位为国君。鲁文公在位期间,晋国仍是春秋的霸主,鲁国对外附晋抗齐,于文公二年、三年、十三年三次至晋朝见晋君,以兵击败狄人于鹹,擒杀其首领长狄乔如。在鲁国内部,公室逐渐走向衰退,此时执政大夫为公子遂,鲁国从此出现大夫专政的局面,政治权力进一步下移,开始进入了"政在大夫"的时期。

元年

【经】元年,春,王正月,公即位。

【传】继正即位[1],正也。

【注释】

①继正即位:继承正常死亡的国君的君位。从隐公自此五位鲁君均是继故,文公始继正。

【译文】

【经】文公元年，春天，周王的正月，文公登上君位。

【传】继承正常死亡的国君的君位，合于正道。

【经】二月，癸亥[1]，日有食之。

【注释】

①癸亥：此处指当年二月的最末一天。

【译文】

【经】二月，癸亥（月末）日，发生日食。

【经】天王使叔服来会葬[1]。

【传】葬曰会，其志，重天子之礼也。

【注释】

①叔服：人名，据《左传》，是周王的内史。

【译文】

【经】周天子派叔服作为使者来参加鲁僖公葬礼。

【传】用"会"来称参加葬礼，经文这样记载，是重视天子的礼节。

【经】夏，四月，丁巳[1]，葬我君僖公。

【传】薨称公，举上也。葬我君，接上下也。僖公葬而后举谥，谥所以成德也，于卒事乎加之矣。

【注释】

①丁巳：当为该年四月的二十六日。

【译文】

【经】夏天，四月，丁巳（二十六）日，安葬我们的国君鲁僖公。

【传】去世了称“公”，是列举最高等爵位。说“葬我君”，是连接举国上下。僖公下葬了才称谥号，确定谥号是为了成全他的功业德行，在丧事后加封于他。

【经】天王使毛伯来锡公命[①]。

【传】礼：有受命，无来锡命，锡命非正也。

【注释】

①毛伯：周王朝的卿，名卫，毛是其采邑，常奉王命出使诸侯。锡：赐，赐给。按周礼，诸侯新君即位，须朝见周天子，天子赐给衣冠，称“受命”。此时新君即位却不朝见天子，周天子也只好派人将册命送去，即称“锡命”。

【译文】

【经】周天子派毛伯作为使者来赐给鲁文公册命。

【传】按照礼制：只有诸侯“受命”，没有天子“锡命”，锡命不合正道。

【经】晋侯伐卫[①]。

【注释】

①伐卫：据《左传》，晋文公晚年，卫国不朝，且伐郑，晋襄公此时遂伐卫。

【译文】

【经】晋襄公讨伐卫国。

【经】叔孙得臣如京师[1]。

【注释】

①叔孙得臣:鲁大夫,是鲁桓公之子公子叔牙的孙子。如京师:到京师去。据《左传》,是去答谢周王赐命。

【译文】

【经】叔孙得臣到京师去。

【经】卫人伐晋[1]。

【注释】

①伐晋:是对晋伐卫的报复。

【译文】

【经】卫国人讨伐晋国。

【经】秋,公孙敖会晋侯于戚[1]。

【注释】

①公孙敖:鲁国大夫,是鲁桓公之子公子庆父的儿子。戚:卫邑,在今河南濮阳市区内。

【译文】

【经】秋天,鲁大夫公孙敖在戚地会见晋襄公姬欢。

【经】冬,十月,丁未[1],楚世子商臣弑其君髡[2]。

【传】日髡之卒,所以谨商臣之弑也。夷狄不言正不正。

【注释】

①丁未：当为该年十月的十八日。

②髡(kūn)：楚成王名。据《左传》，楚成王芈(mǐ)髡早年不听大臣劝谏而立商臣为太子，如今想改立王子芈职为太子，商臣得知消息之后，听从自己老师潘崇的计谋，杀死了父亲楚成王。

【译文】

【经】冬天，十月，丁未(十八)日，楚国的太子芈商臣杀死了他的父亲国君芈髡。

【传】记载芈髡去世的日期，是慎重地对待芈商臣杀害国君的行为。对于夷狄之国不说合不合正道。

【经】公孙敖如齐。

【译文】

【经】鲁国公孙姬敖到齐国去。

二年

【经】二年，春，王二月，甲子[①]，晋侯及秦师战于彭衙[②]。秦师败绩[③]。

【注释】

①甲子：当为该年二月的初七日。

②彭衙：秦邑，即今陕西渭南白水东北四十里之彭衙堡。

③秦师败绩：据《左传》，彭衙之战本是秦为报三年前殽之战失利之仇，不料此次又败。

【译文】

【经】文公二年，春天，周王的二月，甲子（初七）日，晋襄公和秦军在彭衙作战。秦军打了败仗。

【经】丁丑[1]，作僖公主[2]。

【传】作，为也。为僖公主也。立主，丧主于虞[3]，吉主于练[4]。作僖公主，讥其后也。作主、坏庙有时日[5]，于练焉坏庙。坏庙之道，易檐可也，改涂可也。

【注释】

①丁丑：当为该年二月的二十日。

②主：为死者立的牌位。

③丧主：指虞祭时用的牌位，据《春秋穀梁传注疏》，用桑木制成。虞：虞祭，祭祀名，安葬了灵柩之后回来再举行的祭祀名。

④吉主：指练祭时用的牌位，据《春秋穀梁传注疏》，用栗木制成。练：本义是指提纯丝帛使它们成为洁白柔软的熟丝，这里是祭祀名，指父母去世第十一个月祭于家庙，可穿练过的布帛，故以为名。

⑤坏庙：古代宗庙制度之一，亲过高祖者，撤除神主，移于太庙之中，称为毁庙，又称坏庙。

【译文】

【经】丁丑（二月二十）日，制作鲁僖公的牌位。

【传】作，是制作的意思。制作僖公的牌位。设立牌位，在虞祭时用丧主，在练祭时用吉主。经文说“作僖公主”，是讽刺立得晚了。立牌位、毁祖庙是要按照规定的时间来的，在练祭的时候毁祖庙。毁祖庙的办法，可以更换屋檐，也可以改换粉饰。

【经】三月，乙巳①，及晋处父盟②。

【传】不言公，处父伉也③，为公讳也。何以知其与公盟？以其日也。何以不言公之如晋？所耻也。出不书，反不致也。

【注释】

①乙巳：当为该年三月的十九日。

②处父：晋国大夫阳处父。据《左传》是："晋人以公不朝来讨，公如晋。"晋国派阳处父与鲁文公盟会，以此来羞辱鲁文公。

③伉：匹敌，对等。意思是说晋国派来的是大夫，不言"公及晋处父盟"是为了不让大夫与鲁文公对等，也是为鲁文公避讳耻辱的事情。

【译文】

【经】三月，乙巳（十九）日，和晋国的处父盟会。

【传】不说"公"，因为是与处父对等，替鲁文公避讳。为什么知道处父是与鲁文公盟会呢？因为经文记载了日期。为什么不说鲁文公去了晋国呢？因为为此感到耻辱。出国不记载，回国也不记载其告祭祖庙。

【经】夏，六月，公孙敖会宋公、陈侯、郑伯、晋士谷①，盟于垂敛②。

【传】内大夫可以会外诸侯。

【注释】

①郑伯：指新即位的郑穆公姬兰，郑文公庶子，母燕姞，公元前627年—前606年在位。士谷：晋卿，士蔿子，先为大司空，后为中军将。

②垂敛：郑地，在今河南荥阳东北。据《左传》，此次会盟是为了讨伐卫国，后来陈国为卫求和，抓了去年率领卫军伐晋的主帅。

【译文】

【经】夏天，六月，鲁公孙姬敖和宋成公、陈共公、郑穆公、晋国的士谷会面，在垂敛缔结盟约。

【传】鲁国的大夫可以和外国的诸侯会面。

【经】自十有二月不雨，至于秋七月。

【传】历时而言不雨[1]，文不忧雨也[2]。不忧雨者，无志乎民也。

【注释】

①历：越过。时：季节。

②文：指鲁文公。

【译文】

【经】从去年十二月开始没有下雨，到了现在是今年秋天七月了。

【传】过了几个季节才说没有下过雨，表明文公不担忧不下雨。不担忧雨水，是不关心百姓。

【经】八月，丁卯[1]，大事于大庙[2]，跻僖公[3]。

【传】大事者何？大是事也，着祫、尝[4]。祫祭者，毁庙之主，陈于大祖；未毁庙之主，皆升，合祭于大祖。跻，升也，先亲而后祖也[5]，逆祀也。逆祀，则是无昭穆也[6]。无昭穆，则是无祖也。无祖，则无天也。故曰：文无天。无天者，是无天而行也。君子不以亲亲害尊尊，此《春秋》之义也。

【注释】

①丁卯：当为该年八月的十三日。

②大庙：太庙，周公之庙。

③跻（jī）：晋升。

④着：完成。祫（xiá）：祭祀名，按宗法，祖先的序位超过了高祖，就应将其牌位移至太庙之中，这叫做“毁庙”。将毁庙的祖先牌位和未毁庙的祖先牌位同时移到太庙中进行大合祭，称为祫祭。祫祭原在天子诸侯丧事完毕时举行，后通常每三年举行一次。尝：秋祭名。

⑤亲：父亲，这里指鲁僖公。祖：祖父，这里指鲁闵公，以君位继承顺序论，闵公是文公祖父辈的。

⑥昭穆：宗庙或墓地的辈次排列，以始祖居中，二世、四世、六世位于始祖的左方，称为昭；三世、五世、七世位于右方，称为穆。而诸侯五庙，供奉五人，始祖居中，两旁各二，以鲁文公言，其五庙供奉五人当为周公居中，桓公为昭、庄公为穆，闵公为昭、僖公为穆。据《左传》，这次祭祀的时候置鲁僖公于昭位而置闵公于穆位，闵公、僖公本为兄弟，然作为君主排位当依继承君位的先后序昭穆。

【译文】

【经】八月，丁卯（十三）日，在太庙举行大祭，提升了鲁僖公的牌位。

【传】大事是什么？是认为这件事重大，完成了祫祭和尝祭。祫祭，已经毁掉庙寝的牌位，放到太庙去；没有毁掉庙寝的牌位，都提升位置，一起在太庙祭祀。跻，就是提升，把父亲辈放到前面把祖父辈放到后面，是颠倒顺序祭祀。颠倒顺序祭祀，那这就是不讲昭穆顺序。没有昭穆顺序，也就没有祖宗了。没有祖宗，也就没有天道了。所以说：“鲁文公没有天道。”没有天道，就是不顾天道而做事。君子不因为热爱亲人妨害崇敬尊长，这是《春秋》大的道义。

【经】冬，晋人、宋人、陈人、郑人伐秦[1]。

【注释】

①伐秦：据《左传》，晋等伐秦是报复秦挑起彭衙之战。

【译文】

【经】冬天，晋国人、宋国人、陈国人、郑国人讨伐秦国。

【经】公子遂如齐纳币[1]。

【注释】

①纳币：上门求亲，下聘礼。这是鲁公子姬遂到齐国为鲁文公姬兴求亲。

【译文】

【经】鲁公子姬遂到齐国下聘礼。

三年

【经】三年，春，王正月，叔孙得臣会晋人、宋人、陈人、卫人、郑人伐沈[1]，沈溃[2]。

【注释】

①叔孙得臣：公子叔牙之孙。沈：姬姓小国，始封君为周公之孙。其故地约在今安徽阜阳西北一百二十里沈丘集。据《左传》，此次伐沈是因为它"服于楚也"。

②溃：据《左传》："凡民逃其上曰溃。"

【译文】

【经】文公三年，春天，周王的正月，叔孙得臣会同晋国人、宋国人、陈国人、卫国人、郑国人讨伐沈国，沈国百姓纷纷逃跑。

【经】夏，五月，王子虎卒[①]。

【传】叔服也。此不卒者也，何以卒之？以其来会葬，我卒之也。或曰，以其尝执重以守也[②]。

【注释】

①王子虎：《穀梁》、《公羊》都认为王子虎即叔服，恐非。《左传》中记载为王叔文公，则王叔为氏，文是谥号。《周语》称之为太宰文公，则其官为太宰。

②执重以守：指僖公二十四年天王出居郑的时候，叔服守卫京师。执，承担，担当。

【译文】

【经】夏天，五月，王子虎去世。

【传】是叔服。这是不应该记载去世的人，为什么记载了他的去世呢？因为他来参加过我国的葬礼，所以我国记载他的去世。有人说，是因为他曾经承担了守卫京师的重任。

【经】秦人伐晋[①]。

【注释】

①伐晋：据《左传》，此次秦伐晋，渡过黄河之后焚毁船只，占领了王官和郊两个地方，晋军只守城不敢出来与之交战，于是秦军到了殽之战故地，祭拜当年阵亡的将士之后回国。自此秦国称霸西戎。

【译文】

【经】秦国人讨伐晋国。

【经】秋,楚人围江[1]。

【注释】

①江:国名,江姓,夹于楚、宋、齐大国之间的小国。故城在今河南正阳。一说在今河南息县西南。依后文晋伐楚"江远楚近"推测,似"息县"说为胜。

【译文】

【经】秋天,楚国人围攻江国。

【经】雨螽于宋[1]。

【传】外灾不志,此何以志也?曰,灾甚也。其甚奈何?茅茨尽矣[2]。着于上见于下谓之雨。

【注释】

①螽(zhōng):虫名,蝗虫科,食害农作物。

②茅:茅草。茨:蒺藜。

【译文】

【经】天上落下螽虫在宋国。

【传】外国的灾害不记载,这里为什么记载了呢?回答说,灾害太重了。是怎样太重了呢?茅草和蒺藜都被吃光了。在天上显现在地上被看见就叫做"雨"。

【经】冬，公如晋。

【译文】

【经】冬天，鲁文公姬兴到晋国去。

【经】十有二月，己巳[①]，公及晋侯盟。

【注释】

①己巳：当为该年十二月的二十二日。

【译文】

【经】十二月，己巳（二十二）日，鲁文公和晋襄公缔结盟约。

【经】晋阳处父帅师伐楚[①]，救江。

【传】此伐楚，其言救江，何也？江远楚近，伐楚所以救江也。

【注释】

①阳处父：晋国大夫，因封邑于阳地，遂以阳为氏。

【译文】

【经】晋国的阳处父率军讨伐楚国，救援江国。

【传】这是讨伐楚国，经文说救援江国，为什么呢？江国遥远而楚国相近，讨伐楚国是为了救援江国。

四年

【经】四年，春，公至自晋。

【译文】

【经】文公四年,春天,鲁文公姬兴从晋国回来告祭祖庙。

【经】夏,逆妇姜于齐[①]。

【传】其曰妇姜,为其礼成乎齐也。其逆者谁也?亲逆而称妇,或者公与?何其速妇之也[②]?曰,公也[③]。其不言公,何也?非成礼于齐也。曰妇,有姑之辞也。其不言氏何也[④]?贬之也。何为贬之也?夫人与有贬也。

【注释】

①妇:妻子。

②妇:使……成为妻子。

③曰,公也:这是回答"其逆者谁"这个问题的。

④不言氏:指不说"姜氏"而只说"姜"。

【译文】

【经】夏天,到齐国迎娶妻子姜。

【传】经文说"妇姜",因为婚礼在齐国就举行了。是谁去迎娶的呢?亲自去迎娶才称"妇",或许就是鲁文公?为什么这么快就称她为妇?回答说,因为是鲁文公去迎娶的。经文不称"公",为什么呢?是指责在齐国完成婚礼。称"妇",是表明有婆婆的言辞。经文为什么只说"姜"不说"氏"呢?是为了贬低她。为什么贬低她呢?作为夫人要与国君一起被贬低。

【经】狄侵齐。

【译文】

【经】狄人入侵齐国。

【经】秋，楚人灭江。

【译文】

【经】秋天，楚国人灭亡江国。

【经】晋侯伐秦①。

【注释】

①伐秦：据《左传》，“晋侯伐秦”，“以报王官之役”。

【译文】

【经】晋襄公讨伐秦国。

【经】卫侯使宁俞来聘①。

【注释】

①卫侯：卫成公姬郑。宁俞：即宁武子，卫国贤大夫，曾被孔子推崇为“其智可及也，其愚不可及也”。

【译文】

【经】卫国国君派宁俞作为使者来鲁国访问。

【经】冬，十有一月，壬寅①，夫人风氏薨②。

【注释】

①壬寅：朔日，为当年十一月的第一天。

②夫人风氏：鲁僖公之母成风。

【译文】

【经】冬天，十一月，壬寅（初一）日，夫人风氏去世。

五年

【经】五年，春，王正月，王使荣叔归含且赗[①]。

【传】含，一事也。赗，一事也。兼归之，非正也。其曰且，志兼也。其不言来，不周事之用也[②]。赗以早[③]，而含以晚[④]。

【注释】

①王：指周襄王姬郑。荣叔：周襄王近臣。含（hàn）：死者大殓时含在口中的珠、玉等物。赗（fèng）：助丧的物品。

②周：适合，合适。

③赗以早：据《春秋穀梁传注疏》，是因为“成风未葬，故书早”。

④含以晚：据《春秋穀梁传注疏》，是因为“已殡，故言晚”。

【译文】

【经】文公五年，春天，周王的正月，周襄王派荣叔作为使者赠送含和赗。

【传】赠送含，是一件事。赠送赗，是一件事。一起送来，不合正道。经文说“且”，是记载一起送来的。经文不说“来”，是不适合丧事的时间的原因，赗送来得早了，而含送来得晚了。

【经】三月，辛亥[1]，葬我小君成风。

【注释】

①辛亥：当为该年三月的十二日。小君：对国君夫人的称呼。

【译文】

【经】三月，辛亥（十二）日，安葬我们的夫人成风。

【经】王使毛伯来会葬。

【传】会葬之礼于鄙上[1]。

【注释】

①会葬之礼于鄙上：据《春秋穀梁传注疏》，参加葬礼的使者一到达鲁国边境就要直奔墓地，这样显示出是专为葬礼而来。鄙，边境。

【译文】

【经】周襄王派毛伯作为使者来参加葬礼。

【传】参加葬礼的礼节从进入该国边境就开始。

【经】夏，公孙敖如晋。

【译文】

【经】夏天，鲁国公孙姬敖到晋国去。

【经】秦人入鄀[1]。

【注释】

①鄀（ruò）：国名，允姓，处秦、楚之间。上鄀在今湖北宜城东南，后

为楚灭，为楚都；下鄀都商密，在今河南内乡与陕西商洛商州区之间。此处当指后者。据《左传》，秦入鄀是因为鄀与楚国亲近。

【译文】

【经】秦国人进入鄀国。

【经】秋，楚人灭六[1]。

【注释】

①六：国名，偃姓，在今安徽六安一带。

【译文】

【经】秋天，楚国人灭亡六国。

【经】冬，十月，甲申[1]，许男业卒[2]。

【注释】

①甲申：当为该年十月的十八日。

②许男业：许国国君，男爵，姓姜，名业，谥僖，即许僖公。

【译文】

【经】冬天，十月，甲申（十八）日，许僖公姜业去世。

六年

【经】六年，春，葬许僖公。

【译文】

【经】文公六年，春天，安葬了许僖公。

【经】夏，季孙行父如陈①。

【注释】

①季孙行父：季孙氏姬行父，公子季友之孙。据《左传》，鲁国想跟陈国搞好关系，所以派季孙行父出使陈国，并且娶陈国女子为妻。

【译文】

【经】夏天，季孙行父到陈国去。

【经】秋，季孙行父如晋。

【译文】

【经】秋天，季孙行父到晋国去。

【经】八月，乙亥①，晋侯驩卒②。

【注释】

①乙亥：当为该年八月的十四日。

②晋侯驩：晋国国君，姓姬，名驩(huān)，谥襄，即晋襄公。

【译文】

【经】八月，乙亥(十四)日，晋襄公姬驩去世。

【经】冬，十月，公子遂如晋。

【译文】

【经】冬天，十月，鲁国公子姬遂到晋国去。

【经】葬晋襄公。

【译文】

【经】安葬晋襄公。

【经】晋杀其大夫阳处父。

【传】称国以杀，罪累上也。襄公已葬，其以累上之辞言之何也？君漏言也[①]。上泄则下暗，下暗则上聋。且暗且聋[②]，无以相通。夜姑杀者也[③]。夜姑之杀奈何？曰：晋将与狄战，使狐夜姑为将军，赵盾佐之。阳处父曰："不可，古者君之使臣也，使仁者佐贤者，不使贤者佐仁者。今赵盾贤，夜姑仁，其不可乎？"襄公曰："诺。"谓夜姑曰："吾始使盾佐女，今女佐盾矣。"夜姑曰："敬诺。"襄公死，处父主竟上事[④]，夜姑使人杀之。君漏言也。故士造辟而言[⑤]，诡辞而出[⑥]，曰：用我则可，不用我则无乱其德[⑦]。

【注释】

①漏：泄漏。

②且……且……：一边……一边……，表示并列关系。

③夜姑：即狐夜姑，狐偃之子，字季佗，因食邑于贾，又叫贾季。

④主竟上事：就是指在边境接待前来参加襄公葬礼的诸侯使节。竟，边境。

⑤造：去，往。辟：国君，君主。

⑥诡辞：不实之言辞。

⑦无乱其德：指要求国君不要对别人泄漏话，要替臣下保密。

【译文】

【经】晋国杀了他们的大夫阳处父。

【传】以国家的名义来杀他，是表明罪行连累到国君。晋襄公已经下葬，经文为什么用连累到国君的言辞来说呢？因为国君泄漏了话。国君泄漏了臣下的话，臣下就会闭口不言；臣下闭口不言，国君就成聋子了。一边闭口不言，一边成了聋子，君臣上下就无法相互沟通。是夜姑杀的阳处父。夜姑为什么要杀他呢？回答说：晋国将与狄人作战，派狐夜姑为将军，派赵盾为副手。阳处父说："不可以，古时国君任用大臣，是让有仁德的人为贤能的人当副手，不让贤能的人为有仁德的人当副手。现在赵盾贤能，夜姑有仁德，这样大概不行吧？"晋襄公说："好的。"便对夜姑说："我一开始让赵盾给你当副手，现在你给赵盾当副手吧。"夜姑说："遵命。"晋襄公去世，阳处父主持边境上的接待事务，夜姑派人杀了他。是因为国君泄露了话。所以士去国君那里进言，出来之后就不告诉别人实话，说：如果用我的建议则可以，若不用我的言辞，也不要扰乱自己的德行。

【经】晋狐夜姑出奔狄。

【译文】

【经】晋国的狐夜姑出奔到狄。

【经】闰月不告月[①]，犹朝于庙。

【传】不告月者何也？不告朔也。不告朔则何为不言朔也？闰月者，附月之余日也，积分而成于月者也。天子不以告朔，而丧事不数也。犹之为言，可以已也。

【注释】

①告月：告月即告朔，每年秋冬之际，天子把来年的历书颁给诸侯。历书包括有无闰月、每月初一为哪天等。诸侯藏历书于祖庙，逢每月初一杀羊祭庙，告而受行之。告朔之后，听治朔日之政事，是为听朔，亦称视朔。听朔之后祭祀诸庙，谓之朝庙。

【译文】

【经】闰月没有举行告月的仪式，仍然举行了朝庙的仪式。

【传】“不告月”是什么？就是不举行告朔仪式。不举行告朔仪式为什么也不说“朔日”呢？因为闰月，是依附于月份剩余的日子，积攒分散的日子而凑成一个月的。天子不在闰月举行告朔仪式，而且丧葬之事也不计算闰月。“犹”的意思，是可以停止了的意思。

七年

【经】七年，春，公伐邾[①]。

【注释】

①公伐邾：据《左传》，此时晋襄公刚去世，晋国内部正在为王位更替争斗，鲁国趁此机会攻打邾国。

【译文】

【经】文公七年，春天，鲁文公讨伐邾国。

【经】三月，甲戌[①]，取须句[②]。

【传】取邑不日，此其日何也？不正其再取，故谨而日之也。

【注释】

①甲戌(xū):当为该年三月的十七日。

②须句:国名,风姓,子爵,《穀梁》认为是城邑,误。在今山东东平东南。僖公二十二年曾取须句。

【译文】

【经】三月,甲戌(十七)日,攻取须句。

【传】攻取城邑不记载日期,这里经文记载了日期是为什么呢?是认为第二次攻取须句不合正道,所以慎重地记载这件事的日期。

【经】遂城郚[①]。

【传】遂,继事也。

【注释】

①郚(wú):鲁地,在今山东泗水东南,非鲁庄公元年之郚地。

【译文】

【经】接着修筑郚地的城墙。

【传】遂,是表示后一件事接着前一件事。

【经】夏,四月,宋公壬臣卒[①]。

【注释】

①宋公壬臣:宋国国君,姓子,名壬臣,谥成,即宋成公。

【译文】

【经】夏天,四月,宋成公子壬臣去世。

【经】宋人杀其大夫[①]。

【传】称人以杀，诛有罪也[②]。

【注释】

①宋人杀其大夫：据《左传》，宋成公去世时，宋国重要职务都由公族诸公子担任，新即位的宋昭公欲削弱诸公子势力，结果宋穆公、宋襄公的族人与昭公交战，其时公孙固、公孙郑在王宫中，被杀。

②诛有罪：诛杀有罪的人。据《左传》，不记载杀人的人和被杀害的人是因为人数众多。

【译文】

【经】宋国人杀了他们的大夫。

【传】用"人"来称杀，是诛杀有罪的人。

【经】戊子[①]，晋人及秦人战于令狐[②]。

【注释】

①戊（wù）子：当为该年四月朔日，即四月的第一天。

②令狐：晋地，在今山西临猗西。据《左传》，晋襄公去世，太子夷皋尚在襁褓之中，赵盾遂计划迎立在秦国的公子雍。在公子雍回国途中，赵盾等大臣迫于襄公夫人穆嬴的威逼，决定仍立太子夷皋，并且率军抵挡送公子雍回国的秦军，两军在令狐交战。此战之后先蔑出奔到秦，因为他是迎接公子雍回国的使者，先公子雍回到晋国，此时公子雍不立，先蔑也出奔。

【译文】

【经】戊子（四月初一）日，晋国人和秦国人在令狐交战。

【经】晋先蔑奔秦。

【传】不言出，在外也。辍战而奔秦[①]，以是为逃军也。

【注释】

①辍：停止。据《左传》，先蔑当是先公子雍回到晋国，赵盾改变主意后，率军阻击秦军，任命先蔑为下军将领。

【译文】

【经】晋国的先蔑出奔到秦。

【传】不说“出”，因为是在外国。停止作战而逃到秦国，认为这是从军队逃离的。

【经】狄侵我西鄙。

【译文】

【经】狄人入侵我鲁国西部边境。

【经】秋，八月，公会诸侯、晋大夫盟于扈[①]。

【传】其曰诸侯，略之也[②]。

【注释】

①扈（hù）：郑地，在今河南原阳西。

②略：简省地记载。

【译文】

【经】秋天，八月，鲁文公会同诸侯、晋国的大夫在扈缔结盟约。

【传】经文说“诸侯”，是简省的记载。

【经】冬，徐伐莒。

【译文】

【经】冬天，徐国讨伐莒国。

【经】公孙敖如莒莅盟[①]。

【传】莅，位也[②]。其曰位，何也？前定也。其不日，前定之盟不日也。

【注释】

①公孙敖：鲁国公孙姬敖，公子庆父之子，鲁桓公之孙。莅(lì)盟：到会结盟。

②位：用同“莅”，到……位置去。

【译文】

【经】鲁国公孙姬敖去莒国到会结盟。

【传】莅，就是到……位置去的意思。说到……位置去，为什么呢？因为会盟之前定好的。经文不记载日期，是因为之前定好的盟会不记载日期。

八年

【经】八年，春，王正月。

【译文】

【经】文公八年，春天，周王的正月。

【经】夏，四月。

【译文】

【经】夏天，四月。

【经】秋，八月，戊申①，天王崩②。

【注释】

①戊申：当为该年八月二十八日。

②天王：周天子，这里指周襄王姬郑（公元前652年—前619年）。

【译文】

【经】秋天，八月，戊申（二十八）日，周天子驾崩。

【经】冬，十月，壬午①，公子遂会晋赵盾②，盟于衡雍③。

【注释】

①壬午：当为该年十月的初三日。

②赵盾（前655—前601）：即赵宣子，名盾，时人尊称赵孟，晋国的执政大臣，历仕三朝，维护了晋文公重耳开创的霸业。

③衡雍：郑地，在今河南原阳西。

【译文】

【经】冬天，十月，壬午（初三）日，鲁公子姬遂和晋国的卿大夫赵盾会面，在衡雍缔结盟约。

【经】乙酉①，公子遂会雒戎②，盟于暴③。

【注释】

①乙酉：当为该年十月的初六日。

②雒(luò)戎：居于河南洛阳附近，伊水、雒水之间的戎人。

③暴：郑地，在今河南原阳西旧原武境内，与衡雍相距不远。

【译文】

【经】乙酉(十月初六)日，鲁公子姬遂和雒戎会面，在暴缔结盟约。

【经】公孙敖如京师[1]，不至而复。丙戌[2]，奔莒[3]。

【传】不言所至，未如也。未如则未复也。未如而曰如，不废君命也。未复而曰复，不专君命也。其如非如也，其复非复也。唯奔莒之为信，故谨而日之也。

【注释】

①京师：东周首都，在今河南洛阳。

②丙戌：当为该年十月的初七日。

③莒(jǔ)：国名，己姓，一说曹姓，此时莒国都城在今山东莒县。

【译文】

【经】鲁公孙姬敖到京师去，没有到就返回了。丙戌(十月初七)日，逃往莒国。

【传】不说他所到的地方，因为没有去。没有去也就没有返回。没有去而说去了，是不能废弃国君的命令。没有返回而说返回了，是不能擅自改变国君的命令。说去了并不是真的去了，说返回不是真的返回了。只有逃往莒国是确实的，所以慎重地记载这件事的日期。

【经】螽[1]。

【注释】

①螽(zhōng):植物害虫。

【译文】

【经】发生虫灾。

【经】宋人杀其大夫司马[①]。

【传】司马,官也。其以官称,无君之辞也[②]。

【注释】

①司马:官职,掌管军政。据《左传》,宋襄公原配夫人去世后,宋襄公续娶了夫人,此时宋昭公即位,没有以礼待她,于是她通过戴氏族人杀了昭公的党羽。此处的司马即是其中之一。而司城则出奔鲁国。

②无君之辞:没有国君的说法。指宋国政治混乱,大夫接连被杀,好像没有国君一样。

【译文】

【经】宋国人杀害了他们的大夫司马。

【传】司马,是官职名。经文用官职来称呼,是国家混乱好像没有国君一样的表述。

【经】宋司城来奔[①]。

【传】司城,官也。其以官称,无君之辞也。来奔者不言出,举其接我也[②]。

【注释】

①司城:即"司空",因宋武公名司空,所以宋国的司空改称司城,掌

管工程制造等事。

②接：交往，交接。这里突出他是投奔我们国家的。

【译文】

【经】宋国的司城出逃到鲁国来。

【传】司城，是官职名。经文用官职来称呼，是国家混乱好像没有国君一样的表述。逃来鲁国的人不说“出逃”，突显出他是投奔我国的。

九年

【经】九年，春，毛伯来求金[①]。

【传】求车犹可，求金甚矣。

【注释】

①毛伯：周顷王姬壬臣的大夫，名卫，毛是其采邑。求金：即隐公三年的求赙，求取助丧的钱财。

【译文】

【经】文公九年，春天，周顷王大夫毛伯来鲁国求取助葬的钱财。

【传】求取车辆尚且可以，求取钱财就过分了。

【经】夫人姜氏如齐[①]。

【注释】

①如齐：到齐国去。据《春秋穀梁传注疏》，是鲁文公姬兴的夫人回齐国探亲。

【译文】

【经】鲁文公夫人姜氏到齐国去。

【经】二月，叔孙得臣如京师[1]。

【传】京，大也。师，众也。言周必以众与大言之也。

【注释】

①叔孙得臣：叔孙氏姬得臣，公子叔牙之孙。

【译文】

【经】二月，叔孙氏姬得臣到京师去。

【传】京，是大的意思。师，是众多的意思。说到周就一定要用表示多和大的话来说它。

【经】辛丑[1]，葬襄王。

【传】天子志崩不志葬。举天下而葬一人，其道不疑也。志葬，危不得葬也。日之，甚矣，其不葬之辞也[2]。

【注释】

①辛丑：当为该年二月的二十四日。

②不葬之辞：指没有依礼而葬，即没有"举天下而葬一人"。

【译文】

【经】辛丑(二月二十四)日，安葬周襄王姬郑。

【传】对于天子只记载去世不记载安葬。全天下来为天子举行葬礼，这个道理是不用质疑的。记载安葬，是担忧不能安葬。记载日期，是没有依礼而葬的说法。

【经】晋人杀其大夫先都[1]。

【注释】

①先都:晋国大夫。据《左传》,六年春,晋襄公欲提拔箕郑父、先都、士縠(gǔ)、梁益耳,先克进谏说不能忘了狐氏和赵氏的功劳,于是襄公任命了赵盾和狐夜姑统率中军。先克又侵占了荆得的田地,于是箕郑父、先都、士縠、梁益耳、荆得作乱,于九年春杀害了先克。晋人杀此五人,经文只记载了三人,大约是因为梁益耳、荆得非卿。

【译文】

【经】晋国人杀害了他们的大夫先都。

【经】三月,夫人姜氏至自齐。

【传】卑以尊致[①],病文公也。

【注释】

①卑以尊致:夫人出行归来是不举行致礼的,因为这是国君的规格待遇。

【译文】

【经】三月,鲁文公夫人姜氏从齐国回来告祭祖庙。

【传】身份低微的用了尊贵的致礼,是在指责鲁文公。

【经】晋人杀其大夫士縠及箕郑父。

【传】称人以杀,诛有罪也。郑父,累也。

【译文】

【经】晋国人杀了他们的大夫士縠和箕郑父。

【传】以"人"的名义杀,是诛杀有罪的人。郑父,是被连累的。

【经】楚人伐郑。

【译文】

【经】楚国人讨伐郑国。

【经】公子遂会晋人、宋人、卫人、许人，救郑。

【译文】

【经】鲁公子姬遂会同晋国人、宋国人、卫国人、许国人，救援郑国。

【经】夏，狄侵齐。

【译文】

【经】夏天，狄人入侵齐国。

【经】秋，八月，曹伯襄卒[①]。

【注释】

①曹伯襄：曹国国君，姓姬，名襄，谥共，即曹共公。

【译文】

【经】秋天，八月，曹共公姬襄去世。

【经】九月，癸酉[①]，地震。

【传】震，动也。地，不震者也。震，故谨而日之也。

【注释】

①癸酉：当年九月无癸酉，疑误。

【译文】

【经】九月，癸酉日，发生地震。

【传】震，是摇动。地，是不摇动的。摇动了，所以慎重地记载它的日期。

【经】冬，楚子使萩来聘[①]。

【传】楚无大夫，其曰萩何也？以其来，我褒之也。

【注释】

①楚子：指楚穆王芈(mǐ)商臣（公元前625年—前614年在位），子爵，故称。萩(jiāo)：楚国大夫。

【译文】

【经】冬天，楚穆王派萩作为使者来鲁国访问。

【传】楚国没有大夫，经文称"萩"的名字是为什么呢？因为他来我们鲁国，所以我们要褒扬他。

【经】秦人来归僖公、成风之禭[①]。

【传】秦人弗夫人也，即外之弗夫人而见正焉。

【注释】

①禭(suì)：送给死者的衣服被褥。此时僖公去世十年，僖公的母亲成风去世也六年了，秦国来送禭，并非为丧礼，只是借此来与鲁国搞好关系。

【译文】

【经】秦国人送来鲁僖公及其母亲成风的助丧衣物。

【传】秦国人不把成风当做夫人，通过外国不把她当做夫人而体现正道。

【经】葬曹共公。

【译文】

【经】安葬曹共公姬襄。

十年

【经】十年，春，王三月，辛卯①，臧孙辰卒②。

【注释】

①辛卯：当为该年三月的二十一日。

②臧孙辰：即臧文仲，鲁国大夫。

【译文】

【经】文公十年，春天，周王的三月，辛卯(二十一)日，鲁大夫臧孙辰去世。

【经】夏，秦伐晋①。

【注释】

①伐晋：据《左传》，这是因为这年春天的时候晋伐秦。

【译文】

【经】夏天，秦国讨伐晋国。

【经】楚杀其大夫宜申[①]。

【注释】

①宜申：楚国大夫，姓斗，字子西，城濮之战战败欲自缢，被楚成王遣使制止，封为商公，又改任工尹。后成王遭太子商臣杀害，商臣为楚穆王，宜申密谋杀害穆王，泄密被害。

【译文】

【经】楚国杀死了他们的大夫宜申。

【经】自正月不雨，至于秋七月。

【传】历时而言不雨，文不闵雨也[①]。不闵雨者，无志乎民也。

【注释】

①闵：通"悯"，惦记，怜念。

【译文】

【经】从正月开始没有下雨，一直到秋天的七月还没有下。

【传】经过了几个季节说不下雨，鲁文公不惦记雨水。不惦记雨水，是心里没有百姓。

【经】及苏子盟于女栗[①]。

【注释】

①苏子：据杜预："苏子，周卿士。"女栗：今不详何地。

【译文】

【经】鲁国和周卿士苏子在女栗缔结盟约。

【经】冬，狄侵宋。

【译文】

【经】冬天，狄人入侵宋国。

【经】楚子、蔡侯次于厥貉[1]。

【注释】

①蔡侯：蔡庄公姬甲午，公元前645年—前612年在位。厥貉(háo)：宋地，在今河南项城境内。据《左传》，楚、蔡这是准备攻打宋国。

【译文】

【经】楚穆王、蔡庄公在厥貉驻扎军队。

十一年

【经】十有一年，春，楚子伐麇[1]。

【注释】

①麇(jūn)：国名，在今湖北十堰郧阳区。据《左传》，楚子伐麇是因为去年厥貉之会的时候麇国国君逃跑了。

【译文】

【经】文公十一年，春天，楚穆王讨伐麇国。

【经】夏，叔彭生会晋郤缺于承匡[1]。

【注释】

①叔彭生：人名，鲁国宗族成员。郄（xì）缺：晋国大夫，郄克父，名缺。承匡：宋地名，在今河南睢县西。

【译文】

【经】夏天，鲁宗室叔彭生和晋国的郄缺在承匡会面。

【经】秋，曹伯来朝[①]。

【注释】

①曹伯：曹文公姬寿，曹共公姬襄子，公元前618年—前595年在位。据《左传》：是“即位而来见也。”

【译文】

【经】秋天，曹文公来访问。

【经】公子遂如宋[①]。

【注释】

①如宋：到宋国去。据《左传》，此次公子遂到宋国去是为了让宋国国君接纳之前逃到鲁国的宋国司城，也是顺便祝贺其未遭楚国之害。

【译文】

【经】鲁公子姬遂到宋国去。

【经】狄侵齐[①]。

【注释】

①侵齐：据《左传》，这是狄人的鄋(sōu)瞒部侵齐，随后侵鲁，鲁叔孙得臣败之。

【译文】

【经】狄人入侵齐国。

【经】冬，十月，甲午[①]，叔孙得臣败狄于鹹[②]。

【传】不言帅师而言败，何也？直败一人之辞也。一人而曰败，何也[③]？以众焉言之也[④]。传曰：长狄也[⑤]，弟兄三人[⑥]，佚宕中国[⑦]，瓦石不能害。叔孙得臣，最善射者也。射其目，身横九亩，断其首而载之，眉见于轼[⑧]。然则何为不言获也？曰：古者不重创[⑨]，不禽二毛[⑩]，故不言获[⑪]，为内讳也。其之齐者[⑫]，王子成父杀之。则未知其之晋者也。

【注释】

①甲午：当为该年十月的初三日。

②鹹(xián)：鲁地，在今山东巨野南，一说在今山东曹县。据《左传》，此战当中鲁军俘获并杀死了鄋瞒的首领侨如。并且叔孙得臣将"侨如"作为自己儿子宣伯的名，以示功绩。

③"不言"五句：这两个问句的意思是说"帅师"和"败"都是表示击败人数众多的军队的说辞，这里为什么用在击败一个人身上。

④以众焉言之：以众人的说法说的，意思是这个人可以以一敌众。

⑤长狄：狄族的一支，传说其人身材较高，故称。

⑥弟兄三人：据《左传》，侨如有三个弟弟曰焚如、荣如、简如。其中焚如被晋国杀死，荣如死于齐人王子成父之手，简如死于卫国。

⑦佚宕(diédàng)：表示交替发生、更替、轮流、更迭为害的意思。

⑧轼：车厢前面的横木。

⑨重(chóng)创：两次创伤敌人。重，两次。

⑩二毛：人老头发斑白，故以此称老人。

⑪不言获：不说擒获。《穀梁传》认为不重创、不禽二毛是仁爱的表现，不言获亦是仁爱的表现。

⑫之：去，往。

【译文】

【经】冬天，十月，甲午(初三)日，鲁国叔孙氏姬得臣在鹹地打败了狄人。

【传】不说"帅师"却说了"败"，为什么呢？这只是打败了一个人的说法。打败一个人却说"败"，为什么呢？因为要以众人的说法来说。《传》说：长狄部，有弟兄三人，轮流危害中原各国，瓦片石头都不能伤害到他们。叔孙得臣，是最善于射箭的人。射中了他的眼睛，倒下来身子横占了九亩地，割下他的头载车上，眉毛从车前横木露了出来。那么为什么不说"获"呢？回答说：古时候战场上不两次创伤敌人，不擒获年老的人，所以不说俘获，是为鲁国避讳。长狄兄弟中去了齐国的那个，王子成父杀了他。不知道去晋国的是什么情况。

十二年

【经】十有二年，春，王正月，郕伯来奔[①]。

【注释】

①郕(chéng)伯：郕国国君，姬姓。据《左传》，此为郕国太子朱儒，他自安于郕邑夫钟，国人不顺之，郕国国君去世后，郕人另立国君，于是朱儒逃到鲁国，鲁文公以诸侯之礼相待，故经文称"郕伯"。

【译文】

【经】文公十二年，春天，周王的正月，郕国国君逃来鲁国。

【经】杞伯来朝[①]。

【注释】

①杞伯：杞国国君，这里是杞桓公姒姑容。据《左传》，杞桓公前来访问是请求休了其娶于鲁的夫人叔姬，而另娶一位鲁国女子，文公答应了他的请求。

【译文】

【经】杞桓公来鲁国访问。

【经】二月，庚子[①]，子叔姬卒[②]。

【传】其曰子叔姬，贵也，公之母姊妹也。其一传曰：许嫁以卒之也。男子二十而冠，冠而列丈夫，三十而娶。女子十五而许嫁，二十而嫁。

【注释】

①庚子：当为该年二月的十一日。

②子叔姬：据《左传》，此叔姬即杞桓公夫人，因为已经被休，所以不称“杞”而称“子”，因已嫁，所以称“叔姬”。此说与《穀梁传》异，阙疑。

【译文】

【经】二月，庚子（十一）日，子叔姬去世。

【传】经文说“子叔姬”，表明她身份尊贵，是鲁文公同母的姊妹。另一种说法说：已经许嫁给别人了所以记载她的去世。男子二十岁举行冠礼，举行了冠礼就算成人了，三十岁就娶妻。女子十五岁就可以许嫁，二十岁嫁过去。

【经】夏，楚人围巢[1]。

【注释】

①巢：国名，偃姓，属群舒国之一。故地在今安徽巢湖附近，据《左传》，群舒叛楚，楚国于是伐之。群舒之国即鲁僖公三年“徐人取舒”之“舒”，彼时大约数个同宗小国，统称群舒。

【译文】

【经】夏天，楚国人围攻巢国。

【经】秋，滕子来朝[1]。

【注释】

①滕（téng）子：滕国国君，姬姓，子爵，此是滕昭公姬元（又叫姬寿）。

【译文】

【经】秋天，滕昭公来访问。

【经】秦伯使术来聘[1]。

【注释】

①秦伯：秦康公嬴罃，晋文公重耳的外甥，公元前621年—前609年在位。术：秦国大夫西乞术。据《左传》，这是秦国将要攻打晋国，希望拉拢鲁国，鲁国婉拒。

【译文】

【经】秦康公派西乞术作为使者来访问。

【经】冬，十有二月，戊午[①]，晋人、秦人战于河曲[②]。

【传】不言及，秦、晋之战已亟[③]，故略之也。

【注释】

①戊午：当为该年十二月的初四日。

②河曲：晋地，黄河至山西永济以南折而向东流，故名此地为河曲。

③亟（jí）：多次。据《左传》，河曲之役由秦挑起，是为了报复令狐之役的失利。

【译文】

【经】冬天，十二月，戊午（初四）日，晋国人、秦国人在河曲交战。

【传】不说"及"，因为秦、晋之战已经很多次了，所以简略记载了。

【经】季孙行父帅师城诸及郓[①]。

【传】称帅师，言有难也。

【注释】

①季孙行父：季孙氏姬行父，公子季友之孙。诸：鲁邑，在今山东诸城西南。郓（yùn）：鲁有东、西两郓，此为东郓，在今山东沂水东北。此郓常年为鲁、莒所争夺，这里率军城郓即是担心莒国来夺，边疆有事，所以说有难。

【译文】

【经】鲁国季孙氏姬行父率军修筑诸邑和郓邑的城墙。

【传】说率军，是说鲁国有危难了。

十三年

【经】十有三年，春，王正月。

【译文】

【经】文公十三年,春天,周王的正月。

【经】夏,五月,壬午[1],陈侯朔卒[1]。

【注释】

①壬午:学界有人推算当年五月无壬午,称在四月最后一天;有人则以为当年五月有壬午,未定何日。

②陈侯朔:陈国国君,姓妫(guī),名朔,谥共,即陈共公。

【译文】

【经】夏天,五月,壬午日,陈共公妫朔去世。

【经】邾子蘧篨卒[1]。

【注释】

①邾子蘧篨(qúchú):邾国国君,姓曹,名蘧篨,谥文,即邾文公。

【译文】

【经】邾文公曹蘧篨去世。

【经】自正月不雨,至于秋七月。

【译文】

【经】从正月开始没有下雨,一直到秋天的七月也没有下。

【经】大室屋坏[1]。

【传】大室屋坏者，有坏道也[②]，讥不修也。大室犹世室也[③]。周公曰大庙。伯禽曰大室[④]。群公曰宫。礼：宗庙之事，君亲割，夫人亲舂[⑤]，敬之至也。为社稷之主，而先君之庙坏，极称之，志不敬也。

【注释】

①大（tài）室：鲁始祖姬伯禽之庙。

②有坏道也：指房屋损坏有自己规律，但是这里专门记载了，就表明长期未修缮。

③世室：即“明堂”。天子或诸侯宣明政教的地方，凡朝会、祭祀、庆赏、选士、养老、教学等大典，均在此举行。

④伯禽：姬伯禽，周公长子。周公旦被封到鲁，但是他要留在京师辅佐周成王，于是派伯禽代替自己赴鲁。

⑤宗庙之事，君亲割，夫人亲舂：指天子诸侯祭祀祖先之事，这是一国的大事。据本传载，一年四季田猎所获，主要为了祭祀之用。按照礼的要求，为准备祭品诸侯要亲自割牲，夫人亲自舂米，以示敬重。

【译文】

【经】大室的屋顶坏了。

【传】大室的屋顶坏了，它的损坏有自己的规律，这里记载是讥讽不修缮。大室就是世室。周公的庙叫做大庙。伯禽的庙叫做大室。其他国君的庙叫做宫。按礼：天子诸侯祭祀祖先之事，国君要亲自分割祭祀用的肉，夫人要亲自舂好祭祀用的米，是对祖先尊重到了极点。作为国家的君主，却让先王的庙寝损坏了，极力地说这件事，是记载对先王的不敬。

【经】冬,公如晋[①]。

【注释】

①如晋:到晋国去。据《左传》,鲁文公访问晋国是寻求与晋国结盟。

【译文】

【经】冬天,鲁文公到晋国去。

【经】卫侯会公于沓[①]。

【注释】

①卫侯:卫成公姬郑。沓(tà):卫地,今在何处不详。郑、卫在鲁、晋之间,故鲁文公访晋要经过郑、卫,所以先后与郑、卫国君会面。据《左传》,此处卫国是希望鲁国代为向晋国求和。

【译文】

【经】卫成公和文公在沓会面。

【经】狄侵卫。

【译文】

【经】狄人入侵卫国。

【经】十有二月,己丑[①],公及晋侯盟[②]。还自晋。

【传】还者,事未毕也[③]。自晋,事毕也[④]。

【注释】

①己丑：当年十二月没有己丑，可能是“乙丑”之误，若然，则为十六日。

②晋侯：晋灵公姬夷皋（gāo），晋文公重耳之孙，襄公幼子，公元前620年—607年在位。

③事未毕：指尚未回到国内告祭祖庙。

④事毕：指已经结盟。

【译文】

【经】十二月，己丑（十六）日，鲁文公和晋灵公缔结盟约。从晋国返回。

【传】“还”，是事情还没有做完的意思。“自晋”，是事情已经做完了的意思。

【经】郑伯会公于棐[①]。

【注释】

①郑伯：郑穆公姬兰，郑文公庶子，母燕姞。公元前627年—前606年在位。棐（fěi）：郑地，在今河南新郑东。据《左传》，这是在鲁文公回国的路上，郑穆公宴请文公，也希望鲁文公能够替郑国向晋国讲和，鲁文公答应，于是折返回晋国。

【译文】

【经】郑穆公和鲁文公在棐会面。

十四年

【经】十有四年，春，王正月，公至自晋。

【译文】

【经】文公十四年，春天，周王的正月，鲁文公从晋国回来告祭祖庙。

【经】邾人伐我南鄙[①]。

【注释】

①伐我南鄙：据《左传》，邾国伐鲁是因为邾文公去世时，鲁国前去吊丧的使者不够恭敬。

【译文】

【经】邾国人攻击我国的南部边境。

【经】叔彭生帅师伐邾[①]。

【注释】

①叔彭生：鲁国公室，鲁桓公庶子公子叔牙之孙。

【译文】

【经】鲁公室叔彭生率军讨伐邾国。

【经】夏，五月，乙亥[①]，齐侯潘卒[②]。

【注释】

①乙亥：当年五月无乙亥，可能是"己亥"之误，若然，当为二十三日。

②齐侯潘：齐国国君，姓姜，名潘，谥昭，即齐昭公。

【译文】

【经】夏天，五月，乙亥（二十三）日，齐昭公姜潘去世。

【经】六月，公会宋公、陈侯、卫侯、郑伯、许伯、曹伯、晋赵盾[①]。癸酉[②]，同盟于新城[③]。

【传】同者，有同也，同外楚也[④]。

【注释】

①公、宋公、陈侯、卫侯、郑伯、许伯、曹伯：鲁文公姬兴，侯爵，公元前626年—前609年在位；宋昭公子杵臼，公爵，公元前619年—前611年在位；陈灵公妫(guī)平国，侯爵，公元前613年—前559年在位；卫成公姬郑，侯爵，公元前634年—前633年、公元前631年—前600年在位；许昭公姜锡我，伯爵，公元前620年—前582年在位；曹文公姬寿，伯爵，公元前618年—前595年在位。

②癸酉：当为该年六月的二十七日。

③新城：郑国、宋国都有地名叫新城，郑国的新城在今河南新密东南，宋国的新城在今河南商丘西南。此处郑、宋都参与了盟会，不知此新城是宋地还是郑地，阙疑。

④外楚：排斥楚国。

【译文】

【经】六月，鲁文公和宋昭公、陈灵公、卫成公、郑穆公、许昭公、曹文公、晋国的执政大臣赵盾会盟。癸酉(二十七)日，在新城缔结盟约。

【传】同，就是有共同之处的意思，是共同排斥楚国。

【经】秋，七月，有星孛入北斗[①]。

【传】孛之为言犹茀[②]。其曰入北斗，斗有环域也[③]。

【注释】

①孛(bèi)：彗星光芒四射的样子。古人谓光芒四出为孛，光芒偏指

曰彗。

②茀(fú):也指彗星。

③环域:北斗的界域,指北斗有四颗星星围起来一片区域。

【译文】

【经】秋天,七月,有彗星进入北斗星中间。

【传】孛就相当于茀。经文说进入北斗星,因为北斗星有界域。

【经】晋人纳捷菑于邾[①]。弗克纳[②]。

【传】是郄克也[③]。其曰人,何也?微之也。何为微之也?长毂五百乘[④],绵地千里,过宋、郑、滕、薛[⑤],夐入千乘之国[⑥],欲变人之主。至城下,然后知,何知之晚也。弗克纳,未伐而曰弗克,何也?弗克其义也[⑦]。捷菑,晋出也。貜且[⑧],齐出也。貜且,正也。捷菑,不正也。

【注释】

①捷菑(zī):邾文公之子。据《左传》:"邾文公元妃齐姜生定公,二妃晋姬生捷菑。文公卒,邾人立定公,捷菑奔晋。"此时晋国出兵护送捷菑回国,然被邾人拒绝,晋自知理亏,引兵而还。邾(zhū):国名,曹姓,为鲁国的附属国。故址在今山东邹城市区。

②克:完成,攻克。

③郄克:晋国大夫。《左传》说是赵盾领兵,《公羊传》说是郄缺领兵,阙疑。

④长毂(gǔ):指兵车。毂,车轮中心,有洞可以插轴的部分。乘(shèng):一车四马叫乘,春秋时一车四马配甲士三人,步卒七十二人。

⑤滕(téng):国名,姬姓,西周早期封国之一。故址在今山东滕州市

区。薛:国名,姬姓,西周早期封国之一。故址在今山东滕州东南。

⑥敻(xiòng):远。千乘之国:这里指邾国,邾国是小国,这里称它为千乘之国是夸张的说法,是为了表明晋国行为的不正当。

⑦弗克其义也:指不是军事力量不够,而是道义上理亏。

⑧貜且(juéjū):即刚即位的邾国国君邾定公。

【译文】

【经】晋国人护送邾文公庶子捷菑回邾国。没有完成让邾国人接纳捷菑做国君的计划。

【传】这是郤克去的。经文说"人",为什么呢?是贬低他。为什么贬低他呢?率领五百乘战车,绵延占地千里,经过宋国、郑国、滕国、薛国,进入遥远的邾国,想要更换别人的君主。到了国都城下,才知道理亏,知道的太晚了。"弗克纳",没有攻打却说"弗克",为什么呢?是道义上做不到。捷菑,是晋国女子生的。貜且,是齐国女子生的。貜且,是嫡长子。捷菑,是庶子。

【经】九月,甲申①,公孙敖卒于齐②。

【传】奔大夫不言卒,而言卒何也?为受其丧,不可不卒也。其地,于外也。

【注释】

①甲申:依历法推测,甲申在十月而不在九月,疑误。

②卒于齐:公孙敖出奔莒国,后请求回国,鲁国此时同意,他在回国途经齐国时死亡。

【译文】

【经】九月,甲申日,公孙敖在齐国去世。

【传】对出逃的大夫不记载他的去世，但是为什么记载了公孙敖去世呢？因为接受了他的遗体回来安葬，不能不记载他的去世。记载地点，因为是在外国。

【经】齐公子商人弑其君舍[1]。

【传】舍未逾年[2]，其曰君何也？成舍之为君，所以重商人之弑也。商人其不以国氏何也？不以嫌代嫌也[3]。舍之不日，何也？未成为君也。

【注释】

①商人：齐桓公姜小白之子，名商人，生母为密姬。舍：齐昭公之子，生母为昭公之妃叔姬，叔姬不得宠，舍也无威信，同时姜商人又是齐昭公姜潘的弟弟、姜舍的叔叔，故被杀。

②逾年：过年头，新君即位要到第二年才举行即位大典，改元称君。

③以嫌代嫌：《穀梁传》认为商人和舍都不是合适的君位继承人，故有此说。

【译文】

【经】齐国公子姜商人杀害了他的新国君姜舍。

【传】姜舍即位不到一年，经文称他为君是为什么呢？把他看做国君，是用来加重姜商人弑君的罪过。姜商人前面不用国号作为他的氏是为什么呢？是为了不让一个有嫌疑的人取代另一个有嫌疑的人。不记载姜舍被弑的日期，为什么呢？因为他没有成为国君。

【经】宋子哀来奔[1]。

【传】其曰子哀，失之也。

【注释】

①子哀：宋国卿大夫，又称高哀，因不满宋昭公不义，出奔鲁国。

【译文】

【经】宋国的大夫子哀出奔来鲁国。

【传】经文说“子哀”，没有说氏族。

【经】冬，单伯如齐①。

【注释】

①单伯：周天子所命的鲁国大夫。据《左传》，姜舍之母叔姬为鲁女，舍被杀之后，鲁国向周王请求将叔姬接回国。周顷王同意，并且派单伯前去齐国接叔姬。

【译文】

【经】冬天，鲁大夫单伯到齐国去。

【经】齐人执单伯。

【传】私罪也。单伯淫于齐，齐人执之。

【译文】

【经】齐国人抓捕了单伯。

【传】是私通之罪。单伯在齐国淫乱，所以齐国人抓捕了他。

【经】齐人执子叔姬①。

【传】叔姬同罪也。

【注释】

①子叔姬：即叔姬，“子”为尊称，姜舍的生母，鲁女，不知是哪位鲁国国君之女。

【译文】

【经】齐国人抓捕了子叔姬。

【传】叔姬和单伯犯了同样的罪行。

十五年

【经】十有五年，春，季孙行父如晋[①]。

【注释】

①季孙行父：史称季文子，鲁桓公曾孙，鲁国正卿，执政大臣，鲁国“三桓政治”的奠基者。如晋：到晋国去。据《左传》，季孙行父到晋国去是为了单伯和子叔姬之事，大约希望晋国代为与齐交涉。

【译文】

【经】文公十五年，春天，季孙行父到晋国去。

【经】三月，宋司马华孙来盟[①]。

【传】司马，官也。其以官称，无君之辞也[②]。来盟者何？前定也。不言及者，以国与之也。

【注释】

①司马华孙：宋国人，华氏，名耦。此时为宋国司马。

②无君之辞：目无国君的称呼。《穀梁传》认为此处司马华孙是擅权专国，并无君命就来访问，所以说他目无国君。

【译文】

【经】三月，宋国的司马华孙来鲁国结盟。

【传】司马，是官名。经文用官名来称呼他，是对目无国君的称呼。为什么说“来盟”呢？因为是之前定好的。不说是谁去与他结盟，因为是以国家的名义结盟的。

【经】夏，曹伯来朝[1]。

【注释】

①曹伯：曹文公姬寿。

【译文】

今

夏天，曹文公前来访问。

【经】齐人归公孙敖之丧[1]。

【注释】

①丧：遗体，灵柩。

【译文】

【经】齐国人归还了公孙敖的遗体。

【经】六月，辛丑[1]，朔，日有食之。鼓，用牲于社。

【注释】

①辛丑：依后面“朔”字，当为该年六月的第一天，但依历法推算，其

日食时间为该年的四月二十一日。

【译文】

【经】六月,辛丑日,初一日,发生日食。击鼓,在祭祀土地神的庙里杀牲祭神。

【经】单伯至自齐。

【传】大夫执,则致,致则名,此其不名何也?天子之命大夫也。

【译文】

【经】鲁大夫单伯从齐国回来告祭祖庙。

【传】鲁国大夫被抓了,回来就要告祭祖庙,告祭祖庙就要称名,这里经文不称名是为什么呢?因为他是天子任命的大夫。

【经】晋郄缺帅师伐蔡①。戊申②,入蔡。

【注释】

①伐蔡:讨伐蔡国,据《左传》,是因为蔡国没有参加去年的新城之盟。

②戊申:当为该年六月的初八日。

【译文】

【经】晋国的大夫郄缺率军讨伐蔡国。戊申(六月初八)日,进入蔡国。

【经】秋,齐人侵我西鄙。

【传】其曰鄙，远之也，其远之何也？不以难介我国也[1]。

【注释】

①介：接近，逼近。国：国都。

【译文】

【经】秋天，齐国人入侵我鲁国的西部边境。

【传】经文说“鄙”，是表示在远处，为什么要表示在远处呢？不让危难接近我们的国都。

【经】季孙行父如晋[1]。

【注释】

①如晋：据《左传》，季孙行父去晋国是因为上文提到的齐国的入侵。

【译文】

【经】季孙行父到晋国去。

【经】冬，十有一月，诸侯盟于扈[1]。

【注释】

①扈（hù）：郑地，在今河南原阳西。据《左传》，此次扈之会有晋、宋、卫、蔡、郑、许、曹诸国参与，鲁国因齐国入侵，未到会。本次盟会诸侯本欲伐齐救鲁，齐国向晋国行贿，遂半道而止，后来齐国又侵鲁。

【译文】

【经】冬天，十一月，诸侯在扈地盟会。

【经】十有二月，齐人来归子叔姬。

【传】其曰子叔姬，贵之也。其言来归，何也？父母之于子，虽有罪，犹欲其免也。

【译文】

【经】十二月，齐国人将子叔姬送还鲁国。

【传】经文说“子叔姬”，是认为她很尊贵。经文说“来归”，为什么呢？做父母的对于自己的孩子，虽然孩子有罪过，父母仍然希望能够免除处罚。

【经】齐侯侵我西鄙[1]，遂伐曹，入其郛[2]。

【注释】

①齐侯：新即位的齐懿公姜商人。春秋五霸之首齐桓公之子，齐昭公姜潘之弟，靠政变杀昭公之子新君姜舍上台，荒淫无道而被杀。公元前613年—前609年在位。

②郛（fú）：外城。

【译文】

【经】齐懿公入侵我鲁国的西部边境，接着去讨伐曹国，进入了曹国的外城。

十六年

【经】十有六年，春，季孙行父会齐侯于阳谷[1]。齐侯弗及盟[2]。

【传】弗及者，内辞也[3]。行父失命矣，齐得内辞也。

【注释】

①季孙行父：鲁国执政大臣。齐侯：齐懿公姜商人。阳谷：齐地，在今山东阳谷城北三十里。

②弗及盟：不与之结盟。据《左传》，鲁文公生病了，所以派大夫执政大臣前去会盟，齐懿公认为鲁国失礼，不肯与盟。

③内辞：为本国讳饰之辞。

【译文】

【经】文公十六年，春天，鲁执政大臣季孙行父和齐懿公在阳谷会面。齐国国君不与之结盟。

【传】“不及”，是为鲁讳饰之辞。是季孙行父未完成使命，齐国得以找到借口。

【经】夏，五月，公四不视朔[①]。

【传】天子告朔于诸侯，诸侯受乎祢庙[②]，礼也。公四不视朔，公不臣也，以公为厌政以甚矣。

【注释】

①视朔：诸侯藏历书于祖庙，逢每月初一杀羊祭庙，告而受行之。告朔之后，上朝听政，是为听朔，亦称视朔。听朔之后祭祀诸庙，谓之朝庙。

②祢（nǐ）庙：父庙，这里代指祖庙。

【译文】

【经】夏天，五月，鲁文公有四个月没有举行视朔的仪式了。

【传】天子颁布朔政给诸侯，诸侯在祖庙接受，这是礼制。鲁文公四个月不视朔了，文公不行人臣之道，因为文公厌倦政事太过分了。

【经】六月,戊辰[1],公子遂及齐侯盟于师丘[2]。

【传】复行父之盟也[3]。

【注释】

①戊辰:当为该年六月的初四日。

②公子遂:鲁庄公之子,又称襄仲、仲遂,仲为字,襄为谥,鲁大夫。师丘:齐地,在齐国国都临淄附近,今山东淄博一带。

③复:恢复。

【译文】

【经】六月,戊辰(初四)日,鲁大夫公子遂和齐懿公在师丘缔结盟约。

【传】恢复季孙行父与齐侯的盟约。

【经】秋,八月,辛未[1],夫人姜氏薨[2]。

【注释】

①辛未:当为该年八月的初八日。

②夫人姜氏:这里是鲁僖公夫人,鲁文公之母,名声姜。

【译文】

【经】秋天,八月,辛未(初八)日,鲁僖公夫人姜氏去世。

【经】毁泉台[1]。

【传】丧不贰事[2],贰事,缓丧也。以文为多失道矣。自古为之,今毁之,不如勿处而已矣。

【注释】

①泉台：在鲁国国都近郊，《左传》认为是泉宫之台，《公羊传》认为是鲁庄公三十一年所筑之朗台。

②贰事：两件事，指又办丧事又毁泉台。

【译文】

【经】鲁拆毁泉台。

【传】治丧期间不应该做第二件事，同时做两件事，治丧就要延缓了。认为鲁文公做了很多不合道义的事情。在古时修筑了泉台，现在拆毁它，不如不让人住在里面就行了。

【经】楚人、秦人、巴灭庸[①]。

【注释】

①巴：国名，姬姓，其时当在楚之西北，约在今湖北襄阳附近。庸：国名，伯爵，曾随武王伐纣，春秋时介于巴、秦、楚三国间。据《左传》，楚人伐庸是因为庸率群蛮叛楚。故城在今湖北十堰竹山西南，称上庸故城。

【译文】

【经】楚国人、秦国人、巴国灭亡庸国。

【经】冬，十有一月，宋人弑其君杵臼[①]。

【注释】

①弑(shì)：臣杀君、子杀父的专称。杵臼(chǔjiù)：宋昭公的名，据《左传》，宋昭公不得人心，而其庶弟公子鲍颇得人心，宋襄公夫人亦支持公子鲍，后来襄公夫人派人在宋昭公打猎时杀死了他。

【译文】

【经】冬天，十一月，宋国人杀害了他们的国君子杵臼。

十七年

【经】十有七年，春，晋人、卫人、陈人、郑人伐宋[①]。

【注释】

①伐宋：据《左传》，宋国发生弑君之乱，于是晋国荀林父、卫国孔达、陈国公孙宁、郑国石楚率军讨伐，结果却立了公子鲍为君，是为宋文公。

【译文】

【经】文公十七年，春天，晋国人、卫国人、陈国人、郑国人讨伐宋国。

【经】夏，四月，癸亥[①]，葬我小君声姜。

【注释】

①癸亥：当为该年四月的初四日。

【译文】

【经】夏天，四月，癸亥（初四）日，安葬我们的国君夫人声姜。

【经】齐侯伐我西鄙。

【译文】

【经】齐懿公侵犯我鲁国的西部边境。

【经】六月,癸未[①],公及齐侯盟于谷[②]。

【注释】

①癸未:当为该年六月的二十五日。

②谷:齐国地名,在今山东东阿。

【译文】

【经】六月,癸未(二十五)日,鲁文公和齐懿公在谷地缔结盟约。

【经】诸侯会于扈[①]。

【注释】

①会于扈(hù):在扈地会盟。据《左传》,晋国召集诸侯在扈地会盟是为了平定宋乱,鲁文公由于齐国入侵而没有赴会。

【译文】

【经】诸侯在扈地会盟。

【经】秋,公至自谷。

【译文】

【经】秋天,鲁文公从谷地回来告祭祖庙。

【经】冬,公子遂如齐。

【译文】

【经】冬天,鲁国公子遂到齐国去。

十八年

【经】十有八年，春，王二月，丁丑[①]，公薨于台下[②]。

【传】台下，非正也。

【注释】

①丁丑：当为该年二月的二十三日。

②薨：诸侯去世专称。台：可能是宫中之台，因国都近郊的泉台已拆。

【译文】

【经】文公十八年，春天，周王的二月，丁丑（二十三）日，鲁文公死于宫中台下。

【传】经文称"死于台下"，属于非正常死亡。

【经】秦伯罃卒[①]。

【注释】

①秦伯罃（yīng）：秦国国君，姓嬴，名罃，谥康，为秦康公。

【译文】

【经】秦国国君嬴罃去世。

【经】夏，五月，戊戌[①]，齐人弑其君商人[②]。

【注释】

①戊戌（wùxū）：当为该年五月的十五日。

②商人：姜商人，齐君之名，谥懿，即齐懿公。据《左传》，齐懿公是被仇家雇用自己的车夫所杀。

【译文】

【经】夏天，五月，戊戌（十五）日，齐国人杀了他们的国君姜商人。

【经】六月，癸酉[①]，葬我君文公。

【注释】

①癸酉：当为该年六月的二十一日。

【译文】

【经】六月，癸酉（二十一）日，安葬我们的国君鲁文公。

【经】秋，公子遂、叔孙得臣如齐。

【传】使，举上客而不称介[①]，不正其同伦而相介[②]，故列而数之也。

【注释】

①上客：指主事之人，主使。介：副手，副使。

②同伦：指二者同为鲁卿。

【译文】

【经】秋天，鲁大夫公子遂、叔孙得臣到齐国去。

【传】出使的人，称主使而不称副使，认为他们同等地位而互为副手不合正道，所以并列举出来。

【经】冬，十月，子卒[①]。

【传】子卒不日，故也。

【注释】

①子：鲁文公的太子姬恶，称“子”是因为尚在文公丧期，在丧称子。据《左传》，鲁文公夫人哀姜生二子，长子名恶，次子名视。次夫人敬嬴生一子，名倭（tuǐ），敬嬴与公子遂暗中勾结，在文公死后杀死了恶和视，立倭为君，是为鲁宣公。

【译文】

【经】冬天，十月，鲁文公的太子姬恶去世。

【传】太子去世不记载日期，是因变故而亡。

【经】夫人姜氏归于齐①。

【传】恶宣公也，有不待贬绝而罪恶见者②，有待贬绝而恶从之者。侄娣者③，不孤子之意也④，一人有子，三人缓带⑤。一曰就贤也⑥。

【注释】

①夫人姜氏：指鲁文公夫人哀姜，齐国是其娘家。归于齐：这是夫人哀姜，因太子被杀，于是回齐国去，再也不返回鲁国。据《左传》，将要回齐的时候，她哭着经过集市，说：“天哪，襄仲无道，杀死嫡子而立了庶子。”集市上的人都跟着哭泣，于是鲁国人称她为哀姜。

②见：显现。

③侄娣：诸侯之女出嫁，侄女和妹妹中陪同她一起出嫁的人。

④不孤子：指一人有子，三人共养。

⑤缓带：衣带宽缓，悠游之态，指一人得子，三人共乐。

⑥就贤：指诸侯之子，若太子死了，太子有母弟则立母弟，没有母弟，则立其余公子，其余公子年龄相似，则立贤者。这里鲁文公夫人二子均死，以“不孤子”和“就贤”而论，宣公都当立，这是在讽刺鲁宣公即位的正当性是靠弑君而获得的。

【译文】

【经】鲁文公夫人哀姜永远地回到齐国去了。

【传】这是厌恶鲁宣公，有的罪恶不用等到贬低就显现出来，有的罪恶要等到贬低才显现出来。所谓侄娣，就是不独自抚养孩子的意思，一个人有了孩子，三个人都感到宽慰。另一种说法是培养贤能的孩子。

【经】季孙行父如齐。

【译文】

【经】季孙行父到齐国去。

【经】莒弑其君庶其①。

【注释】

①庶其：莒国国君名，姓己。据《左传》，此为莒纪公，因无道而被杀害。

【译文】

【经】莒国人杀死了他们的国君庶其。

宣公

【题解】

鲁宣公(? —公元前591年在世,公元前608年—前591年在位),姬姓,名倭(tuǐ),谥宣,鲁国第二十代国君,鲁文公之子,生母为鲁文公次夫人敬嬴。鲁文公夫人哀姜生二子,长子名恶,次子名视。次夫人敬嬴生一子,名倭,敬嬴与公子遂暗中勾结,在文公去世后杀死了恶和视,立倭为君,是为鲁宣公。

鲁宣公在位期间,晋楚争霸仍是国际形势主旋律,宣公十二年晋楚邲之战中楚大败晋,在晋楚争霸中占据了上风。而在鲁国内部,政治上,宣公前期由公子遂执政,后期由季孙行父擅权,宣公十八年,鲁宣公试图削弱“三桓”未果而终,从此公室日益衰落,“三桓”日益强大。经济上,宣公十五年初税亩,废除了井田制,标志着对土地私有制的承认。

元年

【经】元年,春,王正月,公即位。

【传】继故而言即位,与闻乎故也[①]。

【注释】

①与(yù):参与。闻:知情。按照惯例,记载因故而亡的国君是不称“即位”的,这里称了“即位”,表明宣公对于去年公子遂杀害文公太子之事是知情的。

【译文】

【经】元年,春天,周王的正月,鲁宣公即位。

【传】继承因故死亡的国君而说“即位”,表明宣公参与了变故。

【经】公子遂如齐逆女[①]。

【注释】

①逆女:迎娶女子。这是为鲁宣公迎娶齐国女子作为夫人。

【译文】

【经】公子遂到齐国为鲁宣公迎娶女子。

【经】三月,遂以夫人妇姜至自齐。

【传】其不言氏,丧未毕,故略之也。其曰妇,缘姑言之之辞也。遂之挈[①],由上致之也。

【注释】

①挈(jiá):特用其名,称名不称族。这里是指提到公子遂的名字。

【译文】

【经】三月,遂带着夫人妇姜从齐国回来告祭祖庙。

【传】经文不说“氏”,因为文公之丧没有结束,所以省略了。经文说“妇”,是从有婆婆的角度来说的说法。称遂的名,因为是由宣公来告祭祖庙的。

【经】夏，季孙行父如齐[①]。

【注释】

①如齐：到齐国去。据《左传》，季孙行父此次到齐国去是为了向齐国赠送财物，请求结盟。所赠送的即是下文提到的“济西田”。

【译文】

【经】夏天，季孙行父到齐国去。

【经】晋放其大夫胥甲父于卫[①]。

【传】放，犹屏也[②]。称国以放，放无罪也。

【注释】

①放：放逐。据《左传》，文公十二年河曲之役，因为赵穿和胥甲父的阻碍使晋军错失击败秦军的战机。此时才追究其责任。胥甲父：晋国大夫。

②屏(bìng)：摒弃，摒除。

【译文】

【经】晋国放逐了他们的大夫胥甲父到卫国去。

【传】“放”，相当于摒弃的意思。以国家的名义放逐，是放逐没有罪过的人。

【经】公会齐侯于平州[①]。

【注释】

①平州：齐地，在今山东莱芜市区西。据《左传》，此次鲁宣公与齐惠公会面是为了得到诸侯的承认。

【译文】

【经】鲁宣公和齐惠公在平州会面。

【经】公子遂如齐①。

【注释】

①如齐:到齐国去。据《左传》,这是去感谢平州之会。

【译文】

【经】公子遂到齐国去。

【经】六月,齐人取济西田①。

【传】内不言取②,言取,授之也,以是为赂齐也。

【注释】

①济西田:鲁国济水以西之田地。

②内不言取:意思是说别国占领了鲁国的地方,一般不用“取”字。因为“取”是表示轻而易举的说法。如果用“取”,必有特殊原因。

【译文】

【经】六月,齐国人取得济水西边的田地。

【传】对获得鲁国的土地不应该说“取”,经文说了“取”,表示是鲁国给人的,因为这(给齐国土地)是鲁国在贿赂齐国。

【经】秋,邾子来朝①。

【注释】

①邾子:邾国国君,子爵,此为邾定公貜(jué)且,公元前614年—前

573 年在位。

【译文】

【经】秋天，邾定公来鲁国访问。

【经】楚子、郑人侵陈[①]，遂侵宋。

【传】遂，继事也。

【注释】

①楚子：为楚庄王芈（mǐ）侣（又作吕、旅），春秋五霸之一，公元前 613 年—前 591 年在位。侵陈：入侵陈国，据《左传》，晋国屡次兴兵讨伐不义之国均受赂而返，于是郑国叛晋，与楚结盟。陈共公去世的时候，楚国没有会丧、会葬，于是陈国叛楚，与晋国结盟。楚国遂联合郑国出兵侵陈。

【译文】

【经】楚庄王、郑国人入侵陈国，接着入侵宋国。

【传】遂，是后一件事接着前一件事。

【经】晋赵盾帅师救陈。

【传】善救陈也。

【译文】

【经】晋国执政大臣赵盾率军救援陈国。

【传】是赞扬救援陈国的行为。

【经】宋公、陈侯、卫侯、曹伯会晋师于棐林[①]，伐郑。

【传】列数诸侯而会晋赵盾，大赵盾之事也。其曰师，何也？以其大之也。于棐林，地而从伐郑，疑辞也。此其地何？则着其美也。

【注释】

①宋公、陈侯、卫侯、曹伯：宋文公子鲍（一作鲍革），宋昭公庶弟，公爵，公元前610年—前589年在位；陈灵公妫（guī）平国，侯爵，公元前613年—前559年在位；卫成公郑姬；曹文公姬寿。棐（fěi）林：郑地，在今河南新郑市区北。

【译文】

【经】宋文公、陈灵公、卫成公、曹文公在郑地棐林会同晋军，讨伐郑国。

【传】列出各个诸侯来会见晋国的赵盾，是让赵盾这件事显得重大。经文说"师"，为什么呢？因为它要让这件事显得重大。在棐林，记载地点而后说"伐郑"，是表示军队有迟疑的说法。这里经文为什么记载地点呢？那就是彰显这件事所体现的美德。

【经】冬，晋赵穿帅师侵崇[①]。

【注释】

①赵穿：晋国大夫，赵盾昆弟。崇：国名，为秦国的附属，今在何处不详，当在陕西渭河以北至黄河岸边一带。据《左传》，晋国想与秦国讲和，赵穿遂建议攻打崇国，逼迫秦讲和，但是秦国还是没有与晋国讲和。

【译文】

【经】冬天，晋国大夫赵穿率军入侵崇国。

【经】晋人、宋人伐郑。

【传】伐郑，所以救宋也。

【译文】

【经】晋国人、宋国人讨伐郑国。

【传】讨伐郑国，是为了救援宋国。

二年

【经】二年，春，王二月，壬子[①]，宋华元帅师及郑公子归生帅师战于大棘[②]。宋师败绩，获宋华元。

【传】获者，不与之辞也[③]。言尽其众以救其将也，以三军敌华元[④]，华元虽获，不病矣[⑤]。

【注释】

①壬子：该年二月无壬子，疑误。

②华元：宋国大夫。归生：郑国大夫。大棘：宋邑，在今河南睢(suī)县南。

③与：赞同。

④三军：指上、中、下三军。

④病：以为耻辱。

【译文】

【经】宣公二年，春天，周王的二月，壬子日，宋国的大夫华元率军和郑国的公子归生率军在宋地大棘交战。宋军战败，郑军俘获了宋国的华元。

【传】"获"的意思，是不赞同的说法。是说宋军竭尽了他们的军队来营救他们的将领，郑国用三军来和华元对抗，华元虽然被俘虏，但不是耻辱的事。

【经】秦师伐晋[①]。

【注释】

①伐晋:据《左传》,秦伐晋是为了报复晋国此前伐崇,晋赵盾率军抵挡,之后汇合诸侯之师,入侵郑国,报复大棘之战。

【译文】

【经】秦军讨伐晋国。

【经】夏,晋人、宋人、卫人、陈人侵郑。

【译文】

【经】夏天,晋国人、宋国人、卫国人、陈国人入侵郑国。

【经】秋,九月,乙丑[①],晋赵盾弑其君夷皋[②]。

【传】穿弑也,盾不弑,而曰盾弑,何也?以罪盾也[③]。其以罪盾何也?曰:灵公朝诸大夫而暴弹之[④],观其辟丸也。赵盾入谏,不听。出亡,至于郊[⑤]。赵穿弑公,而后反赵盾,史狐书贼曰[⑥]:“赵盾弑公。”盾曰:“天乎天乎!予无罪。孰为盾而忍弑其君者乎[⑦]?”史狐曰:“子为正卿,入谏不听,出亡不远,君弑,反不讨贼,则志同,志同则书重[⑧],非子而谁?”故书之曰“晋赵盾弑其君夷皋”者,过在下也[⑨]。曰:于盾也,见忠臣之至;于许世子止,见孝子之至[⑩]。

【注释】

①乙丑:当为该年九月的二十六日。

②夷皋(háo):晋灵公。据《左传》,晋灵公不行人君之道,赵盾多次劝谏,灵公欲杀赵盾,赵盾出逃,但未出国境,后赵穿弑晋灵公,赵盾回到朝中,迎立晋文公之子公子黑臀,是为晋成公。

③罪:责备。

④暴:突然。

⑤郊:距都城或百里、或五十里、或三十里为郊,这里泛指野外。

⑥史狐:史官,名狐。

⑦为:同"谓",认为。

⑧重:身份重要的人。

⑨过在下:成公十八年,"晋弑其君州蒲"。传曰:"称国以弑其君,君恶甚矣。"故此处称臣弑其君,则是表明罪过在臣下。

⑩于盾也,见忠臣之至,于许世子止,见孝子之至:这里举这两例都是反例。赵盾没有弑君而受弑君名,是因为忠诚不到极致。许世子止之事见昭公十九年,许悼公生病,世子止送去药,其父喝了之后死亡,止出逃于晋,经文记载"许世子止弑其君",《穀梁传》称"许世子不知尝药",是认为他没有做到孝子的极致。

【译文】

【经】秋天,九月,乙丑(二十六)日,晋国执政大臣赵盾杀害了他的国君夷皋。

【传】是赵穿杀害的,不是赵盾杀害的,却说是赵盾杀害的,为什么呢?是责备赵盾。经文责备赵盾是为什么呢?回答说:晋灵公让诸位大夫来朝见而后突然用弹丸弹他们,观看他们躲避弹丸。赵盾入朝劝谏,灵公不听。赵盾出逃,到了野外。赵穿杀害了灵公,而后使赵盾返回。史官狐记载凶手称:"赵盾杀害了灵公。"赵盾说:"天啊天啊!我没有罪。谁会认为我是杀害国君的人呢?"史官狐说:"你是正卿,入朝劝谏，国君不听，出奔逃亡，路途不远，国君被杀，回来却不讨伐凶手，那就是和凶手的想法一致，你们想法一致那么就要记载身份重要的人，不是你是谁呢？"所以记载说"晋国的赵盾杀害了他的国君夷皋"，表明罪过在臣下。说：在赵盾身上，可以看出一个忠臣的极致；在许国世子止的身上，可以看出一个孝子的极致。

【经】冬，十月，乙亥①，天王崩②。

【注释】

①乙亥：当为该年十月的初六日。

②天王：周天子，这里是周匡王姬班，公元前612年—前607年在位。

【译文】

【经】冬天，十月，乙亥（初六）日，周匡王去世。

三年

【经】三年，春，王正月，郊牛之口伤①。

【传】之口，缓辞也②。伤自牛作也③。

【注释】

①郊牛：预备用于郊祭的牛。郊祭之前要先占卜这头牛是否适合作为祭品，是为卜牛。若适合，则善养，且称作牲。若不适合，则更换一头牛再占卜。

②缓：宽缓。因为受伤是由牛自身造成的，所以并不责备人，故用"牛之口"而不用"牛口"，以"之"表示宽缓的语气。

③自：从，由。作：造成。

【译文】

【经】三年,春天,周王的正月,预备用于郊祭的牛的嘴受伤了。

【传】之口,是表示宽缓意思的说法。受伤是由牛自身造成的。

【经】改卜牛。牛死,乃不郊。

【传】事之变也[①]。乃者,亡乎人之辞也[②]。

【注释】

①事:事情,多指天子、诸侯的国家大事,如祭祀、战争。这里的"事之变"就是指废止了郊祭。

②亡乎人:人力所不及的。

【译文】

【经】换了一头牛来占卜。牛死了,于是没有举行郊祭。

【传】这是大事发生了变化。"乃",就是与人无关的说法。

【经】犹三望[①]。

【注释】

①望:望祭,祭祀山川,鲁之三望为东海、泰山、淮水。

【译文】

【经】鲁国还是举行了望祭。

【经】葬匡王。

【译文】

【经】安葬了周匡王。

【经】楚子伐陆浑戎[1]。

【注释】

①楚子：楚庄王。陆浑戎：居于陆浑（敦煌）的戎人。允姓，子爵。“陆浑”即今甘肃敦煌，陆浑戎公元前638年由今敦煌迁到今河南洛阳伊川一带，活动于伊、洛二水之间。公元前525年为晋国所灭。

【译文】

【经】楚庄王讨伐陆浑的戎人。

【经】夏，楚人侵郑[1]。

【注释】

①侵郑：据《左传》，楚国伐郑是因为郑国与晋国结盟。

【译文】

【经】夏天，楚国人入侵郑国。

【经】秋，赤狄侵齐[1]。

【注释】

①赤狄：狄人的一支。据说其崇尚赤衣而得名，主要分布于今山西长治一带，与晋人杂居，是春秋时实力最强的狄族部落。公元前594年始被晋国陆续消灭。

【译文】

【经】秋天，赤狄入侵齐国。

【经】宋师围曹[①]。

【注释】

①围曹:宋国发生内乱,曹国出兵帮助作乱的家族,故宋国平乱之后围曹。

【译文】

【经】宋军围攻曹国。

【经】冬,十月,丙戌[①],郑伯兰卒[②]。

【注释】

①丙戌:当为该年十月的二十三日。

②郑伯兰:郑国国君,伯爵,姓姬,名兰,谥穆,即郑穆公。

【译文】

【经】冬天,十月,丙戌(二十三)日,郑穆公姬兰去世。

【经】葬郑穆公。

【译文】

【经】安葬郑穆公。

四年

【经】四年,春,王正月,公及齐侯平莒及郯[①]。莒人不肯。

【传】及者,内为志焉尔。平者,成也。不肯者,可以肯也。

【注释】

①齐侯:齐惠公姜元,齐桓公之子,齐懿公之弟,侯爵,公元前608年—前599年在位。莒(jǔ):国名,故址在今山东莒县县城。郯(tán):国名,故城在今山东郯城西南,与莒国不和。

【译文】

【经】宣公四年,春天,周王的正月,鲁宣公和齐惠公让莒国和郯国讲和。莒国人不愿意。

【传】"及",表示鲁国希望这样。"平",就是讲和的意思。"不肯",就是原本可以答应的意思。

【经】公伐莒,取向。

【传】伐犹可。取向,甚矣。莒人辞不受治也[①]。伐莒,义兵也。取向,非也,乘义而为利也。

【注释】

①治:惩处。指前文鲁、齐的调和。

【译文】

【经】鲁宣公讨伐莒国,夺取了向地。

【传】讨伐尚且可以。夺取向地,过分了。莒国人可以拒绝而不接受调和。讨伐莒国,是正义之师。夺取向地,不合道义,是凭借维护道义的名义在牟取利益。

【经】秦伯稻卒[①]。

【注释】

①秦伯稻：秦国国君，姓嬴，名稻，谥共，即秦共公，公元前608年—前605年在位。

【译文】

【经】秦共公嬴稻去世。

【经】夏，六月，乙酉[①]，郑公子归生弑其君夷[②]。

【注释】

①乙酉：当为该年六月的二十六日。

②夷：郑灵公名，是郑穆公的太子，郑穆公去年去世，今年为郑灵公元年。据《左传》，郑灵公和公子宋有矛盾，灵公欲杀公子宋，公子宋决定先下手，公子归生知道了这件事却没有阻止，于是郑灵公被公子宋所弑。《左传》认为是公子归生"权不足"，然对比宣公二年"赵盾弑其君"的记载来看，归生在郑国的权势当在公子宋之上。

【译文】

【经】夏天，六月，乙酉（二十六）日，郑国公子归生杀害了他的国君郑灵公姬夷。

【经】赤狄侵齐。

【译文】

【经】赤狄入侵齐国。

【经】秋，公如齐。

【译文】

【经】秋天，鲁宣公到齐国去。

【经】公至自齐。

【译文】

【经】鲁宣公从齐国回来告祭祖庙。

【经】冬，楚子伐郑[①]。

【注释】

①楚子：楚庄王。伐郑：据《左传》，“楚子伐郑”，是因为“郑未服也”。

【译文】

【经】冬天，楚庄王讨伐郑国。

五年

【经】五年，春，公如齐。

【译文】

【经】宣公五年，春天，鲁宣公到齐国去。

【经】夏，公至自齐。

【译文】

【经】夏天，鲁宣公从齐国回来告祭祖庙。

【经】秋，九月，齐高固来逆子叔姬[①]。

【传】诸侯之嫁子于大夫，主大夫以与之。来者，接内也[②]。不正其接内，故不与夫妇之称也。

【注释】

①高固：齐国大夫，亦称高宣子。子叔姬：鲁文公的同母姊妹。

②内：指鲁君。

【译文】

【经】秋天，九月，齐国的大夫高固到鲁国来迎娶子叔姬。

【传】诸侯嫁女给大夫，由本国大夫主持婚礼来嫁给他。“来”，就是与国君接婚姻之礼。认为他与国君接婚姻之礼不合礼制，所以没有用夫妇的称呼来称呼他们。

【经】叔孙得臣卒。

【译文】

【经】鲁国叔孙得臣去世。

【经】冬，齐高固及子叔姬来。

【传】及者，及吾子叔姬也。为使来者[①]，不使得归之意也[②]。

【注释】

①为使来者：作为使者来访。据《春秋穀梁传注疏》："叔姬归宁，当以独来为文，高固奉命，宜云来聘。"即是说高固本来是奉命出使鲁国的，不应该和子叔姬一起回来。若是新婚后夫妇归宁，只需要书"子叔姬来"即可。这里都记载了，是表明高固这样做不合礼制。

②归：出嫁之女回家探亲，又称归宁。

【译文】

【经】冬天，齐国的大夫高固和夫人子叔姬来鲁国。

【传】"及"，就是和鲁国的女儿子叔姬一起。高固是作为使臣来访的，不让他显得是带着子叔姬回来探望父母。

【经】楚人伐郑。

【译文】

【经】楚国人讨伐郑国。

六年

【经】六年，春，晋赵盾、卫孙免侵陈[①]。

【传】此帅师也，其不言帅师，何也？不正其败前事[②]，故不与帅师也。

【注释】

①孙免：卫国大夫。

②败：败坏，毁坏。前事：指宣公元年"晋赵盾帅师救陈"之事。

【译文】

【经】宣公六年，春天，晋国执政大臣赵盾、卫国大夫孙免入侵陈国。

【传】这里是率领了军队的，经文不说率军，为什么呢？因为认为他败坏之前的事情不合正道，所以就不说他们率军了。

【经】夏，四月。

【译文】

【经】夏天，四月。

【经】秋，八月，螽。

【译文】

【经】秋天，八月，螽虫成灾。

【经】冬，十月。

【译文】

冬天，十月。

七年

【经】七年，春，卫侯使孙良夫来盟①。

【传】来盟，前定也。不言及者，以国与之。不言其人，亦以国与之。不日，前定之盟不日。

【注释】

①孙良夫:卫国大夫,又称孙桓子。

【译文】

【经】宣公七年,春天,卫成公派孙良夫作为使者来鲁国结盟。

【传】"来盟",表示结盟是之前定好的。不说"及",因为是以国家的名义参与的。不说和谁,因为也是以国家的名义参加的。不记载日期,因为提前约定的结盟是不记载日期的。

【经】夏,公会齐侯伐莱[①]。

【注释】

①齐侯:齐惠公姜元。莱:国名,侯爵,后为齐灭。故城在今山东龙口东南归城。

【译文】

【经】夏天,鲁宣公会同齐惠公讨伐莱国。

【经】秋,公至自伐莱。

【译文】

【经】秋天,鲁宣公讨伐莱国回来告祭祖庙。

【经】大旱。

【译文】

【经】发生大的旱灾。

【经】冬，公会晋侯、宋公、卫侯、郑伯、曹伯于黑壤[①]。

【注释】

①晋侯：晋成公姬黑臀，晋灵公的叔叔，侯爵，公元前606年—前600年在位。郑伯：郑襄公姬坚，伯爵，公元前605年—前587年在位。黑壤：晋地名，又称黄父，在今山西翼城东。据《左传》，此次黑壤之会实际是诸侯结盟，但是由于晋成公即位之后鲁宣公不礼，被扣留在晋，没有参与结盟，后来鲁国以财物送晋，方才赎回宣公。故经文只记载会于黑壤而不记载盟于黑壤，是为鲁宣公避讳。

【译文】

【经】冬天，鲁宣公和晋成公、宋文公、卫成公、郑襄公、曹文公在黑壤会面。

八年

【经】八年，春，公至自会。

【译文】

【经】宣公八年，春天，鲁宣公从会面地归来告祭祖庙。

【经】夏，六月，公子遂如齐，至黄乃复[①]。

【传】乃者，亡乎人之辞也[②]。复者，事毕也[③]，不专公命也。

【注释】

①黄：齐地，在当时齐国首都今山东淄博以南。复：返回。据《公

羊》，公子遂返回是因为在出使途中生病。

②亡乎人：与人无关，是人力所不能及的意思。但其实按照礼制，大夫奉命出使，若是国君没有召回则不能返回，就算在出使途中染病，死于途中，也当由副使带着他的灵柩完成使命，所以这里其实隐含有讽刺的意思。讽刺鲁国用人不当，派出了一个不守礼制的人，难道是因为鲁国没有人可派了吗？

③事毕也：事情完成了。实际上公子遂并没有完成使命，经文之所以这么说，是为了不赋予他擅自改变国君命令的权力。

【译文】

【经】夏天，六月，公子遂到齐国去，走到黄地就返回来了。

【传】“乃”，表示没有人为的说法。“复”，表示事情办完了，是不给他擅自改变国君命令的权力。

【经】辛巳[①]，有事于大庙[②]。仲遂卒于垂[③]。

【传】为若反命而后卒也[④]。此公子也，其曰仲，何也？疏之也。何为疏之也？是不卒者也[⑤]。不疏，则无用见其不卒也。则其卒之何也？以讥乎宣也。其讥乎宣何也？闻大夫之丧，则去乐、卒事[⑥]。

【注释】

①辛巳：当为该年六月的十六日。

②有事：指祭祀之事。大庙：太庙，周公之庙。

③仲遂：即公子遂。垂：齐地，在今山东平阴境内。

④反命而后卒：返回复命之后去世。指经文先说公子遂返回，再说公子遂去世，使得他看起来是先返回复命，再去世的，虽然没有完成使命，毕竟还是有个交待。这是在为鲁避讳。

⑤不卒：不记载去世。指公子遂和鲁宣公都参与了杀害鲁文公太子之事，有弑君之罪，则不应记载其去世。

⑥去乐、卒事：去除舞乐，停止祭祀。指国君在听到大夫去世的消息之后，应当停止祭祀活动，以示哀痛。而鲁宣公在壬午日还继续祭祀。

【译文】

【经】辛巳（十六）日，鲁宣公在太庙举行祭祀。仲遂在垂地去世。

【传】经文这样记为了显得好像公子遂是在复命之后才去世的。这是公子，经文说"仲"，为什么呢？是为了疏远他。为什么疏远他呢？因为他是不应被记载去世的人。不疏远他，就没有用来显示他是不应被记载去世的人的了。那么经文为什么记载他的去世呢？为了讥刺鲁宣公。经文为什么讥刺鲁宣公呢？因为听到大夫去世的消息，应该除去舞乐、停止祭祀活动。

【经】壬午[①]，犹绎[②]。

【传】犹者，可以已之辞也。绎者，祭之旦日之享宾也[③]。

【注释】

①壬午：当为该年六月的十七日。

②绎：正祭之次日又祭。这里《穀梁传》将其解释为宴请宾客。

④享：用同"飨"，宴请。特指祭礼完毕次日以宾礼宴请"尸"（代表鬼神受祭的人）。宾：宾客，陪祭之人。

【译文】

【经】壬午（十七）日，仍然继续举行祭祀。

【传】"犹"，就是可以停止的说法。"绎"，就是在祭祀的第二天宴请宾客。

【经】万入[①]，去钥[②]。

【传】以其为之变，讥之也。

【注释】

①万：舞名，规模较大，属宗庙祭祀之舞，舞者执干而舞。

②钥(yuè)：管乐器，形状如笛，可作舞具，这里指钥舞。鲁宣公认为变通了祭祀的形式就算做表达了对大夫去世的哀痛了。

【译文】

【经】万舞进入，去除了钥舞。

【传】因为鲁宣公做出了变换，所以要讥刺他。

【经】戊子[①]，夫人熊氏薨[②]。

【注释】

①戊子：当为该年六月的二十三日。

②熊氏：《左传》作嬴氏，鲁宣公生母，文公次妃。古文"嬴"与"熊"字形相近。

【译文】

【经】戊子(二十三)日，鲁文公夫人熊氏去世。

【经】晋师、白狄伐秦[①]。

【注释】

①白狄：国名，狄之部族，隗(wěi)姓，子爵，故地位于今陕西北部。

【译文】

【经】晋军、白狄讨伐秦国。

【经】楚人灭舒蓼①。

【注释】

①蓼(liǎo):国名,舒人的一支,在楚东境。故地在今安徽庐江境。

【译文】

【经】楚国人灭亡了舒蓼国。

【经】秋,七月,甲子①,日有食之,既②。

【注释】

①甲子:指当年七月的最后一天,晦日。

②既:食尽,指发生日全食。

【译文】

【经】秋天,七月,甲子(月末)日,发生日食,日全食。

【经】冬,十月,己丑①,葬我小君顷熊②。雨,不克葬。

【传】葬既有日,不为雨止,礼也。雨,不克葬,丧不以制也。

【注释】

①己丑:当为该年十月的二十六日。

②顷熊:《左传》作“敬嬴”,即鲁宣公之母。文公夫人姜氏已经大归于齐,于是宣公立自己的生母为夫人,以夫人之礼葬之。虽然这样不合礼制,但是史官也只能称其为小君。

【译文】

【经】冬天,十月,己丑(二十六)日,安葬我们的夫人顷熊。下雨,没有完成葬礼。

【传】下葬已经是定了日期的，不能因为下雨而停止，这是礼制的规定。下雨，没有完成葬礼，丧礼就没有遵守礼制。

【经】庚寅[①]，日中而克葬[②]。

【传】而，缓辞也。足乎日之辞也[③]。

【注释】

①庚寅：当为该年十月的二十七日。

②日中：正午。

③足乎日：用了一整天。

【译文】

【经】庚寅（二十七）日，正午的时候才完成葬礼。

【传】"而"，是表示缓慢的说法。是表示用了一整天的说法。

【经】城平阳[①]。

【注释】

①平阳：鲁邑，在今山东新泰西北。

【译文】

【经】鲁国修筑平阳的城墙。

【经】楚师伐陈[①]。

【注释】

①伐陈：讨伐陈国。据《左传》，楚国此次讨伐陈国是因为陈国与晋

国讲和。

【译文】

【经】楚军讨伐陈国。

九年

【经】九年，春，王正月，公如齐。

【译文】

【经】宣公九年，春天，周王的正月，鲁宣公到齐国去。

【经】公至自齐。

【译文】

【经】鲁宣公从齐国归来告祭祖庙。

【经】夏，仲孙蔑如京师①。

【注释】

①仲孙蔑：鲁国大夫，为公孙敖之孙、文伯谷之子孟献子。

【译文】

【经】夏天，仲孙氏姬蔑到京师去。

【经】齐侯伐莱①。

【注释】

①齐侯：齐惠公姜元，齐桓公之子，懿公之弟，侯爵。公元前608年—前599年在位。

【译文】

【经】齐惠公讨伐莱国。

【经】秋，取根牟[①]。

【注释】

①根牟（móu）：东夷小国名，故地在今山东沂南东南。

【译文】

【经】秋天，齐国夺取了根牟。

【经】八月，滕子卒[①]。

【注释】

①滕子：滕国国君，据《左传》，为滕昭公姬元（一作姬寿），公元前641年—前600年在位。

【译文】

【经】八月，滕昭公去世。

【经】九月，晋侯、宋公、卫侯、郑伯、曹伯会于扈[①]。

【注释】

①扈：郑地，在今河南原阳西。据《左传》，这次会盟是为了“讨不

睦”,此时晋、楚争霸,此次会盟即是为了讨伐与楚国一边的诸侯。

【译文】

【经】九月,晋成公、宋文公、卫成公、郑襄公、曹文公在扈地会盟。

【经】晋荀林父帅师伐陈[①]。

【注释】

①荀林父:晋国大夫。伐陈:讨伐陈国,据《左传》,是因为陈国与楚国讲和,没有参加扈地会盟。

【译文】

【经】晋国大夫荀林父率军讨伐陈国。

【经】辛酉[①],晋侯黑臀卒于扈[②]。

【传】其地,于外也[③]。其日,未逾竟也。

【注释】

①辛酉:该年九月无辛酉,疑误。

②晋侯黑臀:晋国国君,名黑臀,谥成,即晋成公。晋成公为晋文公之子,晋襄公异母弟。

③外:国都之外,《穀梁传》认为此时扈已属晋。

【译文】

【经】辛酉日,晋国国君姬黑臀在扈地去世。

【传】经文记载地点,是因为在国都之外。经文记载日期,是因为没有越过国境。

【经】冬,十月,癸酉[1],卫侯郑卒[2]。

【注释】

①癸酉:当为该年十月的十五日。

②卫侯郑:卫国国君,姓姬,名郑,谥成,即卫成公。

【译文】

【经】冬天,十月,癸酉(十五)日,卫成公姬郑去世。

【经】宋人围滕[1]。

【注释】

①围滕:据《左传》,宋国趁滕国治丧,包围了滕国。

【译文】

【经】宋国人包围了滕国。

【经】楚子伐郑[1]。

【注释】

①伐郑:据《左传》,楚国伐郑是因为"厉之役",厉之役在何年不详,杜预认为是在宣公六年。

【译文】

【经】楚庄王讨伐郑国。

【经】晋郤缺帅师救郑。

【译文】

【经】晋国大夫郤缺率军救援郑国。

【经】陈杀其大夫泄冶[1]。

【传】称国以杀其大夫，杀无罪也。泄冶之无罪如何？陈灵公通于夏徵舒之家[2]，公孙宁、仪行父亦通其家。或衣其衣，或衷其襦[3]，以相戏于朝。泄冶闻之，入谏，曰："使国人闻之，则犹可，使仁人闻之，则不可。"君愧于泄冶，不能用其言，而杀之。

【注释】

①泄冶：陈国大夫。下文的公孙宁、仪行父也是陈国大夫。

②陈灵公：妫（guī）平国，公元前613年—前599年在位。荒淫无道，和大夫公孙宁、仪行父一起与夏徵舒的母亲夏姬通奸。三人在夏徵舒家饮酒戏弄时互相说夏徵舒长得像对方，激怒夏徵舒，被夏徵舒设伏射杀。通：通奸。夏徵舒之家：夏徵舒是陈国大夫，夏徵舒之家指其母夏姬，夏姬是郑穆公之女，陈国大夫御叔之妻。

③衷：贴身穿。襦（rú）：短衣。

【译文】

【经】陈国杀害了他们的大夫泄冶。

【传】以国家的名义杀害他们的大夫，是杀害无罪的人。泄冶为什么无罪呢？陈灵公和夏徵舒的母亲夏姬通奸，公孙宁、仪行父也和夏徵舒母亲通奸。有的穿着夏姬的外衣，有的贴身穿着她的短衣，在朝中相互戏弄。泄冶听说了，入朝进谏，说："让老百姓听见了，尚且可以，让仁爱的人听见了，就不可以了。"国君在泄冶面前感到羞愧，但不听他的劝谏，还杀了他。

十年

【经】十年，春，公如齐。

【译文】

【经】宣公十年，春天，鲁宣公到齐国去。

【经】公至自齐。

【译文】

【经】鲁宣公从齐国回来告祭祖庙。

【经】齐人归我济西田。

【传】公娶齐，齐由以为兄弟反之①。不言来②，公如齐受之也。

【注释】

①由：由于，因为。以为：即“以鲁为兄弟”，认为。反：归还。

②不言来：即经文没有说“来归”而说“归”。

【译文】

【经】齐国人归还我鲁国济水西边的土地。

【传】鲁宣公从齐国娶亲，齐国因为把鲁国当做兄弟而归还土地。不说“来”，因为是鲁宣公到齐国去接受的。

【经】夏，四月，丙辰[1]，日有食之[2]。

【注释】

①丙辰：指该年四月的第一天。

②日有食之：依历法推测，此次日食是为公元前559年三月六日的日环食。

【译文】

【经】夏天，四月，丙辰（初一）日，发生日食。

【经】己巳[1]，齐侯元卒[2]。

【注释】

①己巳：当为该年四月的十四日。

②齐侯元：齐国国君，姓姜，名元，谥惠，即齐惠公。

【译文】

【经】己巳（四月十四）日，齐惠公姬元去世。

【经】齐崔氏出奔卫[1]。

【传】氏者，举族而出之之辞也。

【注释】

①崔氏：据《左传》，是崔杼，崔杼有宠于齐惠公，惠公去世后，齐国的高氏和国氏将其逐出齐国。《左传》和《公羊传》都认为称氏称名蕴含了褒贬在其中，《穀梁传》认为是指举家出逃。

【译文】

【经】齐国的大夫崔氏出逃到卫国。

【传】"氏",就是整个家族都出逃的说法。

【经】公如齐[①]。

【注释】

①如齐:据《左传》,鲁宣公是到齐国奔齐惠公丧的。

【译文】

【经】鲁宣公到齐国去。

【经】五月,公至自齐。

【译文】

【经】五月,鲁宣公从齐国回来告祭祖庙。

【经】癸巳[①],陈夏徵舒弑其君平国[②]。

【注释】

①癸巳:当为该年五月的初八日。

②平国:陈国国君名,谥灵,即陈灵公。据《左传》,陈灵公、公孙孔宁、仪行父在夏家喝酒。灵公对仪行父说:"徵舒长得像你。"仪行父说:"也像您。"夏徵舒很愤怒。当灵公出来时,夏徵舒从马棚用箭射死了他。公孙孔宁和仪行父逃亡到楚国去了。

【译文】

【经】癸巳(初八)日,陈国的大夫夏徵舒射杀了他的国君陈灵公妫平国。

【经】六月，宋师伐滕[①]。

【注释】

①伐滕：据《左传》，滕国倚仗晋国而不侍奉宋国，宋国于是伐滕。

【译文】

【经】六月，宋军讨伐滕国。

【经】公孙归父如齐[①]。

【注释】

①公孙归父：鲁国大夫，字子家，公子遂之子。

【译文】

【经】鲁大夫公孙归父到齐国去。

【经】葬齐惠公。

【译文】

【经】齐国安葬齐惠公。

【经】晋人、宋人、卫人、曹人伐郑[①]。

【注释】

①伐郑：讨伐郑国。据《左传》，诸侯伐郑是因为郑国与楚国讲和。

【译文】

【经】晋国人、宋国人、卫国人、曹国人讨伐郑国。

【经】秋，天王使王季子来聘[1]。

【传】其曰王季，王子也。其曰子，尊之也。聘，问也。

【注释】

①天王：周天子，指周定王姬瑜，公元前606年—前586年在位。王季子：周王室大夫。《左传》认为是刘康公，刘是采邑，康是谥号。《公羊传》认为是周王的弟弟，也就是先王的儿子，故称王，称子，是尊称。《穀梁传》则认为是周王的儿子。

【译文】

【经】秋天，周定王派大夫王季子作为使者来鲁国访问。

【传】经文称“王季”，因为他是周王的儿子。经文称“子”，是对他表示尊重。聘，是访问的意思。

【经】公孙归父帅师伐邾，取绎[1]。

【注释】

①绎：邾邑，在今山东邹城东南。

【译文】

【经】鲁大夫公孙归父率军讨伐邾国，夺取了绎邑。

【经】大水。

【译文】

【经】鲁发生大水灾。

【经】季孙行父如齐[①]。

【注释】

①季孙行父:季友之孙,鲁国大夫。据《左传》,这次访齐是因为齐国新君即位。

【译文】

【经】鲁大夫季孙行父到齐国去访问。

【经】冬,公孙归父如齐[①]。

【注释】

①如齐:到齐国去。据《左传》,公孙归父访齐是为了向齐国解释伐邾之事。因为鲁伐邾是以大欺小,担心齐国声讨。

【译文】

【经】冬天,鲁大夫公孙归父到齐国去。

【经】齐侯使国佐来聘[①]。

【注释】

①齐侯:指齐国新即位的国君齐顷公姜无野,齐桓公之孙,齐惠公之子,侯爵,公元前598年—前582年在位。国佐:人名,齐国大夫,国归父之子。这次访鲁是为了对之前季孙行父访齐表示回访感谢。

【译文】

【经】齐顷公派大夫国佐作为使者来鲁国访问。

【经】饥[1]。

【注释】

①饥:荒年。两种谷物没有收成称饥。

【译文】

【经】鲁发生饥荒。

【经】楚子伐郑[1]。

【注释】

①伐郑:据《左传》,楚伐郑是因为郑国与晋国讲和。此次晋国出兵救郑,诸侯也帮助保卫郑国。

【译文】

【经】楚庄王讨伐郑国。

十一年

【经】十有一年,春,王正月。

【译文】

【经】宣公十一年,春天,周王的正月。

【经】夏,楚子、陈侯、郑伯盟于夷陵[1]。

【注释】

①陈侯:指陈国新即位的国君陈成公妫午。陈灵公之子,侯爵,公

元前 598 年—前 569 年在位。郑伯：郑襄公姬坚，公元前 605 年—前 587 年在位。

【译文】

【经】夏天，楚庄王、陈成公、郑襄公在夷陵会盟。

【经】公孙归父会齐人伐莒。

【译文】

【经】鲁大夫公孙归父会同齐国人讨伐莒国。

【经】秋，晋侯会狄于攒函[1]。

【传】不言及，外狄也[2]。

【注释】

①晋侯：指晋国新即位的国君晋景公姬獳（nòu），又名姬据。晋文公之孙，晋成公之子，侯爵，公元前 599 年—前 581 年在位。攒函：狄地，今不详所在。据《左传》，赤狄压迫众狄，于是晋国拉拢众狄，孤立赤狄，后来一举灭亡了赤狄。

②外狄：把狄人排斥在中原诸侯国之外。

【译文】

【经】秋天，晋景公和狄人在狄地攒函会面。

【传】不说“及”，是把狄人排斥在中原诸侯之外。

【经】冬，十月，楚人杀陈夏徵舒[1]。

【传】此入而杀也。其不言入，何也？外徵舒于陈也。

其外徵舒于陈，何也？明楚之讨有罪也。

【注释】

①夏徵舒：陈国大夫，射杀了陈灵公。据《左传》，楚庄王以讨乱之名派兵进入陈国，杀了夏徵舒之后灭了陈国，将其作为楚国的一个邑，后在大臣的劝谏下又将陈国复国。

【译文】

【经】冬天，十月，楚国人杀了陈国大夫夏徵舒。

【传】这是进入陈国杀的。经文不说“入”，为什么呢？是把夏徵舒排除在陈国之外。经文把夏徵舒排除在陈国之外，为什么呢？表明楚国是讨伐有罪的人。

【经】丁亥[①]，楚子入陈。

【传】入者，内弗受也。日入，恶入者也。何用弗受也？不使夷狄为中国也[②]。

【注释】

①丁亥：当为该年十月的十一日。

②夷狄：是当时对华夏以外少数部族的统称，含有鄙意，以夷称东方少数部族，以狄称北方少数部族，楚国被以夷狄之国视之。为：治理，统治。

【译文】

【经】丁亥（十月十一）日，楚庄王进入陈国。

【传】“入”的意思，就是陈国人不接受。记载进入的日期，是厌恶进入的人。为什么不接受呢？是不让夷狄之国统治中原国家。

【经】纳公孙宁、仪行父于陈[1]。

【传】纳者，内弗受也。辅人之不能民而讨犹可[2]。入人之国，制人之上下[3]，使不得其君臣之道，不可。

【注释】

①纳：使……回国。这里的主语承接上一条经文，是楚庄王。

②辅：帮助。民：治理百姓。

③上下：君臣。

【译文】

【经】楚国让公孙宁、仪行父回到陈国。

【传】"纳"的意思，就是陈国人不接受。帮助不能治理好百姓的国君讨伐乱臣尚且可以。进入别人的国家，控制别人的君臣，让他们不能行君臣之道，不可以。

十二年

【经】十有二年，春，葬陈灵公。

【译文】

【经】宣公十二年，春天，安葬了陈灵公。

【经】楚子围郑[1]。

【注释】

①围郑：据《左传》，楚围郑三月而破城，郑襄公姬坚袒肉牵羊而见楚庄王，表示愿到楚国作俘虏，楚庄王以其能屈居人下，退兵三

十里,派潘尫(wāng)与郑讲和。郑国的子良到楚国做人质。

【译文】

【经】楚庄王围攻郑国。

【经】夏,六月,乙卯[①],晋荀林父帅师[②],及楚子战于邲[③]。晋师败绩。

【传】绩,功也。功,事也。日,其事败也。

【注释】

①乙卯:该年六月无乙卯,疑误。

②荀林父:晋国大夫、执政大臣,名将,姓姬,荀林父是惯称。

③邲(bì):郑地,在今河南郑州东。楚围郑,晋前来救援,晋军赶到之时,楚已与郑讲和,晋军内部将领主战、主和意见不一,被楚国抓住战机,一举击溃。

【译文】

【经】夏天,六月,乙卯,晋国大夫荀林父率军,和楚庄王在邲地交战。晋军战败。

【传】绩,是功绩的意思。功,是大事的意思。记载日期,因为晋国在这件事情上失败了。

【经】秋,七月。

【译文】

【经】秋天,七月。

【经】冬,十有二月,戊寅[①],楚子灭萧[②]。

【注释】

①戊寅：当为该年十二月的初八日。

②灭萧：灭亡了萧国。萧为宋国附庸国，子姓，在今安徽萧县。此后仍复为宋邑。

【译文】

【经】冬天，十二月，戊寅（初八）日，楚庄王灭亡了萧国。

【经】晋人、宋人、卫人、曹人同盟于清丘①。

【注释】

①清丘：卫地，在今河南濮阳东南。

【译文】

【经】晋国人、宋国人、卫国人、曹国人在清丘缔结盟约。

【经】宋师伐陈①。

【注释】

①伐陈：宋国伐陈是因为陈国与楚国亲近。

【译文】

【经】宋军讨伐陈国。

【经】卫人救陈。

【译文】

【经】卫国人救援陈国。

十三年

【经】十有三年，春，齐师伐莒[1]。

【注释】

①伐莒：据《左传》："齐师伐莒，莒恃晋而不事齐故也。"

【译文】

【经】宣公十年，春天，齐军讨伐莒国。

【经】夏，楚子伐宋[1]。

【注释】

①伐宋：据《左传》，楚国伐宋是因为楚伐萧时，宋曾救援萧。

【译文】

【经】夏天，楚庄王讨伐宋国。

【经】秋，螽。

【译文】

【经】秋天，螽虫成灾。

【经】冬，晋杀其大夫先谷。

【译文】

【经】冬天，晋国杀害了他们的大夫先谷。

十四年

【经】十有四年，春，卫杀其大夫孔达[①]。

【注释】

①孔达：卫国执政大夫。据《左传》，宣公十二年，宋伐陈，因为陈、卫两国先君有旧好，所以孔达率卫违反清丘之盟救援了陈国，为了使卫国免遭晋国讨伐，孔达自缢以使卫可以给晋一个交代。

【译文】

【经】宣公十四年，春天，卫国杀害了他们的大夫孔达。

【经】夏，五月，壬申[①]，曹伯寿卒[②]。

【注释】

①壬申：当为该年五月的十一日。

②曹伯寿：曹国国君，姓姬，名寿，谥文，即曹文公。

【译文】

【经】夏天，五月，壬申（十一）日，曹国国君姬寿去世。

【经】晋侯伐郑[①]。

【注释】

①晋侯伐郑：据《左传》，晋国伐郑是因为邲之战后，郑国背晋亲楚。晋国在郑国面前阅兵示威之后返回，希望以此威胁郑国，使其重

新与晋交好。晋侯，指晋景公姬孺（nòu），又名姬据。

【译文】

【经】晋景公讨伐郑国。

【经】秋，九月，楚子围宋[1]。

【注释】

①楚子围宋：据《左传》，楚庄王派大夫申舟访齐，命其路过宋国之时不要向宋国借道，径直路过即可。后申舟经过宋国时被杀，楚庄王借机包围宋国。楚子，楚庄王。

【译文】

【经】秋天，九月，楚庄王包围宋国。

【经】葬曹文公。

【译文】

【经】安葬了曹文公。

【经】冬，公孙归父会齐侯于谷[1]。

【注释】

①齐侯：齐顷公，姜无野，齐桓公之孙，侯爵，公元前598年—前582年在位。谷：齐地，在今山东东阿。

【译文】

【经】冬天，鲁大夫公孙归父和齐顷公在谷地会盟。

十五年

【经】十有五年,春,公孙归父会楚子于宋[①]。

【注释】

①会:据《左传》,公孙归父会楚是为了向楚示好,以求自保。

【译文】

【经】宣公十五年,春天,鲁大夫公孙归父和楚庄王在宋会面。

【经】夏,五月,宋人及楚人平。

【传】平者,成也,善其量力而反义也[①]。人者,众辞也。平称众,上下欲之也。外平不道,以吾人之存焉道之也[②]。

【注释】

①量力而反义:估量自己的力量不足以制伏对方,就回到讲和的方面来。

②吾人:指公孙归父。《穀梁传》认为公孙归父在宋楚讲和中发挥了作用,据《左传》则并非如此。

【译文】

【经】夏天,五月,宋国人和楚国人讲和。

【传】"平",是讲和,这是褒扬他们估量自己的力量而回到讲和之道上。"人",是表示人数众多的说法。讲和而说人多,是表示君臣都想讲和。外国讲和不记载,因为我们鲁国的人参与其中了所以记载了。

【经】六月,癸卯[①],晋师灭赤狄潞氏[②],以潞子婴儿归[③]。

【传】灭国有三术[4]，中国谨日，卑国月[5]，夷狄不日。其曰潞子婴儿，贤也。

【注释】

①癸卯：当为该年六月的十八日。

②赤狄：狄族的一支，包括潞氏、甲氏、留吁等。潞（lù）氏：国名，赤狄之别族，其国在今山西潞城东北。

③潞子婴儿：潞国国君，姜姓，潞氏，名婴儿，子爵。据《左传》，潞子娶晋景公之姊为夫人。其臣酆舒杀夫人，又伤潞子之目。晋趁机派荀林父出兵，在曲梁打败赤狄，俘获潞子婴儿，潞氏灭亡。

④术：方式，方法。指记载灭国的方法。

⑤卑国：附庸小国。

【译文】

【经】六月，癸卯（十八）日，晋军灭亡了赤狄的潞氏，俘获了潞国国君潞婴儿回来。

【传】记载灭亡国家有三种方法，对中原国家要慎重地记载日期，对附庸小国要记载月份，对夷狄之国不记载日期。经文说“潞子婴儿”，因为他是贤能的人。

【经】秦人伐晋。

【译文】

【经】秦国人讨伐晋国。

【经】王札子杀召伯、毛伯[1]。

【传】王札子者，当上之辞也[2]。杀召伯、毛伯，不言其[3]，何也？两下相杀也。两下相杀，不志乎《春秋》，此其志，何也？矫王命以杀之[4]，非忿怒相杀也[5]，故曰以王命杀也。以王命杀，则何志焉？为天下主者，天也，继天者，君也，君之所存者，命也。为人臣而侵其君之命而用之，是不臣也；为人君而失其命，是不君也。君不君，臣不臣，此天下所以倾也。

【注释】

①王札子：周定王之子。《左传》认为王札子是王子捷，因王孙苏与召伯、毛伯争政，使王札子杀召伯、毛伯。《公羊传》认为王札子是长庶子。召伯、毛伯：鲁大臣。

②当：当做。

③不言其：不说“其”，也就是不说“王札子杀其大夫召伯、毛伯”。这样显示出王札子是“矫王命以杀之”。

④矫(jiāo)：假托，诈称。

⑤忿怒：愤怒，怨恨。

【译文】

【经】鲁大夫王札子杀害了大夫召伯、毛伯。

【传】说“王札子”，是因为他把自己当做天子。杀害了臣子召伯、毛伯，不说“其”，为什么呢？因为是两边的臣下相互杀害。臣下相互杀害，本来是不应记载入《春秋》的，这里记载了，为什么呢？因为是假托天子的命令来杀的他们，而不是因为私愤杀的，所以说是以周王的命令杀的。以周王的命令杀的，那为什么要记载呢？作为天下的主宰的，是上天，继承了上天的旨意的，是国君，国君所赖以存在的，是他可以发布命令。作为臣下却侵犯自己国君发布命令的权力而使用，是不行人臣之道；作为国君却失去了发布命令的权力，是不行人君之道。君王不像君王，臣下不像臣下，这就是天下倾覆的原因。

【经】秋，螽。

【译文】

【经】秋天，螽虫成灾。

【经】仲孙蔑会齐高固于无娄[①]。

【注释】

①无娄：杞邑，今在何处不详。

【译文】

【经】鲁大夫仲孙蔑和齐国大夫高固在无娄会面。

【经】初税亩[①]。

【传】初者，始也。古者什一[②]，藉而不税[③]。初税亩，非正也。古者三百步为里，名曰井田[④]。井田者，九百亩，公田居一。私田稼不善[⑤]，则非吏[⑥]。公田稼不善，则非民。初税亩者，非公之去公田而履亩[⑦]，十取一也，以公之与民为已悉矣[⑧]。古者公田为居[⑨]，井灶葱韭尽取焉。

【注释】

①税亩：按地亩多少征税。

②什一：十分之一。据范宁《集解》的解释："古者五口之家受田百

亩，为官田十亩，是为私得其什而官税其一，故曰什一。”

③藉(jiè)：征用民力耕种公田。

④井田：将每方里的农田按“井”字形划为九区，每区一百亩，共九百亩。周围八区为私田，分授八家农户耕种，中间一区为公田，由八家助耕。先种公田，后种私田，公田所收，作为八家农民上缴官府的田赋。

⑤稼：庄稼。

⑥非吏：责备官吏。

⑦履亩：就是实地踏勘，丈量田亩。履，踏，这里是勘测、丈量的意思。

⑧已：程度副词，太、甚。悉：尽，完。

⑨居：共同占有。

【译文】

【经】开始按地亩多少征税。

【传】“初”，就是开始的意思。古代的时候公田占十分之一，征用民力耕种公田而不收税。开始按地亩征税，不合正道。古代的时候三百步为一里，称作井田。井田，有九百亩，公田占一份。私人田里的庄稼不好，就责备官吏。公家田里的庄稼不好，就责备百姓。记载“初税亩”，是责备鲁宣公取消了公田而实地丈量田亩，按十分之一收税，是认为宣公使百姓要倾尽全部了。古代的时候公田是被大家共同占有，挖井、修灶、种植葱、韭菜等这样的日常给用都从公田获得。

【经】冬，蝝生①。

【传】蝝非灾也。其曰蝝，非税亩之灾也。

【注释】

①蝝(yuán)：未生翅的蝗虫。

【译文】

【经】冬天，产生蝝虫。

【传】蝝虫不是灾害。经文说“蝝”，是责备按照地亩收税带来灾害。

【经】饥。

【译文】

【经】发生饥荒。

十六年

【经】十有六年，春，王正月，晋人灭赤狄甲氏及留吁①。

【注释】

①甲氏及留吁：甲氏、留吁都是赤狄的部落，在今山西屯留附近。

【译文】

【经】宣公十六年，春天，周王的正月，晋国人灭亡了赤狄的甲氏和留吁。

【经】夏，成周宣榭灾①。

【传】周灾不志也，其曰宣榭，何也？以乐器之所藏目之也。

【注释】

①成周：东都洛邑，在今河南洛阳东。宣榭：《公羊传》认为宣榭是宣公之榭，且是存放乐器的地方。《穀梁传》基本沿袭《公羊传》

的解释。《左传》对此没有解释。据范宁引注的《尔雅》:“室有东西厢曰庙,无东西厢有室曰寝,无室曰榭。”据杨伯峻,榭,“本作射,齐侯加偏旁作榭,指土台之上之厅堂式建筑,用以习射讲武者”。而对于“宣”字,孔颖达引服虔云“宣扬威武”之意,恐非“宣公”之意。详可参见杨伯峻《春秋左传注》。灾:《左传》此处为“火”字,认为天火称“灾”,人为纵火称“火”。

【译文】

【经】夏天,成周的宣榭着火了。

【传】周王室的灾祸不应记载的,经文说了宣榭,为什么呢?是把它当做储藏乐器的地方看待的。

【经】秋,郯伯姬来归①。

【注释】

①郯(tán):国名,己姓,故城在今山东郯城西南。来归:回国。据《左传》,是被夫家所弃。

【译文】

【经】秋天,嫁给郯国国君的伯姬回到鲁国。

【经】冬,大有年。

【传】五谷大熟为大有年①。

【注释】

①五谷:泛称粮食,指五种谷物。具体所指各不相同,主要有两种说法:一种指稻、黍、稷、麦、菽,一种指麻、黍、稷、麦、菽。

【译文】

【经】冬天，大丰收。

【传】五谷都大量成熟就是大丰收。

十七年

【经】十有七年，春，王正月，庚子[1]，许男锡我卒[2]。

【注释】

①庚子：当为该年正月的二十四日。

②许男锡我：许国国君，姓姜，名锡我，男爵，谥昭，即许昭公。

【译文】

【经】宣公十七年，春天，周王的正月，庚子（二十四）日，许昭公姜锡我去世。

【经】丁未[1]，蔡侯申卒[2]。

【注释】

①丁未：当为该年二月的初二日，此处疑漏书月。

②蔡侯申：蔡国国君，姓姬，名申，侯爵，谥文，即蔡文公。

【译文】

【经】丁未（二月初二）日，蔡文公姬申去世。

【经】夏，葬许昭公。

【译文】

【经】夏天，安葬了许昭公姜锡我。

【经】葬蔡文公。

【译文】

【经】安葬了蔡文公姬申。

【经】六月，癸卯[1]，日有食之[2]。

【注释】

①癸卯：依历法推测，该年六月无癸卯日，疑误记。日有食之：依历法推测，该年六月无日食发生。疑误记。

【译文】

【经】六月，癸卯日，发生日食。

【经】己未[1]，公会晋侯、卫侯、曹伯、邾子[2]，同盟于断道[3]。

【传】同者，有同也，同外楚也。

【注释】

①己未：当为该年六月的十五日。

②晋侯、卫侯、曹伯、邾子：晋景公姬獳，又名姬据，侯爵，晋文公之孙，公元前599年—前581年在位。卫穆公姬遬(sù)，侯爵，公元前599年—前589年在位。曹宣公姬庐，一作姬强，伯爵，公元前594年—前578年在位。邾定公貜且，子爵，公元前614年—前573年在位。

③断道：晋地，在今河南济源西南。

【译文】

【经】己未（六月十五）日，鲁宣公和晋景公、卫穆公、曹宣公、邾定公会面，在断道缔结盟约。

【传】“同”，就是有共同之处，是共同排斥楚国。

【经】秋，公至自会。

【译文】

【经】秋天，鲁宣公从会盟地回来告祭祖庙。

【经】冬，十有一月，壬午①，公弟叔肸卒②。

【传】其曰公弟叔肸，贤之也。其贤之何也？宣弑而非之也。非之，则胡为不去也③？曰：兄弟也，何去而之？与之财，则曰我足矣。织屦而食④，终身不食宣公之食。君子以是为通恩也⑤，以取贵乎《春秋》⑥。

【注释】

①壬午：当为该年十一月的十一日。

②叔肸（xī）：叔肸为鲁宣公同母弟。

③去：离开。

④屦（jù）：鞋子。食：取得食物。指叔肸以编织鞋子贩卖为生。

⑤通：通达，明了。恩：情义。

⑥取贵：得到好评。

【译文】

【经】冬天，十一月，壬午（十一）日，鲁宣公的弟弟叔肸去世。

【传】经文说“公弟叔肸”，是认为他贤明。经文为什么认为他贤明呢？因为鲁宣公杀害太子而他指责了宣公。指责宣公，那为什么不离开呢？他说："我们是兄弟，离开了鲁国又去哪里呢？"宣公给他财物，他就说我自己的足够了。编织鞋子换取食物，终身没有吃宣公给的食物。君子认为这是通晓兄弟情义的，所以在《春秋》中得到好评。

十八年

【经】十有八年，春，晋侯、卫世子臧伐齐。

【译文】

【经】宣公十八年，春天，晋景公、卫国世子姬臧讨伐齐国。

【经】公伐杞。

【译文】

【经】鲁宣公讨伐杞国。

【经】夏，四月。

【译文】

【经】夏天，四月。

【经】秋，七月，邾人戕缯子于缯①。

【传】戕犹残也，捝杀也②。

【注释】

①戕（qiāng）：残杀。据《左传》："凡自内虐其君曰弑，自外曰戕。"缯

(céng)：国名，姒姓，故城在今山东枣庄境内偏东。

②捝(tuō)：捶打。

【译文】

【经】秋天，七月，邾国人在缯国境内残杀了缯国国君。

【传】戕就是残杀，是捶杀的。

【经】甲戌[①]，楚子吕卒[②]。

【传】夷狄不卒，卒，少进也[③]。卒而不日，日，少进也。日而不言正不正，简之也[④]。

【注释】

①甲戌：当为该年七月的初七日。

②楚子吕：楚国国君，姓芈(mǐ)，名吕，谥庄，是为楚庄王，春秋五霸之一。

③少进：稍稍提升。指楚国的地位有提升。

④简：简略。据《春秋穀梁传注疏》，对于中原国家诸侯去世的记载要遵循"诸侯日卒，正也"这样的准则，对于"不正"的诸侯去世不记载日期。而对于楚国这样的夷狄大国，不用讲究这些准则，不论正与不正，均记载日期。

【译文】

【经】甲戌(初七)日，楚国国君楚庄王芈吕去世。

【传】夷狄之君不记载去世，记载了去世，是地位稍稍提升一点。可以只记载去世不记载日期的，记载了日期，是地位又稍稍提升一点。记载日期而不说正与不正，是简略的做法。

【经】公孙归父如晋[①]。

【注释】

①公孙归父：鲁国大夫，字子家，公子遂之子。据《左传》，公孙归父因为他父亲拥立了鲁宣公，受到宣公宠信。他想铲除专权已久的三桓（季孙氏、孟孙氏和叔孙氏），以扩大公室权力，便和宣公谋划，前往晋国，想借晋国人的力量来铲除三桓。

【译文】

【经】鲁大夫公孙归父到晋国去。

【经】冬，十月，壬戌[①]，公薨于路寝。

【传】正寝也。

【注释】

①壬戌：当为该年十月的二十六日。

【译文】

【经】冬天，十月，壬戌（二十六）日，鲁宣公在正寝去世。

【传】是死得其所。

【经】归父还自晋[①]。

【传】还者，事未毕也。自晋，事毕也。与人之子守其父之殡[②]，捐殡而奔其父之使者[③]，是亦奔父也。

【注释】

①还自晋：公孙归父出使途中鲁宣公去世，季文子在国内对公孙归父发起责难，驱逐了他的族人。据《左传》，公孙归父从晋国回国，走到柽（chēng）地时，听说了宣公去世和家族被逐的消息后，就筑了一座祭坛，用帐帷围住，将他的副手当做宣公，向他复命。

然后脱去上衣，用麻束起头发，在自己的位子上哭悼宣公。之后，逃到齐国去了。

②人之子：指公孙归父之子。其父：指鲁宣公。这几句话的主语是鲁成公，宣公之子。这里是说鲁成公与公孙归父的儿子一起为宣公守灵。殡：灵柩。

③奔：使动用法，使……出奔，即放逐、驱逐。

【译文】

【经】鲁大夫公孙归父从晋国回来。

【传】“还”，就是事情没有办完。“自晋”，就是事情办完了。和别人的儿子为自己的父亲守灵，抛弃了守灵而放逐自己父亲的使者，这也是放逐自己的父亲。

【经】至柽[①]，遂奔齐。

【传】遂，继事也。

【注释】

①柽（chēng）：宋地，在今河南淮阳西北。

【译文】

【经】公孙归父到了柽地，接着逃到了齐国去。

【传】遂，表示后一件事接着前一件事。

成公

【题解】

鲁成公(？—公元前573年在世,公元前591年—前573年在位),姬姓,名黑肱,鲁国第二十一代国君,鲁宣公之子,生母为鲁宣公夫人穆姜,在鲁宣公去世后即位为国君。

鲁成公在位期间,执政大夫为“三桓”季孙氏之季孙行父,对外附晋抗齐,成公二年,在鞍之战中打败齐国。成公七年,《春秋》经文首次记载了吴国事件,标志吴国开始崛起。成公十五年,晋楚鄢陵之战中晋国战胜,重新夺回霸权,而楚国不断遭到吴国骚扰,国势下行。

在鲁国内部,“三桓”把持国政,于成公元年改革了军赋制度,实行了丘甲制度。

元年

【经】元年,春,王正月,公即位。

【译文】

【经】成公元年,春天,周王的正月,鲁成公即位。

【经】二月，辛酉[①]，葬我君宣公。

【注释】

①辛酉：当为该年二月的二十七日。

【译文】

二月，辛酉（二十七）日，安葬我们的国君鲁宣公。

【经】无冰[①]。

【传】终时无冰则志，此未终时而言无冰，何也？终无冰矣，加之寒之辞也[②]。

【注释】

①冰：结冰。

②加之寒之辞：施加于最寒冷的时候的说法。鲁用周历，周历的二月相当于今天农历的十二月，是一年中最寒冷的时候，此时未结冰，则这一季节就不会结冰了。

【译文】

【经】没有结冰。

【传】整个季节没有结冰才记载，这时这个季节还没有结束却说没有结冰，为什么呢？到这一季节最后也不会结冰了，因为这是用在最寒冷的时候的说法了。

【经】三月，作丘甲[①]。

【传】作，为也。丘为甲也。丘甲，国之事也。丘作甲，非正也。丘作甲之为非正，何也？古者立国家，百官具，农工皆有职以事上。古者有四民:有士民[②],有商民[③],有农民[④],有工民[⑤]。夫甲,非人人之所能为也。丘作甲,非正也。

【注释】

①丘:地方基层组织之名,据《司马法》:"九夫为井,四井为邑,四邑为丘,四丘为甸。"甲:甲有二义,铠甲或甲士,《穀梁传》认为是"铠甲"之义。"作丘甲"即"丘作甲",所谓丘甲制度即驱使一丘的民众来制作铠甲。据《左传》,鲁国是为了预防齐国入侵而整顿军备。

②士民:学道习艺的人。

③商民:经商者。

④农民:耕种者。

⑤工民:工匠。

【译文】

【经】三月,实行丘甲制度。

【传】作,是制造的意思。以丘为单位让民众制造铠甲。建立丘甲制度,是涉及整个国家的事。以丘为单位让民众制造铠甲,不合正道。以丘为单位让民众制造铠甲不合正道,为什么呢?古时建立国家,各种官职都具备,农民工匠都有所从事的职业来事奉国君。古时有四种群体:有士民,有商民,有农民,有工民。铠甲,不是人人都能制造的,以丘为单位让民众制造铠甲,不合正道。

【经】夏,臧孙许及晋侯盟于赤棘[①]。

【注释】

①臧孙许:鲁国大夫,复姓臧孙,名许,字宣叔,臧孙辰之子。晋侯:

晋景公。赤棘：晋地，今在何处不详。据《左传》，这次结盟是因为鲁国听说齐国打算与楚国一同来犯。

【译文】

【经】夏天，鲁大夫臧孙许和晋景公在晋地赤棘结盟。

【经】秋，王师败绩于贸戎[1]。

【传】不言战，莫之敢敌也[2]。为尊者讳敌不讳败，为亲者讳败不讳敌，尊尊亲亲之义也。然则孰败之？晋也。

【注释】

①王：指周定王姬瑜，公元前606年—前586年在位。贸戎：戎人的一支。据《左传》，晋国曾为周王室和戎人调停，讲和之后，刘康公趁戎人不备突袭戎人希望侥幸取胜，结果打了败仗。

②敌：匹敌，对等。

【译文】

【经】秋天，周定王的军队被贸戎打败。

【传】不说“战”，是因为不敢将戎人与周王对等。为身份尊贵的人避讳说与之对等不避讳说打败仗，为关系亲密的人避讳说打败仗不避讳说与之对等，是尊重尊贵的人亲近亲密的人的道理。然而是谁打败了他呢？是晋国。

【经】冬，十月。

【传】季孙行父秃，晋郄克眇[1]，卫孙良夫跛，曹公子手偻[2]，同时而聘于齐。齐使秃者御秃者，使眇者御眇者[3]，使跛者御跛者，使偻者御偻者。萧同侄子处台上而笑之[4]，闻于客[5]，客不说而去，相与立胥闾而语[6]，移日不解[7]。齐人有知之者,曰:“齐之患,必自此始矣!”

【注释】

①郄(xì)克:晋大夫,名将。眇(miǎo):一只眼瞎。

②公子手:曹国大夫,名手。

③御:用同“迓”,迎接。

④萧同侄子:姓同,字侄子。本萧国人,其母改嫁齐惠公,生齐顷公。他与齐顷公是同母异父的兄弟。

⑤客:客人,指前来访问的这四个人。

⑥胥闾:门名。

⑦移日:太阳移动,指不短的一段时间。解:散开,离去。

【译文】

【经】冬天,十月。

【传】鲁大夫季孙行父头秃,晋国大夫郄克一只眼瞎,卫国大夫孙良夫腿瘸,曹国公子手驼背,同时到齐国访问。齐国派头秃的人迎接头秃的人,派一只眼瞎的人去迎接一只眼瞎的人,派腿瘸的人去迎接腿瘸的人,派驼背的人去迎接驼背的人。萧国的同侄子在台上笑他们,被客人听见了,客人不高兴地离开,一起立在胥闾下面说话,过了好一段时间都没有散开。齐国有知道了这件事的人,说:“齐国的祸患,一定从此开始了。”

二年

【经】二年,春,齐侯伐我北鄙[1]。

【注释】

①齐侯:齐顷公姜无野,齐桓公之孙,侯爵。

【译文】

【经】成公二年，春天，齐顷公讨伐我鲁国的北部边境。

【经】夏，四月，丙戌[①]，卫孙良夫帅师及齐师战于新筑[②]，卫师败绩。

【注释】

①丙戌：当为该年四月的二十九日。

②新筑：卫地，在今河北魏县南。据《左传》，卫本欲趁齐伐鲁之时侵齐，不期与回国途中的齐军遭遇，两军在新筑交战，卫军战败。

【译文】

【经】夏天，四月，丙戌（二十九）日，卫国大夫孙良夫率军和齐国军队在新筑交战，卫军战败。

【经】六月，癸酉[①]，季孙行父、臧孙许、叔孙侨如、公孙婴齐帅师[②]，会晋郤克、卫孙良夫、曹公子手，及齐侯战于鞍[③]，齐师败绩。

【传】其日，或曰日其战也，或曰日其悉也[④]。曹无大夫，其曰公子，何也？以吾之四大夫在焉，举其贵者也。

【注释】

①癸酉：当为该年六月的十七日。

②季孙行父：鲁国大夫，公子季友之孙。臧孙许：鲁国大夫，复姓臧孙，名许，字宣叔，臧孙辰之子。叔孙侨如：鲁卿，叔孙得臣之子。公孙婴齐：鲁大夫，叔肸（xī）之子。是鲁文公之孙。

③鞍:齐地,在今山东济南附近。据《左传》,卫国新筑战败后,向晋国乞师,晋君派郤克帅八百乘出战,与以齐顷公为统帅的齐军战于此地,齐军大败,这就是历史上有名的鞍之战。《左传》对于此次战役有详细记载,可参见。

④悉:全。指鲁国的四位大夫都参加了这次战斗。

【译文】

【经】六月,癸酉(十七)日,鲁大夫季孙行父、臧孙许、叔孙侨如、公孙婴齐率军,会同晋国的郤克、卫国的孙良夫、曹国的公子手,和齐顷公在鞍交战,齐军战败。

【传】经文记载了日期,有人说是因为交战所以记载日期,有人说是因为四大夫全都参战。曹国没有周王命封的大夫,经文说"公子",为什么呢?因为我们的四位大夫都被记载了,所以用尊贵的称呼称他。

【经】秋,七月,齐侯使国佐如师[①]。己酉[②],及国佐盟于爰娄[③]。

【传】鞍,去国五百里[④];爰娄,去国五十里。壹战绵地五百里,焚雍门之茨[⑤],侵车东至海[⑥]。君子闻之曰:"夫甚甚之辞焉[⑦],齐有以取之也。"齐之有以取之,何也?败卫师于新筑,侵我北鄙,敖郤献子[⑧],齐有以取之也。爰娄在师之外[⑨]。郤克曰:"反鲁、卫之侵地,以纪侯之甗来[⑩],以萧同侄子之母为质,使耕者皆东其亩[⑪],然后与子盟。"国佐曰:"反鲁、卫之侵地,以纪侯之甗来,则诺。以萧同侄子之母为质,则是齐侯之母也[⑫],齐侯之母犹晋君之母也,晋君之母犹齐侯之母也。使耕者尽东其亩,则是终土齐也[⑬]。不可。请壹战,壹战不克,请再。再不克,请三。三不克,请四。四不克,请五。五不克，举国而授。”于是而与之盟。

【注释】

①国佐：齐国大夫，国归父之子。如师：到军队中来。指到晋、鲁、卫、曹联军中来求和。

②己酉：当为该年六月的二十三日。

③爰(yuán)娄：齐地，在今山东临淄偏西。

④国：国都。这里指齐国国都。

⑤雍门：齐国国都的城门。茨：用茅草作屋顶的屋子。

⑥侵车：入侵他国的战车。

⑦甚甚之辞：严重又严重的说法。指诸国趁齐国战败穷追不舍，乃至于东海，十分过分。

⑧敖：嘲笑，戏弄。郤(xì)献子：即郤克。

⑨师：指晋师，意思是说晋军已经逼近到齐国国都了。

⑩甗(yǎn)：一种炊具，上下两层，中间有箅(bì)子，陶制或青铜制，纪侯之甗为青铜制作，或是齐灭纪时所得。

⑪亩：农田间高畦，即田垄、田埂。古人种田，依地势水势使田间道路为南北向或东西向，修建的沟渠与道路亦随此方向，大约齐人之田垄、道路多南北向，于晋向东进军齐国有所不利，故郤克要求改变方向为东西向。

⑫齐侯之母：萧同侄子是齐顷公同母异父的兄弟，所以萧同侄子之母即齐侯之母。

⑬终：表示统括，皆，尽。土：占领。

【译文】

【经】秋天，七月，齐顷公派大夫国佐到联军中来。己酉(二十三)日，和国佐在爰娄结成盟约。

【传】鞍，距离齐国国都五百里；爰娄，距离国都五十里。一次作战绵延了五百里的土地,烧毁了雍门的屋子,入侵的战车往东到了海边。君子听说了之后说:“这是非常严重的说法,但齐国是咎由自取。”齐国是咎由自取的,为什么呢?因为齐国在新筑打败了卫国,入侵我鲁国的北部边境,嘲笑郄献子,所以说齐国是咎由自取。爰娄已在晋军的外面了。晋国统帅郄克说:“归还鲁、卫被侵占的土地,将纪侯之甗送来,把萧同侄子的母亲送来当人质,让耕田的人将田垄全都改为东西走向,这样之后与你缔结盟约。”齐大夫国佐说:“归还鲁、卫被侵占的土地,将纪侯之甗送来,可以。让萧同侄子的母亲当人质,这是齐国国君的母亲,齐国国君的母亲就如同晋国国君的母亲一样,晋国国君的母亲也如同齐国国君的母亲一样。让耕田的人将田垄全都改成东西走向,那这是要全部占领齐国。不能答应。请让我们再交战一次,一次不胜,请交战第二次。第二次不胜,请交战第三次。第三次不胜,请交战第四次。第四次不胜,请交战第五次。第五次不胜,把整个国家都给你们。”因此联军便与国佐缔结盟约。

【经】八月,壬午①,宋公鲍卒②。

【注释】

①壬午:当为该年八月的二十七日。

②宋公鲍:宋国国君,姓子,名鲍,谥文,为宋文公。

【译文】

八月,壬午(二十七)日,宋国国君子鲍去世。

【经】庚寅①,卫侯速卒②。

【注释】

①庚寅:当为该年的九月五日,此处系于八月下,疑误。

②卫侯速：卫国国君，姓姬，名速，谥穆，为卫穆公。

【译文】

【经】庚寅（九月初五）日，卫国国君卫穆公姬速去世。

【经】取汶阳田[①]。

【注释】

①汶阳：汶水北岸。这是齐国依照爰娄之盟归还的鲁国土地。

【译文】

【经】鲁国取回了汶水北岸的土地。

【经】冬，楚师、郑师侵卫。

【译文】

【经】冬天，楚军、郑军入侵卫国。

【经】十有一月，公会楚公子婴齐于蜀[①]。

【传】楚无大夫，其曰公子，何也？婴齐亢也[②]。

【注释】

①婴齐：楚国令尹，字子重，楚庄王之弟。蜀：鲁地，在今山东泰安西。

②亢：傲慢。

【译文】

【经】十一月，鲁成公和楚国公子婴齐在蜀地会面。

【传】楚国没有天子册封的大夫，经文称公子，为什么呢？因为婴齐太傲慢。

【经】丙申[①]，公及楚人、秦人、宋人、陈人、卫人、郑人、齐人、曹人、邾人、薛人、缯人盟于蜀。

【传】楚其称人，何也？于是而后公得其所也[②]。会与盟同月，则地会，不地盟；不同月，则地会、地盟。此其地会、地盟，何也？以公得其所，申其事也[③]。今之屈[④]，向之骄也。

【注释】

①丙申：当为该年十一月的十二日。

②得其所：得到了他的位置。指鲁成公得到了应有的尊严。这是与前一条经文对比而言的，前面将婴齐与成公对举，表明成公很没有尊严。

③申：重复申说。

④屈：屈辱。指楚国被称“人”的屈辱是由于之前婴齐的傲慢。

【译文】

【经】丙申（十一月十二）日，鲁成公和楚国人、秦国人、宋国人、陈国人、卫国人、郑国人、齐国人、曹国人、邾国人、薛国人、缯国人在蜀地结盟。

【传】对楚国称“人”，为什么呢？从这之后鲁成公才得到尊严。会面与缔结盟约在同一个月，那就记载会面的地点，不记载结盟的地点；不在同一个月，那就既记载会面的地点，又记载结盟的地点。这里经文既记载会面的地点，又记载结盟的地点，为什么呢？因为鲁成公得到了尊严，所以重复申说这件事。现在的屈辱，是因为之前的傲慢。

三年

【经】三年，春，王正月，公会晋侯、宋公、卫侯、曹伯伐郑[①]。

【注释】

①晋侯、宋公、卫侯、曹伯：晋景公姬獳（nòu）；宋国新即位的宋共公子瑕，一作子固，公爵，公元前588年—前576年在位；卫国新即位的卫定公姬臧，卫穆公之子，侯爵，公元前588年—前577年在位；曹宣公姬庐，一作姬强，曹文公之子，伯爵，公元前594年—前578年在位。伐郑：据《左传》，诸侯伐郑是因为在邲之战中，郑国与晋国为敌。

【译文】

【经】成公三年，春天，周王的正月，鲁成公会同晋景公、宋共公、卫定公、曹宣公讨伐郑国。

【经】辛亥[①]，葬卫穆公。

【注释】

①辛亥：当为该年正月的二十八日。

【译文】

【经】辛亥（正月二十八）日，安葬卫穆公。

【经】二月，公至自伐郑。

【译文】

【经】二月，鲁成公伐郑归来告祭祖庙。

【经】甲子[1]，新宫灾[2]，三日哭。

【传】新宫者，祢宫也[3]。三日哭，哀也。其哀，礼也[4]。迫近不敢称谥[5]，恭也。其辞恭且哀，以成公为无讥矣。

【注释】

①甲子：当为该年二月的十二日。

②新宫：新死之君的牌位迁入庙寝之前要将庙寝粉饰一新，故谓之新庙，亦称新宫。

③祢(nǐ)宫：父庙。

④礼：据《礼记·檀弓篇》："有焚其先人之室，则三日哭。"

⑤迫近不敢称谥：指鲁宣公和鲁成公相去不远，不能称谥号，对于远祖如鲁隐公、鲁桓公等则可以称谥。

【译文】

【经】甲子(二月十二)日，新的庙寝发生火灾，痛哭三天。

【传】新宫，就是父庙。痛苦三日，是表达哀痛。这样表达哀痛，是符合礼制的。隔得太近不敢称呼他的谥号，是恭敬。经文的言辞恭敬并且哀痛，表明鲁成公是没有什么可以指责的。

【经】乙亥[1]，葬宋文公。

【注释】

①乙亥：当为该年二月的二十三日。

【译文】

【经】乙亥(二月二十三)日,安葬宋文公。

【经】夏,公如晋①。

【注释】

①如晋:到晋国去。据《左传》,鲁成公到晋国去是为了答谢晋国让齐国归还了土地。

【译文】

【经】夏天,鲁成公到晋国去。

【经】郑公子去疾帅师伐许①。

【注释】

①去疾:郑国大夫,字子良。据《左传》:"许恃楚而不事郑,郑子良伐许。"

【译文】

【经】郑国公子姬去疾帅军讨伐许国。

【经】公至自晋。

【译文】

【经】鲁成公从晋国回来告祭祖庙。

【经】秋,叔孙侨如帅师围棘①。

【注释】

①棘：鲁地，在今山东肥城东南。据《左传》，叔孙侨如占取汶阳之田，原已为齐所有的棘地不服，因此率军包围棘地。

【译文】

【经】秋天，鲁大夫叔孙侨如帅军包围了棘地。

【经】大雩①。

【注释】

①大雩(yú)：天旱求雨的祭祀。大雩是大旱求大雨的祭祀，国君亲临国都南郊，谢过自责，使童男童女各八人边舞边呼雨。

【译文】

【经】鲁国举行大雩之祭。

【经】晋郄克、卫孙良夫伐墙咎如①。

【注释】

①墙咎如：狄族的一个部族，隗(wěi)姓。据《左传》，这次讨伐是“讨赤狄之余焉”。

【译文】

【经】晋国统帅郄克、卫国大夫孙良夫讨伐狄人部族墙咎如。

【经】冬，十有一月，晋侯使荀庚来聘①。卫侯使孙良夫来聘。

【注释】

①荀庚：晋国大夫，荀林父之子。

【译文】

【经】冬天，十一月，晋景公派荀庚作为使者来访问。卫定公派孙良夫作为使者来访问。

【经】丙午[①]，及荀庚盟。丁未[②]，及孙良夫盟。

【传】其日，公也。来聘而求盟[③]，不言及者[④]，以国与之也。不言其人，亦以国与之也。不言求，两欲之也。

【注释】

①丙午：当为该年十一月的二十八日。

②丁未：当为该年十一月的二十九日。

③来聘而求盟：来访问而请求结盟。表明不是前定之盟。

④不言及者：不说“公及……盟”。

【译文】

【经】丙午（二十八）日，和晋大夫荀庚缔结盟约。丁未（二十九）日，和卫大夫孙良夫缔结盟约。

【传】经文记载日期，因为鲁成公是主持盟会的人。来访问而请求结盟，不说是谁主持盟会，因为是以鲁国的名义与他们结盟。不说是谁订立的盟约，也是因为是以鲁国的名义与他们结盟的。不说“求”，因为双方都想结盟。

【经】郑伐许。

【译文】

【经】郑国讨伐许国。

四年

【经】四年,春,宋公使华元来聘[①]。

【注释】

①华元:宋国大夫。来聘:来访问。据《左传》,华元来访是因为宋国新君即位,遣使来访以示友好。

【译文】

【经】成公四年,春天,宋共公派大夫华元作为使者来鲁国访问。

【经】三月,壬申[①],郑伯坚卒[②]。

【注释】

①壬申:依历法推算,该年三月无壬申,二月二十五日有壬申,疑误。

②郑伯坚:郑国国君,姓姬,名坚,谥襄,为郑襄公。

【译文】

【经】三月,壬申日,郑襄公姬坚去世。

【经】杞伯来朝[①]。

【注释】

①杞伯来朝:据《左传》,杞国国君想休掉鲁国嫁到杞国为夫人的叔

姬，所以先来朝。杞伯，似当为杞桓公姒姑容，伯爵，公元前636年—前567年在位。

【译文】

【经】杞国国君来访问。

【经】夏，四月，甲寅①，臧孙许卒②。

【注释】

①甲寅：当为该年四月的初八日。

②臧孙许：鲁国大夫，复姓臧孙，名许，字宣叔，臧孙辰之子。

【译文】

【经】夏天，四月，甲寅（初八）日，鲁大夫臧孙许去世。

【经】公如晋。

【译文】

【经】鲁成公到晋国去。

【经】葬郑襄公。

【译文】

【经】安葬了郑襄公姬坚。

【经】秋，公至自晋。

【译文】

【经】秋天，鲁成公从晋国回来告祭祖庙。

【经】冬，城郓[①]。

【注释】

①郓（yùn）：鲁有二郓，此为西郓，在今山东郓城东。

【译文】

【经】冬天，鲁国修筑郓地的城墙。

【经】郑伯伐许[①]。

【注释】

①郑伯：郑国新即位的国君郑悼公姬费，郑襄公之子，伯爵。正式举行即位仪式时间为下年的公元前586年，因同年不能有两国君年号。

【译文】

【经】郑悼公讨伐许国。

五年

【经】五年，春，王正月，杞叔姬来归[①]。

【传】妇人之义[②]，嫁曰归，反曰来归。

【注释】

①杞叔姬：嫁与杞国国君为妻的鲁君之女。

②妇人之义：《春秋》记载妇人的义例。

【译文】

【经】成公五年，春天，周王的正月，嫁到杞国去的叔姬回到鲁国。

【传】《春秋》记载妇人的义例，出嫁称作"归"，被遣返称作"来归"。

【经】仲孙蔑如宋①。

【注释】

①仲孙蔑：鲁国大夫，为公孙敖之孙，文伯谷之子，亦称孟献子。仲孙蔑这是去答谢去年华元来访。

【译文】

【经】鲁大夫仲孙蔑到宋国去。

【经】夏，叔孙侨如会晋荀首于谷①。

【注释】

①荀首：晋国大夫，荀林父之弟。谷：齐地，在今山东东阿。据《左传》，荀首前往齐国为晋景公迎娶齐女，叔孙侨如在谷地为他们送去食物。

【译文】

【经】夏天，鲁大夫叔孙侨如在谷地和晋国的荀首会面。

【经】梁山崩①。

【传】不日，何也？高者有崩道也②。有崩道，则何以书也？曰：梁山崩，壅遏河三日不流③。晋君召伯尊而问焉④。

伯尊来,遇辇者[5],辇者不辟[6],使车右下而鞭之[7]。辇者曰:“所以鞭我者,其取道远矣[8]。”伯尊下车而问焉,曰:“子有闻乎?”对曰:“梁山崩,壅遏河三日不流。”伯尊曰:“君为此召我也,为之奈何?”辇者曰:“天有山,天崩之。天有河,天壅之。虽召伯尊,如之何?”伯尊由忠问焉[9],辇者曰:“君亲素缟,帅群臣而哭之,既而祠焉,斯流矣。”伯尊至,君问之曰:“梁山崩,壅遏河三日不流,为之奈何?”伯尊曰:“君亲素缟,帅群臣而哭之,既而祠焉,斯流矣。”孔子闻之,曰:“伯尊其无绩乎[10]!攘善也[11]。”

【注释】

①梁山:晋之望,为晋国所祭名山,在今陕西韩城。

②道:事理,规律。

③壅遏:阻塞,阻止。河:黄河。

④伯尊:晋国大臣。

⑤辇:用人挽拉的辎重车。

⑥辟:同“避”,躲避,回避。

⑦车右:车上乘三人,位于右边的武士称为车右。

⑧取道:所走的路程,这句话的意思是把鞭打我的时间用在赶路上,可以走很远的路了。

⑨由忠:即由衷,发自内心。

⑩绩:功绩。

⑪攘:窃取。

【译文】

【经】梁山崩塌。

【传】不记载日期,为什么呢?因为高山有崩塌的规律。有崩塌的规律，那为什么还要记载呢？回答说：梁山崩塌，阻塞了黄河，三天不能流动。晋景公召见伯尊来询问。伯尊前来朝见，遇到一个拉车的人，车夫没有躲避。伯尊让车右的武士下车去鞭打他。车夫说："所用来鞭打我的时间，大概可以走很远的路程了。"伯尊下车来问他，说："你听说什么了吗？"车夫说："梁山崩塌，阻塞了黄河，三天不能流动。"伯尊说："国君就是为了这件事召见我的，该怎么办呢？"车夫说："上天创造了高山，上天又让它崩塌。上天创造了黄河，上天又堵塞了它。即使召见了伯尊，又有什么办法呢？"伯尊发自内心地询问他，车夫说："国君亲自穿白色丧服，率领群臣哭泣，哭完之后祭祀它，就会流动了。"伯尊到了，晋景公询问他说："梁山崩塌，阻塞了黄河，三日没有流动，怎么办呢？"伯尊说："国君亲自穿白色丧服，率领群臣哭泣，哭完之后祭祀它，就会流动了。"孔子听说了这件事，说："伯尊没有功绩啊！偷窃别人的善言。"

【经】秋，大水。

【译文】

【经】秋天，大水成灾。

【经】冬，十一月，己酉[①]，天王崩[②]。

【注释】

①己酉：当为该年十一月的十二日。

②天王：周天子，这里是周定王姬瑜，公元前 606 年—前 586 年在位。

【译文】

【经】冬天，十一月，己酉(十二)日，周天子周定王去世。

【经】十有二月,己丑[1],公会晋侯、齐侯、宋公、卫侯、郑伯、曹伯、邾子、杞伯[2],同盟于虫牢[3]。

【注释】

①己丑:当为该年十二月的二十三日。

②晋侯、齐侯、宋公、卫侯、郑伯、曹伯、邾子、杞伯:晋景公姬獳(nòu)、齐顷公姜无野、宋共公子瑕,一作子固、卫定公姬臧、郑悼公姬费、曹宣公姬庐,一作姬强、邾定公曹玃(jué)且、杞桓公姒姑容。

③虫牢:郑地,在今河南封丘北。

【译文】

【经】十二月,己丑(二十三)日,鲁成公和晋景公、齐顷公、宋共公、卫定公、郑悼公、曹宣公、邾定公、杞桓公会面,在虫牢缔结盟约。

六年

【经】六年,春,王正月,公至自会。

【译文】

【经】成公六年,春天,周王的正月,鲁成公从会盟地回国告祭祖庙。

【经】二月,辛巳[1],立武宫[2]。

【传】立者,不宜立也。

【注释】

①辛巳:当为该年二月的十六日。

②武宫：据《左传》，此为纪念武功的建筑物，为纪念鞍之战的胜利而立。鞍之战在成公二年。

【译文】

【经】二月，辛巳（十六）日，建立武宫。

【传】立，就是不应该建立的意思。

【经】取鄟[①]。

【传】鄟，国也。

【注释】

①鄟（zhuān）：国名，鲁之附庸国，在今山东郯（tán）城东北。

【译文】

【经】鲁国夺取了鄟地。

【传】鄟，是一个国家。

【经】卫孙良夫帅师侵宋[①]。

【注释】

①侵宋：据《左传》，此次侵宋的是晋、卫、郑以及戎人的联军，原因是宋国没有参加去年的虫牢之盟。

【译文】

【经】卫国大夫孙良夫率军入侵宋国。

【经】夏，六月，邾子来朝。

【译文】

【经】夏天，六月，郳定公来访问。

【经】公孙婴齐如晋[①]。

【注释】

①公孙婴齐如晋：据《左传》，公孙婴齐到晋国去，晋国要求鲁攻宋。公孙婴齐，鲁大夫，叔肸(xī)之子。

【译文】

【经】鲁大夫公孙婴齐到晋国去。

【经】壬申[①]，郑伯费卒[②]。

【注释】

①壬申：当为该年六月的初九日。

②郑伯费：郑国国君，姓姬，名费，谥悼，即郑悼公。

【译文】

【经】壬申（初六）日，郑国国君姬费去世。

【经】秋，仲孙蔑、叔孙侨如帅师侵宋。

【译文】

【经】秋天，鲁大夫仲孙蔑、叔孙侨如率军入侵宋国。

【经】楚公子婴齐帅师伐郑[①]。

【注释】

①公子婴齐：楚国令尹，字子重，楚庄王之弟。据《左传》，楚伐郑是因为郑又归顺晋国。

【译文】

【经】楚国公子婴齐率军讨伐郑国。

【经】冬，季孙行父如晋[①]。

【注释】

①季孙行父如晋：据《左传》，晋国决定迁都到新田，行父访晋表示祝贺。如晋，到晋国去。

【译文】

【经】冬天，鲁大夫季孙行父到晋国去。

【经】晋栾书帅师救郑[①]。

【注释】

①栾书：晋国大夫，此时为中军帅。

【译文】

【经】晋国大夫栾书率军救援郑国。

七年

【经】七年，春，王正月，鼷鼠食郊牛角[①]。

【传】不言日，急辞也[②]，过有司也[③]。郊牛日展斛角而知伤[④]，展道尽矣，其所以备灾之道不尽也。

【注释】

①鼷(xī,旧读 xí)鼠:鼠类最小的一种,古人以为有毒,啮人畜至死不觉痛,又称甘口鼠。据《本草纲目》(集解)引陈藏器曰:"鼷鼠极细,卒不可见,食人皮牛马等皮肤成疮,至死不觉。"食:咬食。

②急辞:急促、急迫的说法。

③过:责备。有司:有关部门,这里是指负责饲养郊牛的官员。

④展:查看,审视。斛角:当为"觓(qiú)角",弯曲的牛角。

【译文】

【经】成公七年,春天,周王的正月,鼷鼠咬伤了用作郊祭的牛的角。

【传】没有说日期,是语气急促的言辞,是在责备养牛的官吏。对于郊祭所用之牛每天查看它的牛角因而知道受伤了,检查的职责是尽到了的,但是他防备灾害的职责没有尽到。

【经】改卜牛,鼷鼠又食其角。

【传】又,有继之辞也。其,缓辞也,曰亡乎人矣,非人之所能也,所以免有司之过也。

【译文】

【经】换了一头牛来占卜,鼷鼠又咬了它的角。

【传】"又",是表示接着又发生了的说法。"其",是表示宽缓的说法,意思是说这是与人无关的,不是人力所能及的,是用来免除饲牛官吏过错的。

【经】乃免牛。

【传】乃者,亡乎人之辞也。免牲者,为之缁衣纁裳,有司玄端,奉送至于南郊。免牛亦然。免牲不曰不郊[①],免牛亦然。

【注释】

①免牲不曰不郊：免牲了就不说不郊了。因为郊祭一定要用到牲，若免牲，则郊祭也不会举行了。

【译文】

【经】于是放了牛。

【传】“乃”，是与人无关的说法。所谓“免牲”，就是要为用作祭祀的牛穿上黑色上衣，浅红色的下裙，饲牛人穿上黑色的礼服，把它送到南郊去。所谓“免牛”也是这样。免牲了就不用说不举行郊祭了，免牛了也一样。

【经】吴伐郯[①]。

【注释】

①吴：国名，姬姓，子爵。始祖是周太王之子太伯、仲雍，在今江苏、上海大部和安徽、浙江的一部分，建都于吴（今江苏苏州）。此为吴国首见于《春秋》。郯（tán）：国名，少昊之后，己姓，子爵，故城在今山东郯城西南。

【译文】

【经】吴国讨伐郯国。

【经】夏，五月，曹伯来朝[①]。

【注释】

①曹伯：曹宣公姬庐，一作姬强，伯爵，公元前594年—前578年在

位，死于麻隧之战军中。

【译文】

【经】夏天，五月，曹宣公来访问。

【经】不郊，犹三望。

【译文】

【经】不举行郊祭，仍然举行了三望之祭。

【经】秋，楚公子婴齐帅师伐郑。

【译文】

【经】秋天，楚国的公子婴齐率军讨伐郑国。

【经】公会晋侯、齐侯、宋公、卫侯、曹伯、莒子、邾子、杞伯救郑[①]。八月，戊辰[②]，同盟于马陵[③]。

【注释】

①公：鲁成公姬黑肱，侯爵，公元前590年—前573年在位。晋侯、齐侯、宋公、卫侯、曹伯、莒子、邾子、杞伯：晋景公姬獳（nòu），又名姬据，侯爵，晋文公之孙，公元前599年—前581年在位；齐顷公姜无野，侯爵，公元前598年—前582年在位；宋共公子瑕，一作子固，公爵，公元前588年—前576年在位；卫定公姬臧，侯爵，公元前588年—前577年在位；曹宣公姬庐，一作姬强，伯爵，公元前594年—前578年在位；莒渠丘公己朱，子爵，公元前608年—前578年在位；邾定公貜且，子爵，公元前614年—前573年

在位;杞桓公姒姑容,伯爵,公元前636年—前567年在位。

②戊辰:当为该年八月的十一日。

③马陵:卫地,在今河北大名东南。据《左传》,马陵之盟一是为了重申虫牢之盟,一是因为莒国加入了晋国阵营。

【译文】

【经】鲁成公会同晋景公、齐顷公、宋共公、卫定公、曹宣公、莒渠丘公、邾定公、杞桓公救援郑国。八月,戊辰(十一)日,在马陵缔结盟约。

【经】公至自会。

【译文】

【经】鲁成公从会盟地回国告祭祖庙。

【经】吴入州来[①]。

【注释】

①州来:国名,迭属吴、楚,后为吴所灭。在今安徽凤台。据《左传》,晋国与吴国通好,帮助吴国发展军事并教唆吴国背叛楚国,以牵制楚国,使不能北上争霸。

【译文】

【经】吴国进入州来国。

【经】冬,大雩[①]。

【传】雩,不月而时,非之也。冬无为雩也。

【注释】

①大雩(yú):天旱求雨的祭祀。大雩是大旱求大雨的祭祀,国君亲临国都南郊,谢过自责,使童男童女各八人边舞边呼雨。

【译文】

【经】冬天,举行大雩之祭。

【传】举行雩祭,不记载月份而只记载季节,是指责这件事。冬天不需要举行雩祭。

【经】卫孙林父出奔晋[①]。

【注释】

①孙林父:卫国大夫,孙良父之子,谥文,又称孙文子。据《左传》,因卫定公恶之,遂出奔晋,其采邑戚也同时归晋,同年卫定公如晋,晋反戚于卫,但孙林父仍留晋。

【译文】

【经】卫国的孙林父出奔到晋国去。

八年

【经】八年,春,晋侯使韩穿来言汶阳之田[①],归之于齐。

【传】于齐,缓辞也,不使尽我也[②]。

【注释】

①晋侯:晋景公姬獳(nòu)。韩穿:晋国大夫。汶阳之田:汶水之北的田地。原为鲁地,被齐霸占,成公二年,晋景公主导的多国联军战胜了齐国,迫使齐国将汶阳之田归还给了鲁国。这次晋又游说鲁国重新归还给齐国。

②尽：完全占有。

【译文】

【经】成公八年，春天，晋景公派韩穿作为使者来鲁国游说汶水北边的土地，让鲁国归还给齐国。

【传】说"于齐"，是表示宽缓的说法，不让齐国完全占有我鲁国的土地。

【经】晋栾书帅师侵蔡。

【译文】

【经】晋国栾书率军入侵蔡国。

【经】公孙婴齐如莒①。

【注释】

①如莒(jǔ)：据《左传》，鲁大夫公孙婴齐到莒国是去娶妻。

【译文】

【经】鲁大夫公孙婴齐到莒国去。

【经】宋公使华元来聘①。

【注释】

①宋公：宋共公子瑕，一作子固。华元：宋国执政大臣。宋戴公五世孙，华督曾孙。宋大夫，六卿之一，历任昭、文、共、平四君。来聘：来访问。据《左传》，这是为宋共公聘定共姬为夫人，共姬为穆姜所生，鲁成公姊妹，以宋共公之谥为谥，故称共姬。

【译文】

【经】宋共公派执政大臣华元作为使者来鲁访问。

【经】夏，宋公使公孙寿来纳币[1]。

【注释】

①公孙寿：宋国大夫。纳币：下聘礼，订婚之后，男方将聘礼送往女方家中。

【译文】

【经】夏天，宋共公派大夫公孙寿作为使者来鲁下聘礼。

【经】晋杀其大夫赵同、赵括[1]。

【注释】

①赵同、赵括：赵衰之子，据《左传》，晋文公重耳流亡回国之后，将自己的女儿嫁给赵衰，是为赵姬，生赵同、赵括、赵婴。赵姬让赵衰将其流亡狄国时所取之妻叔隗和其所生之子赵盾接回国，并坚持让叔隗为嫡妻，赵盾为嫡子，而自己为庶妻，赵同、赵括、赵婴为庶子。后来赵盾生赵朔，赵朔娶晋成公之女为妻，赵朔早逝，谥庄，故称其妻为赵庄姬，晋景公时，赵婴与赵庄姬通奸，此时赵同为赵家族长，将赵婴驱逐到齐国。赵庄姬遂向晋景公诬陷赵同、赵括要谋反，加上栾氏、郤氏作证，晋景公将赵氏灭族，仅有赵朔与赵庄姬之子赵武幸存。

【译文】

【经】晋国杀了他们的大夫赵同、赵括。

【经】秋，七月，天子使召伯来锡公命①。

【传】礼有受命，无来锡命②，锡命，非正也。曰天子，何也？曰见一称也③。

【注释】

①天子：周简王姬夷，周定王姬瑜之子，公元前586年—前572年在位。召伯：召桓公，周简王的卿士。

②锡(cì)命：天子赐命职位、爵禄的文书或礼品。按周礼，诸侯新君即位，须朝见周天子，天子赐给衣冠，称“受命”。但当时礼乐崩溃，新君即位而不朝见天子，周天子也只好派人将册命送去，即称“锡命”。锡，同“赐”。

③一：另一，另外。这是《春秋》中首见“天子”的称呼。

【译文】

【经】秋天，七月，周简王派大夫召伯作为使者来鲁国赐给成公命封。

【传】按照礼制只有受命，没有锡命，锡命，是不合正道的。称“天子”，为什么呢？回答说是周王的另一个称呼。

【经】冬，十月，癸卯①，杞叔姬卒②。

【注释】

①癸卯：当为该年十月的二十三日。

②叔姬：成公五年从杞国归到鲁国的叔姬。

【译文】

【经】冬天，十月，癸卯(二十三)日，嫁给杞国国君的叔姬去世。

【经】晋侯使士燮来聘[①]。

【注释】

①士燮(xiè):晋大夫,士会之子,谥文子,又称士文子、范文子。来聘:来访问。据《左传》,士燮来访是要鲁国一起伐郯。

【译文】

【经】晋景公派大夫士燮作为使者来访问。

【经】叔孙侨如会晋士燮、齐人、邾人伐郯。

【译文】

【经】鲁大夫叔孙侨如会同晋国的士燮、齐国人、邾国人讨伐郯国。

【经】卫人来媵[①]。

【传】媵浅事也,不志。此其志何也?以伯姬之不得其所[②],故尽其事也[③]。

【注释】

①来媵(yìng):送还陪嫁的女子。媵,遣女陪嫁。据《左传》:"凡诸侯嫁女,同姓媵之。"指一国国君之女嫁与另一国国君,其他同姓国家要送女陪嫁。

②不得其所:指不得善终。襄公三十年,伯姬死于火灾。

③尽:详尽记述。

【译文】

【经】卫国人送来陪嫁的女子。

【传】送还陪嫁女子是小事，不记载。这里经文为什么记载了呢？因为伯姬最后没有得到好的归宿，所以详尽地记述她的事情。

九年

【经】九年，春，王正月，杞伯来逆叔姬之丧以归①。

【传】传曰：夫无逆出妻之丧而为之也②。

【注释】

①杞伯：杞桓公姒姑容。丧(sāng)：遗体，灵柩。

②夫无逆出妻之丧而为之也：丈夫没有接回已休弃的妻子的灵柩来为她治办丧事的。据《左传》，杞桓公来接回叔姬的灵柩是鲁国要求的，同时也是为了和鲁国保持良好的关系。

【译文】

【经】成公九年，春天，周王的正月，杞桓公来鲁接回叔姬的灵柩。

【传】《传》说：丈夫没有接回已休弃的妻子的灵柩来为她治办丧事的。

【经】公会晋侯、齐侯、宋公、卫侯、郑伯、曹伯、莒子、杞伯①，同盟于蒲②。

【注释】

①晋侯、齐侯、宋公、卫侯、曹伯、莒子、杞伯：晋景公、齐顷公、宋共公、卫定公、曹宣公、莒渠丘公、杞桓公。郑伯：郑国新即位的国君郑成公姬睔(gùn)，郑悼公之弟，伯爵，公元前584年—前571年在位。

②蒲：卫地，在今河南长垣。

【译文】

【经】鲁成公和晋景公、齐顷公、宋共公、卫定公、郑成公、曹宣公、莒渠丘公、杞桓公会面,在蒲地缔结盟约。

【经】公至自会。

【译文】

【经】鲁成公从会盟地回国告祭祖庙。

【经】二月,伯姬归于宋。

【译文】

【经】二月,鲁伯姬嫁到宋国去。

【经】夏,季孙行父如宋致女[①]。

【传】致者,不致者也。妇人在家制于父,既嫁制于夫。如宋致女,是以我尽之也[②]。不正,故不与内称也[③]。逆者微,故致女。详其事,贤伯姬也。

【注释】

①致女:女子出嫁之后,又派遣大夫随加聘问,所谓"存谦敬,序殷勤"。从鲁国出去访问它国称"致",他国嫁女给鲁国之后来访问称"聘"。《穀梁传》则认为是伯姬不满于嫁到宋国,故鲁国派大夫前往说服,不合经文之意。

②尽:完全占有。这里引申为管教的意思,就是说仍然是由鲁国在

约束她，不合妇人之道。

③内称：指称季孙行父为使。

【译文】

【经】夏天，鲁大夫季孙行父到宋国访问。

【传】说“致”，就是不该“致”。妇女在家的时候要接受父亲的约束，已经出嫁就要接受丈夫的约束。到宋国去劝说伯姬，这仍然是父亲在管教她。不合正道，所以不称他为使者。来迎亲的人身份低下，所以去劝说伯姬。详细地记载这件事，是认为伯姬很贤惠。

【经】晋人来媵。

【传】媵，浅事也，不志，此其志何也？以伯姬之不得其所，故尽其事也。

【译文】

【经】晋国人来鲁送还陪嫁的女子。

【传】送还陪嫁女子是小事，不记载。这里经文为什么记载了呢？因为伯姬最后没有得到好的归宿，所以详尽地记述她的事情。

【经】秋，七月，丙子①，齐侯无野卒②。

【注释】

①丙子：依历法推算，该年七月无丙子日，疑误。

②齐侯无野：齐国国君，姓姜，名无野，谥顷，是为齐顷公。

【译文】

【经】秋天，七月，丙子日，齐顷公姜无野去世。

【经】晋人执郑伯[1]。

【注释】

①晋人执郑伯：据《左传》，本年春天，郑与楚讲和，晋国不满，于是在郑成公到晋国的时候将他囚禁。郑伯，郑成公姬睔(gùn)。

【译文】

【经】晋国人拘押了郑成公。

【经】晋栾书帅师伐郑。

【传】不言战，以郑伯也。为尊者讳耻，为贤者讳过，为亲者讳疾[1]。

【注释】

①疾：缺点。

【译文】

【经】晋国大夫栾书率军讨伐郑国。

【传】不说“战”，因为栾书是押着郑国国君郑成公去的。要为身份尊贵的人讳言羞耻之事，为贤能的人讳言过错的事，为亲近的人讳言缺点。

【经】冬，十有一月，葬齐顷公。

【译文】

【经】冬天，十一月，安葬了齐顷公。

【经】楚公子婴齐帅师伐莒。庚申[①]，莒溃[②]。

【传】其日，莒虽夷狄，犹中国也。大夫溃莒而之楚[③]，是以知其上为事也[④]。恶之，故谨而日之也。

【注释】

①庚申：当为该年十一月的十七日。

②莒溃：莒国溃败。据《左传》，楚国从陈国发兵攻莒，攻下渠丘，但莒国俘虏了楚国公子平，楚国要求莒国不要杀公子平，愿意归还莒国俘虏，莒国还是杀了公子平。于是楚国攻打莒国国都，接着又攻打了莒国的郓城。

③溃：使败乱。

④知：据钟文烝，此处的“知”当为“判”之误字。

【译文】

【经】楚国公子婴齐率军讨伐莒国。庚申（十一月十七）日，莒国溃败。

【传】经文记载日期，因为莒国虽然是夷狄之邦，仍然相当于中原国家。大夫让莒国败乱而逃到楚国，这是把背叛自己的国君作为常事。厌恶这种行为，所以慎重地记载它的日期。

【经】楚人入郓[①]。

【注释】

①楚人入郓：长年为鲁、莒争夺，此时属莒，故楚人破莒之后又入郓。郓，此为东郓，在今山东沂水东北。

【译文】

【经】楚国人进入莒地郓城。

【经】秦人、白狄伐晋[①]。

【注释】

①秦人、白狄伐晋：据《左传》，秦人、白狄伐晋是因为诸侯们对晋国不在一心，于是趁机伐晋。白狄，狄人中的一部，主要分布在今陕北一带。

【译文】

【经】秦国人、白狄讨伐晋国。

【经】郑人围许[①]。

【注释】

①郑人围许：据《左传》，郑围许是为了让晋国误以为他们并不想急着救出郑成公。这是郑大夫公孙申出的主意，他说："我们出军围攻许国，给晋国造成我们要改立国君的假象，也暂不派使者去晋国谈判，这样晋国一定会送国君回来。"许国是男爵姜姓国，其国都在今河南许昌市区偏东一带。围许，包围许国国都。

【译文】

【经】郑国人包围许国国都。

【经】城中城[①]。

【传】城中城者，非外民也。

【注释】

①城：修筑城墙。中城：内城，这里是指鲁国国都曲阜的内城。

【译文】

【经】鲁国修筑国都内城的城墙。

【传】记载修筑内城的城墙，是指责将民众排斥在外。

十年

【经】十年，春，卫侯之弟黑背帅师侵郑[①]。

【注释】

①黑背：人名，卫穆公之子，卫定公姬臧之弟。侵郑：据《左传》，是晋国要求卫国入侵郑国的。

【译文】

【经】成公十年，春天，卫成公的弟弟黑背率军入侵郑国。

【经】夏，四月，五卜郊，不从，乃不郊。

【传】夏，四月，不时也。五卜，强也[①]。乃者，亡乎人之辞也[②]。

【注释】

①强：勉强。

②亡乎人：与人无关，指人力所不能及。

【译文】

【经】夏天，四月，五次占卜郊祭，结果都不吉利，于是不举行郊祭。

【传】夏天，四月，不是郊祭的季节。五次占卜，太勉强了。“乃”，是与人无关的说法。

【经】五月，公会晋侯、齐侯、宋公、卫侯、曹伯①，伐郑②。

【注释】

①晋侯：据《左传》，晋景公生病不起，晋人立太子州蒲为君，与诸侯会合伐郑。齐侯：齐国新即位的国君齐灵公姜环，齐顷公之子，侯爵，公元前581年—前554年在位。宋公、卫侯、曹伯：宋共公、卫定公、曹宣公。

②伐郑：据《左传》，郑国的公子班听说了叔申的计谋后于三月便更立公子繻(rú)为国君。四月，郑国人杀了公子繻，另立髡(kūn)顽为国君。晋国的栾书认为既然郑国人立了新国君，晋囚禁郑成公就没有用了，不如攻打郑国，把郑成公送回去，以使郑国求和。于是诸侯伐郑，郑国的子罕为了求和，把郑襄公庙里的钟贿赂给了晋国。子然在修泽与晋国和诸侯们会盟，子驷到晋国做人质。

【译文】

【经】五月，鲁成公会合晋国新君太子州蒲、齐国新君齐灵公、宋国国君宋共公、卫国国君卫定公、曹国国君曹公，讨伐郑国。

【经】齐人来媵。

【译文】

【经】齐国人来鲁送还陪嫁的女子。

【经】丙午①，晋侯獳卒②。

【注释】

①丙午：当为该年的六月初六日，此处或误系五月条下，或漏记“六

月”二字。

②晋侯獳：晋国国君，姓姬，名獳，谥景，为晋景公。

【译文】

【经】丙午（六月初六）日，晋景公姬獳去世。

【经】秋，七月，公如晋[1]。

【注释】

①如晋：秋天，鲁成公到晋国访问，晋国人强迫成公留下，让他为景公送葬。

【译文】

【经】秋天，七月，鲁成公到晋国去。

【经】冬，十月。

【译文】

【经】冬天，十月。

十一年

【经】十有一年，春，王三月，公至自晋。

【译文】

【经】成公十一年，春天，周王的三月，鲁成公从晋国回来告祭祖庙。

【经】晋侯使郤犨来聘[1]。

【注释】

①晋侯：晋厉公姬寿曼，《左传》作姬州蒲，晋景公之子，侯爵，公元前580年—前573年在位。郄犨(xìchōu)：晋国大夫，郄克之堂弟。

【译文】

【经】晋厉公派遣郄犨作为使者来鲁访问。

【经】己丑[1]，及郄犨盟。

【注释】

①己丑：当为该年三月的二十四日。

【译文】

【经】己丑(三月二十四)日，鲁成公和晋大夫郄犨缔结盟约。

【经】夏，季孙行父如晋。

【译文】

【经】夏天，鲁大夫季孙行父到晋国去。

【经】秋，叔孙侨如如齐。

【译文】

【经】秋天，鲁大夫叔孙侨如到齐国去。

【经】冬，十月。

【译文】

【经】冬天，十月。

十二年

【经】十有二年，春，周公出奔晋[①]。

【传】周有入无出[②]。其曰出，上下一见之也[③]。言其上下之道无以存也。上虽失之，下孰敢有之[④]？今上下皆失之矣。

【注释】

①周公：周王室的太宰称周公。

②周有入无出：周可以言“入”，不可以言“出”。由于“溥天之下，莫非王土”，“王者无外”，所以不言“出”。

③一：全，都。

④上虽失之，下孰敢有之：天子即使有失君道，臣下谁敢仿效而不尽臣道。

【译文】

【经】成公十二年，春天，周王室太宰出奔到晋国。

【传】对于周可以说“入”不可以说“出”。经文说“出”，君臣都显现出来了。是说君臣之道都不存在了。天子即使有失君道，臣下谁敢效仿而不尽臣道呢？现在君臣都有失其道了。

【经】夏，公会晋侯、卫侯于琐泽[①]。

【注释】

①晋侯、卫侯：晋厉公姬寿曼、卫定公姬臧。琐泽：晋地，可能在今

河北西南部晋冀豫三省交界的涉县境内。

【译文】

【经】夏天，鲁成公和晋厉公、卫定公在琐泽会面。

【经】秋，晋人败狄于交刚[1]。

【传】中国与夷狄不言战，皆曰败之。夷狄不日。

【注释】

①晋人败狄于交刚：据《左传》，夏天的时候，狄人趁晋、楚讲和偷袭晋国，自己却不设防，秋天的时候晋国将狄人打败。交刚，晋地，在今山西隰(xí)县。

【译文】

【经】秋天，晋国人在交刚打败狄人。

【传】中原国家与夷狄不说“战”，都说打败了他们。对于夷狄不记载日期。

【经】冬，十月。

【译文】

【经】冬天，十月。

十三年

【经】十有三年，春，晋侯使郤锜来乞师[1]。

【传】乞，重辞也。古之人重师，故以乞言之也。

【注释】

①晋侯：晋厉公姬寿曼。郤锜（xìqí）：晋国大夫，郤克之子。

【译文】

【经】成公十三年，春天，晋国国君派郤锜来鲁国乞求军队。

【传】乞求，是表示重视的说法。古时候的人重视军队，所以用乞求来说这件事。

【经】三月，公如京师[①]。

【传】公如京师不月，月，非如也。非如而曰如，不叛京师也。

【注释】

①如京师：到京城去。此处“如京师”是因为要“伐秦”而路过京师，并非专门前去朝见周王。

【译文】

【经】三月，鲁成公到京师去。

【传】鲁成公到京师去是不应记载月份的，记载了月份，就不是专门去的。不是专门去的却说“如”，表示不敢反叛周王。

【经】夏，五月，公自京师，遂会晋侯、宋公、卫侯、郑伯、曹伯、邾人、滕人伐秦[①]。

【传】言受命不敢叛周也[②]。

【注释】

①晋侯、宋公、卫侯、郑伯、曹伯、邾人、滕人：晋厉公、宋共公、卫定

公、郑成公、曹宣公、邾定公、滕文公姬寿（前599年—前575年在位）。

②受命不敢叛周也：指上句说了“自京师”，显得是得到了周王的命令而去伐秦。

【译文】

【经】夏天，五月，鲁成公从京师出发，接着会同晋厉公、宋共公、卫定公、郑成公、曹宣公、邾定公、滕文公讨伐秦国。

【传】是说接受了周王的命令而不敢背叛周王。

【经】曹伯庐卒于师[①]。

【传】传曰：闵之也[②]。公、大夫在师曰师，在会曰会[③]。

【注释】

①曹伯庐：曹国国君，姓姬，名庐，谥宣，为曹宣公。

②闵：哀伤。

③在师曰师，在会曰会：指说“于师”或者“于会”。

【译文】

【经】曹宣公姬庐在军队中去世。

【传】《传》说：是为他感到哀伤。诸侯、大夫在军队去世就说在军队中，在会盟的时候去世就说在盟会上。

【经】秋，七月，公至自伐秦。

【译文】

【经】秋天，七月，鲁成公从伐秦地归来告祭祖庙。

【经】冬，葬曹宣公。

【传】葬时，正也。

【译文】

【经】冬天，安葬曹宣公。

【传】记载安葬的季节，符合礼制。

十四年

【经】十有四年，春，王正月，莒子朱卒[1]。

【注释】

①莒子朱：姓己，名朱，谥渠丘，为莒渠丘公。

【译文】

【经】成公十四年，春天，周王的正月，莒国国君莒渠丘公己朱去世。

【经】夏，卫孙林父自晋归于卫。

【译文】

【经】夏天，卫大夫孙林父从晋国回到卫国。

【经】秋，叔孙侨如如齐逆女。

【译文】

【经】秋天，鲁大夫叔孙侨如到齐国为鲁成公迎娶夫人。

【经】郑公子喜帅师伐许①。

【注释】

①公子喜：郑国大夫，子子罕，郑穆公之子。

【译文】

【经】郑国大夫公子喜率军讨伐许国。

【经】九月，侨如以夫人妇姜氏至自齐①。

【传】大夫不以夫人②，以夫人非正也。刺不亲迎也。侨如之挈③，由上致之也。

【注释】

①侨如：叔孙侨如。据《左传》，前文称呼他加上了族名"叔孙"是为了尊重国君的命令，这里去掉了族名"叔孙"是为了表示对夫人的尊重。

②以：《穀梁传》认为这里"以"隐含有上对下的意思，所以不能说大夫带着夫人回来。

③挈（jiá）：提，指特用其名，称名不称族。

【译文】

【经】九月，鲁大夫侨如带着夫人妇姜氏从齐国回来告祭祖庙。

【传】不能说大夫"以"夫人，说"以"夫人不合正道。讽刺成公不亲自迎娶。专称侨如的名，因为是由鲁成公来告祭祖庙的。

【经】冬，十月，庚寅①，卫侯臧卒②。

【注释】

①庚寅：当为该年十月的十六日。

②卫侯臧：卫国国君，姓姬，名臧，谥定，为卫定公。

【译文】

【经】冬天，十月，庚寅(十六)日，卫国国君卫定公姬臧去世。

【经】秦伯卒[①]。

【注释】

①秦伯：秦国国君，这里是秦桓公嬴荣，伯爵，公元前604年—前577年在位。

【译文】

【经】秦国国君秦桓公嬴荣去世。

十五年

【经】十有五年，春，王二月，葬卫定公。

【译文】

【经】成公十五年，春天，周王的二月，安葬了卫定公。

【经】三月，乙巳[①]，仲婴齐卒[②]。

【传】此公孙也，其曰仲，何也？子由父疏之也[③]。

【注释】

①乙巳：当为该年三月的初三日。

②仲婴齐：鲁大夫，公子遂之子，公孙归父之弟，为鲁庄公之孙。

③由父疏之：指仲婴齐之父公子遂弑君而立宣公的事。

【译文】

【经】三月，乙巳(初三)日，鲁大夫仲婴齐去世。

【传】这是国君的孙子，经文称“仲”，为什么呢？儿子因为父亲弑君之事而被疏远。

【经】癸丑[①]，公会晋侯、卫侯、郑伯、曹伯、宋世子成、齐国佐、邾人[②]，同盟于戚[③]。

【注释】

①癸丑：当为该年三月的十一日。

②晋侯、卫侯、郑伯、曹伯、宋世子成、齐国佐：晋厉公姬寿曼，一作姬州蒲，侯爵，公元前580年—前573年在位；新即位的卫献公姬衎(kàn)。卫定公之子，侯爵，公元前576年—前559年在位。此年其父去世尚不满一年，不能改君号，故下年方正式算即位年号；郑成公；新君曹成公姬负刍，曹宣公庶子。《左传》称是宣公庶子，伯爵，公元前578年—前555年在位。宋世子成，宋共公的太子子成，当时共公染病不起，由太子代为赴会。六月共公卒。齐国佐，当为齐国的大夫，公室贵族姓姬，名国佐。

③戚：卫地，在今河南濮阳市区内。

【译文】

【经】癸丑(三月十一)日，鲁成公和晋厉公、卫献公、郑成公、曹成公、宋国太子子成、齐国大夫姜国佐、邾国人会面，在戚地缔结盟约。

【经】晋侯执曹伯[①]，归于京师。

【传】以晋侯而斥执曹伯，恶晋侯也。不言"之"[2]，急辞也，断在晋侯也。

【注释】

①晋侯执曹伯：据《左传》，曹宣公去世后，其庶子负刍弑太子而自立为君。这里诸侯在戚地会盟就是为了讨伐他。所以晋厉公在盟会上将他抓捕了。曹伯，曹成公。

②不言"之"：指不说"归之于京师"。

【译文】

【经】晋厉公抓捕了曹成公，送到京师去。

【传】用称"晋侯"来斥责抓了曹成公，是厌恶晋厉公。不说"之"，是表示行动迅速的说法，因为是晋厉公做的决断。

【经】公至自会。

【译文】

【经】鲁成公从会盟地回国告祭祖庙。

【经】夏，六月，宋公固卒[1]。

【注释】

①宋公固：宋国国君，姓子，名固，《史记》《汉书》作名瑕，古代"固"、"瑕"通用，谥共，为宋共公。

【译文】

【经】夏天，六月，宋共公子固去世。

【经】楚子伐郑[1]。

【注释】

①楚子:指楚共王芈(mǐ)审,一作熊审,出土文献作"楚龚王",子爵,公元前590年—前560年在位。

【译文】

【经】楚共王讨伐郑国。

【经】秋,八月,庚辰[1],葬宋共公。

【传】月卒日葬,非葬者也。此其言葬,何也?以其葬共姬[2],不可不葬共公也。葬共姬,则其不可不葬共公,何也?夫人之义不逾君也,为贤者崇也[3]。

【注释】

①庚辰:当为该年八月的初十日。

②共姬:前文提到的嫁到宋共公为夫人,以夫的谥号加在父姓之前,故称共姬。后文说的"葬共姬"指襄公三十年的记载。

③为贤者崇:推崇贤惠的人。《穀梁传》认为伯姬是有贤德的夫人,所以不能在记载安葬这件事上让她不守道义。

【译文】

【经】秋天,八月,庚辰(初十)日,安葬了宋共公。

【传】记载去世的月份和安葬的日期,表明是不该记载他的安葬的。这里说了安葬,为什么呢?因为经文记载共姬的安葬,不可以不记载共公的安葬。记载共姬的安葬,就不可以不记载共公的安葬,为什么呢?夫人的道义是不能超过国君的,这是在推崇贤惠的人。

【经】宋华元出奔晋[1]。

【注释】

①华元：宋大夫，据《左传》，华元为宋国右师，因司马荡泽杀了公子肥而出奔。后被左师鱼石劝回，杀荡泽。其后鱼石搬出国都至睢水边住，华元劝其回国都未果，便回城决开睢水堤坝，鱼石遂出奔到楚。

【译文】

【经】宋国大夫华元出奔到晋国。

【经】宋华元自晋归于宋。

【译文】

【经】宋国大夫华元从晋国回到宋国。

【经】宋杀其大夫山[1]。

【注释】

①山：宋国司马，前注提到的荡泽，其名为山。

【译文】

【经】宋国杀了他们的大夫山。

【经】宋鱼石出奔楚。

【译文】

【经】宋国大夫鱼石出奔到楚。

【经】冬，十有一月，叔孙侨如会晋士燮、齐高无咎、宋华元、卫孙林父、郑公子鳅、邾人，会吴于钟离[1]。

【传】会又会，外之也。

【注释】

①钟离：吴地，在今安徽凤阳。

【译文】

【经】冬天，十一月，鲁大夫叔孙侨如和晋国大夫士燮、齐国大夫高无咎、宋国大夫华元、卫国大夫孙林父、郑国大夫公子鳅、邾国人会面，和吴国人在钟离会面。

【经】许迁于叶[1]。

【传】迁者，犹得其国家以往者也。其地，许复见也。

【注释】

①许迁于叶：据《左传》，许灵公害怕郑国的欺凌，请求迁到楚国。后来楚国的公子芈(mǐ)申把许国迁到了楚国的叶城，成为楚国附庸之国。叶，楚邑，在今河南叶县南。

【译文】

【经】许国将国都迁到叶城。

【传】迁，就是为了保存国家而迁往那里的。记载地点，因为许国还会出现在经文中。

十六年

【经】十有六年，春，王正月，雨，木冰[1]。

【传】雨而木冰也。志异也。传曰：根枝折。

【注释】

①木冰：即今之所谓雾凇。

【译文】

【经】成公十六年，春天，周王的正月，下雨，树木结冰。

【传】下雨然后树木结冰了。是记载奇异的现象。《传》说：树根和树枝都折断了。

【经】夏，四月，辛未[①]，滕子卒[②]。

【注释】

①辛未：当为该年四月的初五日。

②滕子：滕国国君，据《左传》，为滕文公姬寿，子爵。

【译文】

【经】夏天，四月，辛未（初五）日，滕国国君滕文公姬寿去世。

【经】郑公孙喜帅师侵宋[①]。

【注释】

①公孙喜：《左传》、《公羊传》皆作公子喜，《穀梁传》误，公子喜，郑穆公之子，郑国大夫，字子罕。侵宋：据《左传》，郑国此时又与楚国结盟，故攻宋。

【译文】

【经】郑国大夫公孙喜率军入侵宋国。

【经】六月，丙寅[①]，朔，日有食之。

【注释】

①丙寅：依后面“朔”当为六月的第一天，依历法推算，此次日全食发生在该年的五月九日。

【译文】

【经】六月，丙寅日，朔(初一)日，发生日食。

【经】晋侯使栾黡来乞师[①]。

【注释】

①栾黡(yǎn)：晋大夫，栾书之子。来乞师：这是晋国准备出兵攻打郑国。

【译文】

【经】晋厉公派大夫栾黡作为使者来鲁请求出兵。

【经】甲午[①]，晦[②]，晋侯及楚子、郑伯战于鄢陵[③]。楚子、郑师败绩。

【传】日事，遇晦曰晦。四体偏断曰败[④]，此其败则目也[④]。楚不言师，君重于师也。

【注释】

①甲午：当为该年六月(小月)的二十九日。

②晦：晦日，每一月的最后一日。

③晋侯、楚子、郑伯：晋厉公姬寿曼、楚共王芈(mǐ)审、郑成公姬睔

(gùn)。鄢陵:郑地,在今河南鄢陵境内。《左传》对于鄢陵之战有详细记载,可参看。

④四体偏断:四肢都折断。

⑤此其败则目也:据《左传》,晋大夫魏锜射中了楚共王的眼睛,楚共王给养由基两支箭让他射魏锜,养由基一箭射死魏锜,将另一箭归还共王复命。目,眼睛。

【译文】

【经】甲午(二十九)日,六月最后一天,晋厉公和楚共王、郑成公在郑地鄢陵交战。楚共王、郑国军队战败。

【传】记载事情,遇到晦日就要说"晦"。四肢都折断叫"败",这里的"败"是指眼睛。对楚国没有说"楚师",因为国君比军队更重要。

【经】楚杀其大夫公子侧[①]。

【注释】

①公子侧:楚国司马,字子反。鄢陵之战中为楚国中军主将,战败之后,楚共王表示由自己承担战败的责任,免除子反之死。然其时担任楚令尹的子重,以先大夫子玉在城濮之战后自杀的例子相逼,子反自杀。

【译文】

【经】楚国杀了他们的大夫公子侧。

【经】秋,公会晋侯、齐侯、卫侯、宋华元、邾人于沙随[①]。不见公[②]。

【传】不见公者,可以见公也。可以见公而不见公,讥在诸侯也。

【注释】

①晋侯、齐侯、卫侯：晋厉公、齐灵公、卫献公。沙随：宋地，在今河南宁陵西北。据《左传》，诸侯在此相会商议伐郑之事，因郑未服。

②不见公：诸侯们不接见鲁成公。据《左传》，鲁大夫叔孙侨如与成公之母穆姜通奸，侨如想赶走季文子季孙行父和孟献子仲孙蔑，故穆姜在成公出发之前向成公要求放逐二人，成公不从，于是留在鲁国处理好这件事之后才出发赴会，故迟到很久。叔孙侨如使人贿赂晋大夫郤犨，在晋厉公面前说鲁成公迟到是因为在观望晋、楚的胜负，于是诸侯们不见鲁成公。

【译文】

【经】秋天，鲁成公在沙随会见晋厉公、齐灵公、卫献公、宋国大夫华元、邾国人。诸侯们不与成公见面。

【传】不与鲁成公见面，意思是说可以与成公见面。可以见成公而不见成公，是在讥讽诸侯们。

【经】公至自会。

【译文】

【经】鲁成公从会盟地回国告祭祖庙。

【经】公会尹子、晋侯、齐国佐、邾人伐郑[①]。

【注释】

①尹子：周王室大夫，据《左传》为尹武子。

【译文】

【经】鲁成公会同周大夫尹子、晋厉公、齐灵公、邾国人讨伐郑国。

【经】曹伯归自京师[①]。

【传】不言所归，归之善者也。出入不名，以为不失其国也。归为善，自某归次之。

【注释】

①曹伯：曹成公姬负刍，去年即位，参加戚地会盟时晋厉公将其拘押，送至周王京师，此记他被放回。

【译文】

【经】曹成公从京师回国。

【传】不说回到哪里去，是对于“归”的好的说法。出国回国都不说他的名字，是认为他没有失去他的国家。说“归”是最好的，说“自某归”稍差一点。

【经】九月，晋人执季孙行父，舍之于苕丘[①]。

【传】执者不舍，而舍，公所也[②]。执者致，而不致，公在也。何其执而辞也？犹存公也。存意，公亦存也？公存也。

【注释】

①晋人执季孙行父，舍之于苕丘：据《左传》，鲁大夫叔孙侨如使人在郤犨（xìchōu）面前诋毁季孙行父，故晋拘押行父，鲁成公派声伯去晋国请求放人，晋大夫士燮（xiè）也在栾书面前替行父说话，故晋释放了季孙行父。苕（tiáo）丘，晋地，今在何处不详。

②公所也：指鲁成公在苕丘。后文“公在也”也是指成公在苕丘，季

孙行父被释放之后与成公一起回国,所以后面说了“公至自会”就足够了。

【译文】

【经】九月,晋国人抓捕了鲁大夫季孙行父,在苕丘放了他。

【传】被抓的人不说释放他的地方,这里却说了行文被释放的地方,因为鲁成公也在那里。被抓的人回来应说告祭祖庙,这里却没有说告祭祖庙,因为成公在。为什么要说“执”呢?还是表明成公在苕丘。保存了这个意思,成公就在那里吗?成公在。

【经】冬,十月,乙亥①,叔孙侨如出奔齐②。

【注释】

①乙亥:当为该年十月的十二日。

②出奔齐:鲁成公回国后就驱逐了叔孙侨如,立其弟叔孙豹为叔孙氏继承人。

【译文】

【经】冬天,十月,乙亥(十二)日,叔孙侨如出奔到齐国。

【经】十有二月,乙丑①,季孙行父及晋郤犫盟于扈②。

【注释】

①乙丑:当为该年十二月的初三日。

②扈(hù):郑地,在今河南原阳西。

【译文】

【经】十二月,乙丑(初三)日,鲁大夫季孙行父和晋国大夫郤犫在扈地缔结盟约。

【经】公至自会。

【译文】

【经】鲁成公从会盟地回来告祭祖庙。

【经】乙酉[①]，刺公子偃[②]。

【传】大夫日卒，正也。先刺后名，杀无罪也。

【注释】

①乙酉：当为该年十二月的二十三日。

②公子偃：鲁成公庶弟。据《左传》，成公母亲穆姜要求成公放逐孟献子与季文子时，曾威胁成公说可废成公而立公子偃或公子钽。此独杀公子偃，或是因为公子偃参与了叔孙侨如的谋划。

【译文】

【经】乙酉(十二月二十三)日，鲁刺杀了公子偃。

【传】大夫记载去世的日期，符合正道。先说刺杀再说名字，表明杀害的是无罪的人。

十七年

【经】十有七年，春，卫北宫括帅师侵郑[①]。

【注释】

①卫北宫括帅师侵郑：据《左传》，卫侵郑是因为郑侵晋，于是卫侵郑以救晋。北宫括，卫国大夫，复姓北宫，名括。

【译文】

【经】成公十七年，春天，卫国大夫北宫括率军入侵郑国。

【经】夏，公会尹子、单子、晋侯、齐侯、宋公、卫侯、曹伯、邾人，伐郑[①]。

【注释】

①尹子、单子、晋侯、齐侯、宋公、卫侯、曹伯：尹武公、单襄公、晋厉公、齐灵公、宋平公、卫献公、曹成公。尹子，尹国国君尹武公，尹国为姞(jí)姓诸侯国，建国者为尹吉甫，公爵，尹武公情况不详。单子，单襄公，单当系王畿内封国，在今河南洛阳。宋公，宋国国君宋平公子成，宋共公之子，公爵，公元前575年—前532年在位。

【译文】

【经】夏天，鲁成公会同尹武公、单襄公、晋厉公、齐灵公、宋平公、卫献公、曹成公、邾国人，讨伐郑国。

【经】六月，乙酉[①]，同盟于柯陵[②]。

【传】柯陵之盟，谋复伐郑也[③]。

【注释】

①乙酉：当为该年六月的二十六日。

②柯陵：郑地，在今河南许昌市区南，临颍北。

③复：又，再。

【译文】

【经】六月，乙酉(二十六)日，诸侯在柯陵缔结盟约。

【传】柯陵之盟，是商量再次讨伐郑国。

【经】秋，公至自会。

【传】不曰至自伐郑也，公不周乎伐郑也[①]。何以知公之不周乎伐郑？以其以会致也。何以知其盟复伐郑也？以其后会之人尽盟者也。不周乎伐郑，则何为日也？言公之不背柯陵之盟也。

【注释】

①周：坚定。

【译文】

【经】秋天，鲁成公从会盟地回国告祭祖庙。

【传】不说从讨伐郑国之地回来，鲁成公在讨伐郑国这件事上不够坚定。怎么知道成公在讨伐郑国这件事上不坚定呢？因为经文说从会盟地回国。怎么知道柯陵之盟要再次讨伐郑国呢？因为后来又会盟的国家都是柯陵之盟的国家。在讨伐郑国的事情上不坚定，那为什么要记载日期呢？是为了说成公没有背叛柯陵之盟。

【经】齐高无咎出奔莒[①]。

【注释】

①齐高无咎出奔莒(jǔ)：据《左传》，齐国的庆克和齐灵公之母声孟子通奸，被大夫国佐得知，声孟子向灵公诬告高无咎和国佐欲谋反，于是高无咎被灵公驱逐。高无咎之子率领其封地庐邑的人叛乱，灵公派庆克平乱，其时国佐正与诸侯围郑，知道国内动乱之后回国杀了庆克，与灵公讲和。后来被灵公所杀。高无咎，齐国大夫。

【译文】

【经】齐国大夫高无咎出奔到莒国。

【经】九月，辛丑[①]，用郊[②]。

【传】夏之始可以承春[③]。以秋之末承春之始，盖不可矣。九月用郊，用者，不宜用也。宫室不设，不可以祭。衣服不修，不可以祭。车马器械不备，不可以祭。有司一人不备其职，不可以祭。祭者，荐其时也，荐其敬也，荐其美也[④]，非享味也。

【注释】

①辛丑：当为该年九月的十三日。

②用郊：举行郊祭。

③承：接续，承接。这里的意思是夏之始接着春天，尚可举行本应在春天举行的祭祀，但是在秋天举行就不合适了。

④荐其时也，荐其敬也，荐其美也：进献季节的时鲜，进献虔敬的心意，进献丰美的礼物。

【译文】

【经】九月，辛丑（十三）日，举行郊祭。

【传】夏天的开始还可以承接着春天。用秋天的末尾承接初春，大概就不可以了。九月举行郊祭，说举行，就是不应该举行的意思。宗庙没有布置好，不可以举行祭祀。衣服没有整理好，不可以举行祭祀。车马器具没有准备好，不可以举行祭祀。负责祭祀的官吏有一人没有就位，不可以举行祭祀。祭祀，是要进献季节的时鲜，进献虔诚的心意，进献丰美的礼物，而不是只让神灵享受美味。

【经】晋侯使荀罃来乞师[①]。

【注释】

①晋侯：晋厉公姬寿曼。

②荀罃（yīng）：晋国大夫，荀首之子。

【译文】

【经】晋厉公派大夫荀罃作为使者来鲁国请求出兵。

【经】冬，公会单子、晋侯、宋公、卫侯、曹伯、齐人、邾人伐郑[1]。

【传】言公不背柯陵之盟也。

【注释】

①单子、晋侯、宋公、卫侯、曹伯：单襄公、晋厉公、宋平公、卫献公、曹成公。

【译文】

【经】冬天，鲁成公会同单国国君单襄公、晋国国君晋厉公、宋国国君宋平公、卫国国君卫献公、曹国国君曹成公、齐国人、邾国人讨伐郑国。

【传】这是说鲁成公没有背叛柯陵之盟。

【经】十有一月，公至自伐郑。

【译文】

十一月，鲁成公从伐郑地回到国内祭告祖庙。

【经】壬申[1]，公孙婴齐卒于狸蜃[2]。

【传】十一月无壬申，壬申，乃十月也。致公而后录，臣子之义也。其地，未逾竟也。

【注释】

①壬申：依历法推算该年十一月无壬申，疑误，也许如下面传文所解。

②公孙婴齐：叔肸（xī）之子，鲁文公之孙，故称公孙，谥声伯。狸蜃（shèn）：鲁地，今在何处不详。

【译文】

【经】壬申日，公孙婴齐在狸蜃去世。

【传】十一月没有壬申日，壬申日，是十月的。说成公告祭祖庙之后再记录，是作为臣子应守的道义。记载地点，因为没有超出边境。

【经】十有二月，丁巳[1]，朔，日有食之。

【注释】

①丁巳：据下面"朔"字，当为该年十二月的初一日，但依历法推算，此次日全食发生在该年的十月二十二日。

【译文】

【经】十二月，丁巳日，朔日，发生日食。

【经】邾子貜且卒[1]。

【注释】

①貜（jué）且：邾国国君，姓曹名貜且。

【译文】

【经】邾国国君曹玃且去世。

【经】晋杀其大夫郤锜、郤犨、郤至[①]。

【传】自祸于是起矣[②]。

【注释】

①晋杀其大夫郤锜、郤犨、郤至：据《左传》，晋厉公欲废群臣而立自己的宠臣，胥童是厉公宠臣之一，因其父胥克被前大夫郤（xì）缺所罢免，对郤氏怀恨在心，此时报复郤氏，于是设计杀了三郤锜（qí）、犨（chōu）、至。

②自祸：指明年被杀。

【译文】

【经】晋国杀害了他们的大夫郤锜、郤犨、郤至。

【传】自己的灾祸从这里开始了。

【经】楚人灭舒庸[①]。

【注释】

①舒庸：国名，舒人的一支，故地在今安徽舒城、庐江一带。据《左传》，舒庸趁楚军战败，领着吴国人包围了巢地，攻打驾地，接着又包围了厘、虺（huī）二地。依仗吴国而不加强防备。楚国的公子橐（tuó）师率军偷袭而灭舒庸。

【译文】

【经】楚国人灭亡了舒庸国。

十八年

【经】十有八年，春，王正月，晋杀其大夫胥童[①]。

【注释】

①晋杀其大夫胥童：据《左传》，晋厉公杀三郄之后使胥童为卿，不久之后胥童被将军栾书和荀偃杀了。杀胥童是成公去年年末的事，《春秋》记载于今年年初是以收到晋国的讣告的时间记载的。

【译文】

【经】成公十八年，春天，周王的正月，晋国杀了他们的大夫胥童。

【经】庚申[①]，晋弑其君州蒲[②]。

【传】称国以弑其君，君恶甚矣。

【注释】

①庚申：当为该年正月的初五日。

②晋弑其君州蒲：州蒲（"蒲"疑当作"满"）为晋厉公之名。栾书、荀偃将晋厉公抓了之后让程滑杀了他，埋葬在冀地的东门之外。派荀罃（yīng）、士鲂（fǎng）到京师迎接周子回国，立为国君，为晋悼公。

【译文】

【经】庚申（初五）日，晋国杀了他们的国君州蒲。

【传】以国家的名义杀了他们的国君，表明国君罪过太大了。

【经】齐杀其大夫国佐[①]。

【注释】

①国佐：齐国上卿，国归父之子，谥武，称国武子。

【译文】

【经】齐国杀了他们的大夫国佐。

【经】公如晋①。

【注释】

①如晋：据《左传》，晋国新君即位，鲁成公前去朝拜。

【译文】

【经】鲁成公到晋国去。

【经】夏，楚子、郑伯伐宋①。

【注释】

①楚子、郑伯：指楚共王芈(mǐ)审(公元前590年—前560年在位)、郑成公姬睔(gùn)(公元前584年—前571年在位)。伐宋：据《左传》，这次楚、郑伐宋是为了将出奔到楚的五位宋国大夫送回国。

【译文】

【经】夏天，楚共王、郑成公讨伐宋国。

【经】宋鱼石复入于彭城①。

【注释】

①宋鱼石复入于彭城：鱼石乃宋国叛臣，这次楚国、郑国攻打宋国

的目的是护送鱼石回国，重据彭城。复入，据《左传》："诸侯纳之，曰'归'。以恶曰复入。"彭城，宋地，在今江苏徐州。据《左传》，楚取彭城，以封鱼石。

【译文】

【经】宋国的大夫鱼石再次进入彭城。

【经】公至自晋。

【译文】

【经】鲁成公从晋国回来告祭祖庙。

【经】晋侯使士匄来聘[1]。

【注释】

①晋侯使士匄来聘：据《左传》，这是对鲁成公如晋的回访，以表示感谢。晋侯，指新即位的晋悼公姬周，亦称姬周子，其为被杀的晋厉公之堂侄。公元前573年—前558年在位，是晋文公之后又一霸主，英年早逝，年仅29岁。士匄（gài），士燮（xiè）之子，谥宣子，称士宣子，又因士氏采邑在范，故以范为氏，又可称范宣子。

【译文】

【经】晋悼公派士匄作为使者来鲁国访问。

【经】秋，杞伯来朝[1]。

【注释】

①杞伯：据《左传》，为杞桓公姒姑容，公元前637年—前567年在

位，长达70年。

【译文】

【经】秋天，杞国国君杞桓公来鲁国访问。

【经】八月，邾子来朝[1]。

【注释】

①邾子：据《左传》，为新即位的邾宣公曹牼（kēng），公元前572年—前556年在位。依周礼，旧君死后新君便即位，但登基仪式和纪年必从下年算起，邾定公公元前573年去世，故这年来鲁国朝见的当是尚未正式举行登基仪式和君位纪年的新军邾宣公无疑。

【译文】

【经】八月，邾宣公来鲁国访问。

【经】筑鹿囿[1]。

【传】筑不志，此其志何也？山林薮泽之利[2]，所以与民共也，虞之[3]，非正也。

【注释】

①鹿囿：鲁地，今所在不详。国君饲养动物之所距首都当不会太远，应在今山东济宁一带。囿，饲养动物的园子。

②薮（sǒu）：湖泽的通称。

③虞：官名，管理山林湖泽的官，这里用作动词。

【译文】

【经】修筑鲁地国君饲养动物之所。

【传】修建东西不记载，这里为什么记载了呢？山野森林草地湖泊的资源，是用来与民众共享的，设置虞官管理它，不合正道。

【经】己丑[①]，公薨于路寝。

【传】路寝，正也。男子不绝妇人之手，以齐终也[②]。

【注释】

①己丑：当为该年八月的初七日。

②齐：通“斋”，指清心洁身。

【译文】

【经】己丑（八月初七）日，鲁成公在路寝去世。

【传】路寝，是正寝。男子不能死于女色，要清心洁身而死。

【经】冬，楚人、郑人侵宋。

【译文】

【经】冬天，楚国人、郑国人入侵宋国。

【经】晋侯使士鲂来乞师[①]。

【注释】

①士鲂（fǎng）：晋国大夫。

【译文】

【经】晋悼公派士鲂作为使者来鲁国请求出兵。

【经】十有二月，仲孙蔑会晋侯、宋公、卫侯、邾子、齐崔杼[①]，同盟于虚朾[②]。

【注释】

①仲孙蔑(miè)：即孟孙蔑，谥号孟献子，后多以谥号称，三桓之一，鲁国执政大臣，实际掌权人。晋侯：晋悼公姬周子，侯爵。宋公：宋平公子成，公爵。公元前575年—前532年在位。卫侯：卫献公姬衎(kàn)，侯爵，公元前576年—前559年、公元前546年—前544年在位。

②虚朾(zhēn)：宋地，在今何处不详。

【译文】

【经】十二月，鲁大夫仲孙蔑和晋悼公、宋平公、卫献公、邾宣公、齐国大夫崔杼会面，在虚朾缔结盟约。

【经】丁未[①]，葬我君成公。

【注释】

①丁未：当为该年十二月的二十六日。

【译文】

【经】丁未(十二月二十六)日，安葬了我们的国君鲁成公。

襄公

【题解】

鲁襄公（公元前 575 年—前 542 年在世，公元前 572 年—前 542 年在位），姬姓，名午，鲁国第二十二代国君，鲁成公之子，生母为鲁成公妾定姒，在鲁成公去世后即位为国君。

鲁襄公在位期间，“三桓”轮流执政，襄公无实权，襄公十一年，鲁建立三军，三桓各掌一军，公室权力被进一步瓜分。

国际形势上，晋国在晋楚争霸中占据上风，然连年争霸对各国都是沉重的负担，于是在襄公二十七年，各国在宋国举行了弭兵之会，晋楚暂时讲和。

此外，在襄公二十一年（一说二十二年），孔子出生。

元年

【经】元年，春，王正月，公即位。

【传】继正即位，正也。

【译文】

【经】襄公元年，春天，周王的正月，鲁襄公即位。

【传】继承寿终正寝的国君的君位，合于正道。

【经】仲孙蔑会晋栾黡、宋华元、卫宁殖、曹人、莒人、邾人、滕人、薛人[①]，围宋彭城。

【传】系彭城于宋者[②]，不与鱼石[③]，正也。

【注释】

①"仲孙蔑"句：仲孙蔑，即孟献子，执政大臣。栾黡（yǎn），晋国大臣，将军。以下数人皆本国同样身份。

②系：依附。

③不与鱼石：指去年楚国夺取了彭城，重新封予鱼石。

【译文】

【经】鲁大夫仲孙蔑会合晋国的栾黡、宋国的华元、卫国的宁殖、曹国人、莒国人、邾国人、滕国人、薛国人，围攻宋国的彭城。

【传】把彭城依附于宋国，不将彭城给予宋之叛臣鱼石，是符合正道的。

【经】夏，晋韩厥帅师伐郑。

【注释】

①韩厥：即韩献子，晋国卿大夫，晋悼公时执政大臣兼中军元帅。

【译文】

【经】夏天，晋大夫韩厥率军讨伐郑国。

【经】仲孙蔑会齐崔杼、曹人、邾人、杞人，次于鄫[①]。

【注释】

①鄫（céng）：郑地，在今河南柘城北睢县东南。

【译文】

【经】鲁大夫仲孙蔑同齐国的崔杼、曹国人、邾国人、杞国人会合，驻扎在鄫地。

【经】秋，楚公子壬夫帅师侵宋①。

【注释】

①楚公子壬夫帅师侵宋：据《左传》，楚侵宋是为了救郑。壬夫，楚国令尹大夫，字子辛，楚穆王之子。

【译文】

【经】秋天，楚国公子壬夫率军入侵宋国。

【经】九月，辛酉①，天王崩②。

【注释】

①辛酉：当为该年九月的十五日。

②天王：周天子，这里指周简王姬夷，公元前 586 年—前 572 年在位。

【译文】

【经】九月，辛酉（十五）日，周天子去世。

【经】邾子来朝①。

【注释】

①邾子来朝：邾子来朝与后文卫、晋大夫来聘，都是因为襄公即位而来，对鲁国而言，相对小的国家来访称“朝”，相对大的国家来访称“聘”。来朝，来访问。

【译文】

【经】邾国国君来访问。

【经】冬，卫侯使公孙剽来聘①。

【注释】

①卫侯：卫献公姬衎(kàn)，侯爵，故称。公孙剽：卫国大夫，卫穆公之孙，卫定公之弟子叔黑背之子。

【译文】

【经】冬天，卫献公派公孙剽作为使者来访问。

【经】晋侯使荀罃来聘①。

【注释】

①晋侯：指晋悼公姬周子，侯爵，故称。荀罃(yīng)：晋国大夫，迎立悼公为国君的心腹大臣。

【译文】

【经】晋悼公派荀罃作为使者来鲁访问。

二年

【经】二年，春，王正月，葬简王。

【译文】

【经】襄公二年，春天，周王的正月，安葬周简王。

【经】郑师伐宋[①]。

【注释】

①伐宋：据《左传》："郑师侵宋，楚令也。"

【译文】

【经】郑国军队讨伐宋国。

【经】夏，五月，庚寅[①]，夫人姜氏薨[②]。

【注释】

①庚寅：当为该年五月的十八日。

②夫人姜氏：指鲁成公夫人。薨（hōng）：周代诸侯死亡的称呼。诸侯夫人称小君，故与诸侯死亡同称。

【译文】

【经】夏天，五月，庚寅（十八）日，鲁成公夫人姜氏去世。

【经】六月，庚辰[①]，郑伯睔卒[②]。

【注释】

①庚辰：据历法推算，庚辰距庚寅五十日，杜注定为七月九日，当是，经文所记或不确。

②郑伯睔（gùn）：郑国国君，名睔，谥成，为郑成公，公元前584年—

前 571 年在位。

【译文】

【经】六月，庚辰（七月九）日，郑国国君睔去世。

【经】晋师、宋师、卫宁殖侵郑[1]。

【传】其曰卫宁殖，如是而称于前事也[2]。

【注释】

①宁殖：卫国大夫。

②称于前事：指成公二年，卫侯去世时，郑国曾伐丧，此时卫国报复。此说或不妥。从成公二年至此，成公四年郑襄公姬坚卒、成公六年郑悼公姬费卒，都没有伐丧，此时专门伐丧，于理不合，此处对晋、宋称师，对卫称宁殖大约是因为晋、宋帅师者名位不高，而宁殖是卫卿。称，适合，对等。

【译文】

【经】晋国军队、宋国军队、卫国的宁殖入侵郑国。

【传】经文说"卫宁殖"，像这样就对应于之前的事情了。

【经】秋，七月，仲孙蔑会晋荀罃、宋华元、卫孙林父、曹人、邾人于戚[1]。

【注释】

①"仲孙蔑会"句：据《左传》，这次会盟，齐国及其属国滕、薛、小邾都未与会，晋国不满，仲孙蔑提出了筑虎牢的办法，一则可以逼郑国服晋，一则可以考验齐国是否背盟。戚，卫地，在今河南濮阳市区。

【译文】

【经】秋天，七月，鲁大夫仲孙蔑和晋国的荀罃、宋国的华元、卫国的孙林父、曹国人、邾国人在戚地会面。

【经】己丑[①]，葬我小君齐姜。

【注释】

①己丑：当为该年七月的十八日。

【译文】

【经】己丑（七月十八）日，安葬了我鲁君的夫人齐姜。

【经】叔孙豹如宋[①]。

【注释】

①叔孙豹：鲁国大夫叔孙得臣之子，叔孙侨如之弟，叔孙侨如出奔之后被立为家族继承人。据《左传》，叔孙豹此次到宋国去是通报襄公即位的消息。

【译文】

【经】鲁大夫叔孙豹到宋国去。

【经】冬，仲孙蔑会晋荀罃、齐崔杼、宋华元、卫孙林父、曹人、邾人、滕人、薛人、小邾人于戚[①]，遂城虎牢[②]。

【传】若言中国焉[③]，内郑也[④]。

【注释】

①仲孙蔑、荀罃（yīng）、华元、孙林父：依次为鲁国、晋国、宋国、卫国

执政大臣。

②虎牢：郑邑，在今河南荥阳西。

③中国：国中。

④内郑：接纳郑国。据《左传》，诸侯城虎牢之后，郑国求和，说“内政”就是表示晋国将郑国当做自己阵营的国家。

【译文】

【经】冬天，鲁大夫仲孙蔑和晋国的荀罃、齐国的崔杼、宋国的华元、卫国的孙林父、曹国人、邾国人、滕国人、薛国人、小邾国人在戚地会面，接着修筑虎牢的城墙。

【传】就像说在国中筑城一样，这是把郑国当做自己的国家。

【经】楚杀其大夫公子申①。

【注释】

①公子申：楚国大夫，时任右司马，据《左传》，多受小国贿赂，威逼子重、子辛，遂为楚人所杀。

【译文】

【经】楚国杀了他们的大夫公子申。

三年

【经】三年，春，楚公子婴齐帅师伐吴①。

【注释】

①婴齐：芈婴齐，字子重，以字行。其为楚穆王之子，春秋五霸之一的楚庄王之弟，此时任楚国令尹。

【译文】

【经】襄公三年，春天，楚国的公子婴齐率军讨伐吴国。

【经】公如晋[①]。

【注释】

①据《左传》，这是鲁襄公即位后首次朝见晋国。

【译文】

【经】鲁襄公到晋国去。

【经】夏，四月，壬戌[①]，公及晋侯盟于长樗[②]。

【注释】

①壬戌(xū)：当为该年四月的二十五日。

②盟：当时鲁襄公年仅六岁，其与晋悼公所订盟约当权臣所为。长樗(chū)：樗，晋国地名，今在何处不详，或在晋国国都郊外。

【译文】

【经】夏天，四月，壬戌(二十五)日，鲁襄公和晋悼公在长樗缔结盟约。

【经】公至自晋。

【译文】

【经】鲁襄公从晋国回国告祭祖庙。

【经】六月，公会单子、晋侯、宋公、卫侯、郑伯、莒子、邾子、齐世子光[①]。己未[②]，同盟于鸡泽[③]。

【传】同者，有同也，同外楚也。

【注释】

①单子：单国（王畿内姬姓封国）国君单顷公，伯爵，惯称单伯，此时改称单子。晋侯：晋国国君晋悼公姬周子，侯爵，时为霸主，公元前573年—前558年在位。宋公：宋国国君宋平公子成，公爵，公元前575年—前532年在位。卫侯：卫国国君卫献公姬衎（kàn），侯爵，公元前576年—前559年、公元前546年—前544年在位。郑伯：新即位的郑国国君郑僖公姬髡（kūn）顽。莒（jǔ）子：莒国国君莒犁比公己密州，子爵，公元前577年—前543年在位。邾子：邾国国君邾宣公曹牼（kēng），子爵，公元前572年—前556年在位。齐世子光：齐国国君齐灵公姜环之子，即后来的齐庄公，公元前553年—前548年在位，此次是代父出国结盟。

②己未：当为该年六月的二十三日。

③鸡泽：卫地，在今河北邯郸东北。

【译文】

【经】六月，鲁襄公和单顷公、晋悼公、宋平公、卫献公、郑僖公、莒犁比公、邾宣公、齐国的世子姜光会面。己未（二十三）日，在鸡泽缔结盟约。

【传】同，是有相同之处的意思，共同排斥楚国。

【经】陈侯使袁侨如会[①]。

【传】如会，外乎会也。于会受命也。

【注释】

①陈侯:陈成公妫(guī)午,侯爵,公元前598年—前569年在位。袁侨:陈国大夫,袁涂涛四世孙。如会:到会而未参加会盟。

【译文】

【经】陈成公派袁侨作为使者到会。

【传】"如会",就是在会盟之外。只是在会上接受盟约。

【经】戊寅[1],叔孙豹及诸侯之大夫及陈袁侨盟。

【传】及以及[2],与之也。诸侯以为可与则与之,不可与则释之[3]。诸侯盟,又大夫相与私盟,是大夫张也[4]。故鸡泽之会,诸侯始失正矣[5],大夫执国权。曰袁侨,异之也[6]。

【注释】

①戊(wù)寅:该年六月无戊寅,疑有误字。

②以:表示并列关系,并且,和。这里表示说了两个"及"。

③释:放下,抛开。

④张:骄傲自大。

⑤失正:失去国政。

⑥曰袁侨,异之也:指把袁侨单独列出来而不是并入诸侯之大夫,是因为他和别的大夫不一样,别的大夫是随诸侯一起与会的,袁侨是代表陈成公来与会的。

【译文】

【经】戊寅日,鲁大夫叔孙豹和诸侯的大夫和陈国的袁侨缔结盟约。

【传】"及"和"及",是和的意思。诸侯认为可以和谁结盟就和谁结盟,不可以和谁结盟就抛开谁。诸侯结盟,大夫又互相私下结盟,这是大夫骄傲自大。所以鸡泽之会,标志着诸侯开始失去国政,大夫掌握国家大权。说袁侨,表明袁侨跟别国大夫不一样。

【经】秋,公至自晋。

【译文】

【经】秋天,鲁襄公从晋国回来告祭祖庙。

【经】冬,晋荀罃帅师伐许[1]。

【注释】

①伐许:据《左传》,许国依附楚国,没有参加鸡泽之会,故晋伐许。

【译文】

【经】冬天,晋国的荀罃率军讨伐许国。

四年

【经】四年,春,王三月,己酉[1],陈侯午卒[2]。

【注释】

①己酉(yǒu):该年三月无己酉,疑有误字。

②陈侯午:陈国国君,名午,谥成,为陈成公。

【译文】

【经】襄公四年,春天,周王的三月,己酉日,陈国国君妫午去世。

【经】夏,叔孙豹如晋[1]。

【注释】

①如晋:据《左传》,鲁大夫叔孙豹到晋国去是“报知武子之聘也”。知武子即荀罃。

【译文】

【经】夏天,叔孙豹到晋国去。

【经】秋,七月,戊子①,夫人姒氏薨②。

【注释】

①戊(wù)子:当为该年七月的二十八日。

②姒氏:杜预认为是成公之妾,襄公之母。薨(hōng):诸侯死亡之称,诸侯夫人可同称,此处姒氏虽为鲁成公之妾,不应称“薨”而宜称“卒”,疑因其是现任国君鲁襄公生母而破例。

【译文】

【经】秋天,七月,戊子(二十八)日,鲁成公夫人姒氏去世。

【经】葬陈成公。

【译文】

【经】安葬陈成公妫午。

【经】八月,辛亥①,葬我小君定姒②。

【注释】

①辛亥:当为该年八月的二十二日。

②定：谥号。

【译文】

【经】八月，辛亥（二十二）日，安葬我鲁国的成公夫人定姒。

【经】冬，公如晋。

【译文】

【经】冬天，鲁襄公到晋国去。

【经】陈人围顿[1]。

【注释】

①陈人围顿：据《左传》，楚国令顿攻击陈国，故陈围顿。顿，国名，子爵，姓不详，在今河南项城西北。

【译文】

【经】陈国人包围了顿国。

五年

【经】五年，春，公至自晋。

【译文】

【经】襄公五年，春天，鲁襄公从晋国回来告祭祖庙。

【经】夏，郑伯使公子发来聘[1]。

【注释】

①郑伯使公子发来聘:据《左传》,这是郑国新君即位后首次遣使来访,以示友好。郑伯,郑国国君,伯爵,这里是郑僖公姬髡(kūn)顽。公子发,郑国大夫,郑穆公之子。

【译文】

【经】夏天,郑僖公派公子发作为使者来访问。

【经】叔孙豹、缯世子巫如晋[①]。

【传】外不言如[②],而言如,为我事往也。

【注释】

①缯(céng):亦写作"鄫",国名,姒姓,传为禹后裔。故城在今山东枣庄东。之前鲁襄公访晋时向晋请求让晋的属国缯国成为鲁的属国,晋君答应,此时两国派人前往晋国正式完成属国关系的更改。

②外不言如:即外国人到其他国家去,不说"如"。

【译文】

【经】鲁大夫叔孙豹、缯国的世子姒巫到晋国去。

【传】外国人不说"如",但是说了"如",因为是为了我鲁国的事情去的。

【经】仲孙蔑、卫孙林父会吴于善稻[①]。

【传】吴谓善伊,谓稻缓[②]。号从中国,名从主人。

【注释】

①会吴于善稻:据《左传》,吴国没有参加鸡泽之会,这时派人前来

解释没有参会的原因，且表示愿意与诸侯友好，晋国准备为此而再召集诸侯，于是使鲁、卫先会吴，且告会期。善稻，吴地，在今江苏盱眙(xūyí)北。

②吴谓善伊，谓稻缓：指吴国口音里“善”的音发作“伊”，“稻”的音发作“缓”。即吴国人称“善稻”为“伊缓”。

【译文】

【经】鲁大夫仲孙蔑、卫国大夫孙林父和吴国在善稻会面。

【传】吴国说“善”为“伊”，说“稻”为“缓”。凡属称号的按中原地区的称谓记载；凡属名称的按所属地区或民族的方言记载。

【经】秋，大雩[①]。

【注释】

①大雩(yú)：祭礼名，吉礼的一种，为求雨而祭天。

【译文】

【经】秋天，举行大雩之祭。

【经】楚杀其大夫公子壬夫[①]。

【注释】

①梦杀其大夫公子壬夫：据《左传》，因其贪婪引起陈国叛楚而被杀。公子壬夫，楚国大夫，字子辛，此时担任楚国令尹。

【译文】

【经】楚国杀死了他们的大夫公子壬夫。

【经】公会晋侯、宋公、陈侯、卫侯、郑伯、曹伯、莒子、邾

子、滕子、薛伯、齐世子光、吴人、缯人于戚[①]。

【注释】

①晋侯、宋公、陈侯、卫侯、郑伯、曹伯、莒(jǔ)子、邾子、滕子、薛伯:指晋悼公姬周子、宋平公子成、陈哀公妫(guī)弱(前568年—前534年在位)、卫献公姬衎(kàn)、郑僖公姬髡(kūn)顽、曹成公姬负刍(前578年—前555年在位)、莒犁比公己密州、邾宣公曹牼(kēng)、滕成公姬原(前574年—前539年在位)、疑薛献公任某。戚:卫地,在今河南濮阳市区。

【译文】

【经】鲁襄公和晋悼公、宋平公、陈哀公、卫献公、郑僖公、曹成公、莒犁比公、邾宣公、滕成公、薛国国君、齐国的世子姜光、吴国人、缯国人在戚地会面。

【经】公至自会。

【译文】

【经】鲁襄公从会盟地回国告祭祖庙。

【经】冬,戍陈[①]。

【传】内辞也。

【注释】

①戍(shù)陈:戍守陈国。据《左传》,是前文戚之会的时候晋国要求诸侯国戍守陈国的。

【译文】

【经】冬天，戍守陈国。

【传】是记载鲁国行事的言辞。

【经】楚公子贞帅师伐陈[1]。

【注释】

①公子贞：楚国大夫，字子囊，楚庄王之子，此时为楚国令尹。

【译文】

【经】楚国的公子贞率军讨伐陈国。

【经】公会晋侯、宋公、卫侯、郑伯、曹伯、莒子、邾子、滕子、薛伯、齐世子光救陈。

【译文】

【经】鲁襄公会同晋悼公、宋平公、卫献公、郑僖公、曹成公、莒犁比公、邾宣公、滕成公、薛国国君、齐国的世子姜光救援陈国。

【经】十有二月，公至自救陈。

【传】善救陈也。

【译文】

【经】十二月，鲁襄公从救援陈国之地回来告祭祖庙。

【传】是赞许救援陈国。

【经】辛未[1],季孙行父卒[2]。

【注释】

①辛未:当为该年十二月的二十日。

②季孙行父:公子季友之孙,鲁国执政大臣,执政三十三年,谥文,称季文子。

【译文】

辛未(十二月二十)日,季孙行父去世。

六年

【经】六年,春,王三月,壬午[1],杞伯姑容卒[2]。

【注释】

①壬午:当为该年三月的初二日。

②杞伯姑容:杞国国君,姓姒,名姑容,谥桓,为杞桓公。

【译文】

【经】襄公六年,春天,周王的三月,壬午(初二)日,杞国国君姒姑容去世。

【经】夏,宋华弱来奔[1]。

【注释】

①华弱来奔:据《左传》,华弱与乐辔(pèi)从小要好,长大后常互相戏谑,有一次乐辔发怒,在朝廷上用弓套住华弱的脖子。宋平公看见了,说:"统领军事的司马却被人在朝廷上套住了脖子,打仗

一定难以取胜。"于是把华弱驱逐出国。夏天，华弱逃亡到鲁国。华弱，宋国大夫，当时为司马。

【译文】

【经】夏天，宋国大夫华弱出奔到鲁。

【经】秋，葬杞桓公。

【译文】

【经】秋天，安葬了杞桓公姒姑容。

【经】滕子来朝。

【译文】

【经】滕成公姬原前来鲁国访问。

【经】莒人灭缯[①]。

【传】非灭也[②]。中国日，卑国月，夷狄时。缯，中国也，而时，非灭也。家有既亡[③]，国有既灭。灭而不自知，由别之而不别也[④]。莒人灭缯[⑤]，非灭也，非立异姓以莅祭祀[⑥]，灭亡之道也。

【注释】

①缯(céng)：亦写作"鄫"，国名，姒姓，传为大禹后裔，原附属于晋，去年刚转为鲁的附属国。

②非灭：不是灭亡，指缯国并没有消失。《穀梁传》认为莒国灭缯并

非如同其他灭国一样夺取其土地和百姓，而是为缯国另立一异姓国君，所以说缯国看似没有灭亡，实际已经灭亡。

③既亡：已经灭亡。指名存实亡。

④由别之而不别：指对同姓、异姓应该区别对待。

⑤灭缯：据《左传》，缯国自恃与鲁、晋关系密切，不事莒国，遂为莒国所灭。

⑥莅（lì）：主持。

【译文】

【经】莒国人灭亡了缯国。

【传】不是灭亡。中原国家被灭亡要记载日期，附庸小国被灭亡要记载月份，夷狄之国被灭亡要记载季节。缯国，是中原国家，但是却记载季节，表明不是灭亡。家族有名存实亡的，国家有名存实亡的。实际上灭亡了还不自知，因为对有区别的却不区别对待。说莒人灭缯，不是灭亡，是指责他们立了异姓的人来主持缯国的祭祀，这是他们灭亡的方法。

【经】冬，叔孙豹如邾。

【译文】

【经】冬天，鲁大夫叔孙豹到邾国去。

【经】季孙宿如晋[①]。

【注释】

①季孙宿如晋：据《左传》，晋国对缯国被灭很不满，质问鲁国，季孙宿往晋国听候晋国命令。季孙宿，季孙行父之子，继父为卿。

【译文】

【经】鲁大夫季孙宿到晋国去。

【经】十有二月，齐侯灭莱[1]。

【注释】

①齐侯：这里是齐灵公姜环，公元前581年—前554年在位。莱：国名，又称莱子国、莱夷，属于商周时期东夷古国。妘（yún）姓，子爵。故城在今山东龙口东南。

【译文】

【经】十二月，齐灵公灭亡了莱国。

七年

【经】七年，春，郯子来朝[1]。

【注释】

①郯（tán）子：郯国国君，己姓，子爵，故称。

【译文】

【经】襄公七年，春天，郯国国君来鲁访问。

【经】夏，四月，三卜郊，不从，乃免牲。

【传】夏，四月，不时也。三卜，礼也。乃者，亡乎人之辞也。

【译文】

【经】夏天，四月，三次占卜郊祭，不吉利，于是放了用于祭祀的牛。

【传】夏天，四月，不是郊祭的时候。三次占卜，符合礼制。乃，是与人无关的说法。

【经】小邾子来朝[①]。

【注释】

①小邾子：小邾国国君，颜姓，子爵，故称。该国故城在今山东枣庄山亭区东江村。

【译文】

【经】小邾国国君来鲁访问。

【经】城费[①]。

【注释】

①费(bì)：鲁邑，在今山东鱼台西南。

【译文】

【经】修筑费邑的城墙。

【经】秋，季孙宿如卫[①]。

【注释】

①季孙宿：即季武子，姓姬名宿，时为鲁国执政大臣。

【译文】

【经】秋天，鲁执政大夫季孙姬宿到卫国去。

【经】八月，螽[1]。

【注释】

①螽（zhōng）：蚱蜢一类虫灾。

【译文】

【经】八月，螽虫成灾。

【经】冬，十月，卫侯使孙林父来聘[1]。

【注释】

①卫侯：卫献公姬衎（kàn），侯爵，公元前576年—前559年、公元前546年—前544年在位。

【译文】

【经】冬天，十月，卫献公派大夫孙林父作为使者来鲁访问。

【经】壬戌[1]，及孙林父盟。

【注释】

①壬戌（xū）：当为该年十月的二十一日。

【译文】

【经】壬戌（十月二十一）日，和卫大夫孙林父缔结盟约。

【经】楚公子贞帅师围陈。

【译文】

【经】楚国的公子芈贞率军队包围了陈国。

【经】十有二月，公会晋侯、宋公、陈侯、卫侯、曹伯、莒子、邾子于鄬[①]。

【注释】

①晋侯、宋公、陈侯、卫侯、曹伯、莒子、邾子：晋悼公姬周子、宋平公子成、陈哀公妫溺、卫献公姬衎、曹成公姬负刍、莒犁比公己密州、邾宣公曹牼。鄬(wéi)：郑地，在今河南鲁山境。据《左传》，诸侯会面是救援陈国。

【译文】

【经】十二月，鲁襄公和晋悼公、宋平公、陈哀公、卫献公、曹成公、莒犁比公、邾宣公在鄬地会面。

【经】郑伯髡原如会[①]，未见诸侯。丙戌[②]，卒于操[③]。

【传】未见诸侯，其曰如会，何也？致其志也[④]。礼：诸侯不生名[⑤]。此其生名，何也？卒之名也。卒之名，则何为加之如会之上？见以如会卒也。其见以如会卒，何也？郑伯将会中国，其臣欲从楚，不胜其臣，弑而死。其言不弑，何也？不使夷狄之民加乎中国之君也。其地，于外也。其日，未逾竟也。日卒时葬，正也。

【注释】

①郑伯髡(kūn)原：郑国国君，名髡原(《左传》作髡顽)，谥僖，为郑僖公。据《左传》，郑僖公为太子时，曾先后对子罕、子丰无礼，此次同子驷出国，对子驷不礼，子驷派人将他杀了。

②丙戌：当为该年十二月的十六日。

③卒:这里未用“薨”称诸侯之死,可能是被杀而非正常死亡之故。操:郑地,今在何处不详。

④致:表达,指表达郑僖公有会见诸侯的想法。

⑤生名:活着的时候称名。

【译文】

【经】郑僖公髡原前来会盟,没有见到诸侯。丙戌(十二月十六)日,在操地去世。

【传】没有见到诸侯,经文说“如会”,为什么呢?是表达他的意愿。按照礼制:诸侯活着的时候不称他的名字。这里经文在他活着的时候就称他的名字,为什么呢?是因为他去世了而记载的名字。因为他去世了而记载名字,那为什么放在“如会”的前面呢?显示是因为前来参加会盟而去世的。经文表示是因为前来参加会盟而去世,为什么呢?郑僖公将和中原国家会盟,他的臣下想要跟随楚国,不能战胜他的臣下,被杀害而死。经文没有说“弑”,为什么呢?不让夷狄的人加害中原国家的国君。记载地点,是因为在国都之外。记载日期,是因为没有超出郑国国境。记载去世的日期和安葬的季节,符合正道。

【经】陈侯逃归[①]。

【传】以其去诸侯,故逃之也。

【注释】

①陈侯逃归:据《左传》,陈国留守的大臣想要服从于楚国,于是威胁国君若不回国,则恐要改立国君了。陈哀公于是回国,诸侯于是不救陈。陈侯,陈哀公妫溺。

【译文】

【经】陈哀公逃回国。

【传】因为他离诸侯而去，所以说他是“逃”。

八年

【经】八年，春，王正月，公如晋。

【译文】

【经】襄公八年，春天，周王的正月，鲁襄公到晋国去。

【经】夏，葬郑僖公。

【译文】

【经】夏天，安葬郑僖公。

【经】郑人侵蔡，获蔡公子湿[①]。

【传】人，微者也。侵，浅事也。而获公子，公子病矣[②]。

【注释】

①公子湿：蔡国大夫，蔡庄公之子，当时为蔡国司马。

②病：以为耻辱。

【译文】

【经】郑国人入侵蔡国，俘虏了蔡国的公子湿。

【传】说“人”，表示是身份低微的人。侵，是小规模军事行动。但是俘虏了公子，公子要以此为耻辱了。

【经】季孙宿会晋侯、郑伯、齐人、宋人、卫人、邾人于邢丘[①]。

【传】见鲁之失正也[②]，公在而大夫会也。

【注释】

①郑伯：新即位的郑国国君郑简公姬嘉，郑僖公之子，公元前565年—前530年在位。邢丘：晋地，在今河南温县东北。

②失正：失去国政。指国君失政。

【译文】

【经】鲁执政大夫季孙姬宿和晋悼公、郑简公、齐国人、宋国人、卫国人、邾国人在邢丘会面。

【传】显示鲁国失去国政，鲁襄公在晋国却由大夫去参与会面。

【经】公至自晋。

【译文】

【经】鲁襄公从晋国回来告祭祖庙。

【经】莒人伐我东鄙。

【译文】

【经】莒国人讨伐我国的东部边境。

【经】秋，九月，大雩。

【译文】

【经】秋天，九月，举行大雩之祭。

【经】冬,楚公子贞帅师伐郑[①]。

【注释】

①伐郑:据《左传》,楚伐郑是"讨其侵蔡也"。

【译文】

【经】冬天,楚国的公子芈贞率军讨伐郑国。

【经】晋侯使士匄来聘[①]。

【注释】

①士匄(gài):世称士宣子、范宣子,晋大夫。来聘:据《左传》,士匄来鲁访问是为了答谢鲁襄公在春天对晋国的朝见,同时通报准备对郑国用兵。

【译文】

【经】晋悼公派大夫士匄作为使者来访问。

九年

【经】九年,春,宋灾。

【传】外灾不志,此其志,何也?故宋也[①]。

【注释】

①故宋:是指孔子的祖先是宋国人。故,故人,祖先。

【译文】

【经】襄公九年,春天,宋国国都发生火灾。

【传】外国发生火灾不记载,这里记载了,为什么呢?因为孔子的祖先是宋国人。

【经】夏，季孙宿如晋。

【译文】

【经】夏天，鲁执政大夫季孙姬宿到晋国去。

【经】五月，辛酉[1]，夫人姜氏薨[2]。

【注释】

①辛酉：当为该年五月的二十九日。

②夫人姜氏：穆姜，鲁宣公夫人，鲁成公之母，襄公之祖母。

【译文】

【经】五月，辛酉（二十九）日，鲁宣公夫人姜氏去世。

【经】秋，八月，癸未[1]，葬我小君穆姜。

【注释】

①癸未：当为该年八月的二十三日。

【译文】

【经】秋天，八月，癸未（二十三）日，安葬我鲁国的小君穆姜。

【经】冬，公会晋侯、宋公、卫侯、曹伯、莒子、邾子、滕子、薛伯、小邾子、齐世子光伐郑[1]。

【注释】

①晋侯、宋公、卫侯、曹伯、莒子、邾子、滕子、薛伯、小邾子、齐世子光：晋国国君晋悼公姬周子（前573年—前558年在位）、宋国国君宋平公子成（前575年—前532年在位）、卫国国君卫献公姬衎（kàn）、曹国国君曹成公姬负刍（前578年—前555年在位）、莒国国君莒犁比公己密州、邾国国君邾宣公曹牼（kēng）、滕国国君滕成公姬原（前574年—前539年在位）、疑为薛国国君薛献公任某、疑小邾国国君颜日间、齐国国君齐灵公姜环之子姜光（后来的齐庄公）。

【译文】

【经】冬天，鲁襄公会同晋悼公、宋平公、卫献公、曹成公、莒犁比公、邾宣公、滕成公、薛献公、小邾国国君、齐灵公世子姜光讨伐郑国。

【经】十有二月，己亥[①]，同盟于戏[②]。

【传】不异言郑[③]，善得郑也[④]。不致，耻不能据郑也[⑤]。

【注释】

①己亥：依历法推算，己亥在十一月十日，十二月无己亥，疑有误字。

②戏：郑地，在今河南登封嵩山北。

③异：特别。这里诸侯是与郑国讲和，但是没有特别说和郑国同盟于戏。

④得郑：指晋国阵营得到郑国。

⑤据：占据，指接着楚国就来攻打郑国，郑国又与楚国讲和。

【译文】

【经】十二月，己亥日，在戏地结成同盟。

【传】不特别说郑国，是褒扬得到郑国。不记载告祭祖庙，是以不能占据郑国为耻辱。

【经】楚子伐郑[①]。

【注释】

①楚子：指楚国国君楚共王（出土文献写作龚王），芈姓，熊氏，故又可称熊审，子爵，公元前590年—前560年在位。

【译文】

【经】楚共王讨伐郑国。

十年

【经】十年，春，公会晋侯、宋公、卫侯、曹伯、莒子、邾子、滕子、薛伯、杞伯、小邾子、齐世子光[①]，会吴于柤[②]。

【传】会又会，外之也[③]。

【注释】

①杞伯：指新即位的杞国国君孝公姒丐，伯爵，公元前566年—前550年在位。

②柤（zhā）：在今江苏邳（pī）州。

③外：疏远。

【译文】

【经】襄公十年，春天，鲁襄公和晋悼公、宋平公、卫献公、曹成公、莒犁比公、邾宣公、滕成公、薛献公、杞孝公、小邾国国君、齐灵公世子姜光会面，和吴国在柤会面。

【传】说了两次会面，是疏远吴国。

【经】夏,五月,甲午[①],遂灭傅阳[②]。

【传】遂,直遂也[③]。其曰遂何[④]?不以中国从夷狄也。

【注释】

①甲午:当为该年五月的初八日。

②傅阳:妘姓小国,子爵。在今山东峄(yì)城区南。

③直:径直,直接。

④其曰遂何:为什么说诸侯在与吴会面之后径直灭傅阳呢?诸侯在会吴之后直接灭傅阳是怕落后于吴国。

【译文】

【经】夏天,五月,甲午(初八)日,接着灭亡了傅阳国。

【传】遂,是径直的意思。为什么说径直就去了呢?不让中原国家落在夷狄之国的后面。

【经】公至自会。

【传】会夷狄不致,恶事不致。此其致何也?存中国也[①]。中国有善事,则并焉[②]。无善事则异之[③],存之也。汲郑伯[④],逃归陈侯[⑤],致柤之会[⑥],存中国也。

【注释】

①存中国:有保全中原国家的体面的意思。存,保全,保存。

②并:合并,一并。

③异:区分,区别。

④汲:引,指前文记载郑伯姬髡(kūn)顽如会。

⑤逃归陈侯:记载陈国国君回国用了“逃归”的说法贬低陈国抬高诸侯。

⑥致柤(zhā)之会:指本条经文"至自会"是"致"诸侯在柤地相会。

【译文】

【经】鲁襄公从会盟地回国告祭祖庙。

【传】同夷狄之国会面不记载其告祭祖庙,做了坏事也不记载其告祭祖庙。这里为什么记载告祭祖庙呢?是为了保全中原国家的面子。中原诸侯国有好事,就一并地记载。没有好事就有区别地记载,是为了保全其体面。记载郑国国君如会,陈国国君逃归,告祭祖庙在柤地诸侯相会,都是保全中原诸侯的体面。

【经】楚子贞、郑公孙辄帅师伐宋[①]。

【注释】

①子贞:据前后经文,这里应当是"公子贞",公子贞疑为楚共王之子。有脱误。公孙辄:郑国大夫,字子耳,郑穆公之孙。

【译文】

【经】楚国的公子贞、郑国的公孙姬辄率军讨伐宋国。

【经】晋师伐秦[①]。

【注释】

①伐秦:据《左传》,去年秦国曾入侵晋国,当时晋国饥荒,未能还击,此时报复秦国。

【译文】

【经】晋国军队讨伐秦国。

【经】秋,莒人伐我东鄙。

【译文】

【经】秋天，莒国人讨伐我鲁国的东部边境。

【经】公会晋侯、宋公、卫侯、曹伯、莒子、邾子、齐世子光、滕子、薛伯、杞伯、小邾子伐郑。

【译文】

【经】鲁襄公会同晋国国君晋悼公、宋国国君宋平公、卫国国君卫献公、曹国国君曹成公、莒国国君莒犁比公、邾国国君邾宣公、齐国世子姜光、滕国国君滕成公、薛国国君薛献公、杞国国君杞孝公、小邾国国君讨伐郑国。

【经】冬，盗杀郑公子斐、公子发、公孙辄[①]。

【传】称盗以杀大夫，弗以上下道，恶上也。

【注释】

①公子斐(fěi)、公子发、公孙辄：三人均为郑国的卿大夫。公子斐，字子驷；公子发，字子国。此二人为郑穆公之子。公孙辄，字子耳，为郑穆公之孙。当时子驷是郑国执政，子国为司马，子耳为司空。据《左传》，子驷执政时，派人杀了郑僖公，又杀了反对他执政的群公子，后来又与尉止、司氏、堵氏、侯氏、子师氏等结怨，于是五家和群公子的党徒将子驷和与其一党的子国、子耳杀害。

【译文】

【经】冬天，盗贼杀害了郑国的公子姬斐、公子姬发、公孙姬辄。

【传】说盗贼杀害了大夫，而不是以君臣关系来说，是憎恶国君。

【经】戍郑虎牢。

【传】其曰郑虎牢，决郑乎虎牢也[①]。

【注释】

①决郑乎虎牢：襄公二年诸侯城虎牢而不言郑，是因为把郑国看做与中原诸侯国无异，后来郑国在晋、楚之间不停反复，于是与之断绝关系，即郑地到虎牢为止。决，断绝。

【译文】

【经】诸侯军队戍(shù)守郑国的虎牢。

【传】经文说郑国的虎牢，是在虎牢这个地方作为边界与郑国断绝关系。

【经】楚公子贞帅师救郑。

【译文】

【经】楚国的公子贞率军救援郑国。

【经】公至自伐郑。

【译文】

【经】鲁襄公从伐郑地归来告祭祖庙。

十一年

【经】十有一年，春，王正月，作三军[①]。

【传】作，为也[2]。古者天子六师[3]，诸侯一军。作三军，非正也。

【注释】

①三军：指上、中、下三军。

②为：建立。

③师：周朝军事编制，二千五百人为一师。

【译文】

【经】襄公十一年，春天，周王的正月，鲁国建立三军。

【传】作，是建立的意思。古代的时候天子有六师，诸侯只能有一军。建立三军，不合正道。

【经】夏，四月，四卜郊，不从，乃不郊。

【传】夏四月，不时也。四卜，非礼也。

【译文】

【经】夏天，四月，四次占卜郊祭，不吉利，于是没有举行郊祭。

【传】夏天四月，不是合适的时候。四次占卜，不合礼制。

【经】郑公孙舍之帅师侵宋[1]。

【注释】

①公孙舍之：郑国大夫，字子展，郑穆公之孙。侵宋：入侵宋国。据《左传》，郑国夹在晋、楚之间，常年被两大国侵扰，郑国大臣们想依附晋国，但晋国又不愿意为之与楚国决战，于是郑国打算入侵宋国逼晋国出兵，然后与晋结盟，待楚来，又与楚盟，希望以此激

怒晋国,让晋国打败楚国,从而使得郑国可以稳定地依附于晋国阵营。

【译文】

【经】郑国大夫公孙舍之率军入侵宋国。

【经】公会晋侯、宋公、卫侯、曹伯、齐世子光、莒子、邾子、滕子、薛伯、杞伯、小邾子伐郑。

【译文】

【经】鲁襄公会同晋悼公、宋平公、卫献公、曹成公、齐国的世子姜光、莒犁比公、邾宣公、滕成公、薛献公、杞孝公、小邾国国君讨伐郑国。

【经】秋,七月,己未①,同盟于京城北。

【注释】

①己未:当为该年七月的初十日。

【译文】

【经】秋天,七月,己未(初十)日,在京城北边结成同盟。

【经】公至自伐郑。

【传】不以后致①,盟后复伐郑也。

【注释】

①以后致:以后面的事情告祭祖庙。指以“同盟于京城北”告祭祖庙。

【译文】

【经】鲁襄公从伐郑地归来告祭祖庙。

【传】不以后面的事情告祭祖庙，因为结盟之后又讨伐郑国了。

【经】楚子、郑伯伐宋[①]。

【注释】

①楚子：指楚共王熊审，子爵，公元前590年—前560年在位。郑伯：指新即位的郑简公姬嘉，公元前565年—前530年在位。

【译文】

【经】楚共王、郑简公讨伐宋国。

【经】公会晋侯、宋公、卫侯、曹伯、齐世子光、莒子、邾子、滕子、薛伯、杞伯、小邾子伐郑，会于萧鱼[①]。

【注释】

①萧鱼：郑地，在今河南许昌境内。

【译文】

【经】鲁襄公会同晋悼公、宋平公、卫献公、曹成公、齐灵公、莒犁比公、邾宣公、滕成公、薛献公、杞孝公、小邾国国君讨伐郑国，在萧鱼盟会。

【经】公至自会。

【传】伐而后会，不以伐郑致，得郑伯之辞也[①]。

【注释】

①得郑伯：指郑国接受盟约。

【译文】

【经】鲁襄公从会盟地回国告祭祖庙。

【传】讨伐之后会盟，不以讨伐郑国告祭祖庙，是表示得到了郑国国君的说法。

【经】楚人执郑行人良霄[①]。

【传】行人者，挈国之辞也[②]。

【注释】

①楚人执郑行人良宵：据《左传》，郑国派遣使者告知楚国自己将要顺从晋国，要楚国要么以玉帛事晋、要么对晋国兵戈相向。楚国于是将他们抓起来了。良宵，郑国大夫，公孙辄之子。

②挈（qiè）国之辞：传达国家的辞令。这是对行人的职责的解释。挈，传达。

【译文】

【经】楚国抓了郑国的使者良宵。

【传】行人，就是传达国家辞令的人。

【经】冬，秦人伐晋[①]。

【注释】

①伐晋：据《左传》，秦、晋两军在栎（lì）地交战，晋军因为轻敌而大败。

【译文】

【经】冬天，秦国人讨伐晋国。

十二年

【经】十有二年，春，王三月，莒人伐我东鄙，围郃[①]。

【传】伐国不言围邑，举重也。取邑不书，围安足书也？

【注释】

①郃（tái）：鲁地，在今山东费县东南。

【译文】

【经】襄公十二年，春天，周王的三月，莒国人讨伐我鲁国的东部边境，包围了郃地。

【传】讨伐国家不记载包围城邑，要说重要的事情。攻取的城邑都不记载，包围城邑哪里值得记载呢？

【经】季孙宿帅师救郃[①]，遂入郓[②]。

【传】遂，继事也。受命而救郃，不受命而入郓，恶季孙宿也。

【注释】

①季孙宿：鲁执政大夫，又称季武子。

②郓：此为东郓，在今山东沂水东北，此时属莒。

【译文】

【经】鲁执政大臣季孙宿率军救援郃邑，接着进入了郓地。

【传】遂，是后一件事接着前一件。接受了命令而救援郃地，没有收到命令而进入了郓地，是在贬低季孙宿。

【经】夏，晋侯使士鲂来聘。

【译文】

【经】夏天，晋悼公派大夫士鲂作为使者来鲁访问。

【经】秋，九月，吴子乘卒[①]。

【注释】

①吴子乘：吴国国君，姬姓名寿梦，又名乘字熟姑，是吴王阖闾的祖父，吴王夫差的曾祖父，谥共，为吴共王。

【译文】

【经】秋天，九月，吴共王姬乘去世。

【经】冬，楚公子贞帅师侵宋[①]。

【注释】

①侵宋：据《左传》，这次是秦、楚联合侵宋，以报复去年晋国拉拢了郑国。

【译文】

【经】冬天，楚国的公子熊贞率军入侵宋国。

【经】公如晋。

【译文】

【经】鲁襄公到晋国去。

十三年

【经】十有三年,春,公至自晋。

【译文】

【经】襄公十三年,春天,鲁襄公从晋国回来告祭祖庙。

【经】夏,取邿[①]。

【注释】

①取邿:据《左传》,邿(shī)发生内乱,鲁派兵救援,趁机夺取其地。邿,鲁之附庸国,妊姓,在今山东济宁东南。

【译文】

【经】夏天,鲁攻取了邿国。

【经】秋,九月,庚辰[①],楚子审卒[②]。

【注释】

①庚辰:当为该年九月的十四日。

②楚子审:楚国国君,名审,谥共,是为楚共王。

【译文】

【经】秋天,九月,庚辰(十四)日,楚共王熊审去世。

【经】冬，城防[①]。

【注释】

①防：此为东防，在今山东费县东北。

【译文】

【经】冬天，修筑防邑的城墙。

十四年

【经】十有四年，春，王正月，季孙宿、叔老会晋士匄、齐人、宋人、卫人、郑公孙虿、曹人、莒人、邾人、滕人、薛人、杞人、小邾人[①]，会吴于向[②]。

【注释】

①叔老：鲁国大夫，公孙婴齐之子。士匄(gài)：晋国大夫，士燮之子，去世后谥文子，又称范文子、范匄。公孙虿(chài)：郑国大夫。

②会吴于向：据《左传》，去年楚共王去世时，吴趁机伐楚，结果反为楚败，于是告诉晋国战败，此时诸侯会盟就是商议对付楚国。向，吴地，在今安徽怀远西。

【译文】

【经】襄公十四年，春天，周王的正月，鲁大夫季孙宿、叔老和晋国执政大臣士匄、齐国人、宋国人、卫国人、郑大夫公孙虿、曹国人、莒国人、邾国人、滕国人、薛国人、杞国人、小邾国人会面，在向地和吴会面。

【经】二月，乙未，朔[①]，日有食之。

【注释】

①乙未,朔:当年二月初一日。

【译文】

【经】二月,乙未(初一)日,朔日,发生日食。

【经】夏,四月,叔孙豹会晋荀偃、齐人、宋人、卫北宫括、郑公孙虿、曹人、莒人、邾人、滕人、薛人、杞人、小邾人①,伐秦②。

【注释】

①荀偃:晋国大夫,荀庚之子,此时为晋国执政大臣。北宫括:卫国大夫,复姓北宫。

②伐秦:据《左传》,这次诸侯商议伐秦是为了报复襄公十一年秦伐晋。

【译文】

【经】夏天,四月,鲁大夫叔孙豹会同晋国大夫荀偃、齐国人、宋国人、卫国大夫北宫括、郑国大夫公孙虿、曹国人、莒国人、邾国人、滕国人、薛国人、杞国人、小邾国人,讨伐秦国。

【经】己未①,卫侯出奔齐②。

【注释】

①己未:当为该年四月的二十六日。

②卫侯出奔齐:据《左传》,卫献公对孙林父、宁殖不礼,另有人从中挑拨君臣关系,于是孙林父率军攻打卫献公,将其逐出卫国,卫人立公孙剽为君,为卫殇公。卫侯,这里指卫献公姬衎。

【译文】

【经】己未(四月二十六)日,卫献公出奔到齐国。

【经】莒人侵我东鄙。

【译文】

【经】莒国人入侵我鲁国的东部边境。

【经】秋,楚公子贞帅师伐吴。

【译文】

【经】秋天,楚国的公子熊贞率军讨伐吴国。

【经】冬,季孙宿会晋士匄、宋华阅、卫孙林父、郑公孙虿、莒人、邾人于戚①。

【注释】

①华阅:宋国大夫。戚:卫地,在今河濮阳市区。

【译文】

【经】冬天,鲁执政大夫季孙宿和晋国大夫士匄、宋国大夫华阅、卫国大夫孙林父、郑国大夫公孙虿、莒国人、邾国人在戚地会面。

十五年

【经】十有五年,春,宋公使向戌来聘①。

【注释】

①向戌：宋国大夫，此时为宋国的执政大夫。

【译文】

襄公十五年，春天，宋平公派向戌作为使者来鲁访问。

【经】二月，己亥[①]，及向戌盟于刘[②]。

【注释】

①己亥：当为该年二月的十一日。

②刘：鲁地，在今山东曲阜郊外。

【译文】

【经】二月，己亥（十一）日，鲁国与向戌在刘地缔结盟约。

【经】刘夏逆王后于齐[①]。

【传】过我，故志之也。

【注释】

①刘夏：人名。或以为是天子之士，刘氏之支子；或以为与刘定公为一人；或以为是天子之大夫。逆：迎接。

【译文】

【经】周天子之士刘夏从齐国迎娶回周天子的王后。

【传】路过我鲁国，所以记载了这件事。

【经】夏，齐侯伐我北鄙[①]，围成[②]。

【注释】

①齐侯：指灵公姜环，公元前 581 年—前 554 年在位。

②成：鲁地，在今山东宁阳东北。

【译文】

【经】夏天，齐灵公讨伐我鲁国的北部边境，包围成地。

【经】公救成，至遇[1]。

【注释】

①遇：鲁地，在今山东曲阜与宁阳之间。

【译文】

【经】襄公救援成地，到达遇地。

【经】季孙宿、叔孙豹帅师城成郛[1]。

【注释】

①郛(fú)：外城。

【译文】

【经】鲁大夫季孙宿、叔孙豹率军修筑成邑的外城城墙。

【经】秋，八月，丁巳[1]，日有食之。

【注释】

①丁巳：该年八月无丁巳，疑字误。

【译文】

【经】秋天，八月，丁巳日，发生日食。

【经】邾人伐我南鄙。

【译文】

【经】邾国人讨伐我鲁国的南部边境。

【经】冬,十有一月,癸亥[①],晋侯周卒[②]。

【注释】

①癸亥:当为该年十一月的初九日。

②晋侯周:晋国国君,姓姬名周,谥悼,为晋悼公。

【译文】

【经】冬天,十一月,癸亥(初九)日,晋悼公姬周去世。

十六年

【经】十有六年,春,王正月,葬晋悼公。

【译文】

【经】襄公十六年,春天,周王的正月,安葬晋悼公。

【经】三月,公会晋侯、宋公、卫侯、郑伯、曹伯、莒子、邾子、薛伯、杞伯、小邾子于溴梁[①]。

【注释】

①晋侯:新即位的晋平公姬彪,晋悼公之子,公元前557年—前532年在位。宋公:宋平公子成。卫侯:指新即位的卫国国君卫殇公

姬秋，一作剽，卫定公之子，公元前558年—前547年在位。郑伯、曹伯：郑简公、曹成公。湨(jú)梁：指湨水的大堤，属周地。湨水源出今河南济源西部，东流入黄河。

【译文】

【经】三月，鲁襄公和晋平公、宋平公、卫殇公、郑简公、曹成公、莒犁比公、邾宣公、薛国国君、杞孝公、小邾国国君在湨梁会面。

【经】戊寅[1]，大夫盟。

【传】湨梁之会，诸侯失正矣。诸侯会，而曰大夫盟，正在大夫也。诸侯在，而不曰诸侯之大夫，大夫不臣也。

【注释】

①戊寅：当为该年三月的二十六日。

【译文】

【经】戊寅(三月二十六)日，各国大夫们缔结盟约。

【传】湨梁之会，诸侯失去政权了。诸侯会面，却说大夫缔结盟约，表明政权在大夫手里。诸侯在场，却不说诸侯的大夫，表明大夫不行人臣之道。

【经】晋人执莒子、邾子以归[1]。

【注释】

①执：抓捕。据《左传》，因为莒国、邾国过去几年数次侵扰鲁国边境，且与齐、楚暗中有交往，于是晋国在会上抓捕了二国的国君。

【译文】

【经】晋国人抓捕了莒国国君、邾国国君回国。

【经】齐侯伐我北鄙。

【译文】

【经】齐国国君讨伐我鲁国的北部边境。

【经】夏，公至自会。

【译文】

【经】夏天，鲁襄公从会盟地回来告祭祖庙。

【经】五月，甲子[①]，地震。

【注释】

①甲子：当为该年五月的十三日。

【译文】

【经】五月，甲子（十三）日，发生地震。

【经】叔老会郑伯、晋荀偃、卫宁殖、宋人伐许[①]。

【注释】

①叔老：鲁大夫。郑伯：郑简公。荀偃：晋国执政大夫。宁殖：卫国执政大夫。伐许：讨伐许国。鲁成公十五年，为躲避郑国的威胁而请求跟随楚国，许迁于叶地，成为楚国附庸，此次是许君请晋迁许回故地，诸侯同意，然许国大夫不同意，于是有伐许。

【译文】

【经】鲁大夫叔老会同郑简公、晋大夫荀偃、卫大夫宁殖、宋国人讨伐许国。

【经】秋，齐侯伐我北鄙，围成[1]。

【注释】

①成：鲁国城邑，在今山东宁阳境。

【译文】

【经】秋天，齐灵公讨伐我鲁国北部边境，包围了成邑。

【经】大雩。

【译文】

【经】举行大雩之祭。

【经】冬，叔孙豹如晋[1]。

【注释】

①如晋：据《左传》，叔孙豹到晋国去是请求晋国出兵应对齐国的威胁。

【译文】

【经】冬天，鲁大夫叔孙豹到晋国去。

十七年

【经】十有七年，春，王二月，庚午[1]，邾子瞷卒[2]。

【注释】

①庚午：当为该年二月的二十三日。

②邾子瞷(jiàn)：邾国国君，姓颜名瞷，谥宣，称邾宣公。

【译文】

【经】襄公十七年，春天，周王的二月，庚午(二十三)日，邾国国君颜瞷去世。

【经】宋人伐陈。

【译文】

【经】宋国人讨伐陈国。

【经】夏，卫石买帅师伐曹①。

【注释】

①卫石买帅师伐曹：据《左传》，春天的时候卫国大夫孙蒯跑到曹国的曹隧打猎，在重丘饮马，打坏了重丘人打水用的瓶子，重丘人骂之，于是石买、孙蒯此时率军伐曹。石买，卫国大夫。

【译文】

【经】夏天，卫大夫石买率军讨伐曹国。

【经】秋，齐侯伐我北鄙，围桃①。

【注释】

①桃：鲁地，在今山东汶上北。

【译文】

【经】秋天，齐灵公讨伐我鲁国的北部边境，包围了桃邑。

【经】齐高厚帅师伐我北鄙[1]，围防[2]。

【注释】

①高厚：齐国大夫，此时为将军。

②防：鲁地，在今山东费县东北。

【译文】

【经】齐大夫高厚率军讨伐我鲁国的北部边境，包围了防邑。

【经】九月，大雩[1]。

【注释】

①大雩：求雨之祭。

【译文】

【经】九月，鲁举行大雩之祭。

【经】宋华臣出奔陈[1]。

【注释】

①宋华臣出奔陈：据《左传》，华臣在宋国欺凌宗室，威逼大臣，某日国人逐疯狗入其家，华臣惧死而出奔。华臣，宋国司徒，华元之子。

【译文】

【经】宋大夫司徒华臣出奔到陈国。

【经】冬，邾人伐我南鄙。

【译文】

【经】冬天，邾国人讨伐我鲁国的南部边境。

十八年

【经】十有八年，春，白狄来[1]。

【注释】

①白狄：亦作“白翟”，我国古代少数民族之一。始见于《左传》僖公二十三年，及公元前627年，此前公子重耳（后来的霸主晋文公）所出奔的狄应该就是白狄，只是当时还没有单独以“白狄”部名出现。春秋前期白狄主要分布于古雍州北部，即今陕北一带，此处来鲁访问前后当已东迁至今河北石家庄一带。

【译文】

【经】襄公十八年，春天，白狄来访问。

【经】夏，晋人执卫行人石买[1]。

【传】称行人，怨接于上也[2]。

【注释】

①行人：使者。据《左传》，因为石买率军伐曹的缘故，晋国在其来访时将其扣押。

②怨：仇恨。接：连接。

【译文】

【经】夏天，晋国人扣押了卫国的使者石买。

【传】称“行人”，表示晋卫两国国君间结下了仇恨。

【经】秋，齐侯伐我北鄙[1]。

【注释】

①齐侯：指齐灵公姜环，公元前581年—前554年在位。

【译文】

【经】秋天，齐灵公讨伐我鲁国的北部边境。

【经】冬，十月，公会晋侯、宋公、卫侯、郑伯、曹伯、莒子、邾子、滕子、薛伯、杞伯、小邾子[1]，同围齐。

【传】非围而曰围齐，有大焉，亦有病焉。非大而足同与？诸侯同罪之也，亦病矣。

【注释】

①卫侯：卫殇公姬秋，一作剽，公元前558—前547年在位。邾子：邾悼公曹华，公元前555年—前540年在位。

【译文】

【经】冬天，十月，鲁襄公会同晋国国君晋平公姬彪、宋国国君宋平公子成、卫国国君卫殇公姬秋、郑国国君郑简公姬嘉、曹国国君曹成公姬负刍、莒国国君莒犁比公己密州、邾国国君邾悼公曹华、滕国国君滕成公姬原、薛国国君、杞国国君杞孝公姒丐、小邾国国君，一同包围了齐国。

【传】不是包围而说包围齐国，有表明齐国很大的意思，也有指责的意思。不是大国怎么值得诸侯共同包围呢？诸侯共同怪罪齐国，也就是指责齐国。

【经】曹伯负刍卒于师[1]。

【传】闵之也[2]。

【注释】

①曹伯负刍：曹国国君，姓姬名负刍，谥成，为曹成公。

②闵（mǐn）：怜悯，哀伤。

【译文】

【经】曹国国君姬负刍在军队中去世。

【传】为他感到哀伤。

【经】楚公子午帅师伐郑[1]。

【注释】

①楚公子午帅师伐郑：据《左传》，郑国的子孔想除掉亲晋的大夫，于是请求楚国出兵，楚国出兵，遭遇恶劣天气，遂退兵。公子午，楚国令尹，字子庚。

【译文】

【经】楚国令尹公子熊午率军讨伐郑国。

十九年

【经】十有九年，春，王正月，诸侯盟于祝柯[1]。

【注释】

①祝柯：齐地，在今山东济南长清区东北。

【译文】

【经】襄公十九年，春天，周王的正月，诸侯在祝柯结盟。

【经】晋人执邾子[①]。

【注释】

①邾子:这里是去年刚即位的邾悼公曹华,邾宣公曹牼之子,公元前555年—前540年在位。据《左传》,因为襄公十七年的时候邾侵鲁,所以祝柯之盟上"执邾悼公",且"取邾田,自漷(kuò)水归之于我"。

【译文】

【经】晋国人抓捕了邾国国君邾悼公。

【经】公至自伐齐。

【传】《春秋》之义,已伐而盟复伐者,则以伐致[①]。盟不复伐者,则以会致。祝柯之盟,盟复伐齐与?曰非也。然则何为以伐致也?曰与人同事,或执其君,或取其地[②]。

【注释】

①以伐致:指如经文一样记载为"至自伐"。以会致则是指记载为"至自会"。

②与人同事,或执其君,或取其地:指与邾国一同伐齐之后晋执邾子,鲁取邾地。

【译文】

【经】鲁襄公从伐齐地归来告祭祖庙。

【传】《春秋》记事的义例,已经讨伐过了而盟约再次讨伐的,就以伐告祭祖庙。盟约之后不再次讨伐的,就以会告祭祖庙。祝柯之盟,盟约再次讨伐齐国吗?回答说不是的。既然这样那为什么以伐告祭祖庙呢?回答说跟别国一起伐齐,有的国家抓了他们的国君,有的国家夺取了他们的土地。

【经】取邾田，自漷水[1]。

【传】轧辞也[2]。其不日，恶盟也。

【注释】

①漷(kuò)水：水名。发源自山东滕县东北，向西南流至江苏沛县进入运河，今又称南沙河。

②轧(yā)：委曲。据范宁："委曲随漷水。言取邾田之多。"

【译文】

【经】鲁国得到邾国的土地，以漷水为界。

【传】表示沿河委曲的说法。经文不记载日期，因为厌恶这次盟会。

【经】季孙宿如晋[1]。

【注释】

①季孙宿：季孙氏宗主姬宿，鲁国正卿大夫，执政大臣。如晋：到晋国去。据《左传》，季孙宿是到晋国去感谢晋国出兵的。

【译文】

【经】鲁执政大夫季孙宿到晋国去。

【经】葬曹成公。

【译文】

【经】安葬了曹成公。

【经】夏，卫孙林父帅师伐齐。

【译文】

【经】夏天，卫大夫孙林父率领军队讨伐齐国。

【经】秋，七月，辛卯[1]，齐侯环卒[2]。

【注释】

①辛卯：当为该年七月的二十八日。

②齐侯环：齐国国君，姓姜名环，谥灵，为齐灵公。

【译文】

【经】秋天，七月，辛卯（二十八）日，齐国国君姜环去世。

【经】晋士匄帅师侵齐[1]，至谷[2]，闻齐侯卒，乃还。

【传】还者，事未毕之辞也。受命而诛[3]，生死无所加其怒[4]，不伐丧，善之也。善之，则何为未毕也？君不尸小事[5]，臣不专大名，善则称君，过则称己，则民作让矣。士匄外专君命[6]，故非之也。然则为士匄者宜奈何？宜墠帷而归命乎介[7]。

【注释】

①士匄（gài）：晋国大夫，此时荀偃已死，士匄继任为执政大夫。

②谷：齐地，在今山东东阿境内。

③诛：讨伐。

④生死无所加其怒：指不因讨伐对象的生死而更加生气，只是执行

国君的命令而已。

⑤尸：主持。这里的意思是国君不主持微小之事，臣子不专擅美好的名声，做了好事就称颂君王，犯了过错就归于自己，这样百姓就会相互谦让。

⑥专君命：即专大名，独占了不伐丧的美名。后文认为应当先请求国君允许退兵，国君允许之后方可退兵，这样，不伐丧的美名就是国君的而不是臣子的，士匄未经请示即退兵，是独占了美名。

⑦墠（shàn）：修整平地以供祭祀。帷：张开帐篷。介：副手。

【译文】

【经】晋国执政大夫士匄率领军队入侵齐国，到达谷地，听到齐国国君齐灵公去世的消息，就撤军了。

【传】还，是事情还没有做完的说法。接受国君的命令而讨伐，活着或者死去都不会更加生气，不讨伐有丧事的国家，是褒扬这种行为。褒扬这种行为，那么为什么说事情没有做完呢？国君不主持微小之事，臣子不专擅美好的名声，做了好事就称颂君王，犯了过错就归咎于自己，这样百姓就会相互谦让。士匄在国外独占了本该属于国君的美名，所以责备他。既然这样，那么作为士匄应该怎么做才好呢？应该平整土地张开帐篷准备祭祀并且派副手回去报告。

【经】八月，丙辰①，仲孙蔑卒。

【注释】

①丙辰：当为该年八月的二十三日。

【译文】

【经】八月，丙辰（二十三）日，鲁执政大夫仲孙蔑去世。

【经】齐杀其大夫高厚[①]。

【注释】

①齐杀其大夫高厚：据《左传》，齐灵公宠爱戎子，于是立其子为太子，废原太子光，且命高厚为太子太傅。灵公病危时，崔杼暗中迎回光，重新奉为太子，且杀高厚。高厚，齐国大夫。

【译文】

【经】齐国杀了他们的大夫高厚。

【经】郑杀其大夫公子嘉[①]。

【注释】

①郑杀其大夫公子嘉：据《左传》，子孔专权，引起国人不满而被杀。公子嘉，此时为郑国执政大夫，字子孔，郑穆公之子。

【译文】

【经】郑国杀了他们的大夫公子嘉。

【经】冬，葬齐灵公。

【译文】

【经】冬天，安葬了齐灵公。

【经】城西郛[①]。

【注释】

①城西郛(fú)：据《左传》，此次筑城是因为“惧齐”。郛，外城。这里

是指鲁国国都的外城。

【译文】

【经】鲁国修筑首都西边外城的城墙。

【经】叔孙豹会晋士匄于柯[①]。

【注释】

①柯:卫地,在今河南内黄东北。

【译文】

【经】鲁大夫叔孙豹和晋国执政大夫士匄在柯地会盟。

【经】城武城[①]。

【注释】

①武城:鲁地,在今山东嘉祥境内。

【译文】

【经】鲁国修筑武城的城墙。

二十年

【经】二十年,春,王正月,辛亥[①],仲孙速会莒人[②],盟于向[③]。

【传】

【注释】

①辛亥:当为该年正月的二十一日。

②仲孙速：鲁国大夫，仲孙蔑之子。

③向：地名，在今山东莒县南。

【译文】

【经】襄公二十年，春天，周王的正月，辛亥（二十一）日，仲孙速和莒国人会面，在向地结盟。

【经】夏，六月，庚申[①]，公会晋侯、齐侯、宋公、卫侯、郑伯、曹伯、莒子、邾子、滕子、薛伯、杞伯、小邾子[②]，盟于澶渊[③]。

【注释】

①庚申：当为该年六月的初三日。

②晋侯：晋国国君晋平公姬彪，晋悼公之子，侯爵，公元前557年—前532年在位。齐侯：指新即位的齐国国君齐庄公姜光，齐灵公之子，侯爵，公元前553年—前548年在位。宋公：宋国国君宋平公子成，公爵，公元前575年—前532年在位。卫侯：卫国国君卫殇公姬秋，一作剽，公元前558年—前547年在位。郑伯：郑国国君郑简公姬嘉，公元前565年—前547年在位。曹伯：指新即位的曹国国君曹武公姬滕，曹成公之子，伯爵，公元前555年—前528年在位。莒子：莒国国君莒犁比公己密州人，子爵，公元前577年—前543年在位。邾子：邾国国君邾悼公曹华，邾宣公之子，子爵，公元前555年—前540年在位。滕子：滕国国君滕成公姬原，子爵，公元前574年—前539年在位。杞伯：杞国国君杞孝公姒丐，伯爵，公元前566年—前550年在位。

③澶渊：湖泊名，属春秋卫地，在今河南濮阳西。

【译文】

【经】夏天，六月，庚申（初三）日，鲁襄公和晋国君晋平公、齐国国君齐庄公、宋国国君宋平公、卫国国君卫殇公、郑国国君郑简公、曹国国君曹武公、莒国国君莒犁比公、邾国国君邾悼公、滕国国君滕成公、薛国国君、杞国国君杞孝公、小邾国国君会面，在澶渊结盟。

【经】秋，公至自会。

【译文】

【经】秋天，鲁襄公从会盟地回国告祭祖庙。

【经】仲孙速帅师伐邾[①]。

【注释】

①伐邾：讨伐邾国。据《左传》，近年邾国屡次侵扰鲁国，鲁国因为忙于诸侯盟会等事务，至此时才兴兵报复。

【译文】

【经】鲁大夫仲孙速率领军队讨伐邾国。

【经】蔡杀其大夫公子湿[①]。

【注释】

①蔡杀其大夫公子湿：据《左传》，公子湿想让蔡国背楚从晋而被蔡人所杀。他的同母弟弟公子履于是出奔到楚国。公子湿，蔡国大夫，蔡庄公之子。

【译文】

【经】蔡国杀了他们的大夫公子湿。

【经】蔡公子履出奔楚。

【译文】

【经】蔡国的公子履出奔到楚国。

【经】陈侯之弟光出奔楚①。

【传】诸侯之尊，弟兄不得以属通。其弟云者，亲之也②。亲而奔之，恶也。

【注释】

①陈侯之弟光出奔楚：据《左传》，陈国大夫庆虎、庆寅害怕公子光与他们夺权，于是向楚国进谗言说公子光和蔡国的公子湿同谋背楚从晋，楚以此责陈，公子光于是出奔至楚解释。光，陈哀公之弟。

②亲：表明是亲人。

【译文】

【经】陈国国君陈哀公的弟弟光出奔到楚国。

【传】以诸侯地位的尊贵，兄弟之间也不能以亲属关系来交往。经文称“弟”，是表明他是国君的亲人。是亲人却让他出奔，是厌恶这种行为。

【经】叔老如齐①。

【注释】

①叔老如齐：据《左传》，齐国新君齐庄公即位，鲁大夫访齐表示希望重修旧好。叔老，鲁大夫，公孙婴齐之子。

【译文】

【经】鲁大夫叔老到齐国去访问。

【经】冬，十月，丙辰[1]，朔，日有食之

【注释】

①丙辰，朔：依历法推算，此次日环食当发生在公历该年的八月三十一日。

【译文】

【经】冬天，十月，丙辰(八月三十一)日，朔日，发生日食。

【经】季孙宿如宋。

【译文】

【经】鲁大夫季孙宿到宋国去。

二十一年

【经】二十有一年，春，王正月，公如晋[1]。

【注释】

①公如晋：据《左传》，鲁襄公如晋是为了感谢十八年晋国出兵相助和取得邾田。如晋，到晋国去。

【译文】

【经】襄公二十一年，春天，周王的正月，鲁襄公到晋国去。

【经】邾庶其以漆、闾丘来奔[①]。

【传】以者，不以者也。来奔者不言出，举其接我者也。漆、闾丘不言及，小大敌也。

【注释】

①庶其：邾国大夫。漆：邾邑，在今山东邹县东北。闾丘：邾邑，约在漆东北十里。

【译文】

【经】邾国大夫庶其带着漆、闾丘二地来投奔鲁国。

【传】说“以”，就是不应该“以”的意思。逃来鲁国的人不说“出奔”，突显出他是来我国的。漆、闾丘之间不用“及”字连接，因为它们的大小差不多。

【经】夏，公至自晋。

【译文】

【经】夏天，鲁襄公从晋国回来告祭祖庙。

【经】秋，晋栾盈出奔楚[①]。

【注释】

①晋栾盈出奔楚：栾盈，晋国大夫，栾黡（yǎn）之子，其母为士匄（gài）之女栾祁（qí）。据《左传》，祁有淫行，栾盈患之。祁惧而诉于士匄，诬盈有谋反之心，士匄遂逐之，盈奔楚。

【译文】

【经】秋天，晋国大夫栾盈出奔到楚国。

【经】九月，庚戌，朔[①]，日有食之。

【注释】

①庚戌，朔：依历法推测，该次日环食当发生在公历该年的八月二十六日。

【译文】

【经】九月，庚戌（八月二十六）日，朔日，发生日食。

【经】冬，十月，庚辰，朔，日有食之[①]。

【注释】

①日有食之：此疑为史官误记或司天者误认，因九月已有日环食，十月不会再有日食。

【译文】

【经】冬天，十月，庚辰日，朔日，发生日食。

【经】曹伯来朝[①]。

【注释】

①曹伯：曹武公姬滕，即位三年始来鲁朝见。

【译文】

【经】曹国国君曹武公来鲁访问。

【经】公会晋侯、齐侯、宋公、卫侯、郑伯、曹伯、莒子、邾子于商任[①]。

【注释】

①商任：地名。今在何处不详，有人疑在古商墟，卫地，在今河南安阳市区内。据《左传》，商任之会意在禁锢奔楚的齐大夫栾盈，使诸侯不得任用他。

【译文】

【经】鲁襄公和晋国国君晋平公、齐国国君齐庄公、宋国国君宋平公、卫国国君卫殇公、郑国国君郑简公、曹国国君曹武公、莒国国君莒犁比公、邾国国君邾悼公在商任会面。

【经】庚子，孔子生①。

【注释】

①庚子，孔子生：《左传》经文无此条。依历法推算，十月庚子日当为公历公元前551年九月二十八日，在襄公二十二年而不是此处的襄公二十一年。待定。

【译文】

【经】庚子日，孔子出生。

二十二年

【经】二十有二年，春，王正月，公至自会。

【译文】

【经】襄公二十二年，春天，周王的正月，鲁襄公从会盟地回国告祭祖庙。

【经】夏，四月。

【译文】

【经】夏天，四月。

【经】秋，七月，辛酉[1]，叔老卒[2]。

【注释】

①辛酉：当为该年七月的十六日。

②叔老：鲁国大夫。

【译文】

【经】秋天，七月，辛酉（十六）日，鲁大夫叔老去世。

【经】冬，公会晋侯、齐侯、宋公、卫侯、郑伯、曹伯、莒子、邾子、滕子、薛伯、杞伯、小邾子于沙随[1]。

【注释】

①沙随：宋地，在今河南宁陵西北。据《左传》，这次会盟是为了再次禁锢奔楚的齐大夫栾盈。

【译文】

【经】冬天，鲁襄公和晋国国君晋平公、齐国国君齐庄公、宋国国君宋平公、卫国国君卫殇公、郑国国君郑简公、曹国国君曹武公、莒国国君莒犁比公、邾国国君邾悼公、滕国国君滕成公、薛国国君、杞国国君杞孝公、小邾国国君在沙随会面。

【经】公至自会。

【译文】

【经】鲁襄公从会盟地回国告祭祖庙。

【经】楚杀其大夫公子追舒[1]。

【注释】

①楚杀其大夫公子追舒：据《左传》，"楚观起有宠于令尹子南，未益禄，而有马数十乘。楚人患之"，于是将他和观起都杀了。公子追舒，楚国大夫，楚庄王之子，时为楚国令尹。

【译文】

【经】楚国杀害了他们的大夫公子追舒。

二十三年

【经】二十有三年，春，王二月，癸酉[1]，朔，日有食之。

【注释】

①癸酉：依后面"朔"字，知当为该年二月的初一日。

【译文】

【经】襄公二十三年，春天，周王的二月，癸酉（初一）日，朔日，发生日食。

【经】三月，己巳[1]，杞伯匄卒[2]。

【注释】

①己巳：当为该年三月的二十八日。

②杞伯匄:杞国国君,姓姒名匄(gài),一写作"丐",古代通用,谥孝,为杞孝公。

【译文】

【经】三月,己巳(二十八)日,杞国国君姒匄(丐)去世。

【经】夏,邾畀我来奔[①]。

【注释】

①邾畀(bì)我:邾国大夫,名畀我。

【译文】

【经】夏天,邾国大夫畀我出奔来鲁国。

【经】葬杞孝公。

【译文】

【经】安葬了杞孝公。

【经】陈杀其大夫庆虎及庆寅[①]。

【传】称国以杀,罪累上也。及庆寅,庆寅累也。

【注释】

①陈杀其大夫庆虎及庆寅:据《左传》,陈哀公到楚国,公子光在楚国控诉二庆,楚国人召见二庆。二庆派庆乐前去,楚人杀了庆乐。二庆以陈叛楚。夏天,屈建跟随陈侯包围陈国。陈国修筑城墙,出现事故,庆氏杀筑城之人。筑城之人于是杀了庆虎、庆

寅。庆虎，庆寅，二庆均为陈国大夫，本妫(guī)姓，庆为其氏。

【译文】

【经】陈国杀害了他们的大夫庆虎和庆寅。

【传】以国家的名义杀害，表明罪行牵涉到国君。说“及庆寅”，表明庆寅是被连累的。

【经】陈侯之弟光自楚归于陈。

【译文】

【经】陈国国君的弟弟妫光从楚国回到陈国。

【经】晋栾盈复入于晋，入于曲沃①。

【注释】

①曲沃：栾盈封地。曲沃乃当时晋国起家之地，在今山西闻喜，此地不应封于他人为私邑，此或者为曲沃之一部分土地封与栾盈，亦称曲沃。或者栾盈之曲沃如杨伯峻引张琦《战国策释地》云：“桃林之塞一名曲沃……在河南陕县西南四十里，今之曲沃镇。”据《左传》，齐国暗中将栾盈送入曲沃，之后栾盈起兵作乱，被打败，逃回曲沃，晋军攻克曲沃，杀栾盈。

【译文】

【经】晋国大夫栾盈又回到晋国，进入了曲沃。

【经】秋，齐侯伐卫①，遂伐晋②。

【注释】

①齐侯：指齐国国君齐庄公姜光，公元前553年—前548年在位。

②伐晋：讨伐晋国，这是齐国试图挑战晋国霸权。

【译文】

【经】秋天，齐庄公讨伐卫国，接着讨伐晋国。

【经】八月，叔孙豹帅师救晋①，次于雍渝②。

【传】言救后次，非救也③。

【注释】

①叔孙豹：鲁国大夫，叔孙得臣之子。

②雍渝：晋地，在今河南浚县西南。

③非救也：不是救援。僖公元年传文曰："救不言次，言次非救也。"

【译文】

【经】八月，鲁大夫叔孙豹率军救援晋国，在雍渝驻扎。

【传】说了救援之后说驻扎，这不是真心救援。

【经】己卯①，仲孙速卒②。

【注释】

①己卯：当为该年八月的初十日。

②仲孙速：鲁国大夫，公子庆父之后，仲孙蔑之子，孟孙氏宗主，称孟庄子。

【译文】

【经】己卯（八月初十）日，鲁大夫仲孙速去世。

【经】冬，十月，乙亥[1]，臧孙纥出奔邾[2]。

【传】其日，正臧孙纥之出也[3]。蘧伯玉曰[4]："不以道事其君者，其出乎？"

【注释】

①乙亥：当为该年十月的初七日。

②臧孙纥（hé）出奔邾：据《左传》，臧孙纥受孟氏、季氏排挤，不得已出奔。臧孙纥，鲁国大夫，复姓臧孙，名纥，字武仲。邾，邾国，曹姓，子爵，时为鲁国附属国，故城在今山东邹城。

③正：辨证，确定。这里是辨明臧孙纥是有罪的，所以出奔。

④蘧（qú）伯玉：卫国大夫，名瑗，谥成子。贤者，为孔子所敬慕。

【译文】

【经】冬天，十月，乙亥（初七）日，鲁大夫臧孙纥出奔到邾国。

【传】经文记载日期，是确定臧孙纥外逃了。蘧伯玉说："不能按照道义来侍奉他的国君的人，大概就只能出逃了吧？"

【经】晋人杀栾盈。

【传】恶之，弗有也[1]。

【注释】

①弗有：指不把栾盈当做晋国大夫。通常经文记载杀害大夫会记为"杀其大夫某某"。

【译文】

【经】晋国人杀了栾盈。

【传】憎恶他，不把他当做晋国大夫。

【经】齐侯袭莒。

【译文】

【经】齐庄公突袭莒国。

二十四年

【经】二十有四年,春,叔孙豹如晋。

【译文】

【经】襄公二十四年,春天,鲁大夫叔孙豹到晋国去。

【经】仲孙羯帅师侵齐①。

【注释】

①仲孙羯(jié)帅师侵齐:据《左传》,这里鲁侵齐是因为晋国的原因。仲孙羯,鲁大夫仲孙速之子,孟孙氏宗主。

【译文】

【经】鲁大夫仲孙羯率军入侵齐国。

【经】夏,楚子伐吴①。

【注释】

①楚子:指楚国国君楚康王熊昭,子爵,公元前559年—前545年在位。

【译文】

【经】夏天,楚康王讨伐吴国。

【经】秋，七月，甲子[①]，朔，日有食之，既[②]。

【注释】

①甲子：依后面“朔”字知为该年七月初一日。

②既：依历法推算日全食时间当在公历该年的六月十九日。

【译文】

【经】秋天，七月，甲子（初一）日，朔日，发生日食，日全食。

【经】齐崔杼帅师伐莒[①]。

【注释】

①齐崔杼（zhù）帅师伐莒：据《左传》，齐国希望联合楚国共同对抗晋国，楚王派使者来协商会面事宜，此时齐国听闻晋国将兴兵来犯，于是派陈无宇随楚使至楚，请求楚国出兵，同时派崔杼率军护送，顺道伐莒。崔杼，齐国执政大夫。伐莒，讨伐莒国。

【译文】

【经】齐国大夫崔杼率军讨伐莒国。

【经】大水。

【译文】

【经】发生大水灾。

【经】八月，癸巳[①]，朔，日有食之。

【注释】

①癸巳：依后面“朔日”知为当年八月初一日。

【译文】

【经】八月，癸巳（初一）日，朔日，发生日食。

【经】公会晋侯、宋公、卫侯、郑伯、曹伯、莒子、邾子、滕子、薛伯、杞伯、小邾子于夷仪①。

【注释】

①杞伯：指新即位的杞国国君杞文公姒益姑，伯爵，杞孝公之子，公元前549年—前536年在位。夷仪：本为邢地，僖公二十五年，卫灭邢，遂为卫邑，在今山东聊城西南。据《左传》，夷仪之会是商议伐齐，因大水作罢。

【译文】

【经】鲁襄公和晋国国君晋平公、宋国国君宋平公、卫国国君卫殇公、郑国国君郑简公、曹国国君曹武公、莒国国君莒犁比公、邾国国君邾悼公、滕国国君滕成公、薛国国君、杞国国君杞文公、小邾国国君在夷仪会面。

【经】冬，楚子、蔡侯、陈侯、许男伐郑①。

【注释】

①楚子、蔡侯、陈侯、许男：楚康王熊昭，子爵；蔡景侯姬固，侯爵，公元前591年—前543年在位；陈哀公妫溺，侯爵，公元前568年—前534年在位；许灵公姜某，男爵，公元前581年—前547年在位。据《左传》，楚伐郑是为了救齐。

【译文】

【经】冬天，楚国国君楚康王、蔡国国君蔡景侯、陈国国君陈哀公、许国国君许灵公讨伐郑国。

【经】公至自会。

【译文】

【经】鲁襄公从会盟地回国告祭祖庙。

【经】陈针宜咎出奔楚[1]。

【注释】

①陈针宜咎出奔楚：据《左传》，“陈人复讨庆氏之党”，所以出奔。针宜咎，陈国大夫，为陈国庆氏同党。

【译文】

【经】陈国大夫针宜咎出奔到楚国。

【经】叔孙豹如京师。

【译文】

【经】鲁大夫叔孙豹到京师去。

【经】大饥。

【传】五谷不升为大饥[1]。一谷不升谓之嗛[2]，二谷不升谓之饥，三谷不升谓之馑，四谷不升谓之康，五谷不升谓之大侵[3]。大侵之礼,君食不兼味[4],台榭不涂[5]。弛侯[6],廷道不除[7]。百官布而不制[8]。鬼神祷而不祀[9]。此大侵之礼也。

【注释】

①升:收获。

②嗛(qiàn):用同“歉”,收成不好。

③大侵:严重饥荒。

④兼味:两种以上的菜肴。

⑤涂:粉饰。

⑥弛:废除。侯:箭靶,代指射礼,这里指废除宴乐之射。

⑦除:修整,清除。

⑧布:设置,指百官修列,不因饥饿而废除官职。制:作,造作。指不再设置新的官职。

⑨祷:祈祷,向鬼神求福。祀:祭祀,祭祀需要消耗祭品。

【译文】

【经】鲁国发生大饥荒。

【传】五种谷物都没有收获是大饥。一种谷物没有收获称作嗛(歉),两种谷物没有收获称作饥,三种谷物没有收获称作馑,四种谷物没有收获称作康,五种谷物没有收获称作大侵。大侵时候应当遵守的礼仪,国君吃饭不应有两种菜,楼台亭榭不应粉饰。废止宴乐,朝廷里的道路也不修整。不废除也不新设置官职。对鬼神只是祷告而不祭祀。这是大侵时候的礼仪。

二十五年

【经】二十有五年,春,齐崔杼帅师伐我北鄙。

【译文】

【经】襄公二十五年，春天，齐国大夫崔杼率军讨伐我鲁国的北部边境。

【经】夏，五月，乙亥①，齐崔杼弑其君光②。

【传】庄公失言，淫于崔氏。

【注释】

①乙亥：当为该年五月的十七日。

②崔杼弑其君光：据《左传》，齐庄公多次与崔杼之妻棠姜私通，且将崔杼的帽子赐给别人，且有不当言语，崔杼心生不满，加之害怕晋国报复齐国，欲杀齐庄公以讨好晋国，于是寻找机会杀害了庄公。齐庄公，姓姜名光。

【译文】

【经】夏天，五月，乙亥（十七）日，齐国大夫崔杼杀害了他的国君姜光。

【传】齐庄公言语失当，与崔氏之妻通奸。

【经】公会晋侯、宋公、卫侯、郑伯、曹伯、莒子、邾子、滕子、薛伯、杞伯、小邾子于夷仪①。

【注释】

①夷仪：卫邑，在今山东聊城西南。

【译文】

【经】鲁襄公和晋国国君晋平公、宋国国君宋平公、卫国国君卫殇公、郑国国君郑简公、曹国国君曹武公、莒国国君莒犁比公、邾国国君邾悼公、滕国国君滕成公、薛国国君、杞国国君杞文公、小邾国国君在夷仪会面。

【经】六月，壬子[①]，郑公孙舍之帅师入陈[②]。

【注释】

①壬子：当为该年六月的二十四日。

②公孙舍之：郑国大夫，字子展，郑穆公之孙。

【译文】

【经】六月，壬子（二十四）日，郑国大夫公孙舍之率军进入陈国。

【经】秋，八月，己巳[①]，诸侯同于重丘[②]。

【注释】

①己巳：当为该年七月的十二日，经文作“八月”，当误。

②诸侯同于重丘：据《左传》，这次诸侯会盟是因为与齐国讲和。诸侯，指五月会于“夷仪”的诸侯。重丘，齐地。今在何处不详，或以为在今山东聊城东南，或以为在今山东德州东北。

【译文】

【经】秋天，八月，己巳（七月十二）日，诸侯在重丘同盟。

【经】公至自会。

【译文】

【经】鲁襄公从会盟地回国告祭祖庙。

【经】卫侯入于夷仪[①]。

【注释】

①卫侯：这里是指出逃在外的卫献公。

【译文】

【经】卫献公进入夷仪。

【经】楚屈建帅师灭舒鸠[①]。

【注释】

①屈建：楚国令尹，字子木。舒鸠：国名。偃姓，舒人的一支。故地在今安徽舒城附近。

【译文】

【经】楚国令尹屈建率军灭亡了舒鸠国。

【经】冬，郑公孙夏帅师伐陈[①]。

【注释】

①公孙夏：郑国大夫，字子西，郑穆公之孙。

【译文】

【经】冬天，郑国大夫公孙夏率军讨伐陈国。

【经】十有二月，吴子谒伐楚，门于巢，卒[①]。

【传】以伐楚之事，门于巢，卒也。于巢者，外乎楚也。门于巢，乃伐楚也。诸侯不生名，取卒之名加之伐楚之上者，见以伐楚卒也。其见以伐楚卒何也？古者大国过小邑，小邑必饰城而请罪[②]，礼也。吴子谒伐楚，至巢，入其门，门人射吴子，有矢创，反舍而卒。古者虽有文事，必有武备，非巢之不饰城而请罪，非吴子之自轻也。

【注释】

①吴子谒伐楚，门于巢，卒：吴子谒，吴国国君。姬姓后裔，子爵，名谒，又名诸樊，吴王寿梦之子，是攻打楚国附国巢国城门时中箭战死的。门，攻打城门。巢，小国名。群舒之国之一，偃姓，故城在安徽巢湖东北。巢为楚国边境小国，与楚互为表里，故吴欲伐楚，要先经过巢国，据《左传》，吴国伐巢伐楚，巢国的牛臣献计开城门诱使吴王进城，暗中以箭射杀吴王。

②饰：指修治整备，加强防备。请罪：指询问自己的过错，以至大国兴兵。

【译文】

【经】十二月，吴国国君谒讨伐楚国，攻打楚附属国巢国的城门，去世。

【传】因为讨伐楚国的事，攻打巢国的城门，去世了。说“于巢”，表示是在楚国之外。攻打巢的城门，是为了讨伐楚国。诸侯活着的时候不称他们的名字，把去世之后才能称的名放在伐楚的前面说，表明是因为讨伐楚国而去世的。经文为什么要表明是因为讨伐楚国而去世的呢？古时大国经过小城，小城一定要整治守备而询问过错，这是符合礼制的。吴国国君谒讨伐楚国，到了巢国，进入他们的城门，守门的人以箭射吴国国君，有箭伤，返回军营而去世。古代虽然有不动用武力就能解决的事，但是一定会有武力上的准备，这是责备巢国不修守备而询问过错，也责备吴国国君不重视自己的生命。

二十六年

【经】二十有六年，春，王二月，辛卯[1]，卫宁喜弑其君剽[2]。

【传】此不正[3]，其日何也？殖也立之，喜也君之，正也[4]。

【注释】

①辛卯：当为该年二月的初七日。

②宁喜：卫国大夫，宁殖之子。据《左传》，宁殖在去世前后悔驱逐卫献公，希望宁喜能够为自己改过。卫献公入夷仪后派自己的母弟专和宁喜谈复位的事，宁喜答应。剽：卫殇公名。

③不正：指公孙剽的即位不合正道，剽非嫡长子，所以《穀梁传》认为他不是合法国君。

④正：符合正道。指宁喜将父亲拥立的人视为国君是符合正道的。

【译文】

【经】襄公二十六年，春天，周王的二月，辛卯（初七）日，卫国大夫宁喜杀害了他的国君姬剽。

【传】公孙剽的即位不合正道，经文记载他去世的日期是为什么呢？宁殖拥立了他，宁喜应该把他当做国君，符合正道。

【经】卫孙林父入于戚以叛[1]。

【注释】

①卫孙林父入于戚以叛：据《左传》，宁喜先率兵进攻孙氏，杀孙林父之子于卫都，然后杀害了卫殇公和卫殇公的太子，孙林父当时在戚地，于是率戚以归晋。戚，卫地，在今河南濮阳市区内北，戚

为孙氏封邑。叛，反叛，指叛卫归晋。经文中出现“叛”字，从此处始。

【译文】

【经】卫国大夫孙林父进入戚地，带着戚地叛国。

【经】甲午[①]，卫侯衎复归于卫[②]。

【传】日归，见知弑也。

【注释】

①甲午：当为该年二月的初十日。

②卫侯衎（kàn）：卫献公名，襄公十四年被逐，流亡十二年，至此复位。

【译文】

【经】甲午（二月初十）日，卫国国君姬衎回到卫国。

【传】记载回国的日期，表明知道殇公被杀的事。

【经】夏，晋侯使荀吴来聘[①]。

【注释】

①晋侯使荀吴来聘：据《左传》：“晋人为孙氏故，召诸侯，将以讨卫也。夏，中行穆子来聘，召公也。”荀吴，晋国大夫，荀偃之子，谥穆，称中行穆子。

【译文】

【经】夏天，晋平公派大夫荀吴来鲁访问。

【经】公会晋人、郑良霄、宋人、曹人于澶渊[①]。

【注释】

①良宵：郑国大夫。澶渊：湖泊名。属卫，在今河南濮阳西。

【译文】

【经】鲁襄公和晋国人、郑国的良宵、宋国人、曹国人在澶渊会盟。

【经】秋，宋公杀其世子座[①]。

【注释】

①宋公：宋平公子成。世子座：宋国的太子，姓子，名座，被寺人诬陷而死。

【译文】

【经】秋天，宋国国君宋平公杀害了他的世子子座。

【经】晋人执卫宁喜。

【译文】

【经】晋国人抓捕了卫国的宁喜。

【经】八月，壬午[①]，许男宁卒于楚[②]。

【注释】

①壬午：当为该年八月的初一日。

②许男宁卒于楚：据《左传》，许灵公到楚国是请求楚国出兵伐郑。许男宁，许国国君，男爵，姓姜名宁，谥灵，为许灵公。

【译文】

【经】八月，壬午（初一）日，许国国君姜宁在楚国去世。

【经】冬，楚子、蔡侯、陈侯伐郑[1]。

【注释】

①楚子：楚康王熊昭，楚庄王之孙，共王之子，公元前559年—前545年在位。蔡侯：蔡景侯姬固，侯爵，蔡文侯之子，公元前591年—前543年在位。陈侯：陈哀公妫（guī）弱，侯爵，陈成公之子，公元前568年—前534年在位。

【译文】

【经】冬天，楚国国君楚康王、蔡国国君蔡景侯、陈国国君陈哀公讨伐郑国。

【经】葬许灵公。

【译文】

【经】安葬许灵公。

二十七年

【经】二十有七年，春，齐侯使庆封来聘[1]。

【注释】

①庆封：齐国大夫，崔杼杀齐庄公后立景公，崔杼为右相，庆封为左相。

【译文】

【经】襄公二十七年，春天，齐景公派左相庆封作为使者来鲁国访问。

【经】夏，叔孙豹会晋赵武、楚屈建、蔡公孙归生、卫石恶、陈孔奂、郑良霄、许人、曹人于宋。

【译文】

【经】夏天，鲁大夫叔孙豹和晋国大夫赵武、楚国大夫屈建、蔡国大夫公孙归生、卫国大夫石恶、陈国大夫孔奂、郑国大夫良宵、许国人、曹国人在宋地会面。

【经】卫杀其大夫宁喜[①]。

【传】称国以杀，罪累上也。宁喜弑君，其以累上之辞言之，何也？尝为大夫[②]，与之涉公事矣[③]。宁喜由君弑君，而不以弑君之罪罪之者，恶献公也。

【注释】

①卫杀其大夫宁喜：据《左传》，献公归国复位之后，宁喜专权，献公忧虑，公孙免余替献公杀之。

②尝：曾经。指宁喜被杀前为大夫。

③与之涉公事：同意他参与国家事务。据《左传》，卫献公派弟弟专与宁喜商议复位之事时，专“以公命与宁喜言，曰：‘政由宁氏，祭则寡人。’”此时献公杀宁喜，是违背了自己的诺言。

【译文】

【经】卫国杀害了他们的大夫宁喜。

【传】以国家的名义杀害，表明罪行牵涉到国君。宁喜杀害过国君，经文用牵涉到国君的说法来说，为什么呢？曾经是大夫，同意他参与国家的事务。宁喜因为新君而杀了旧君，但是不用杀害国君的罪名来指责他，是为了表示对献公的厌恶。

【经】卫侯之弟专出奔晋[①]。

【传】专，喜之徒也。专之为喜之徒，何也？己虽急纳其兄，与人之臣谋弑其君，是亦弑君者也。专其曰弟，何也？专有是信者。君赂不入乎喜而杀喜[②]，是君不直乎喜也[③]，故出奔晋。织绚邯郸[④]，终身不言卫。专之去，合乎《春秋》。

【注释】

①专：卫献公同母弟，名专。在卫献公谋求复位的时候曾代为与宁喜谈判，曾作出"政由宁喜出"的承诺。

②赂：赠送的财物。

③直：守信。

④绚(qú)：古时鞋头上的饰物，有孔，可以穿系鞋带。邯郸：时为晋地，在今河北邯郸附近。

【译文】

【经】卫国国君卫献公的弟弟姬专出逃投奔晋国。

【传】姬专，是宁喜的同党。姬专为宁喜的同党，为什么呢？自己虽然急于让自己的兄长回国，和别人的臣子谋划杀害他的国君，这也算是杀害国君的人。用"弟"来称呼姬专，为什么呢？因为姬专和宁喜有约定。国君答应赠送的财物没有给宁喜反而杀了宁喜，这是国君没有对宁喜守信，所以姬专出逃投奔晋国。在邯郸编织绚，终身没有谈论过卫国。姬专的离开，合于《春秋》大义。

【经】秋，七月，辛巳[①]，豹及诸侯之大夫盟于宋。

【传】湨梁之会[②]，诸侯在而不曰诸侯之大夫，大夫不臣也，晋赵武耻之。豹云者，恭也。诸侯不在而曰诸侯之大夫，大夫臣也，其臣恭也，晋赵武为之会也。

【注释】

①辛巳：当为该年七月的初五日。

②湨(jú)梁：古代筑在湨水旁的大堤。湨，水名，源出河南济源，东南流入黄河。

【译文】

【经】秋天，七月，辛巳(初五)日，鲁大夫叔孙豹和诸侯的大夫在宋地缔结盟约。

【传】湨梁之会，诸侯在当地却不说诸侯的大夫，大夫们不尽臣道，晋国的赵武认为那是羞耻。说“豹”，是表示恭敬。诸侯不在当地却说诸侯的大夫，表明大夫尽了臣子之道，他们的臣子很恭敬，因为是晋国的赵武发起的这次会盟。

【经】冬，十有二月，乙亥[①]，朔，日有食之。

【注释】

①乙亥：依后面“朔”字知为该年十二月的初一日。

【译文】

【经】冬天，十二月，乙亥(初一)日，朔日，发生日食。

二十八年

【经】二十有八年，春，无冰[①]。

【注释】

①无冰：没有结冰。鲁用周历，周历的春相当于今农历的冬。

【译文】

【经】襄公二十八年，春天，没有结冰。

【经】夏，卫石恶出奔晋[1]。

【注释】

①卫石恶出奔晋：据《左传》，石恶出奔是因为“卫人讨宁氏之党”。石恶，卫国大夫。

【译文】

【经】夏天，卫国大夫石恶出逃投奔晋国。

【经】邾子来朝。

【注释】

①邾子：邾国国君邾悼公曹华，子爵，公元前556年—前541年在位。

【译文】

【经】邾国国君邾悼公前来访问。

【经】秋，八月，大雩。

【译文】

【经】秋天，八月，举行大雩之祭。

【经】仲孙羯如晋[1]。

【注释】

①仲孙羯(jié)：鲁国大夫，此时为孟氏宗主，仲孙蔑之孙，仲孙速

之子。

【译文】

【经】鲁大夫仲孙羯到晋国去。

【经】冬,齐庆封来奔[①]。

【注释】

①庆封来奔:据《左传》,崔杼杀齐庄公,立景公,崔杼为右相,庆封为左相。庆封与崔杼有隙,襄公二十六年庆封因崔家内部矛盾,尽灭崔氏,崔杼自杀,庆封专权,后诸大夫共攻庆封,庆封奔鲁,又奔吴。庆封,齐国大夫。

【译文】

【经】冬天,齐国执政大夫庆封出逃来鲁国。

【经】十有一月,公如楚。

【译文】

【经】十一月,鲁襄公到楚国去。

【经】十有二月,甲寅[①],天王崩[②]。

【注释】

①甲寅:当为该年十二月的十六日。

②天王:这里是周灵王姬泄心。

【译文】

【经】十二月,甲寅(十六)日,周天子灵王去世。

【经】乙未[①],楚子昭卒[②]。

【注释】

①乙未:依历法推算该年十二月无乙未,疑经文记日有误。

②楚子昭:楚国国君,子爵,芈(mǐ)姓,熊氏,名昭,谥康,为楚康王。

【译文】

【经】乙未日,楚国国君熊昭去世。

二十九年

【经】二十有九年,春,公在楚[①]。

【传】闵公也[②]。

【注释】

①公在楚:楚康王去世时鲁襄公刚好在楚国。《左传》认为这是"释不朝正于庙也"。诸侯每月初一应到祖庙行告朔之礼,此时鲁襄公在楚,无法行礼。

②闵:担忧,怜悯。据《左传》,在楚王葬礼上楚人予以为难,叔孙豹机智化解。

【译文】

【经】襄公二十九年,春天,鲁襄公在楚国。

【传】为鲁襄公感到担忧。

【经】夏,五月,公至自楚。

【传】喜之也。致君者,殆其往[①],而喜其反,此致君之意义也。

【注释】

①殆：担忧。

【译文】

【经】夏天，五月，鲁襄公从楚国回国告祭祖庙。

【传】为此感到高兴。记载国君回国告祭祖庙，是为他的出访担心，为他的归来高兴，这就是记载国君回国告祭祖庙的意义所在。

【经】庚午[①]，卫侯衎卒[②]。

【注释】

①庚午：当为该年六月的初五日。

②卫侯衎(kàn)：卫国国君，姓姬，名衎，谥献，为卫献公。

【译文】

【经】庚午(六月初五)日，卫国国君姬衎去世。

【经】阍弑吴子余祭[①]。

【传】阍，门者也，寺人也[②]。不称名姓，阍不得齐于人[③]。不称其君[④]，阍不得君其君也。礼：君不使无耻，不近刑人，不狎敌，不迩怨。贱人非所贵也，贵人非所刑也，刑人非所近也。举至贱而加之吴子[⑤]，吴子近刑人也。阍弑吴子余祭，仇之也。

【注释】

①阍(hūn)弑吴子余祭：据《左传》，吴国抓获了楚国俘虏，让他们看守船只，后来余祭观看船只时被他们杀死。阍，守门人，此处指

楚国俘虏做了守门人。吴子余祭，吴国国君，名余祭，吴王诸樊之弟，公子季札之兄。

②寺人：宫中供使令的小臣，多以阉人充任。

③齐于人：等同于普通人，这里是说守门人多是刑余之人，古人认为他们不再是普通人一样完整了。

④不称其君：不说“其君”，指不说“阍弑其君某某”，即剥夺了他们把吴国国君当做国君的权利。

⑤举至贱而加之吴子：指将“阍”放在“吴子”之前。

【译文】

【经】看门人杀死了吴国国君余祭。

【传】阍，是守门人，是供使令的小臣。不说他的名和姓，因为守门人不能等同于普通人。不说“其君”，因为守门人没有资格把吴子当做国君。按照礼制：国君不任用不知羞耻的人，不应亲近受刑阉割的人，不应戏弄敌人，不应接近怨恨自己的人。身份卑贱的人不是可以轻易让他显贵的，身份尊贵的人不是可以轻易施以刑罚的，遭受刑罚的人不是可以轻易去亲近的。把最卑贱的称呼放在吴子之前，因为吴国国君接近受过刑罚之人。守门人杀了吴国国君余祭，是因为仇恨他。

【经】仲孙羯会晋荀盈、齐高止、宋华定、卫世叔仪、郑公孙段、曹人、莒人、邾人、滕人、薛人、小邾人、城杞[①]。

【传】古者天子封诸侯，其地足以容其民，其民足以满城以自守也。杞危而不能自守，故诸侯之大夫相帅以城之，此变之正也。

【注释】

①城杞：修筑杞国国都的城墙。据《左传》，晋平公的生母是杞国女

子，所以晋国率领诸侯国帮杞国修筑城墙。

【译文】

【经】鲁大夫仲孙羯(jié)会同晋国大夫荀盈、齐国大夫高止、宋国大夫华定、卫国大夫世叔仪、郑国大夫公孙段、曹国人、莒(jǔ)国人、邾国人、滕国人、薛国人、小邾国人，修筑杞国都的城墙。

【传】古代的天子分封诸侯，他的土地足够容纳他的百姓，他的百姓足够填满城邑来保护自己。杞国有危难不能保护自己，所以诸侯的大夫率领军队来给它修筑城墙，这是变通常规来符合正道。

【经】晋侯使士鞅来聘[①]。

【注释】

①士鞅来聘：据《左传》，士鞅来访是为了感谢鲁国城杞。士鞅，晋国大夫，士匄(gài)之子，又称范献子。

【译文】

【经】晋国国君平公派大夫士鞅作为使者来鲁访问。

【经】杞子来盟。

【译文】

【经】杞国国君杞文公来鲁结盟。

【经】吴子使札来聘[①]。

【传】吴其称子何也[②]？善使延陵季子，故进之也。身贤，贤也。使贤，亦贤也。延陵季子之贤，尊君也。其名，成尊于上也。

【注释】

①吴子：这里当是指吴王余祭，即季札出使之后余祭才去世。札：吴公子季札。吴王寿梦有四子：诸樊（或称谒）、余祭、余昧（一作夷昧）、季札。季札贤，寿梦欲废长立少。季札让不可。寿梦卒，诸樊立，与余祭、余昧相约，传弟而不传子，弟兄相继为君，欲终致国于季札。季札离国赴延陵，终身不入吴国，世称延陵季子。

②吴其称子：楚、吴都被视作夷狄之国，没有周天子册封的大夫，故庄公二十三年称“荆人来聘”，则此当作“吴人来聘”，称“某子使某某来聘”则意味着“某子”是周天子分封的诸侯，而作为使者的“某某”是周天子册封的大夫。这里称“吴”作“吴子”，称季札的名“札”是为了褒扬季札。

【译文】

【经】吴国国君余祭派季札作为使者来访问。

【传】把吴称作“吴子”是为什么呢？是赞许他任用延陵季子，所以提高他的地位。自身贤能，是贤能。任用贤能的人，也是贤能。延陵季子的贤能，在于他尊重国君。经文记载他的名，是成全他对国君的尊重。

【经】秋，七月，葬卫献公。

【译文】

【经】秋天，七月，安葬了卫献公。

【经】齐高止出奔北燕[①]。

【传】其曰北燕，从史文也[②]。

【注释】

①高止：齐国大夫，专权，且喜欢居功，遂被放逐。北燕：春秋有二燕国，一为南燕，姞姓，伯爵，在今河南延津东北，即桓公十二年之燕。一为北燕，即今之通常所谓燕国，姬姓，伯爵，西周召公奭(shì)之后，建都蓟，其地在今河北北部和辽宁西端北京附近，故北京称蓟字。

②史文：即鲁国史书原始的记载，《穀梁传》认为孔子修春秋并未修改此处。

【译文】

【经】齐国大夫高止出逃到北燕。

【传】经文说“北燕”，是沿用了史书的写法。

【经】冬，仲孙羯如晋。

【译文】

【经】冬天，鲁大夫仲孙羯(jié)到晋国去。

三十年

【经】三十年，春，王正月，楚子使薳罢来聘[①]。

【注释】

①楚子：楚国国君郏敖，楚康王之子，名熊员。薳(wěi)罢：楚国大夫，字子荡。

【译文】

【经】襄公三十年，春天，周王的正月，楚国国君楚郏敖派薳罢作为使者来鲁访问。

【经】夏，四月，蔡世子般弑其君固[①]。

【传】其不日，子夺父政，是谓夷之。

【注释】

①蔡世子般弑其君固：据《左传》，蔡景侯为太子从楚国娶妻，又与此楚女私通，于是太子弑君。世子般，蔡国太子，姓姬，名般。固，蔡国国君，名固，谥景，为蔡景侯。

【译文】

【经】夏天，四月，蔡国的世子姬般杀害了他的国君姬固。

【传】经文没有记载日期，因为儿子夺取了父亲的政权，这样说是把他当做夷人来看待。

【经】五月，甲午[①]，宋灾，伯姬卒[②]。

【传】取卒之日，加之灾上者，见以灾卒也。其见以灾卒奈何？伯姬之舍失火，左右曰："夫人少辟火乎！"伯姬曰："妇人之义，傅母不在[③]，宵不下堂。"左右又曰："夫人少辟火乎！"伯姬曰："妇人之义，保母不在[④]，宵不下堂。"遂逮乎火而死[⑤]。妇人以贞为行者也，伯姬之妇道尽矣。详其事，贤伯姬也。

【注释】

①甲午：当为该年五月的初五日。

②伯姬：指成公九年嫁予宋共公为妻的伯姬。

③傅母：保育、辅导贵族子女的老年妇人。

④保母：宫廷内负责抚养贵族子女的女妾。

⑤遂：最终。逮：被，及。

【译文】

【经】五月，甲午（初五）日，宋国发生火灾，伯姬去世。

【传】把去世的日期，写在发生火灾的前面，表明是因为火灾去世的。经文表明了是因为火灾去世，是怎样的呢？伯姬的房屋失火了，侍奉的人说："夫人稍微躲避一下火灾吧！"伯姬说："妇人应遵守的道义，傅母不在，晚上不能走下厅堂。"侍奉的人又说："夫人稍微躲避一下火灾吧！"伯姬说："妇人应遵守的道义，保母不在，晚上不能走下厅堂。"最终被火烧死。妇人以贞节作为自己行为的准则，伯姬尽到了妇道。详细地记载这件事，是认为伯姬有贤德。

【经】天王杀其弟佞夫[①]。

【传】传曰：诸侯且不首恶[②]，况于天子乎？君无忍亲之义[③]，天子、诸侯所亲者，唯长子、母弟耳。天王杀其弟佞夫，甚之也。

【注释】

①天王杀其弟佞夫：据《左传》，灵王侄儋（dān）括欲立佞夫，而佞夫不知。五月，五大夫杀佞夫。括、瑕奔晋。天王，周景王姬贵，公元前544年—前520年在位。佞（nìng）夫，周灵王之子，周景王之同母弟。

②首恶：罪魁祸首。

③忍：残忍。

【译文】

【经】周天子杀害了他的弟弟佞夫。

【传】《传》说:诸侯尚且不能作为罪魁祸首,何况天子呢?国君没有残酷对待亲人的道理,天子、诸侯亲近的人,只有长子、同母的弟弟罢了。周景王杀害了他的弟弟佞夫,太过分了。

【经】王子瑕奔晋①。

【注释】

①王子瑕:周王室大夫,儋(dān)括同盟,因佞夫被杀而出逃。经文不说"出奔"而只说"奔"是因为"不言出,周无外"。

【译文】

【经】周大夫王子瑕投奔晋国。

【经】秋,七月,叔弓如宋①,葬共姬②。

【传】外夫人不书葬,此其言葬,何也?吾女也。卒灾,故隐而葬之也③。

【注释】

①叔弓:鲁国大夫,叔老之子,鲁宣公之弟叔肸之曾孙。

②共姬:伯姬,因其夫宋共公谥"共",故称之为"共姬"。

③隐:伤痛,隐痛。

【译文】

【经】秋天,七月,鲁大夫叔弓到宋国去,安葬共姬。

【传】外国夫人不记载安葬日期,这里记载说"安葬共姬",为什么?她死于火灾,所以伤痛地安葬她。

【经】郑良宵出奔许[1]，自许入于郑。

【注释】

①良宵：郑国大夫，郑穆公之曾孙，嗜酒，常常误事，死于公族间的斗争。

【译文】

【经】郑国大夫良宵出逃投奔许国，从许国进入郑国。

【经】郑人杀良霄。

【传】不言大夫，恶之也。

【译文】

【经】郑国人杀了良宵。

【传】不说他是大夫，是厌恶他。

【经】冬，十月，葬蔡景侯。

【传】不日卒而月葬，不葬者也。卒而葬之，不忍使父失民于子也。

【译文】

【经】冬天，十月，安葬了蔡景侯。

【传】不记载去世的日期而记载下葬的月份，表明是本不应该记载下葬的。记载了去世又记载了下葬，是不忍心让父亲失去百姓给儿子。

【经】晋人、齐人、宋人、卫人、郑人、曹人、莒人、邾人、滕人、薛人、杞人、小邾人会于澶渊，宋灾故。

【传】会不言其所为，其曰宋灾故，何也？不言灾故，则无以见其善也。其曰人，何也？救灾以众。何救焉？更宋之所丧财也[①]。澶渊之会，中国不侵伐夷狄，夷狄不入中国，无侵伐八年，善之也。晋赵武、楚屈建之力也。

【注释】

①更：补偿。

【译文】

【经】晋国人、齐国人、宋国人、卫国人、郑国人、曹国人、莒国人、邾国人、滕国人、薛国人、杞国人、小邾国人在澶渊会面，因为宋国的火灾。

【传】对于会面是不说原因的，经文说了是因为宋国的火灾，为什么呢？不说因为火灾，那就不能体现这次会面的善行。经文说“人”，为什么呢？因为救援灾害要靠众人。怎么救呢？补偿宋国所损失的财物。到澶渊之会为止，中原国家不入侵讨伐夷狄之国，夷狄之国不进入中原国家，没有战争八年了，褒扬这次会面。这次会面是靠晋国大夫赵武、楚国大夫屈建的力量促成的。

三十一年

【经】三十有一年，春，王正月。

【译文】

【经】襄公三十一年，春天，周王的正月。

【经】夏，六月，辛巳[①]，公薨于楚宫[②]。

【传】楚宫，非正也。

【注释】

①辛巳：当为该年六月的二十八日。

②楚宫：襄公新建楚式宫殿，故曰楚宫。

【译文】

【经】夏天，六月，辛巳(二十八)日，鲁襄公在楚宫去世。

【传】楚宫，不是正寝。

【经】秋，九月，癸巳[1]，子野卒[2]。

【传】子卒日，正也。

【注释】

①癸巳：当为该年九月的十一日。

②子野：襄公太子。据《左传》，因过度哀伤而死。

【译文】

【经】秋天，九月，癸巳(十一)日，子野去世。

【传】国君的儿子去世记载日期，符合正道。

【经】己亥[1]，仲孙羯卒[2]。

【注释】

①己亥：当为该年九月的十七日。

②仲孙羯(jiē)：鲁国大夫，孟氏宗主，谥孝，称孟孝伯。

【译文】

【经】己亥(九月十七)日，鲁大夫仲孙羯去世。

【经】冬，十月，滕子来会葬。

【译文】

【经】冬天，十月，滕国国君滕成公姬原来鲁参加葬礼。

【经】癸酉[①]，葬我君襄公。

【注释】

①癸酉：当为该年十月的二十一日。

【译文】

【经】癸酉(二十一)日，安葬我们的国君鲁襄公。

【经】十有一月，莒人弑其君密州[①]。

【注释】

①莒人弑其君密州：密州，莒国国君，名密州(一作密州人)，号黎比公(一作犁比公)，生去疾与展舆，立展舆为太子，又废之，生性暴虐，国人患之。展舆藉国人以攻，乃弑之，而自立，去疾奔齐。

【译文】

【经】十一月，莒国人杀害了他们的国君犁比公密州。

昭公

【题解】

鲁昭公(?—公元前510年在世,公元前542年—前510年在位),姬姓,名稠,鲁国第二十三代国君,鲁襄公之子,生母为鲁襄公夫人齐归,在鲁襄公去世后即位为国君。

鲁昭公在位期间,公室进一步衰弱,季孙氏为实际当政者,昭公五年,季孙氏废除中军,四分公室,季孙氏得其二,孟孙氏、叔孙氏各得其一,公室彻底丧失兵权。昭公二十五年,鲁昭公起兵讨伐季氏,为“三桓”所败,奔齐。此后数年,齐、晋等国欲送他返回鲁国均未果,在外流亡八年之后客死于乾侯。

昭公时期,周王室在周景王去世后陷入诸子争立的混乱局面,各诸侯国也基本都进入了“政在大夫”的时期。晋国此时国势也大不如前,国政被六卿掌控,内耗也很严重。楚国在昭公四年会诸侯于申,占据一时上风,然很快便陷入与吴国的争斗,无暇争霸中原,此时的国际形势基本是晋国勉强维持着最后的霸业,楚国后方起火无暇北上,秦国、齐国不似之前活跃,却在暗中积蓄着力量。

元年

【经】元年,春,王正月,公即位。

【传】继正即位,正也。

【译文】

【经】昭公元年,春天,周王的正月,鲁昭公即位。

【传】继承正常死亡的国君登上君位,符合正道。

【经】叔孙豹会晋赵武、楚公子围、齐国弱、宋向戌、卫齐恶、陈公子招、蔡公孙归生、郑罕虎、许人、曹人于郭[①]。

【注释】

①郭:郑地,在今河南郑州北。

【译文】

【经】鲁大夫叔孙豹和晋国大夫赵武、楚国大夫公子围、齐国大夫国弱、宋国大夫向戌、卫国大夫齐恶、陈国大夫公子招、蔡国大夫公孙归生、郑国大夫罕虎、许国人、曹国人在郭地会面。

【经】三月,取郓[①]。

【注释】

①郓(yùn):东郓,在今山东沂水东北。

【译文】

【经】三月,得到了郓地。

【经】夏，秦伯之弟针出奔晋[①]。

【传】诸侯之尊，弟兄不得以属通。其弟云者，亲之也。亲而奔之，恶也。

【注释】

①秦伯之弟针出奔晋：据《左传》，嬴针受秦桓公宠爱，景公即位后，他与景公如同二君，其母劝其出奔。秦伯，秦景公。针，秦景公母弟，姓嬴名针。

【译文】

【经】夏天，秦国国君景公的弟弟嬴针出逃到晋国。

【传】以诸侯地位的尊贵，兄弟之间也不能以亲属关系来交往。经文称“弟”，是表明他是国君的亲人。是亲人却让他出奔，是厌恶这种行为。

【经】六月，丁巳[①]，邾子华卒[②]。

【注释】

①丁巳：当为该年六月的初九日。

②邾子华：邾国国君，名华，谥悼，为邾悼公。

【译文】

【经】六月，丁巳（初九）日，邾国国君曹华去世。

【经】晋荀吴帅师败狄于大原[①]。

【传】传曰：中国曰大原，夷狄曰大卤。号从中国，名从主人。

【注释】

①荀吴：晋国大夫，荀偃之子。大(tài)原：晋地，在今山西太原西南。

【译文】

【经】晋国大夫荀吴率军在大原击败狄人。

【传】《传》说：中原国家将那里称作大原，夷狄将那里称作大卤。凡属称号的按中原地区的称谓记载，凡属名称的按所属地区或民族的方言记载。

【经】秋，莒去疾自齐入于莒①。

【注释】

①莒去疾自齐入于莒：据《左传》，展舆自立为君之后取消了诸公子的俸禄，诸公子于是到齐国去请求去疾回国，齐将去疾送回莒国为君，展舆出奔吴。去疾，莒犁比公之子，襄公三十一年奔齐，详见襄公三十一年注。

【译文】

【经】秋天，莒国的公子己去疾从齐国回到莒国。

【经】莒展出奔吴①。

【注释】

①展：莒国国君，《左传》称展舆。襄公三十一年弑犁比公自立，不足一年，故经文不称君。

【译文】

【经】莒国的己展出逃投奔吴国。

【经】叔弓帅师疆郓田①。

【传】疆之为言，犹竟也②。

【注释】

①疆：以……为界。

②竟：同“境”，国境，边界，划定边界。

【译文】

【经】鲁大夫叔弓率军以郓地为边界。

【传】“疆”的意思，就相当于“境”的意思。

【经】葬邾悼公。

【译文】

【经】安葬了邾悼公。

【经】冬，十有一月，己酉①，楚子卷卒②。

【注释】

①己酉：当为该年十一月的初四日。

②楚子卷卒：据《左传》，楚令尹公子围要到郑国访问，未出国境而闻楚子有疾，于是返回探视，弑之，自立为王。楚子卷，楚国国君，芈(mǐ)姓熊氏，名卷，一作员，死后被葬于郏，称郏敖。

【译文】

【经】冬天，十一月，己酉(初四)日，楚国国君熊卷去世。

【经】楚公子比出奔晋[①]。

【注释】

①公子比：楚大夫，字子干。

【译文】

【经】楚国的公子熊比出逃到晋国。

二年

【经】二年，春，晋侯使韩起来聘[①]。

【注释】

①韩起：晋国大夫，此时继赵武为晋国执政大夫。

【译文】

【经】昭公二年，春天，晋国国君晋平公派韩起作为使者来鲁访问。

【经】夏，叔弓如晋。

【译文】

【经】夏天，鲁大夫叔弓到晋国去访问。

【经】秋，郑杀其大夫公孙黑[①]。

【注释】

①郑杀其大夫公孙黑：据《左传》，公孙黑阴谋叛乱未成，自杀。公孙黑，郑大夫。

【译文】

【经】秋天，郑国杀了他们的大夫公孙黑。

【经】冬，公如晋，至河乃复[①]。

【传】耻如晋，故著有疾也[②]。

【注释】

①至河乃复：据《左传》，晋平公宠姬少姜去世，昭公往吊唁，至黄河，晋平公遣使辞昭公，言少姜不是夫人，不需昭公屈驾，于是昭公返回，仅使季孙宿送助丧之礼。

②著：称说。

【译文】

【经】冬天，鲁昭公到晋国去吊丧，到了黄河边却不得不回来了。

【传】以能进入晋国为耻辱，所以称说生病了。

【经】季孙宿如晋。

【传】公如晋而不得入，季孙宿如晋而得入，恶季孙宿也。

【译文】

【经】鲁大夫季孙宿到晋国去。

【传】鲁昭公到晋国去却不能进入，季孙宿到晋国去就进入了，是在贬斥季孙宿。

三年

【经】三年，春，王正月，丁未[①]，滕子原卒[②]。

【注释】

①丁未:当为该年正月的初九日。

②滕子原:滕国国君,姓姬,名原,谥成,为滕成公。

【译文】

【经】昭公三年,春天,周王的正月,丁未(初九)日,滕国国君姬原去世。

【经】夏,叔弓如滕。

【译文】

【经】夏天,鲁大夫叔弓到滕国去访问。

【经】五月,葬滕成公。

【译文】

【经】五月,安葬了滕成公。

【经】秋,小邾子来朝。

【译文】

【经】秋天,小邾国国君来访问。

【经】八月,大雩。

【译文】

【经】八月,举行大雩之祭。

【经】冬，大雨雹。

【译文】

【经】冬天，下了很大的一场冰雹。

【经】北燕伯款出奔齐[①]。

【传】其曰北燕，从史文也。

【注释】

①北燕伯款出奔齐：据《左传》，燕简公欲去诸大夫而立其宠臣，诸大夫杀其宠臣，简公惧，奔齐。北燕伯款，北燕国国君，燕简公，姓姬名款。

【译文】

【经】北燕国国君姬款出逃投奔齐国。

【传】经文说“北燕”，是沿用了史书的写法。

四年

【经】四年，春，王正月，大雨雪。

【译文】

【经】昭公四年，春天，周王的正月，下了很大的雪。

【经】夏，楚子、蔡侯、陈侯、郑伯、许男、徐子、滕子、顿子、胡子、沈子、小邾子、宋世子佐、淮夷会于申[①]。楚人执徐子。

【注释】

①楚子：指新即位的楚国国君楚灵王熊虔，即位前名熊围，子爵，公元前541年—前529年在位。蔡侯：指新即位的蔡国国君蔡灵侯姬般，侯爵，蔡景侯之子，蔡平侯之兄，弑父自立，公元前542年—前531年在位。陈侯：指陈哀公妫（guī）弱，公元前568年—前534年在位。郑伯：指郑简公姬嘉，伯爵，公元前565年—前530年。许男：指许悼公姜买智敏，男爵，公元前546年—前523年。滕子：指新即位的滕国国君滕悼公姬宁，子爵，公元前538年—前514年在位。申：楚地，在今河南南阳北。

【译文】

【经】夏天，楚国国君楚灵王、蔡国国君蔡灵侯、陈国国君陈哀公、郑国国君郑简公、许国国君许悼公、徐国国君、滕国国君滕悼公、顿国国君、胡国国君、沈国国君、小邾国国君、宋国世子子佐、淮夷在申地会面。楚国抓捕了许国国君。

【经】秋，七月，楚子、蔡侯、陈侯、许男、顿子、胡子、沈子、淮夷伐吴。

【译文】

【经】秋天，七月，楚灵王、蔡灵侯、陈哀公、许悼公、顿国国君、胡国国君、沈国国君、淮夷讨伐吴国。

【经】执齐庆封[①]，杀之。

【传】此入而杀，其不言入，何也？庆封封乎吴钟离[②]，其不言伐钟离，何也？不与吴封也。庆封其以齐氏，何也？为齐讨也。灵王使人以庆封令于军中曰："有若齐庆封弑其君者乎？”庆封曰：“子一息，我亦且一言。曰：有若楚公子围弑其兄之子而代之为君者乎[③]？”军人粲然皆笑。庆封弑其君而不以弑君之罪罪之者，庆封不为灵王服也，不与楚讨也。《春秋》之义，用贵治贱，用贤治不肖[④]，不以乱治乱也。孔子曰：“怀恶而讨，虽死不服，其斯之谓与！”

【注释】

①庆封：齐国大夫，因专权遭诸大夫共攻，襄公二十八年奔鲁，后奔吴。

②钟离：吴邑，处吴楚边界，在今安徽凤阳东北。

③公子围：即楚灵王，其即位前名围，即位后改称虔。

④不肖：不才之人。

【译文】

【经】伐吴的各国诸侯抓了齐国的庆封，杀了他。

【传】这是进入吴国杀的，经文不说“入”，为什么呢？庆封被封在吴国的钟离，经文不说讨伐钟离，为什么呢？因为不赞同吴国的分封。庆封的姓氏前加上“齐”，为什么呢？是为齐国讨伐他。楚灵王派人带着庆封在军中号令说：“有像齐国的庆封杀害他的国君的吗？”庆封说：“您暂且停一下，我也来说一句话。说：有像楚国的公子围杀害了他兄长的儿子而代替他做国君的吗？”军人都轰然大笑。庆封杀了他的国君却不用弑君的罪名来治其罪，因为庆封不服楚灵王，经文不赞同楚国讨伐他。《春秋》的大义，用高贵者治理卑贱者，用贤者治理不肖者，不用作乱者治理作乱者。孔子说：“自身怀有恶行而讨伐他人，他人即使死去也不会屈服，说的就是这样的事吧。”

【经】遂灭厉[①]。

【传】遂，继事也。

【注释】

①厉：小国名，在今湖北随县。

【译文】

【经】各诸侯国接着灭亡了厉国。

【传】遂，表示后一件事接着前一件事。

【经】九月，取缯[①]。

【注释】

①缯（céng）：原为小国，姒姓，子爵，禹之后裔，在今山东枣庄境内。襄公六年被莒国所灭，此时莒国内乱，据《左传》，莒国新君去疾“立而不抚缯，缯叛而来”。

【译文】

【经】九月，伐吴的各诸侯国得到缯地。

【经】冬，十有二月，乙卯[①]，叔孙豹卒。

【注释】

①乙卯：当为该年十二月的二十八日。

【译文】

【经】冬天，十二月，乙卯（二十八）日，鲁大夫叔孙豹去世。

五年

【经】五年，春，王正月，舍中军[①]。

【传】贵复正也。

【注释】

①舍中军：襄公十一年作三军，此时撤中军，仍只设置左、右两军。舍，舍弃，取消。

【译文】

【经】昭公五年，春天，周王的正月，鲁国撤消中军。

【传】赞赏恢复了正道。

【经】楚杀其大夫屈申[①]。

【注释】

①据楚杀其大夫屈申：《左传》，楚灵王以为他通吴，杀之。屈申，楚国大夫。

【译文】

【经】楚国杀了他们的大夫屈申。

【经】公如晋。

【译文】

【经】鲁昭公到晋国去访问。

【经】夏，莒牟夷以牟娄及防、兹来奔[①]。

【传】以者，不以者也。来奔者不言出。及防、兹，以大及小也。莒无大夫，其曰牟夷，何也？以其地来也。以地来则何以书也？重地也。

【注释】

①牟（móu）夷：莒（jǔ）国大夫。牟娄：原为杞地，隐公四年为莒所取，如今属鲁，在今山东诸城西。防：在今山东安丘西。兹：在今山东诸城北，安丘西南。

【译文】

【经】夏天，莒国大夫牟夷带着牟娄和防、兹三地来投奔鲁。

【传】"以"，就是不应当带着的意思。逃来鲁国的不说"出"。说"及防、兹"，是按照地方从大到小的顺序。莒国没有天子册封的大夫，经文说牟夷，为什么呢？因为他带来了土地。带来了土地就为什么要记载呢？表示对土地的重视。

【经】秋，七月，公至自晋。

【译文】

【经】秋天，七月，鲁昭公从晋国回来告祭祖庙。

【经】戊辰①，叔弓帅师败莒师于贲泉②。

【传】狄人谓贲泉失台，号从中国，名从主人。

【注释】

①戊辰：当为该年七月的十四日。

②贲（fēn）泉：鲁地，在今山东沂南西南。

【译文】

【经】戊辰（七月十四）日，鲁大夫叔弓率军在贲泉击败莒国军队。

【传】狄人把贲泉称作失台，凡属称号的按中原地区的称谓记载，凡属名称的按所属地区或民族的方言记载。

【经】秦伯卒[1]。

【注释】

①秦伯：秦国国君，姓嬴，名后，公元前576年—前537年在位，赐景为秦景公。

【译文】

【经】秦国国君嬴后去世。

【经】冬，楚子、蔡侯、陈侯、许男、顿子、沈子、徐人、越人伐吴。

【译文】

【经】冬天，楚国国君楚灵王、蔡国国君蔡灵侯、陈国国君陈哀公、许国国君许悼公、顿国国君、沈国国君、徐国人、越国人讨伐吴国。

六年

【经】六年，春，王正月，杞伯益姑卒[1]。

【注释】

①杞伯益姑：杞国国君，姓姒名益姑，谥文，为杞文公。

【译文】

【经】昭公六年，春天，周王的正月，杞国国君姒益姑去世。

【经】葬秦景公。

【译文】

【经】安葬秦景公。

【经】夏，季孙宿如晋。

【译文】

【经】夏天，鲁大夫季孙宿到晋国去访问。

【经】葬杞文公。

【译文】

【经】安葬杞文公姒益姑。

【经】宋华合比出奔卫[1]。

【注释】

①宋华合比出奔卫：据《左传》，被寺人柳和华亥陷害而出奔。华合比，宋国大夫。

【译文】

【经】宋国大夫华合比出逃投奔卫国。

【经】秋，九月，大雩。

【译文】

【经】秋天，九月，举行大雩之祭。

【经】楚薳罢帅师伐吴[①]。

【注释】

①薳(wěi)罢：楚国大夫，字子荡，此时为楚国令尹。

【译文】

【经】楚国令尹薳罢率军讨伐吴国。

【经】冬，叔弓如楚。

【译文】

【经】冬天，鲁大夫叔弓到楚国去访问。

【经】齐侯伐北燕[①]。

【注释】

①齐侯伐北燕：据《左传》，齐伐燕是为了送燕简公回国。齐侯，齐景公姜杵臼(chǔjiù)，侯爵，公元前547年—前490年在位，共计58年。

【译文】

【经】齐国国君齐景公讨伐北燕。

七年

【经】七年，春，王正月，暨齐平[①]。

【传】平者成也。暨犹暨暨也[②]。暨者不得已也。以外及内曰暨。

【注释】

①暨齐平:《穀梁传》认为是齐、鲁讲和,《左传》认为是齐、燕讲和。暨,与,及。

②暨暨:不得已的样子。

【译文】

【经】昭公七年,春天,周王的正月,鲁国与齐国讲和。

【传】"平"是讲和的意思。"暨"相当于"暨暨"的意思。"暨"表明是不得已的意思。由外国向鲁国提出称作"暨"。

【经】三月,公如楚[①]。

【注释】

①公如楚:据《左传》,楚灵王修建了章华之台,邀诸侯参与落成宴飨,使大宰薳(wěi)启强至鲁邀请鲁君,薳启强以出兵攻鲁为威胁,昭公迫不得已前往楚国。如楚,到楚国去。

【译文】

【经】三月,鲁昭公到楚国去庆祝章华台落成。

【经】叔孙婼如齐莅盟[①]。

【传】莅,位也。内之前定之辞谓之莅,外之前定之辞谓之来。

【注释】

①叔孙婼(chuò):鲁大夫,叔孙氏宗主,叔孙豹庶子。

【译文】

【经】鲁叔孙婼到齐国参加盟会。

【传】莅,就是到……去的意思。鲁国提前定好的事的说法叫做“莅”,外国提前定好的事的说法叫做“来”。

【经】夏,四月,甲辰,朔,日有食之[①]。

【注释】

①甲辰,朔,日有食之:甲辰,依后面“朔“字,当为该年四月的初一日。依历法推算当指公历该年三月八日的日全食。

【译文】

【经】夏天,四月,甲辰日,朔日,发生日食。

【经】秋,八月,戊辰[①],卫侯恶卒[②]。

【传】乡曰卫齐恶[③],今曰卫侯恶,此何为君臣同名也?君子不夺人名,不夺人亲之所名,重其所以来也,王父名子也[④]。

【注释】

①戊辰:当为该年八月的二十六日。

②卫侯恶:卫国国君,姓姬名恶,谥襄,为卫襄公。

③乡(xiàng)曰卫齐恶:指昭公元年提到了齐恶。乡,从前,之前。卫齐恶,卫国大夫齐恶。齐恶与卫襄公同名,本应避讳不能同名,此处同名,大约是齐恶生在卫襄公之前,先取名为恶,故与襄

公同名也不需要改名了。

④王父：祖父。

【译文】

【经】秋天，八月，戊辰(二十六)日，卫国国君姬恶去世。

【传】之前说了“卫齐恶”，现在说“卫侯恶”，这里为什么国君和臣子同名呢？因为有才德的人不夺取别人的名，不夺取别人的亲人所起的名，是尊重给他取名的人，他的祖父给他取的名。

九月，公至自楚。

【译文】

【经】九月，昭公从楚国回来告祭祖庙。

【经】冬，十有一月，癸未[①]，季孙宿卒。

【注释】

①癸未：当为该年十一月的二十六日。

【译文】

【经】冬天，十一月，癸未(二十六)日，鲁大夫季孙宿去世。

【经】十有二月，癸亥，葬卫襄公。

【注释】

①癸亥：当为该年十二月的二十三日。

【译文】

【经】十二月，癸亥(二十三)日，安葬了卫襄公。

八年

【经】八年，春，陈侯之弟招杀陈世子偃师[①]。

【传】乡曰陈公子招[②]，今曰陈侯之弟招，何也？曰：尽其亲[③]，所以恶招也。两下相杀，不志乎《春秋》，此其志何也？世子云者，唯君之贰也[④]，云可以重之，存焉，志之也。诸侯之尊，弟兄不得以属通。其弟云者，亲之也。亲而杀之，恶也。

【注释】

①陈侯之弟招杀陈世子偃师：据《左传》，陈哀公夫人生世子偃师，二妃生公子留，下妃生公子胜。二妃受宠爱，公子留也受到宠爱，托付与公子招与公子过。三月，公子招与公子过杀世子偃师，立公子留。四月，陈哀公去世。陈遣干征师使楚报丧，且告已立新君(即公子留)，公子胜到楚国控诉公子招和公子过，楚国杀了干征师，公子留出奔。公子招杀公子过。楚兴兵伐陈，陈国灭亡。招，陈国大夫，陈哀公之弟，时任陈国司徒。

②乡曰陈公子招：指昭公元年提到招时称的是公子招。

③尽其亲：详尽地记述他的亲属关系。指昭公元年称“公子招”表明是先君之子，这里称“陈侯之弟”表明是今上之弟。

④唯：表示强调、肯定。贰：继承者。

【译文】

【经】昭公八年，春天，陈哀公的弟弟妫招杀害了陈国的世子妫偃师。

【传】前面称的是“公子招”，现在称的是“陈侯之弟招”，为什么呢？回答说：详尽地记述他的亲属关系，是为了表明对招的厌恶。两位大夫互相杀害，是不记载在《春秋》上的，这里经文为什么记载了呢？称作世子的，就是国君的继承人，可以因此而重视这件事，表明有他，就要记载。以诸侯地位的尊贵，兄弟之间也不能以亲属关系来交往。经文称"弟"，是表明他是国君的亲人。是国君的亲人还杀害世子，太罪恶了。

【经】夏，四月，辛丑[①]，陈侯溺卒[②]。

【注释】

①辛丑：当为该年四月的初三日。

②陈侯溺：陈国国君，姓妫，名溺，一名弱，谥哀，为陈哀公。

【译文】

【经】夏天，四月，辛丑（初三）日，陈国国君妫溺去世。

【经】叔弓如晋。

【译文】

【经】叔弓到晋国去。

【经】楚人执陈行人干征师，杀之。

【传】称人以执大夫，执有罪也。称行人，怨接于上也。

【译文】

【经】楚国人抓捕了陈国的使者干征师，杀了他。

【传】称"人"抓捕了大夫，是抓了有罪的人。称"行人"，表示两国国君间结下了仇恨。

【经】陈公子留出奔郑。

【译文】

陈国的公子妫留出逃到郑国。

【经】秋，蒐于红[①]。

【传】正也。因蒐狩以习用武事[②]，礼之大者也。艾兰以为防[③]，置旃以为辕门[④]，以葛覆质以为槷[⑤]，流旁握[⑥]，御轚者不得入[⑦]。车轨尘[⑧]，马候蹄[⑨]，揜禽旅[⑩]，御者不失其驰[⑪]，然后射者能中。过防弗逐，不从奔之道也。面伤不献，不成禽不献。禽虽多，天子取三十焉，其余与士众，以习射于射宫[⑫]，射而中，田不得禽，则得禽。田得禽而射不中，则不得禽。是以知古之贵仁义而贱勇力也[⑬]。

【注释】

①蒐(sōu)：秋季打猎称作蒐。红：鲁地，在今山东泰安东北。

②狩(shòu)：冬季打猎称作狩。

③艾：同"刈"(yì)，割断。兰：香草名。防：界限。

④旃(zhān)：赤色曲柄的旗。辕门：天子、诸侯巡猎时，下榻之处以兵车围住，入口处仰起两车，车辕相向以表示门，称为辕门。

⑤葛：同"褐"，粗毛麻织物。质：木椹(zhēn)。椹，泛指捶或砸东西时用的垫板，这里指垫在辕门之下的木板。槷(niè)：门中央立起的短木，这里应指门槛。

⑥流：同"旒"(yù)，指旗上悬垂的饰物。握：一拳的宽度。

⑦轚(jí)：车轴端相碰撞。

⑧轨：遵循，依照。尘：踪迹。

⑨俟：用同“候”，等候，照应。指马儿快慢一致。

⑩揜(yǎn)：捕取。旅：众多。

⑪驰：指驰骋的节度。

⑫射宫：天子行大射礼的地方，举行大射是为了挑选可以同天子一起参与祭祀的臣子。据郑玄：“大射者，为祭祀射。王将有郊庙之事，以射择诸侯及群臣与邦国所贡之士可以与祭者……而中多者得与于祭。”

⑬仁义：据《春秋穀梁传注疏》：“射以不争为仁，揖让为义。”

【译文】

【经】秋天，在红地打猎。

【传】符合正道。凭借在秋、冬季打猎来练兵习武，是礼制中的大事。割取兰草来标记狩猎的边界，立起旃旗来表明辕门所在，把粗麻布盖在木椹上作为门槛。战车旗上垂下的流苏距门两旁有一拳的距离，车轴碰到两旁不能进入。打猎时后车跟着前车的轨迹，驾车的马徐疾相应，捕获了很多猎物，驾车的人不失去驾车的节度，这样之后射箭的人就能射中。猎物越过边界就不追逐了，是不追逐逃兵的道义。面部受伤的猎物不能用于祭祀，没有成年的猎物不能用于祭祀。猎物虽然很多，天子只取其中三十只，剩下的都给将士们，用来在射宫练习射箭用。射中的，打猎时没有捕获猎物，那这时就可以得到猎物。打猎时捕获了猎物但现在却射不中，那就不能得到猎物。因此知道古代的时候看重仁义而轻视武力了。

【经】陈人杀其大夫公子过。

【译文】

【经】陈国人杀了他们的大夫公子过。

【经】大雩。

【译文】

【经】举行大雩之祭。

【经】冬，十月，壬午[①]，楚师灭陈，执陈公子招，放之于越。杀陈孔奂[②]。

【传】恶楚子也。

【注释】

①壬午：当为该年十月的十七日。

②孔奂：陈国大夫。

【译文】

【经】冬天，十月，壬午(十七)日，楚军灭亡陈国，抓捕了陈国的公子妫招，放逐他到越地。杀了陈国大夫孔奂。

【传】这是憎恶楚灵王。

【经】葬陈哀公。

【传】不与楚灭[①]，闵之也。

【注释】

①与：赞同。灭国不书葬，这里是怜悯陈，所以记载葬陈哀公。

【译文】

【经】安葬陈哀公。

【传】不赞同楚灭陈，也是怜悯陈国。

九年

【经】九年，春，叔弓会楚子于陈。

【译文】

【经】昭公九年，春天，鲁大夫叔弓在陈地和楚灵王会面。

【经】许迁于夷[①]。

【注释】

①夷：在今安徽亳州东南。

【译文】

【经】许国将国都迁到夷地。

【经】夏，四月，陈火。

【传】国曰灾，邑曰火。火不志，此何以志？闵陈而存之也。

【译文】

【经】夏天，四月，陈国发生火灾。

【传】国都发生火灾称“灾”，一般的城邑发生火灾称“火”。对于称“火”的是不予记载的，这里为什么记载了呢？是怜悯陈国而让它显得依然存在。

【经】秋，仲孙貜如齐[①]。

【注释】

①仲孙貜(jué):鲁国大夫,孟氏宗主,世称孟僖子。

【译文】

【经】秋天,鲁大夫仲孙貜到齐国去访问。

【经】冬,筑郎囿[①]。

【注释】

①郎:鲁有二郎,此为鲁都近邑之郎,在今山东曲阜附近。囿:有围墙的园地,饲养动物用。

【译文】

【经】冬天,鲁国在郎地修筑了园囿。

十年

【经】十年,春,王正月。

【译文】

【经】昭公十年,春天,周王的正月。

【经】夏,齐栾施来奔[①]。

【注释】

①齐栾施来奔:据《左传》,齐有栾、高、鲍、陈四大贵族争权,栾、高为齐惠公之后,公族;鲍、陈非公族。栾氏宗主为栾施,高氏宗主为高强,二人嗜酒,听信妻室,众人怨恨颇多,鲍、陈二氏趁机攻

打他们，瓜分其财产。栾施、高强逃来楚国。栾施，齐国大夫。

【译文】

【经】夏天，齐国大夫栾施来投奔鲁国。

【经】秋，七月，季孙意如、叔弓、仲孙貜帅师伐莒[①]。

【注释】

①季孙意如：鲁国大夫，季氏宗主，季孙宿之孙。

【译文】

【经】秋天，七月，鲁大夫季孙意如、叔弓、仲孙貜率军讨伐莒国。

【经】戊子，晋侯彪卒[①]。

【注释】

①晋侯彪：晋国国君，姓姬，名彪，谥平，为晋平公。

【译文】

【经】戊子日，晋国国君姬彪去世。

【经】九月，叔孙婼如晋。

【译文】

【经】九月，鲁大夫叔孙婼到晋国去吊唁。

【经】葬晋平公。

【译文】

【经】安葬了晋平公。

【经】十有二月，甲子[1]，宋公成卒[2]。

【注释】

①甲子：当为该年十二月的初二日。

②宋公成：宋国国君，姓子，名成，谥平，即宋平公。

【译文】

【经】十二月，甲子（初二）日，宋国国君子成去世。

十一年

【经】十有一年，春，王二月，叔弓如宋。

【译文】

【经】昭公十一年，春天，周王的二月，鲁大夫叔弓到宋国去吊唁。

【经】葬宋平公。

【译文】

【经】安葬了宋平公。

【经】夏，四月，丁巳[1]，楚子虔诱蔡侯般[2]，杀之于申[3]。

【传】何为名之也？夷狄之君，诱中国之君而杀之，故谨而名之也。称时、称月、称日、称地，谨之也。

【注释】

①丁巳：当为该年四月的初七日。

②楚子虔：楚灵王，姓芈（mǐ），熊氏，原名围，弑君继位后改名虔。蔡侯般：蔡国国君，姓姬，名般，谥灵，为蔡灵公，于襄公三十一年弑其父自立。

③申：楚地，在今河南南阳北。

【译文】

【经】夏天，四月，丁巳（初七）日，楚国国君虔诱骗蔡国国君般，在申地杀害了他。

【传】为什么称名呢？夷狄之国的国君，诱骗中原国家的国君来杀害了他，所以慎重地记载名字。记载季节、记载月份、记载日期、记载地点，都是慎重地对待这件事。

【经】楚公子弃疾帅师围蔡。

【译文】

【经】楚国的公子熊弃疾率军包围了蔡国国都。

【经】五月，甲申[①]，夫人归氏薨[②]。

【注释】

①甲申：当为该年五月的初四日。

②夫人归氏：鲁昭公之母，鲁襄公夫人敬归之娣齐归。

【译文】

【经】五月，甲申（初四）日，鲁夫人归氏去世。

【经】大蒐于比蒲[①]。

【注释】

①大蒐:举行军事大检阅。比蒲:鲁地,今在何处不详。

【译文】

【经】鲁国在比蒲举行军事大检阅。

【经】仲孙貜会邾子[①],盟于祲祥[②]。

【注释】

①邾子:邾国国君,据《左传》,这里是邾庄公曹穿,子爵,邾悼公之子,公元前540年—前507年在位。

②祲(jīn)祥:鲁地,在今山东曲阜附近。

【译文】

【经】鲁大夫仲孙貜(jué)和邾庄公会面,在祲祥缔结盟约。

【经】秋,季孙意如会晋韩起、齐国弱、宋华亥、卫北宫佗、郑罕虎、曹人、杞人于厥憖[①]。

【注释】

①厥憖(yìn):卫地,疑在今河南新乡境内。据《左传》,此次会盟是"谋救蔡也"。

【译文】

【经】秋天,鲁大夫季孙意如和晋国大夫韩起、齐国大夫国弱、宋国大夫华亥、卫国大夫北宫佗、郑国大夫罕虎、曹国人、杞国人在厥憖会面。

【经】九月，己亥[①]，葬我小君齐归。

【注释】

①己亥：当为该年九月的二十一日。

【译文】

【经】九月，己亥（二十一）日，安葬我们鲁国的夫人齐归。

【经】冬，十有一月，丁酉[①]，楚师灭蔡，执蔡世子友以归[②]，用之。

【传】此子也[③]，其曰世子，何也？不与楚杀也。一事注乎志[④]，所以恶楚子也。

【注释】

①丁酉：当为该年十一月的二十日。

②世子友：蔡灵公的太子姬友。蔡灵公被诱杀之后，由世子率领蔡国抵抗，楚灭蔡之后抓获了世子姬友，将其杀害用以祭祀冈山。

③子：诸侯在丧，称已受命君位的继承者为子。

④注：接连，连续。

【译文】

【经】冬天，十一月，丁酉（二十）日，楚军灭亡蔡国，抓获了蔡国的世子姬友回国，杀害了他用于祭祀。

【传】这里已经是国君了，经文称世子，为什么呢？不赞同楚国杀了他。一件事情连续地记载，是以此来表示对楚国国君的厌恶。

十二年

【经】十有二年，春，齐高偃帅师纳北燕伯于阳[①]。

【传】纳者，内不受也。燕伯之不名，何也？不以高偃挈燕伯也。

【注释】

①阳：燕地，今在何处不详，一说在今河北顺平西、唐县东北；一说在今河北安文、大城之间。

【译文】

【经】昭公十二年，春天，齐国大夫高偃率军将北燕国国君送入阳地。

【传】纳，表明当地人不接受。对燕国国君不记载其名，为什么呢？是为了不让高偃带领燕国国君。

【经】三月，壬申[①]，郑伯嘉卒[②]。

【注释】

①壬申：当为该年三月的二十七日。

②郑伯嘉：郑国国君，名嘉，谥简，为郑简公。

【译文】

【经】三月，壬申（二十七）日，郑国国君姬嘉去世。

【经】夏，宋公使华定来聘[①]。

【注释】

①宋公使华定来聘:据《左传》,华定来访是通报新君即位。宋公,新即位的宋国国君宋元公子佐,公爵,宋平公之子,公元前531年—前517年在位。

【译文】

【经】夏天,宋国新君宋元公派大夫华定作为使者来鲁访问。

【经】公如晋,至河乃复[①]。

【传】季孙氏不使遂乎晋也[②]。

【注释】

①公如晋,至河乃复:晋国新君即位,各国诸侯均前往朝拜。据《左传》,晋国因为昭公十年鲁伐莒而拒绝鲁君入境。《穀梁传》则认为是季氏从中作梗。如晋,到晋国去。

②季孙氏:这里是指季孙意如。遂:成就。

【译文】

【经】鲁昭公到晋国去贺新君即位,到了黄河岸边就不得不回来了。

【传】鲁执政大夫季孙意如不让鲁昭公成功到晋国去。

【经】五月,葬郑简公。

【译文】

【经】五月,安葬了郑简公。

【经】楚杀其大夫成虎[①]。

【注释】

①楚杀其大夫成虎：据《左传》，有人向楚灵王诋毁成虎，成虎知之而不出逃，于是被杀。成虎，楚国大夫，前令尹子玉之孙。

【译文】

【经】楚国杀害了他们的大夫成虎。

【经】秋，七月。

【译文】

【经】秋天，七月。

【经】冬，十月，公子慭出奔齐[①]。

【注释】

①公子慭（yìn）出奔齐：公子慭，鲁国公子。据《左传》，季孙意如不礼其家臣南蒯（kuǎi），南蒯遂与公子慭合谋除掉季氏，且拉拢了叔仲穆子。公子慭随昭公前往晋国欲请求晋国相助，然晋国不许昭公入境，南蒯听到此消息担心不能扳倒季氏，于是带着封邑叛逃归齐，公子慭归国途中知道此事后也出奔。

【译文】

【经】冬天，十月，公子慭出逃投奔齐国。

【经】楚子伐徐[①]。

【注释】

①楚子伐徐：据《左传》，楚灵王在州来打猎，派人带兵包围徐国国

都以威胁吴国。伐徐，讨伐徐国。

【译文】

【经】楚灵王讨伐徐国。

【经】晋伐鲜虞[①]。

【传】其曰晋，狄之也，其狄之何也？不正其与夷狄交伐中国[②]，故狄称之也。

【注释】

①晋伐鲜虞：据《左传》，夏秋之际，晋国假道于鲜虞以讨伐肥国，灭肥国之后回国路上讨伐鲜虞。同晋献公假道伐虢一样。鲜虞，白狄的一支，姬姓，国都在今河北正定新城铺。

②夷狄：这里指楚国。交：交替，轮流。

【译文】

【经】晋国讨伐鲜虞。

【传】经文称"晋"，是把它当狄国看待，经文把它当狄国看待是为什么呢？认为它与夷狄之国交替讨伐中原国家不合正道，所以把它称作狄国。

十三年

【经】十有三年，春，叔弓帅师围费[①]。

【注释】

①费（bì）：鲁地，在今山东鱼台东南。昭公十二年，季氏家臣南蒯（kuǎi）以费归齐。

【译文】

【经】昭公十三年，春天，鲁大夫叔弓率军包围了费邑。

【经】夏，四月，楚公子比自晋归于楚[①]，弑其君虔于乾溪[②]。

【传】自晋，晋有奉焉尔[③]。归而弑，不言归，言归非弑也。归一事也，弑一事也，而遂言之，以比之归弑，比不弑也。弑君者日，不日，比不弑也。

【注释】

①公子比自晋归于楚：公子比，楚大夫，字子干，楚灵王之弟，昭公元年出奔晋。据《左传》，楚灵王多行不义，对诸多大夫不以礼遇。陈、蔡之人意欲复国，于是联合各家对楚灵王不满的势力，与公子比、公子弃疾、公子黑肱等结盟，奉公子比为新君，公子弃疾为司马，杀楚灵王太子禄及公子罢敌，夺取楚宫。时灵王在乾溪，反灵王势力设计瓦解了跟随楚灵王的军队，灵王后来在申亥家中自缢。后来公子弃疾又设计逼迫公子比与公子黑肱自杀，自立为君，为楚平王。

②乾溪：楚地，在今安徽亳县东南。

③奉：给予，帮助。

【译文】

【经】夏天，四月，楚国的公子比从晋国回到楚国，在乾溪杀害了他的国君熊虔。

【传】说从晋国，表明晋国对此有帮助。回来之后才杀害的国君，就不说“归”了，说了“归”就表明不是他杀害的国君。回国是一件事，杀害国君是一件事，但是把他们相连着说，因为刚好是在公子比回国的时候楚灵公被杀害了，比没有杀害国君。杀害了国君是要记载日期的，这里没有记载日期，表明不是公子比杀害的楚灵王。

【经】楚公子弃疾杀公子比。

【传】当上之辞也[①]。当上之辞者，谓不称人以杀[②]，乃以君杀之也。讨贼以当上之辞，杀非弑也，比之不弑有四。取国者称国以弑[③]，楚公子弃疾杀公子比，比不嫌也。《春秋》不以嫌代嫌，弃疾主其事，故嫌也。

【注释】

①当：用作，当做。

②称人以杀：即说“楚人杀公子比”。

③称国以弑(shì)：指前一条经文应记为“楚比弑其君”而不是“楚公子”。

【译文】

【经】楚国的公子弃疾杀害了公子比。

【传】这是将公子弃疾当做国君的说法。当做国君的说法，就是说不以国人的名义杀他，而以国君的名义杀他。讨伐贼臣用将公子弃疾当做国君的说法，表明杀害的臣子不是弑君之人，公子比不是杀害国君的人的理由有四条了。对于想夺取国家的人都是在他前面冠以国名来说他杀害国君，但经文说的是“楚公子弃疾杀公子比”，表明公子比没有杀害国君的嫌疑。《春秋》记事不用有嫌疑的人来取代另一个有嫌疑的人，弃疾是主谋逼楚灵王自杀的，所以他有弑君的嫌疑。

【经】秋，公会刘子、晋侯、齐侯、宋公、卫侯、郑伯、曹伯、莒子、邾子、滕子、薛伯、杞伯、小邾子于平丘[①]。

【注释】

①刘子：指新即位的刘国国君刘献公姬挚，子爵，公元前530年—前521年在位。其故城在今河南偃师侯氏镇西南。晋侯：指新即位的晋国国君晋昭公姬夷，侯爵，公元前531年—前526年在位。齐侯：齐景公姜杵臼（chǔjiù），侯爵，公元前547年—前490年在位。宋公：指新即位的宋国国君宋元公子佐，公爵，公元前531年—前517年在位。卫侯：指卫国国君卫灵公姬元，襄公姬恶之子，侯爵，公元前534年—前493年在位。郑伯：指新即位的郑国国君郑定公姬宁，简公之子，伯爵，公元前529年—前514年在位。曹伯：指曹国国君曹武公姬滕，一名胜，伯爵，公元前555年—前528年在位。莒（jǔ）子：指莒国国君莒著丘公己去疾，子爵，公元前541年—前529年在位。邾子：指邾国国君邾庄公曹穿，子爵，公元前540年—前507年在位。滕子：指滕国国君滕悼公姬宁，子爵，公元前538年—前514年在位。杞伯：指杞国国君杞平公姒郁，一名姒郁厘，伯爵，公元前535年—前518年在位。平丘：卫地，在今河南封丘东四十里，长垣南五十里。

【译文】

【经】秋天，鲁昭公和刘国国君刘献公、晋国国君晋昭公、齐国国君齐景公、宋国国君宋元公、卫国国君卫灵公、郑国国君郑定公、曹国国君曹武公、莒国国君莒著公、邾国国君邾庄公、滕国国君、薛国国君、杞国国君、小邾国国君在平丘会面。

【经】八月，甲戌①，同盟于平丘，公不与盟②。

【传】同者，有同也，同外楚也。公不与盟者，可以与而不与，讥在公也。其日，善是盟也。

【注释】

①甲戌(xū):当为该年八月的初七日。

②公不与盟:据《左传》,莒、邾向晋国控诉鲁国近年来多次入侵,晋国遂辞鲁君,不与盟,并且抓了季孙意如。

【译文】

【经】八月,甲戌(初七)日,各诸侯国在平丘缔结盟约,鲁昭公没有参与结盟。

【传】"同",表示有共同之处,共同排斥楚国。说"公不与盟",表明可以参与而没有参与,是在讥刺昭公。经文记载日期,是褒扬这次结盟。

【经】晋人执季孙意如以归。

【译文】

【经】晋国人抓捕了鲁大夫季孙意如,将其他带回晋国。

【经】公至自会。

【译文】

【经】鲁昭公从会盟地回国告祭祖庙。

【经】蔡侯庐归于蔡①。陈侯吴归于陈②。

【传】善其成之③,会而归之,故谨而日之。此未尝有国也,使如失国辞然者,不与楚灭也。

【注释】

①蔡侯庐归于蔡：据《左传》，楚国诸公子反楚灵王时为了借助陈、蔡之力，曾许诺恢复他们的国家。此时楚平王已坐稳王位，故恢复陈、蔡。蔡侯庐，蔡国新君，姓姬名庐，已故蔡世子姬友之子。

②陈侯吴：陈国新君，姓妫名吴，已故陈世子妫偃师之子。

③成：成全，促成，成就。《穀梁传》认为这是受平丘之会的影响。

【译文】

【经】蔡国新君姬庐回到蔡国。陈国新君妫吴回到陈国。

【传】是褒扬成全了这两件事，会盟之后让他们回国，所以慎重地记载了日期。他们未曾拥有过国家，却说得他们像是失去过国家的样子，是不赞同楚国灭亡过陈国、蔡国。

【经】冬，十月，葬蔡灵公。

【传】变之不葬有三[①]：失德不葬，弑君不葬，灭国不葬。然且葬之[②]，不与楚灭，且成诸侯之事也。

【注释】

①变：变例，指改变记载诸侯葬礼的常例。

②且：表示依然不变，还是。

【译文】

【经】冬天，十月，安葬蔡灵公。

【传】对于国君不记载安葬有三种变例：国君失君道不记载葬礼，被杀的国君不记载葬礼，被灭国家的国君不记载葬礼。但还是记载了蔡灵公的葬礼，是不赞同楚国灭亡蔡国，也是为了成全诸侯平丘之会的美事。

【经】公如晋,至河乃复。

【译文】

【经】鲁昭公到晋国去访问,到了黄河岸边却不得不回来。

【经】吴灭州来。

【译文】

【经】吴国灭亡了州来国。

十四年

【经】十有四年,春,意如至自晋。

【传】大夫执则致,致则名。意如恶,然而致,见君臣之礼也。

【译文】

【经】昭公十四年,春天,鲁大夫意如从晋国回来告祭祖庙。

【传】大夫被抓了回来就要告祭祖庙,告祭祖庙就要记载名字。意如的行为恶劣,虽然如此却还是记载了告祭祖庙,以表现国君与臣子间的礼仪。

【经】三月,曹伯滕卒①。

【注释】

①曹伯滕:曹国国君,姓姬,名滕,谥武,为曹武公。

【译文】

【经】三月，曹国国君姬滕去世。

【经】夏，四月。

【译文】

【经】夏天，四月。

【经】秋，葬曹武公。

【译文】

【经】秋天，安葬了曹武公。

【经】八月，莒子去疾卒[①]。

【注释】

①莒子去疾：莒国国君，姓己，名去疾，称莒著丘公。

【译文】

【经】八月，莒国国君己去疾去世。

【经】冬，莒杀其公子意恢[①]。

【传】言公子而不言大夫，莒无大夫也。莒无大夫而曰公子意恢，意恢贤也。曹、莒皆无大夫，其所以无大夫者，其义异也[②]。

【注释】

①莒杀其公子意恢：据《左传》，著丘公去世，其子莒郊公没有太悲伤，国人不满，欲立著丘公之弟庚舆，而莒国大夫"蒲余侯恶公子意恢而善于庚舆，郊公恶公子铎而善于意恢"，于是公子铎与蒲余侯谋划让蒲余侯杀公子意恢而自己放逐郊公，立庚舆为君。公子意恢，莒国公子。

②其义异也：指曹国、莒国如今都是弱小国家，没有天子命封的大夫的原因是不同的。曹国始封的国君叔振铎是周武王同母弟，是姬姓国，地位很高，后来逐渐被削弱了。莒国是己姓国，本来就是小国。

【译文】

【经】冬天，莒国杀害了他们的公子意恢。

【传】说"公子"而不说"大夫"，是因为莒国没有周天子命封的大夫。莒国没有大夫却说"公子意恢"，是因为意恢贤能。曹国、莒国都没有周天子命封的大夫，但他们没有命封的大夫的原因，是不一样的。

十五年

【经】十有五年，春，王正月，吴子夷末卒①。

【注释】

①吴子夷末：吴王名，又称吴王馀眜，公元前530年—前529年在位。

【译文】

【经】昭公十五年，春天，周王的正月，吴国国君夷末去世。

【经】二月，癸酉①，有事于武宫②。籥入③，叔弓卒④，去乐卒事。

【传】君在祭乐之中，闻大夫之丧，则去乐卒事，礼也。君在祭乐之中，大夫有变，以闻，可乎？大夫，国体也[5]，古之人重死，君命无所不通。

【注释】

①癸酉：当为该年二月的十五日。

②武宫：鲁武公之庙。

③籥（yuè）：管乐器，形状如笛，可作舞具，此指籥舞。

④叔弓卒：鲁大夫叔弓去世。据《左传》，叔弓是主持祭祀时去世的。

⑤国体：国家的主体。

【译文】

【经】二月，癸酉（十五）日，在鲁武公之庙举行祭祀。籥舞进入的时候，大夫叔弓去世，停止奏乐终止祭祀。

【传】国君在祭祀奏乐的时候，听到了大夫去世的消息，就停止奏乐终止祭祀，符合礼制。国君在祭祀奏乐的时候，大夫去世，告诉国君，可以吗？大夫，是国家的栋梁，古人看重死，向国君的通报是没有什么可以阻挡的。

【经】夏，蔡朝吴出奔郑[1]。

【注释】

①蔡朝吴出奔郑：据《左传》，由于楚国大夫费无极的挑拨，蔡人逐朝吴。朝吴，蔡国大夫。

【译文】

【经】夏天，蔡国大夫朝吴出逃投奔郑国。

【经】六月，丁巳[1]，朔，日有食之。

【注释】

①丁巳：依后面“朔”字，“丁巳”当为该年六月的初一日，依历法推算，为公历公元前527年四月十八日的日环食。

【译文】

【经】六月，丁巳（初一）日，朔日，发生日食。

【经】秋，晋荀吴帅师伐鲜虞。

【译文】

【经】秋天，晋国大夫荀吴率军讨伐鲜虞。

【经】冬，公如晋[1]。

【注释】

①公如晋：据《左传》，鲁昭公如晋是因为平丘之会的缘故。此去是感谢晋国释放季孙意如。如晋，到晋国去。

【译文】

【经】冬天，鲁昭公到晋国去访问。

十六年

【经】十有六年，春，齐侯伐徐[1]。

【注释】

①齐侯：齐景公曹杵臼。

【译文】

【经】昭公十六年，春天，齐景公讨伐徐国。

【经】楚子诱戎蛮子杀之[①]。

【注释】

①楚子诱戎蛮子杀之：据《左传》，楚平王听到戎蛮发生动乱、蛮君没有信用，派然丹引诱戎蛮子而杀了他，不久以后又立了他的儿子，这是合乎礼的。戎蛮子，戎蛮国国君。戎蛮在今河南汝阳东南、临汝西南。

【译文】

【经】楚平王诱骗戎蛮国国君来杀害了他。

【经】夏，公至自晋。

【译文】

【经】夏天，鲁昭公从晋国回来告祭祖庙。

【经】秋，八月，己亥[①]，晋侯夷卒[②]。

【注释】

①己亥：当为该年八月的二十日。

②晋侯夷：晋国国君，姓姬名夷，谥昭，为晋昭公，在位六年。

【译文】

【经】秋天，八月，己亥（二十）日，晋国国君姬夷去世。

【经】九月，大雩。

【译文】

【经】九月，举行大雩之祭。

【经】季孙意如如晋。

【译文】

【经】鲁执政大夫季孙意如到晋国去吊唁。

【经】冬，十月，葬晋昭公。

【译文】

【经】冬天，十月，安葬晋昭公。

十七年

【经】十有七年，春，小邾子来朝。

【译文】

【经】昭公十七年，春天，小邾国国君来鲁访问。

【经】夏，六月，甲戌[1]，朔，日有食之。

【注释】

①甲戌：依历法推算，该年六月无日食，记误。

【译文】

【经】夏天，六月，甲戌日，朔日，发生日食。

【经】秋，郯子来朝[①]。

【注释】

①郯(tán)子：郯国国君，己姓，子爵，世系不详，不知此为哪一君。郯国为少皞(hào)后裔，故城在今山东郯城西南。

【译文】

【经】秋天，郯国国君来访问。

【经】八月，晋荀吴帅师灭陆浑戎[①]。

【注释】

①晋荀吴帅师灭陆浑戎：据《左传》，韩起梦见晋文公拉着荀吴而把陆浑交付给他，所以就派荀吴领兵灭陆浑戎。陆浑戎，居于陆浑的戎人，允姓，子爵，活动于伊、洛二水之间。

【译文】

【经】八月，晋国大夫荀吴率军灭亡了陆浑戎。

【经】冬，有星孛于大辰[①]。

【传】一有一亡曰有。于大辰者，滥于大辰也[②]。

【注释】

①孛(bèi):彗星光芒四射的样子。大辰:星宿名,指二十八宿中的心宿,又称大火。

②滥:漫延。

【译文】

【经】冬天,有彗星扫过大辰。

【传】时有时无就叫做“有”。“于大辰”,就是彗星尾巴扫过大辰的意思。

【经】楚人及吴战于长岸[1]。

【传】两夷狄曰败,中国与夷狄亦曰败。楚人及吴战于长岸,进楚子[2],故曰战。

【注释】

①楚人及吴战于长岸:据《左传》,吴伐楚,楚先败吴于长岸,后吴公子姬光又率众败楚,双方互有胜负。长岸,楚地,在今安徽当涂境内。

②进:提升,提高。

【译文】

【经】楚国人和吴国在长岸交战。

【传】双方都是夷狄之国要说“败”,中原国家与夷狄也说“败”。楚国人和吴国在长岸交战,为了提高楚国国君的地位,所以说“战”。

十八年

【经】十有八年,春,王三月,曹伯须卒[1]。

【注释】

①曹伯须：曹国国君，姓姬，名须，曹武公姬滕之子，在位仅三年。谥平，即曹平公。

【译文】

【经】昭公十八年，春天，周王的三月，曹国国君姬须去世。

【经】夏，五月，壬午[①]，宋、卫、陈、郑灾。

【传】其志，以同日也。其日，亦以同日也。或曰，人有谓郑子产曰[②]：“某日有灾。”子产曰：“天者神，子恶知之。”是人也，同日为四国灾也。

【注释】

①壬午：当为该年五月的十三日。

②子产：公孙侨，名侨，字子产，郑国执政大夫。

【译文】

【经】夏天，五月，壬午（十三）日，宋国国都、卫国国都、陈国国都、郑国国都发生火灾。

【传】经文记载这件事，因为同一天发生了。经文记载日期，也因为是同一天发生的。有种说法，有人对郑国的子产说：“某一天会有火灾。”子产说：“上天是神秘莫测的，你哪里知道。”这是人为的，同一天在四个国家的国都纵火。

【经】六月，邾人入鄅[①]。

【注释】

①鄅（yǔ）：国名，妘（yún）姓，子爵，春秋末年地入鲁。国都启阳，在

今山东临沂北。

【译文】

【经】六月，邾国人进入鄅国。

【经】秋，葬曹平公。

【译文】

【经】秋天，安葬曹平公。

【经】冬，许迁于白羽[1]。

【注释】

①许迁于白羽：据《左传》，楚国迁许是为了自身的战略安全，将许迁到白羽后把白羽更名为析。白羽，许地，在今河南西峡以西。

【译文】

【经】冬天，许国国都迁徙到白羽。

十九年

【经】十有九年，春，宋公伐邾[1]。

【注释】

①宋公伐邾：据《左传》，鄅国夫人是宋国向戌之女，邾伐鄅之后向宁(向戌之子)请求宋君发兵，于是"宋公伐邾，围虫。三月，取之。乃尽归鄅俘"。宋公，宋元公子佐。

【译文】

【经】昭公十九年，春天，宋元公讨伐邾国。

【经】夏，五月，戊辰[①]，许世子止弑其君买[②]。

【传】日弑，正卒也[③]。正卒，则止不弑也。不弑而曰弑，责止也。止曰："我与夫弑者，不立乎其位。"以与其弟虺[④]。哭泣[⑤]，歠飦粥[⑥]，嗌不容粒[⑦]，未逾年而死，故君子即止自责而责之也。

【注释】

①戊辰：当为该年五月的初五日。

②许世子止弑其君买：据《左传》，许悼公生病，世子止送去药，许悼公喝了之后死亡，止出逃于晋。世子止，许国世子，姓姜，名止。买，许国国君，名买，谥悼，为许悼公。

③正卒：正常死亡。

④虺（huī）：姜止之弟。

⑤哭泣：有声曰哭，无声曰泣。

⑥歠（chuò）：饮，喝。飦（zhān）：稠粥。粥：稀饭。

⑦嗌（yì）不容粒：这里是指哭泣过度而致咽喉伤痛，不能咽米。嗌，咽喉。粒，米粒，谷粒。

【译文】

【经】夏天，五月，戊辰（初五）日，许国太子姜止杀害了他的国君姜买。

【传】记载被杀害的日期，表明是正常死亡的。正常死亡的，那么止没有弑君。没有弑君而说弑君，是责备姜止。姜止说："我和那杀害国君的人一样，不能继承君位。"把君位让给了他的弟弟姜虺。终日哭泣，只喝粥，咽喉里却容不下一粒米，不到一年就去世了，所以君子根据姜止的自责而责备他。

【经】己卯[1]，地震。

【注释】

①己卯：当为该年五月的十六日。

【译文】

【经】己卯（五月十六）日，发生地震。

【经】秋，齐高发帅师伐莒[1]。

【注释】

①高发：齐国大夫。

【译文】

【经】秋天，齐国大夫高发率军讨伐莒国。

【经】冬，葬许悼公。

【传】日卒时葬，不使止为弑父也。曰，子既生，不免乎水火[1]，母之罪也。羁贯成童[2]，不就师傅[3]，父之罪也。就师学问无方，心志不通，身之罪也。心志既通，而名誉不闻，友之罪也。名誉既闻，有司不举，有司之罪也。有司举之，王者不用，王者之过也。许世子不知尝药，累及许君也。

【注释】

①水火：泛指各种意外伤害。

②羁贯：儿童的发髻。

③就：依从，拜。

【译文】

【经】冬天，安葬许悼公。

【传】记载许悼公去世的日期和安葬的季节，是不让太子姜止成为杀害父亲的人。说，儿子已经出生，没有避免各种意外伤害，是母亲的罪过。留有发髻的儿童，不拜老师受教育，那是父亲的过错。从师学习求教不得方法要领，心意闭塞不通，那是自身的罪过。志向已能贯通大道，但名声却不显扬于世，这是朋友的罪过。好名声已经传扬出去，官吏不给举荐，是官吏的罪过。官吏举荐了，国君却不任用他，是国君的过错。许国世子不知道事先要为国君尝药，连累到了许国国君。

二十年

【经】二十年，春，王正月。

【译文】

【经】昭公二十年，春天，周王的正月。

【经】夏，曹公孙会自梦出奔宋①。

【传】自梦者，专乎梦也②。曹无大夫，其曰公孙，何也？言其以贵取之，而不以叛也。

【注释】

①公孙会：曹国大夫，曹宣公之孙。梦：曹地，在今山东菏泽。

②专：独占。

【译文】

【经】夏天，曹国的公孙会从梦地出逃投奔宋国。

【传】说从梦地，表明是他独占了梦地。曹国没有周天子命封的大夫，经文说公孙，为什么呢？就是说他是因为身份尊贵而得到的梦地，不是因为叛乱。

【经】秋，盗杀卫侯之兄辄[①]。

【传】盗，贱也。其曰兄，母兄也。目卫侯，卫侯累也[②]。然则何为不为君也[③]？曰，有天疾者[④]，不得入乎宗庙。辄者何也？曰，两足不能相过[⑤]，齐谓之綦，楚谓之踂[⑥]，卫谓之辄。

【注释】

①盗杀卫侯之兄辄：据《左传》，公孟轻慢卫国司寇齐豹，又厌恶北宫喜和褚师圃，意欲除掉他俩。另有公子朝与其母通奸，因为害怕而欲作乱。于是齐豹、北宫喜、褚师圃、公子朝作乱。公孟被杀，卫灵公逃出国都。辄，卫灵公同母兄，字公孟。

②累：牵涉。指卫侯未能保护其兄，故对卫侯也有指责之意。

③然则：如此那么，表示连贯关系。这里是问既然姬辄是卫灵公母兄，为何没有继承君位？

④天疾：先天性的疾病。

⑤两足不能相过：两脚相互超过即是迈步走路。公孟之疾在于两足相并，不能跨步。过，超过，超越。

⑥楚谓之踂(niè)：楚国的称呼是“踂”。

【译文】

【经】秋天，盗贼杀害了卫国国君卫灵公的哥哥姬辄。

【传】盗，就是作乱的人。经文说“兄”，表明是同母的哥哥。提到了“卫侯”，表明卫国国君卫灵公与此有牵涉。既然如此那么姬辄为什么不做国君呢？说，有先天疾病的人，不能进入宗庙。“辄”是什么意思？

说，是两只脚不能相互超过，这在齐国叫做“綦”，楚国叫做“踂”，卫国叫做“辄”。

【经】冬，十月，宋华亥、向宁、华定出奔陈①。

【注释】

①宋华亥、向宁、华定出奔陈：据《左传》，宋元公与华氏、向氏有隙，华、向欲作乱，华亥诈病扣押来探望的群公子为人质，宋元公亦扣押华、向子弟为质。后来宋元公杀了人质，拉拢大司马华费遂，攻打华、向，华、向出奔。出奔陈，出逃投奔陈国。

【译文】

【经】冬天，十月，宋国大夫华亥、向宁、华定出逃投奔陈国。

【经】十有一月，辛卯①，蔡侯庐卒②。

【注释】

①辛卯：当为该年十一月的初七日。

②蔡侯庐：蔡国国君，姓姬，名庐，谥平，为蔡平公，公元前530年—前522年在位。

【译文】

【经】十一月，辛卯（初七）日，蔡国国君姬庐去世。

二十一年

【经】二十有一年，春，王三月，葬蔡平公。

【译文】

【经】昭公二十一年，春天，周王的三月，安葬蔡平公。

【经】夏，晋侯使士鞅来聘[①]。

【注释】

①晋侯：指新即位的晋国国君晋顷公姬弃疾，晋昭公姬夷之子，侯爵，公元前 525 年—前 512 年在位。

【译文】

【经】夏天，晋国新君晋顷公派执政大夫士鞅作为使者来鲁访问。

【经】宋华亥、向宁、华定自陈入于宋南里以叛[①]。

【传】自陈，陈有奉焉尔[②]。入者，内弗受也。其曰宋南里，宋之南鄙也。以者，不以者也。叛，直叛也。

【注释】

①宋华亥、向宁、华定自陈入于宋南里以叛：据《左传》，大司马华费遂有三子华貙（chū）、华多僚、华登，华登在去年的动乱中奔吴，华貙与华多僚互相厌恶，多僚屡次在宋元公面前说貙的坏话，于是宋元公打算驱逐华貙，此事为华貙的下属张匄（gài）识破，于是华貙、张匄等杀多僚，劫持华费遂，召回逃亡的华氏、向氏之人，占据南里发动叛乱。南里，宋国都城内某里弄之名，在今河南商丘市区内。以，凭借，这里是指占据了南里，以南里为据点反叛。叛，背叛，反叛。

②奉：帮助。

【译文】

【经】宋国大夫华亥、向宁、华定从陈国进入宋国首都的南里并以之为据点发动叛乱。

【传】“自陈”，表明陈国对他们有帮助。“入”，表示当地人不接受。经文说“宋南里”，表明在宋都的南部边缘。“以”，表明不是应该“以”。“叛”，就是背叛的意思。

【经】秋，七月，壬午[①]，朔，日有食之。

【注释】

①壬午：依后面“朔”字，当为该年七月的初一日。此指公元前521年六月十日的日全食。

【译文】

【经】秋天，七月，壬午（初一）日，朔日，发生日食。

【经】八月，乙亥[①]，叔辄卒[②]。

【注释】

①乙亥：当为该年八月的二十五日。

②叔辄：鲁大夫，叔弓之子。

【译文】

【经】八月，乙亥（二十五）日，鲁大夫叔辄去世。

【经】冬，蔡侯东出奔楚[①]。

【传】东者，东国也。何为谓之东也？王父诱而杀焉[②]，父执而用焉[3],奔,而又奔之。曰东,恶之而贬之也。

【注释】

①蔡侯东出奔楚:据《左传》,蔡平公去世,姬东国贿赂楚国权臣费无极,费无极于是助东国继承蔡国君位。蔡侯东,蔡国国君,姓姬名东国,蔡灵公之孙,蔡世子友之子,蔡平公之弟。《左传》作"蔡侯朱",朱是蔡平公之子,蔡世子友之孙。

②王父:祖父,即蔡灵公。这里是指昭公十一年"楚子虔诱蔡侯般,杀之于申"之事。

③父执而用焉:这里是指昭公十一年"楚师灭蔡,执蔡世子友以归,用之"之事。父,父亲,即世子姬友。

【译文】

【经】冬天,蔡国国君东出逃投奔楚国。

【传】东,是东国。为什么把他叫做"东"呢?祖父被诱骗来杀害了,父亲被抓了用于祭祀,出逃,还出逃到仇国。称"东",是厌恶他而贬低他。

【经】公如晋,至河乃复[1]。

【注释】

①至河乃复:据《左传》,昭公如晋,到达黄河边,晋国另有国事,所以辞谢了昭公。

【译文】

【经】鲁昭公到晋国去,到了黄河岸边又不得不回来。

二十二年

【经】二十有二年,春,齐侯伐莒。

【译文】

【经】昭公二十二年，春天，齐景公讨伐莒国。

【经】宋华亥、向宁、华定自宋南里出奔楚[1]。

【传】自宋南里者，专也。

【注释】

①宋华亥、向宁、华定自宋南里出奔楚：据《左传》，华、向以南里为据点叛乱之后，华登率吴师支援华氏，然而不敌宋军，被围困于南里，华登突围向楚国求援，楚师前来救援，坚决要求宋国放逐华、向，宋人从之，于是华、向奔楚。

【译文】

【经】宋国大夫华亥、向宁、华定从宋国的南里出逃到楚国。

【传】"自宋南里"，表明独占了南里。

【经】大蒐于昌间[1]。

【传】秋而曰蒐，此春也，其曰蒐何也？以蒐事也[2]。

【注释】

①蒐(sōu)：军事检阅。昌间：鲁地，在今山东泗水附近。

②以蒐事：以打猎来练习武事。

【译文】

【经】在昌间举行军事大检阅。

【传】秋天打猎叫做蒐，这是春天，经文说"蒐"是为什么呢？用打猎来练习武事。

【经】夏，四月，乙丑[1]，天王崩[2]。

【注释】

①乙丑：当为该年四月的十八日。

②天王：这里是周景王姬贵。

【译文】

【经】夏天，四月，乙丑（十八）日，周景王去世。

【经】六月，叔鞅如京师[1]。葬景王。

【注释】

①叔鞅：鲁大夫，叔弓之子。

【译文】

【经】六月，鲁大夫叔鞅到京师去。安葬周景王。

【经】王室乱[1]。

【传】乱之为言，事未有所成也。

【注释】

①王室乱：据《左传》，周景王欲立庶长子王子朝，刘献公和单穆公则拥护王子猛，周景王去世后不久刘献公去世，单穆公立其庶子为刘子，刘、单立王子猛为周王，王子朝则利用旧吏和百工中失去官职俸禄的人以及灵王、景王的族人作乱，欲争夺王位。双方交战，单子杀灵、景之族之八位王子，王子朝逃出王城到京地，王子猛党占据王城，两次讨伐京地均兵败而归，于是单子向晋国求援，带着王子猛离开王城，驻扎于皇地以示紧迫，晋出兵护送王

子猛进入王城，又协助王师攻破京地。然王子猛去世，谥悼，为周悼王，刘、单又立其母弟王子匄(gài)为王，是为周敬王。乱，发生动乱。

【译文】

【经】周王室发生动乱。

【传】“乱”的意思，就是事情没有成功。

【经】刘子、单子以王猛居于皇[①]。

【传】以者，不以者也[②]。王猛[③]，嫌也[④]。

【注释】

①皇：周地，在今河南巩义西南。

②不以者：这里是指不应该说臣下带着君王怎样怎样，显得地位高的受制于地位低的，不符合君臣地位的高下。

③王猛：即称“王猛”。

④嫌：篡位的嫌疑。《穀梁传》认为称“王猛”是表明猛有篡位之嫌，恐非，据傅隶朴《春秋三传比义》，不称“王”或“天王”而称“名”者，是因为即位不逾年。

【译文】

【经】刘子、单子带着周王猛住在皇地。

【传】“以”，表示不应该“以”的意思。称“王猛”，表明有篡位的嫌疑。

【经】秋，刘子、单子以王猛入于王城[①]。

【传】以者，不以者也。入者，内弗受也。

【注释】

①王城：洛邑，在今河南洛阳城中西北。

【译文】

【经】秋天，刘子、单子带着王猛进入王城。

【传】“以”，就是不应“以”的意思。“入”，表明当地人不愿接受。

【经】冬，十月，王子猛卒。

【传】此不卒者也。其曰卒，失嫌也。

【译文】

【经】冬天，十月，王子猛去世。

【传】这是不应记载去世的。经文称“卒”，表明他没有篡位的嫌疑了。

【经】十有二月，癸酉[①]，朔，日有食之。

【注释】

①癸酉：依后面“朔”字，当为该年十二月的初一。疑有误字，依历法推算，当为公元前520年十一月二十三日的日全食。

【译文】

【经】十二月，癸酉（初一）日，朔日，发生日食。

二十三年

【经】二十有三年，春，王正月，叔孙婼如晋[①]。

【注释】

①叔孙婼如晋：据《左传》，邾国军队要经过鲁国的武城而未有假道之礼，为鲁所击，诉于晋，晋偏袒邾国，来讨，叔孙婼(chuò)于是往晋国解释。如晋，到晋国去。

【译文】

【经】昭公二十三年，春天，周王的正月，鲁大夫叔孙婼到晋国去释疑。

【经】癸丑[1]，叔鞅卒[2]。

【注释】

①癸丑：当为该年正月的十二日。

②叔鞅：鲁国大夫，叔弓之子。

【译文】

【经】癸丑(正月十二)日，鲁大夫叔鞅去世。

【经】晋人执我行人叔孙婼。

【译文】

【经】晋国人扣押了我鲁国的使者叔孙婼。

【经】晋人围郊[1]。

【注释】

①郊：周邑，在今河南巩义附近。晋军协助单、刘讨伐王子朝。

【译文】

【经】晋国人包围了周都的郊地。

【经】夏,六月,蔡侯东国卒于楚[1]。

【注释】

①蔡侯东国:蔡国国君,姓姬,名东国,谥悼,为蔡悼公。

【译文】

【经】夏天,六月,蔡国国君姬东国在楚国去世。

【经】秋,七月,莒子庚舆来奔[1]。

【注释】

①莒子庚舆来奔:据《左传》,庚舆好铸剑,每铸新剑便以人试,国人以为患,且庚舆又打算叛齐,莒大夫乌存率国人将其驱逐,庚舆出奔鲁,齐人送莒郊公归莒。莒子庚舆,莒国国君,姓己,名庚舆。参见昭公十四年注。

【译文】

【经】秋天,七月,莒国国君己庚舆出逃来鲁国。

【经】戊辰[1],吴败顿、胡、沈、蔡、陈、许之师于鸡甫[2]。胡子髡、沈子盈灭[3]。

【传】中国不言败,此其言败,何也?中国不败,胡子髡、沈子盈其灭乎?其言败,释其灭也。

【注释】

①戊辰：当为该年七月的二十九日。

②吴败顿、胡、沈、蔡、陈、许之师于鸡甫：据《左传》，吴攻州来，楚出兵救援，吴公子光认为楚军联盟并不稳固，于是建议先击溃胡、沈、陈等小国军队。鸡甫之战依公子姬光之计作战，击溃了楚军。鸡甫，楚地，在今河南固始东南。

③灭：死亡。

【译文】

【经】戊辰（七月二十九）日，吴国在鸡甫打败了顿国、胡国、沈国、蔡国、陈国、许国的军队。胡国国君髡、沈国国君盈被杀死。

【传】对中原国家不说“败”，这里经文说了“败”，为什么呢？中原国家不被打败，胡国国君髡、沈国国君盈会被杀吗？经文说“败”，是为了解释他们的被杀。

【经】获陈夏齧[①]。

【传】获者[②]，非与之辞也，上下之称也[③]。

【注释】

①夏齧（niè）：陈国大夫，字悼子。

②获：得到。对于大夫，不论是生擒还是得到其尸体，都称“获”。

③上下之称：对国君和臣子用不同的说法。

【译文】

【经】俘获了陈国大夫夏齧。

【传】“获”，是表示不赞同的说法，是对国君和臣子用不同的说法。

【经】天王居于狄泉[①]。

【传】始王也。其曰天王,因其居而王之也[②]。

【注释】

①天王居于狄泉:此时王子朝在尹氏的帮助下进入王城,敬王避之,在此期间尹氏屡败敬王党。天王,周敬王。狄泉,水名,在今河南洛阳城中,彼时在洛邑之外。

②因:凭借,依据。这里表示称王的地点。王:称王,指举行正式的即位仪式。

【译文】

【经】周天子周敬王居住在狄泉。

【传】开始称"王"。经文称"天王",就在他所处的地方称王的。

【经】尹氏立王子朝[①]。

【传】立者,不宜立者也。朝之不名[②],何也?别嫌乎尹氏之朝也。

【注释】

①尹氏:尹圉(yǔ),周大夫,封在尹地,称尹文公。

②不名:指不直称朝的名,而称"王子朝"。

【译文】

【经】周大夫尹氏立王子朝为王。

【传】"立",表示不应该"立"。不直称姬朝的名,为什么呢?是为了避免将姬朝误解为尹氏子孙的嫌疑。

【经】八月,乙未[①],地震。

【注释】

①乙未：当为该年八月的二十六日。

【译文】

【经】八月，乙未（二十六）日，发生地震。

【经】冬，公如晋，至河，公有疾，乃复。

【传】疾不志，此其志，何也？释不得入乎晋也。

【译文】

【经】冬天，鲁昭公到晋国去，到了黄河岸边，昭公生病了，不得不回来。

【传】生病是不予记载的，这里记载了，为什么呢？是为了解释不能进入晋国的原因。

二十四年

【经】二十有四年，春，王二月，丙戌[①]，仲孙貜卒[②]。

【注释】

①丙戌：当为该年二月的二十五日。

②仲孙貜（jué）：鲁国大夫，仲孙氏宗主，谥僖，称孟僖子。

【译文】

【经】昭公二十四年，春天，周王的二月，丙戌（二十五）日，鲁大夫仲孙貜去世。

【经】婼至自晋。

【传】大夫执则致，致则挈，由上致之也。

【译文】

【经】叔孙婼从晋国回来告祭祖庙。

【传】大夫被抓了之后回国就要告祭祖庙，告祭祖庙就要提他的名，由国君来告祭祖庙。

【经】夏，五月，乙未，朔，日有食之①。

【注释】

①乙未，朔，日有食之：乙未，依后面“朔”字知为该年五月初一日。依历法推算当为公元前518年四月九日的日环食。

【译文】

【经】夏天，五月，乙未（初一）日，朔日，发生日食。

【经】秋，八月，大雩。

【译文】

【经】秋天，八月，举行大雩之祭。

【经】丁酉①，杞伯郁厘卒②。

【注释】

①丁酉：当为该年九月初五日。经文有日无月。

②杞伯郁厘：杞国国君，姓姒，名郁厘，一名郁，谥平，为杞平公。

【译文】

【经】丁酉(九月初五)日,杞国国君姒郁厘去世。

【经】冬,吴灭巢[1]。

【注释】

①吴灭巢:据《左传》:"吴人踵楚,而边人不备,遂灭巢及钟离而还。"

【译文】

【经】冬天,吴国灭亡巢国。

【经】葬杞平公。

【译文】

【经】安葬了杞平公。

二十五年

【经】二十有五年,春,叔孙婼如宋。

【译文】

【经】昭公二十五年,春天,鲁大夫叔孙婼到宋国去。

【经】夏,叔倪会晋赵鞅、宋乐大心、卫北宫喜、郑游吉、曹人、邾人、滕人、薛人、小邾人于黄父[1]。

【注释】

①叔倪：鲁大夫，叔辄之子。其他几人则分别是各自所在诸侯国家的大夫。黄父：晋地。又称黑壤，在今山西翼城东北。

【译文】

【经】夏天，鲁大夫叔倪和晋国大夫赵鞅、宋国大夫乐大心、卫国大夫北宫喜、郑国大夫游吉、曹国人、邾国人、滕国人、薛国人、小邾国人在黄父会面。

【经】有鸜鹆来巢[①]。

【传】一有一亡曰有。来者，来中国也[②]。鸜鹆穴者而曰巢，或曰，增之也。

【注释】

①鸜鹆（qúyù）：鸟名，八哥。巢：筑巢。

②中国：国中，指鲁国。

【译文】

【经】有鸜鹆来筑巢。

【传】有时有有时无叫做“有”。“来”，就是来鲁国的意思。鸜鹆是穴居的却说它筑巢，有人说，这是妄加的。

【经】秋，七月，上辛[①]，大雩。季辛[②]，又雩。

【传】季者，有中之辞也。又，有继之辞也。

【注释】

①上辛：古时采取干支记日，每月必有三个“辛某”日，称第一个辛日为上辛日，第二个为次辛日或中辛日，第三个为下辛日或季辛

日。此“上辛”即辛卯，为该年七月的初三日。

②季辛：即辛亥，为同月的二十三日。

【译文】

【经】秋天，七月，上辛（初三）日，举行了大雩之祭。季辛（二十三）日，又举行雩祭。

【传】“季”，就是表示有中辛日的说法。“又”，就是表示又发生了的说法。

【经】九月，乙亥①，公孙于齐②。

【传】孙之为言犹孙也，讳奔也。

【注释】

①乙亥：当为该年九月的十二日。

②孙：同“逊”，流亡。据《左传》，鲁国大夫有怨恨季孙意如者鼓动鲁昭公攻打季氏，昭公听信，攻打季氏，叔孙氏和孟氏都救援季氏，昭公不敌，被迫流亡。

【译文】

【经】九月，乙亥（十二）日，鲁昭公流亡到齐国。

【传】“孙”就相当于流亡，是避讳说出逃。

【经】次于阳州①。

【传】次，止也。

【注释】

①阳州：齐地，在今山东东平北。

【译文】

【经】鲁昭公驻扎在阳州。

【传】"次",就是临时停留的意思。

【经】齐侯唁公于野井[1]。

【传】吊失国曰唁,唁公不得入于鲁也。

【注释】

①齐侯:齐景公。唁:慰问。野井:齐地,在今山东齐河东南,济水东。

【译文】

【经】齐国国君在野井慰问鲁昭公。

【传】慰问失去政权叫"唁",是慰问鲁昭公不能进入鲁国。

【经】冬,十月,戊辰[1],叔孙婼卒[2]。

【注释】

①戊辰:当为该年十月的十一日。

②叔孙婼(chuò):鲁国大夫,叔孙氏宗主,叔孙豹之庶子,谥昭,称叔孙昭子。

【译文】

【经】冬天,十月,戊辰(十一)日,鲁大夫叔孙婼去世。

【经】十有一月,己亥[1],宋公佐卒于曲棘[2]。

【传】邡公也[3]。

【注释】

①己亥：当为该年十一月的十三日。

②宋公佐：宋国国君，姓子，名佐，谥元，即宋元公。曲棘：宋地。在今河南兰考东南。

③邡（fǎng）公：据《左传》，宋公因为昭公出逃的事而欲往晋国为之谋划，途中卒于曲棘。邡，谋划。

【译文】

【经】十一月，己亥（十三）日，宋国国君佐在曲棘去世。

【传】宋元公是为了替鲁昭公谋划。

【经】十有二月，齐侯取郓[①]。

【传】取，易辞也。内不言取，以其为公取之，故易言之也。

【注释】

①郓（yùn）：西郓，鲁地，在今山东郓城东。

【译文】

【经】十二月，齐国国君齐景公攻取郓地。

【传】"取"，表示容易的说法。取得鲁国的地方不说"取"，因为他是为鲁昭公攻取的，所以说他很容易就攻取了。

二十六年

【经】二十有六年，春，王正月，葬宋元公。

【译文】

【经】昭公二十六年，春天，周王的正月，安葬了宋元公。

【经】三月，公至自齐，居于郓。

【传】公次于阳州，其曰至自齐[①]，何也？以齐侯之见公，可以言至自齐也。居于郓者，公在外也。至自齐，道义不外公也[②]。

【注释】

①至自齐：从齐地回来。这里的意思是说应该说“公至自阳州”。

②不外公：指从道德礼仪上仍旧像鲁昭公尚未流亡时那样待他，并不疏远之。

【译文】

【经】三月，鲁昭公从齐国回来，居住在鲁国郓地。

【传】鲁昭公驻扎在阳州，经文说从齐国回来，为什么呢？因为齐国国君会见了鲁昭公，可以据此说从齐国回来。说“居于郓”，是表明昭公在国都之外。说“至自齐”，表明从道德礼仪上不能排斥昭公。

【经】夏，公围成[①]。

【传】非国不言围，所以言围者，以大公也。

【注释】

①成：鲁地，一作郕，在今山东宁阳东北，为蒙氏封邑。

【译文】

【经】夏天，鲁昭公包围成地。

【传】不是国家不说“围”，之所以说“围”，是尊崇鲁昭公。

【经】秋，公会齐侯、莒子、邾子、杞伯盟于鄟陵[①]。

【注释】

①莒子:指新即位的莒国国君莒郊公己狂,子爵,公元前518年—前481年在位。杞伯:指新即位的杞国国君杞悼公姒成,杞平公之子,伯爵,公元前517年—前506年在位。鄟(zhuān)陵:或为齐地,今在何处不详。据《左传》:“盟于鄟陵,谋纳公也。”

【译文】

【经】秋天,鲁昭公和齐国国君齐景公、莒国国君莒郊公、邾国国君邾庄公、杞国国君杞悼公在鄟陵会面,缔结盟约。

【经】公至自会,居于郓。

【传】公在外也。至自会,道义不外公也。

【译文】

【经】鲁昭公从会盟地回来,居住在郓地。

【传】鲁昭公在国都之外。说“至自会”,表明从道德礼仪上不能排斥昭公。

【经】九月,庚申①,楚子居卒②。

【注释】

①庚申:当为该年九月的初九日。

②楚子居:楚国国君,姓芈(mǐ),熊氏,名居,谥平,为楚平王。

【译文】

【经】九月,庚申(初九)日,楚国国君熊居去世。

【经】冬,十月,天王入于成周①。

【传】周,有入无出也[②]。

【注释】

①成周:洛邑,在今河南洛阳市东部。据《左传》:"晋知跞、赵鞅帅师纳王。"

②有入无出:周可以言"入",不可以言"出"。由于"溥天之下,莫非王土","王者无外",所以不言"出"。

【译文】

【经】冬天,十月,天王周敬王进入成周。

【传】对于周,只能说"入",不能说"出"。

【经】尹氏、召伯、毛伯以王子朝奔楚。

【传】远矣,非也。奔,直奔也[①]。

【注释】

①直:径直,直接。

【译文】

【经】周大夫尹氏、召伯、毛伯带着王子朝投奔楚国。

【传】逃得太远了,是在指责他们。"奔",表示是径直逃跑了。

二十七年

【经】二十有七年,春,公如齐。

【译文】

【经】昭公二十七年,春天,鲁昭公到齐国去。

【经】公至自齐，居于郓。

【传】公在外也。

【译文】

【经】鲁昭公从齐国回来，居住在郓地。

【传】鲁昭公在国都之外。

【经】夏，四月，吴弑其君僚[①]。

【注释】

①吴弑其君僚：据《左传》，吴王打算趁楚有丧进攻楚国，公子姬光认为吴军在外，是刺杀吴王僚的机会，于是宴请吴王，派专诸行刺，专诸以剑藏鱼腹中，刺杀了吴王僚。公子姬光自立为吴王，是为中兴之主吴王阖闾。僚，吴王僚。

【译文】

【经】夏天，四月，吴国杀害了他们的国君僚。

【经】楚杀其大夫郤宛[①]。

【注释】

①楚杀其大夫郤(xì)宛：据《左传》，郤宛为人直而和，为国人所悦，遭费无极与鄢将师陷害，自杀，其族尽灭。郤宛，楚大夫。

【译文】

【经】楚国杀了他们的大夫郤宛。

【经】秋,晋士鞅、宋乐祁犁、卫北宫喜、曹人、邾人、滕人会于扈[①]。

【注释】

①会于扈(hù):据《左传》,此次会盟一是安排戍守成周,一是商议送鲁昭公回国,晋大夫士鞅收受了季氏的贿赂,不主张送昭公回国。扈,郑地名,在今河南原阳西。

【译文】

【经】秋天,晋国大夫士鞅、宋国大夫乐祁犁、卫国大夫北宫喜、曹国人、邾国人、滕国人在扈会面。

【经】冬,十月,曹伯午卒[①]。

【注释】

①曹伯午:曹国国君,姓姬,名午,伯爵,谥悼,为曹悼公。

【译文】

【经】冬天,十月,曹国国君姬午去世。

【经】邾快来奔[①]。

【注释】

①邾快:邾国大夫,名快。

【译文】

【经】邾国大夫快出逃来鲁国。

【经】公如齐。

【译文】

【经】鲁昭公到齐国去。

【经】公至自齐，居于郓。

【译文】

【经】昭公从齐国回来，居住在郓地。

二十八年

【经】二十有八年，春，王三月，葬曹悼公。

【译文】

【经】昭公二十八年，春天，周王的三月，安葬了曹悼公。

【经】公如晋，次于乾侯①。

【传】公在外也。

【注释】

①乾侯：晋地，在今河北磁县。

【译文】

【经】鲁昭公到晋国去，驻扎在乾侯。

【传】昭公在国都之外。

【经】夏，四月，丙戌[①]，郑伯宁卒[②]。

【注释】

①丙戌：当为该年四月的十四日。

②郑伯宁：郑国国君，姓姬，名宁，伯爵，谥定，为郑定公。

【译文】

【经】夏天，四月，丙戌（十四）日，郑国国君姬宁去世。

【经】六月，葬郑定公。

【译文】

【经】六月，安葬了郑定公。

【经】秋，七月，癸巳[①]，滕子宁卒[②]。

【注释】

①癸巳：当为该年七月的二十三日。

②滕子宁：滕国国君，姓姬，名宁，子爵，谥悼，为滕悼公。

【译文】

【经】秋天，七月，癸巳（二十三）日，滕国国君姬宁去世。

【经】冬，葬滕悼公。

【译文】

【经】冬天，安葬了滕悼公。

二十九年

【经】二十有九年，春，公至自乾侯，居于郓。

【译文】

【经】昭公二十九年，春天，鲁昭公从晋地乾侯回来，居住在郓地。

【经】齐侯使高张来唁公[①]。

【传】唁公不得入于鲁也。

【注释】

①高张：齐国大夫。

【译文】

【经】齐景公派大夫高张来慰问鲁昭公。

【传】慰问鲁昭公不能够进入鲁国。

【经】公如晋，次于乾侯。

【译文】

【经】鲁昭公到晋国去，驻扎在乾侯。

【经】夏，四月，庚子[①]，叔倪卒[②]。

【传】季孙意如曰："叔倪无病而死，此皆无公也，是天命也，非我罪也。"

【注释】

①庚子：当为该年四月的初五日。

②叔倪：鲁国大夫，叔辄之子。

【译文】

【经】夏天，四月，庚子(初五)日，鲁大夫叔倪去世。

【传】季孙意如说："叔倪没有生病而去世了，这都是因为没有昭公，这是上天的旨意，不是我的罪过。"

【经】秋，七月。

【译文】

【经】秋天，七月。

【经】冬，十月，郓溃①。

【传】溃之为言上下不相得也。上下不相得则恶矣，亦讥公也。昭公出奔，民如释重负。

【注释】

①郓溃：据《公羊传》，昭公使民筑郓邑外城而溃。溃，溃散。

【译文】

【经】冬天，十月，郓地人溃散。

【传】"溃"的意思是说国君和百姓心意不相投合。国君和百姓心意不相投合就令人厌恶，也是在讽刺鲁昭公。鲁昭公出逃，百姓好像放下了沉重的负担。

三十年

【经】三十年,春,王正月,公在乾侯[1]。

【传】中国不存公[2],存公[3],故也。

【注释】

①乾侯:晋地。在今河北磁县。

②中国:国中,指鲁国。

③存公:指记载昭公所在,亦有怜悯昭公之意。如果昭公在国内,则不会这样记载,这样记载了,表明有变故。

【译文】

【经】昭公三十年,春天,周王的正月,鲁昭公在乾侯。

【传】鲁国容不下昭公,记载昭公的所在,表明是有变故。

【经】夏,六月,庚辰[1],晋侯去疾卒[2]。

【注释】

①庚辰:当为该年六月的二十二日。

②晋侯去疾:晋国国君,姓姬,名去疾,侯爵,谥顷,为晋顷公。

【译文】

【经】夏天,六月,庚辰(二十二)日,晋国国君姬去疾去世。

【经】秋,八月,葬晋顷公。

【译文】

【经】秋天,八月,安葬晋顷公。

【经】冬，十有二月，吴灭徐[①]。徐子章羽奔楚。

【注释】

①吴灭徐：据《左传》，阖闾弑君自立之后，公子掩余奔徐，公子烛庸奔钟吾，阖闾命徐执掩余、钟吾执烛庸，然而二位公子逃到了楚国，楚国厚待二位公子以与吴为敌，阖闾一怒之下执钟吾国君，灭徐。

【译文】

【经】冬天，十二月，吴国灭亡徐国。徐国国君章羽投奔楚国。

三十一年

【经】三十有一年，春，王正月，公在乾侯。

【译文】

【经】昭公三十一年，春天，周王的正月，鲁昭公在晋地乾侯。

【经】季孙意如会晋荀栎于适历[①]。

【注释】

①季孙意如会晋荀栎（lì）于适历：据《左传》，晋国新君即位，欲出兵送昭公回鲁，晋大夫士鞅献策说可先召季孙意如来晋，若意如不来，则有出兵的借口了。又私下告诉意如不要拒绝召见。实际是阻碍了出兵。于是季孙意如到晋国去商议迎回鲁昭公之事。荀栎，晋国大夫。适历，晋地，今在何处不详。

【译文】

【经】鲁执政大夫季孙意如和晋国大夫荀栎在适历会面。

【经】夏，四月，丁巳[①]，薛伯谷卒[②]。

【注释】

①丁巳：当为该年四月的初三日。

②薛伯谷：薛国国君，姓任，名谷，伯爵，谥献，为薛献公。

【译文】

【经】夏天，四月，丁巳（初三）日，薛国国君任谷去世。

【经】晋侯使荀栎唁公于乾侯[①]。

【传】唁公不得入于鲁也，曰："既为君言之矣，不可者意如也。"

【注释】

①晋侯使荀栎唁公于乾侯：据《左传》，荀栎是去劝说鲁昭公回国的，昭公意欲回国，却要求晋国先驱逐季孙意如，遂未成行。后来子家子又为鲁昭公献回国之计，却又为随从昭公之众人阻挠。亦未能回国。晋侯，此时为晋定公姬午，侯爵，公元前 511 年—前 475 年在位。唁公，慰问鲁昭公。

【译文】

【经】晋国国君晋定公派大夫荀栎在乾侯慰问鲁昭公。

【传】慰问鲁昭公不能够进入鲁国，说："已经为您说过话了，不同意让您回国的是季孙意如。"

【经】秋，葬薛献公。

【译文】

【经】秋天，安葬薛献公。

【经】冬，黑肱以滥来奔①。

【传】其不言邾黑肱，何也？别乎邾也②。其不言滥子③，何也？非天子所封也。来奔，内不言叛也。

【注释】

①黑肱（gōng）：邾国大夫，分封在滥邑。滥：邾国邑名，在今山东枣庄和其下属县级市滕州之间。

②别：区别。《穀梁传》认为黑肱封于滥，就相当于邾国之外另立一国了。

③滥子：滥国国君。子为爵位。

【译文】

【经】冬天，黑肱带着滥地逃来投奔鲁国。

【传】经文不说邾国的黑肱，为什么呢？为了与邾国区别开来。经文不说“滥子”，为什么呢？不是周天子命封的。说“来奔”，是对叛逃来鲁国的人不说“叛”。

【经】十有二月，辛亥①，朔，日有食之。

【注释】

①辛亥，朔，日有食之：辛亥，依后面“朔”字，此当为该年十二月的初一日。指公元前511年十一月十四日的日全食。

【译文】

【经】十二月，辛亥（初一）日，朔日，发生日食。

三十二年

【经】三十有二年，春，王正月，公在乾侯[1]，取阚[2]。

【注释】

①乾侯：晋地。在今河北磁县境内。

②阚(kàn)：鲁地。在今山东汶上西南。

【译文】

【经】昭公三十二年，春天，周王的正月，鲁昭公在晋地乾侯，占取了阚地。

【经】夏，吴伐越。

【译文】

【经】夏天，吴国讨伐越国。

【经】秋，七月。

【译文】

【经】秋天，七月。

【经】冬，仲孙何忌会晋韩不信、齐高张、宋仲几、卫大叔申、郑国参、曹人、莒人、邾人、薛人、杞人、小邾人城成周[1]。

【传】天子微，诸侯不享觐[2]。天子之在者，惟祭与号。故诸侯之大夫相帅以城之[3]，此变之正也。

【注释】

①仲孙何忌：鲁大夫，孟氏宗主，称孟懿子。

②享：进献。觐(jìn)：朝见。

③相帅：相继，一个接一个。

【译文】

【经】冬天，鲁大夫仲孙何忌会同晋国大夫韩不信、齐国大夫高张、宋国大夫仲几、卫国大夫大叔申、郑国大夫参、曹国人、莒国人、邾国人、薛国人、杞国人、小邾国人修筑成周的城墙。

【传】天子势微，诸侯不进献和朝见了。天子仅剩的，只有祭祀宗庙的权力和名号了。所以诸侯的大夫们相继来修筑城墙，这是符合礼制的变通。

【经】十有二月，己未[1]，公薨于乾侯[2]。

【注释】

①己未：当为该年十二月的十四日。

②公薨于乾侯：据《左传》，鲁昭公是病逝的。

【译文】

【经】十二月，己未(十四)日，鲁昭公在乾侯去世。

定公

【题解】

鲁定公(? —公元前 495 年在世,公元前 509 年—前 495 年在位),姬姓,名宋,鲁国第二十四代国君,鲁襄公之子,鲁昭公之弟,鲁昭公出逃在齐时曾立公衍为太子,不过此时季孙意如把持国政,在鲁昭公去世后立姬宋为新君。

鲁定公即位后,季孙意如把持国政,定公五年,季孙意如去世,季孙斯继承家主之位,然季氏家臣阳虎囚禁季孙斯,把持鲁国国政达三年之久,所谓"政在家臣"的现象,就此出现。后来阳虎欲除"三桓"而失败,出逃至晋国做了晋国赵氏的家臣。鲁定公欲有所作为,于定公九年以孔子为中都宰。十年,以孔丘为司寇。同年由孔丘相礼与齐景公进行了夹谷之会。十二年,欲毁三都以削三家之势,孟氏反抗,他发兵攻之,不克而罢。定公在位期间曾多次向孔子问政。

此时晋国对于称霸诸侯显得力不从心,诸侯多叛,齐、郑、鲁、卫逐渐走近。同时楚国被吴国大败,几近灭国,好在有秦国的支持。而在吴国击败楚国的同时,越国也逐渐强大,吴越相争愈演愈烈。

元年

【经】元年,春,王。

【传】不言正月,定无正也[①]。定之无正,何也?昭公之终,非正终也[②]。定之始,非正始也[③]。昭无正终,故定无正始。不言即位,丧在外也。

【注释】

①定无正:指定公没有正式即位。旧君去世,新君通常在第二年的正月举行即位仪式,正式即位,改元。然此时鲁昭公灵柩尚未运回,鲁定公也还没有举行正式的即位仪式。

②正终:合乎礼义的正常死亡,指死于正寝中,死在外谓非正终。

③正始:合乎礼义的即位。

【译文】

【经】定公元年,春天,周王。

【传】不说正月,因为鲁定公没有正式即位。定公没有正式即位,为什么呢?因为鲁昭公的去世,不是正常的去世。定公的即位,不是合乎礼义的即位。昭公没有正常的去世,所以定公没有合乎礼义的开始。不说鲁定公即位,因为先君的灵柩尚在国外。

【经】三月,晋人执宋仲几于京师[①]。

【传】此大夫,其曰人,何也?微之也。何为微之?不正其执人于尊者之所也[②],不与大夫之伯讨也[③]。

【注释】

①晋人执宋仲几于京师:据《左传》,诸侯城成周,宋仲几不接受分

配给宋国的任务，且对晋国大夫士弥牟不敬，遂为晋国所执。仲几，宋国大夫。

②不正其执人于尊者之所：《穀梁传》认为晋国不应在周天子的地方擅自抓捕别国大夫。尊者之所，尊贵的人的居所，指成周。

③伯：方伯，诸侯之长，这里是以方伯的身份的意思。

【译文】

【经】三月，晋国人在周京师抓捕了宋国大夫仲几。

【传】这是晋国的大夫抓的，经文说"人"，为什么呢？是轻视他。为什么轻视他？认为在尊贵者的处所抓人是不合正道的，不赞同大夫以方伯的身份来声讨别人。

【经】夏，六月，癸亥[1]，公之丧至自乾侯。

【注释】

①癸亥：当为该年六月的二十一日。

【译文】

【经】夏天，六月，癸亥（二十一）日，鲁昭公的灵柩从乾侯运回鲁国。

【经】戊辰[1]，公即位。

【传】殡然后即位也[2]。定无正，见无以正也。逾年不言即位，是有故公也[3]。言即位，是无故公也。即位，授受之道也。先君无正终，则后君无正始也。先君有正终，则后君有正始也。戊辰，公即位，谨之也。定之即位，不可不察也。公即位何以日也？戊辰之日，然后即位也[4]。癸亥，公之丧至自乾侯，何为戊辰之日然后即位也？正君乎国，然后即位也。沈子曰："正棺乎两楹之间，然后即位也。"内之大事，日。即位，君之大事也，其不日何也？以年决者，不以日决也[⑤]。此则其日，何也？著之也。何著焉？逾年即位，厉也[⑥]。于厉之中，又有义焉。未殡，虽有天子之命犹不敢[⑦]，况临诸臣乎？周人有丧，鲁人有丧。周人吊，鲁人不吊。周人曰："固吾臣也，使人可也。"鲁人曰："吾君也，亲之者也，使大夫则不可也。"故周人吊，鲁人不吊，以其下成、康为未久也[⑧]。君，至尊也，去父之殡而往吊犹不敢，况未殡而临诸臣乎？

【注释】

①戊辰：当为该年六月的二十六日。

②殡：入棺待葬。

③故公：原来的国君。这里指鲁昭公之丧在外。

④戊辰之日，然后即位：这里的意思是先写"戊辰"再写"即位"，表明是在戊辰日之后才正式即位的。

⑤以年决者，不以日决：指新君正式的即位仪式通常是在先君去世的第二年正月初一举行。这是依照"逾年"这个标准来实施的，而不是依照某日来决定的。

⑥厉：危险。指新一年的正月没有正式即位。

⑦虽有天子之命犹不敢：据《春秋穀梁传注疏》："虽为天子所召，犹不敢背殡而往，况君丧未殡，而行即位之礼，以临诸臣乎？"

⑧成、康：指周成王姬诵和周康王姬钊，分别为周武王姬发之子和孙。成康时期是周朝最为强盛的阶段。这里的意思是说古礼还未变。

【译文】

【经】戊辰(六月二十六)日,鲁定公即位。

【传】是在鲁昭公入殓之后鲁定公才正式登上君位的。鲁定公没有正式即位,这显示了没有正式即位的原因。先君去世过了一年而没有说"即位",这表明还有旧的国君。说"即位",这表明没有旧的国君了。登上君位,是先君传授、后君接受的仪式。先君是非正常死亡,那么后君就不是合于礼义的即位。先君是正常去世,那么后君就是合于礼义的即位。说"戊辰,公即位",是慎重地对待这件事。鲁定公的即位,不可以不认真地考察。国君即位为什么要记载日期呢?记载了"戊辰"这天,这之后才写"即位"。癸亥日,鲁昭公的灵柩就从乾侯运回了,为什么要在戊辰之日之后才正式即位呢?要在国中确定君位,然后再正式即位。沈子说:"在正厅的两根楹柱之间放好灵柩,这之后才能正式即位。"鲁国的大事,要记载日期。国君即位,是国君的大事,为什么经文通常却不记载日期呢?因为国君即位是依照年份来决定的,不是依照日期来决定的。那么这里经文记载了日期,为什么呢?是为了将其突显出来。为什么要突显出来呢?超过了一年才正式即位,危险。在危险之中,又有礼义。先君未入殓,即使有周天子的命令也不敢前往,况且是即位而面对大臣呢?周王室有丧事,鲁国也有丧事。周王室派人来吊唁,鲁国没有派人去吊唁。周人说:"鲁本来是我的臣子,派个人去就可以了。"鲁国人说:"周是我们的天子,是亲人,派大夫去那就不可以。"所以周人来吊唁,鲁国人没有去吊唁,因为距离成王、康王的时代没有太久远。天子,是最尊贵的,鲁定公离开父亲的灵柩而到京师去吊唁尚且不敢,更何况是父亲尚未出殡安葬而又正在即位呢?

【经】秋,七月,癸巳[①],葬我君昭公。

【注释】

①癸巳：当为该年七月的二十二日。

【译文】

【经】秋天，七月，癸巳（二十二）日，安葬我们的国君鲁昭公。

【经】九月，大雩[①]。

【传】雩月，雩之正也。秋，大雩，非正也。冬，大雩，非正也。秋，大雩，雩之为非正，何也？毛泽未尽[②]，人力未竭[③]，未可以雩也。雩月，雩之正也。月之为雩之正，何也？其时穷、人力尽[④]，然后雩，雩之正也。何谓其时穷、人力尽？是月不雨则无及矣，是年不艾则无食矣。是谓其时穷、人力尽也。雩之必待其时穷、人力尽何也？雩者，为旱求者也。求者，请也，古之人重请。何重乎请？人之所以为人者，让也。请道去让也，则是舍其所以为人也，是以重之。焉请哉？请乎应上公。古之神人有应上公者，通乎阴阳，君亲帅诸大夫，道之而以请焉。夫请者，非可诒托而往也[⑤]，必亲之者也，是以重之。

【注释】

①雩（yú）：求雨的祭祀。

②毛泽未尽：毛指草木、五谷，这里是指庄稼尚有水分。

③人力未竭：人力没有枯竭。指大家尚在劳动，耕耘的工作还没有完成。

④人力尽：人力已经用完。指人能够做的事情都已经做完。

⑤诒（dài）托：假托。

【译文】

【经】九月,举行大雩之祭。

【传】雩祭记载月份,表明雩祭是合于正道的。秋天,举行大雩之祭,不合正道。冬天,举行大雩之祭,不合正道。秋天,举行大雩之祭,举行雩祭不合正道,为什么呢?因为庄稼的水分没有散尽,人力没有用完,不可以举行雩祭。雩祭记载月份,表明雩祭是合于正道的。记载月份表明雩祭合于正道,为什么呢?合适的季节到了尽头、人力已经用完,这之后举行雩祭,合于举行雩祭的正道。什么叫做合适的季节到了尽头、人力已经用完呢?这个月不下雨就来不及了,这年不收获就没有食物了。这就叫做合适的季节到了尽头、人力已经用完了。举行雩祭为什么一定要等到合适的季节到了尽头、人力已经用完的时候呢?雩祭,是因为干旱而祈求。"求",就是请求,古时候的人重视请求。为什么重视请求呢?人之所以为人,是因为谦让。请求就是丢掉谦让,那这是舍弃其所以为人的原因,所以重视请求。向谁请求呢?向应上公请求。古时候的神仙有叫应上公的,通晓天地阴阳,国君亲自率领诸大夫,引导着大家向应上公请求。请求,不可以委托别人去,必须国君亲自去,因此重视请求。

【经】立炀宫①。

【传】立者,不宜立者也。

【注释】

①立炀宫:据《左传》,由于昭公出逃,季孙意如立其弟为君,意如向炀公祈祷,重新修了炀公庙,以表示鲁国兄终弟继的先例。炀宫,鲁炀公之庙。鲁炀公名熙,是鲁国的第三任国君,为鲁始祖伯禽之子,鲁考公酉之弟。

【译文】

【经】修建了鲁炀公的庙寝。

【传】说“立”,标明是不应该“立”的。

【经】冬,十月,陨霜杀菽[①]。

【传】未可以杀而杀,举重。可杀而不杀,举轻。其曰菽,举重也。

【注释】

①菽(shū):大豆,也指豆类作物。

【译文】

【经】冬天,十月,降霜冻伤了大豆。

【传】不该伤农作物而伤了,就列举重要的作物。可以伤而没有伤,就举出不重要的作物。经文说大豆,是列举重要的。

二年

【经】二年,春,王正月。

【译文】

【经】定公二年,春天,周王的正月。

【经】夏,五月,壬辰[①],雉门及两观灾[②]。

【传】其不曰雉门灾及两观,何也?灾自两观始也,不以尊者亲灾也[③]。先言雉门,尊尊也。

【注释】

①壬辰：当为该年五月的二十五日。

②雉(zhì)门：指鲁定公宫之南门。观：阙，宫门或宗庙前两旁的望楼，这里指的是雉门的两阙。

③亲：靠近。

【译文】

【经】夏天，五月，壬辰(二十五)日，鲁宫雉门和两观发生火灾。

【传】经文不说“雉门灾及两观”，为什么呢？因为火灾是从两观开始的，不让尊贵的事物靠近灾祸。先说到的雉门，是尊奉尊贵的事物。

【经】秋，楚人伐吴。

【译文】

【经】秋天，楚国人讨伐吴国。

【经】冬，十月，新作雉门及两观。

【传】言新，有旧也。作，为也，有加其度也。此不正，其以尊者亲之[①]，何也？虽不正也，于美犹可也[②]。

【注释】

①以尊者亲之：让尊贵的事物靠近它。《穀梁传》认为“作”是一个含有贬义的词，不应把尊贵的雉门与之放在一起说。

②于美犹可：对于美好的事物还是可以的。指就礼制而言，新修不应扩大规模，但是就美观而言，也可以扩大其规模。

【译文】

【经】冬天，十月，鲁宫新修筑了雉门和两观。

【传】说“新”，是因为有旧的。“作”，就是修筑，增加了它的规模。这不合礼制，经文却让尊贵的事物靠近它，为什么呢？虽然不合礼制，但是对于美好的事物还是可以的。

三年

【经】三年，春，王正月，公如晋，至河乃复。

【译文】

【经】定公三年，春天，周王的正月，鲁定公到晋国去，到了黄河又不得不返回了。

【经】三月，辛卯①，邾子穿卒②。

【注释】

①辛卯：当为该年三月的二十九日。

②邾子穿：邾国国君，姓姬，名穿，谥庄，为邾庄公。

【译文】

【经】三月，辛卯（二十九）日，邾国国君曹穿去世。

【经】夏，四月。

【译文】

【经】夏天，四月。

【经】秋，葬邾庄公。

【译文】

【经】秋天，安葬了邾庄公。

【经】冬，仲孙何忌及邾子盟于拔[①]。

【注释】

①邾子：指新即位的邾国国君邾隐公曹益，邾庄公之子，子爵，公元前 506 年—前 486 年在位。拔：鲁地，在今山东兖州东南。

【译文】

【经】冬天，鲁国大夫仲孙何忌和邾隐公在拔地缔结盟约。

四年

【经】四年，春，王二月，癸巳[①]，陈侯吴卒[②]。

【注释】

①癸巳：当为该年的正月初六日，此处书“二月”，疑误。

②陈侯吴：陈国国君，姓妫（guī），名吴，谥惠，为陈惠公。

【译文】

【经】定公四年，春天，周王的二月，癸巳（正月初六）日，陈国国君妫吴去世。

【经】三月，公会刘子、晋侯、宋公、蔡侯、卫侯、陈子、郑伯、许男、曹伯、莒子、邾子、顿子、胡子、滕子、薛伯、杞伯、小邾子、齐国夏于召陵[①]，侵楚。

【注释】

①刘子:刘国国君刘文公姬狄,一名卷,又作伯蚠(fěn),子爵,公元前520年—前506年在位,此次会盟后去世,采邑刘在周王畿之内,为周王室的卿士,故排在诸侯之前。晋侯:晋定公姬午,侯爵,公元前511年—前475年在位。宋公:宋景公子栾,侯爵,公元前511年—前475年在位。蔡侯:蔡国国君蔡昭公姬申,蔡悼侯之弟,侯爵,公元前518年—前491年在位。卫侯:卫国国君卫灵公姬元,侯爵,公元前534年—前493年在位。陈子:陈国新君陈怀公妫(guī)柳,惠公妫吴之子,公元前505年—前502年在位。因陈国尚在惠公之丧中,新君要到第二年才能正式举行即位大典,改元即位,故此时称"陈子"而不称"陈侯"。郑伯:郑国国君郑献公姬趸(dǔn),一作姬虿(chài),定公之子,伯爵,公元前513年—前501年在位。曹伯:曹国国君曹隐公姬通,曹武公姬滕之子,平公之弟,平公子声公之叔,弑侄声公自立,伯爵,公元前510年—前506年在位,此次会盟后去世。莒(jǔ)子:莒国国君莒郊公己狂,子爵,公元前518年—前481年复位。邾子:新即位的邾国国君邾隐公曹益,子爵,公元前506年—前486年在位。滕子:滕国国君滕顷公姬结,一名姬耆,子爵,公元前513年—前491年在位。杞伯:杞国国君杞悼公姒成,伯爵,公元前517年—前506年在位,即在这次会盟中去世。召陵:楚地,在今河南郾城东。

【译文】

【经】三月,定公同刘国国君、晋国国君、宋国国君、蔡国国君、卫国国君、陈国国君、郑国国君、许国国君、曹国国君、莒国国君、邾国国君、顿国国君、胡国国君、滕国国君、薛国国君、杞国国君、小邾国国君、齐国的国夏在召陵会合,入侵楚国。

【经】夏，四月，庚辰，蔡公孙姓帅师灭沈[①]，以沈子嘉归，杀之。

【注释】

①灭沈：据《左传》："沈人不会于召陵，晋人使蔡伐之。夏，蔡灭沈。"

【译文】

【经】夏天，四月，庚辰日，蔡国的公孙姓率军灭亡了沈国，抓了沈国国君嘉回国，杀了他。

【经】五月，公及诸侯盟于皋鼬[①]。

【传】一事而再会，公志于后会也[②]。后，志疑也[③]。

【注释】

①皋鼬(gāoyòu)：郑地。在今河南临颍南。

②志：心愿，愿望。这里是指召陵之会说的是"公会"，这里说的是"公及"，《穀梁传》依照"及者，内为志焉尔"理解，便认为鲁定公更倾心于第二次会盟。

③疑：犹豫，迟疑。指定公于伐楚与否迟疑不决。

【译文】

【经】五月，鲁定公和诸侯在皋鼬缔结盟约。

【传】同一件事举行两次会盟，表明定公是希望有后面这次会盟的。"后"，表明意志迟疑了。

【经】杞伯成卒于会[①]。

【注释】

①杞伯：杞国国君，姓姒，名成，伯爵，谥悼，为杞悼公。

【译文】

【经】杞国国君姒成在会盟期间去世。

【经】六月，葬陈惠公。

【译文】

【经】六月，安葬了陈惠公。

【经】许迁于容城[①]。

【注释】

①容城：许地，在今河南鲁山东。

【译文】

【经】许国迁都到容城。

【经】秋，七月，公至自会。

【译文】

【经】秋天，七月，鲁定公从会盟地回国告祭祖庙。

【经】刘卷卒[①]。

【传】此不卒而卒者，贤之也。寰内诸侯也[②]，非列土诸侯[③]，此何以卒也？天王崩，为诸侯主也[④]。

【注释】

①刘卷:刘国国君,姓姬,名卷,谥文,称刘文公。

②寰内诸侯:采邑在王畿之内的周王室卿士称作寰内诸侯。

③列土:分封土地。

④主:主人,主持人。指周景王去世时能以宾主之礼接待诸侯。

【译文】

【经】刘国国君姬卷去世。

【传】这是不应记载去世而记载了去世的,是认为他很贤明。他是寰内诸侯,不是分封了土地的诸侯,这里为什么记载他的去世呢?因为周天子去世的时候,他作为主人接待了诸侯。

【经】葬杞悼公。

【译文】

【经】安葬了杞悼公。

【经】楚人围蔡[①]。

【注释】

①围蔡:据《左传》,是因为蔡灭沈。

【译文】

【经】楚国人包围了蔡国国都。

【经】晋士鞅、卫孔圉帅师伐鲜虞。

【译文】

【经】晋国大夫士鞅、卫国大夫孔圉率军讨伐鲜虞。

【经】葬刘文公。

【译文】

【经】安葬了刘文公。

【经】冬，十有一月，庚午[①]，蔡侯以吴子及楚人战于伯举[②]，楚师败绩。

【传】吴其称子，何也？以蔡侯之以之，举其贵者也。蔡侯之以之，则其举贵者，何也？吴信中国而攘夷狄[③]，吴进矣[④]。其信中国而攘夷狄奈何？子胥父诛于楚也[⑤]，挟弓持矢而干阖庐[⑥]。阖庐曰："大之甚！勇之甚！"为是欲兴师而伐楚。子胥谏曰："臣闻之，君不为匹夫兴师。且事君犹事父也，亏君之义，复父之仇，臣弗为也。"于是止。蔡昭公朝于楚，有美裘，正是日[⑦]，囊瓦求之[⑧]，昭公不与，为是拘昭公于南郢[⑨]。数年然后得归，归乃用事乎汉[⑩]，曰："苟诸侯有欲伐楚者，寡人请为前列焉。"楚人闻之而怒，为是兴师而伐蔡。蔡请救于吴。子胥曰："蔡非有罪，楚无道也。君若有忧中国之心，则若此时可矣。"为是兴师而伐楚。何以不言救也？救大也[⑪]。

【注释】

①庚午：当为该年十一月的十八日。

②蔡侯:蔡昭公。吴子:吴国中兴之君吴王阖闾(lǘ),子爵,公元前514年—前496年在位。伯举:楚地。在今湖北麻城东北。

③信:听从,服从。

④进:进步,改善。

⑤子胥:伍员,字子胥,楚人。因其父伍奢、其兄伍尚为楚平王所杀,奔吴。

⑥阖庐:吴王,又称阖闾。

⑦正是日:就在这一天。指蔡昭公朝楚的这一天。

⑧囊瓦:楚国令尹,字子常。楚战败之后出逃到郑。

⑨拘:捉拿,拘禁。南郢:即楚国国都郢,因其地处南方,故又称南郢,在今湖北荆州荆州区江陵北的纪南城。

⑩用事:行祭祀之事。汉:汉水,这里指汉水之神。

⑪大:夸大,指吴国毕竟是夷狄之国,说夷狄之国救中原之国,就显得过分提高它的地位了。故称“吴子”而不说“救”。

【译文】

【经】冬天,十一月,庚午(十八)日,蔡昭公带着吴王阖闾和楚国人在伯举交战,楚军战败。

【传】对吴国称“子”,为什么呢?因为蔡昭公带领着他,所以要用尊贵的称呼。蔡昭公带着他,那就要用尊贵的称呼,为什么呢?吴国跟从中原国家而排斥夷狄之国,吴国进步了。吴是怎样跟从中原国家而排斥夷狄的呢?伍子胥的父亲被楚王杀死,握着弓拿着箭而求见阖庐。阖庐说:“这个人孝心很大!很有勇气!”因此打算出兵讨伐楚国。伍子胥进谏说:“下臣听说,国君不应为寻常之人举兵。况且服侍国君就像服侍父亲一样,损害国君的道义,来为自己的父亲报仇,我不能这样做。”因此停止了下来。蔡昭公到楚国访问,他有一件漂亮的狐裘大衣,就在这一天,楚国令尹囊瓦索求皮衣,蔡昭公不给,因此楚国将蔡昭公拘禁在南郢。数年之后才得以回国,回国之后祭祀汉水,说:“如果诸侯有要讨伐楚国的,我请求作为前锋。”楚国人听说了而发怒,因此出兵讨伐蔡国。蔡国向吴国请求救援。伍子胥说:“蔡国没有过错,楚国不讲道义。您如果有为中原国家担忧的心,那么此时可以出兵了。”因此吴出兵伐楚。为什么不说“救”呢?说“救”就夸大了。

【经】楚囊瓦出奔郑。

【译文】

【经】楚国令尹囊瓦出逃到郑国。

【经】庚辰[①],吴入楚。

【传】日入,易无楚也[②]。易无楚者,坏宗庙[③],徙陈器[④],挞平王之墓。何以不言灭也?欲存楚也。其欲存楚奈何?昭王之军败而逃,父老送之[⑤],曰:“寡人不肖,亡先君之邑。父老反矣,何忧无君?寡人且用此入海矣。”父老曰:“有君如此,其贤也,以众不如吴,以必死不如楚。”相与击之,一夜而三败吴人,复立。何以谓之吴也?狄之也。何谓狄之也?君居其君之寝而妻其君之妻,大夫居其大夫之寝而妻其大夫之妻。盖有欲妻楚王之母者,不正。乘败人之绩而深为利,居人之国,故反其狄道也。

【注释】

①庚辰:当为该年十一月的二十八日。

②易:轻视。无楚:没有楚国,指灭楚。

③宗庙:天子、诸侯祭祀祖先的地方。

④陈器:宗庙中悬挂的乐器。

⑤父老:对老年人的尊称。

【译文】

【经】庚辰(十一月二十八)日,吴国进入楚国。

【传】记载进入的日期,是轻视灭楚。轻视灭楚,因为吴毁坏楚国的宗庙,搬走宗庙里的乐器,鞭打楚平王的尸体。为什么不说“灭”呢?是想要保存楚国。为什么想要保存楚国呢?楚昭王的军队战败了逃离,父老们前去送行,昭王说:“我不贤能,丢掉了先君的城邑。你们回去吧,哪里用得着担忧没有国君呢?我将从这里流亡到海岛上去。”父老说:“有这样的国君,是贤能的,论军队众多楚不如吴,论以必死的决心作战吴不如楚。”一起进攻吴军,一个夜里三次打败吴国人,楚昭王恢复君位。为什么说“吴”呢?是把它当做夷狄之国来看待。为什么把它当做夷狄之国来看待呢?吴君住在楚君的寝室而以楚君的妻子为妻,吴国的大夫住在楚国大夫的寝室而以楚国大夫的妻子为妻。大概还有想要以楚王的母亲为妻的,不合正道。利用打败别人的功绩而极力谋取利益,占据别人的国家,所以是回到了夷狄之国的做法。

五年

【经】五年,春,王正月,辛亥[①],朔,日有食之。

【注释】

①辛亥:依后面“朔”字知此“辛亥”当为该年正月初一日。实“正月”当为“三月”,此处经文误。

【译文】

【经】定公五年,春天,周王的正月,辛亥(初一)日,朔日,发生日食。

【经】夏，归粟于蔡[①]。

【传】诸侯无粟，诸侯相归粟，正也。孰归之？诸侯也。不言归之者[②]，专辞也[③]，义迩也[④]。

【注释】

①归粟于蔡：据《左传》，是因为蔡国没有粮食了。粟，粮食。

②不言归之者：不说送去粮食的人。

③专辞：专门的说法。指《春秋》经文如果是记载鲁国为主的事情，则不列出主语。

④迩：道理是接近的。指对于其他诸侯国而言，也会遵循"归粟"这样的道理。

【译文】

【经】夏天，把粮食送到蔡国。

【传】某一诸侯没有粮食了，其他诸侯送去粮食，符合正道。谁送去的粮食？是诸侯们。不说是谁送去的，因为这是对鲁国专门的说法，对其他诸侯国而言道理是一样的。

【经】于越入吴[①]。

【注释】

①入吴：进入吴国。据《左传》："越入吴，吴在楚也。"

【译文】

【经】越国进入吴国。

【经】六月，丙申[①]，季孙意如卒[②]。

【注释】

①丙申：当为该年六月的十七日。

②季孙意如：鲁国执政大夫，实际掌权人，季氏宗主，谥平，称季平子。

【译文】

【经】六月，丙申（十七）日，鲁执政大夫季孙意如去世。

【经】秋，七月，壬子[①]，叔孙不敢卒[②]。

【注释】

①壬子：当为该年七月的初四日。

②叔孙不敢：鲁国大夫叔孙氏宗主，谥成，称叔孙成子。

【译文】

【经】秋天，七月，壬子（初四）日，鲁大夫叔孙不敢去世。

【经】冬，晋士鞅帅师围鲜虞[①]。

【注释】

①士鞅：晋执政大臣，祁姓，范氏，名范鞅，一名士鞅，士匄（gài）之子，谥献，故史称范献子。鲜虞：国名，白狄的一支，分布在今河北境内，以石家庄为中心，国都在今石家庄正定，春秋末期在此建中山国。

【译文】

【经】冬天，晋国执政大夫士鞅率军包围鲜虞。

六年

【经】六年，春，王正月，癸亥[①]，郑游速帅师灭许[②]，以许男斯归。

【注释】

①癸亥：当为该年正月的十八日。

②游速：郑国大夫。帅师灭许：据《左传》，楚国刚刚战败，郑趁机灭许，楚无力救援。

【译文】

【经】定公六年，春天，周王的正月，癸亥（十八）日，郑国大夫游速率军灭亡了许国，抓获了许国国君姜斯回去。

【经】二月，公侵郑。

【译文】

【经】二月，鲁定公入侵郑国。

【经】公至自侵郑。

【译文】

【经】鲁定公从入侵郑国的地方回来告祭祖庙。

【经】夏，季孙斯、仲孙何忌如晋[①]。

【注释】

①季孙斯：季孙氏姬斯，季孙意如之子，鲁国执政大臣，季氏宗主。仲孙何忌：仲孙氏宗主。

【译文】

【经】夏天，鲁大夫季孙氏姬斯、仲孙氏姬何忌到晋国去。

【经】秋，晋人执宋行人乐祁犁[①]。

【注释】

①晋人执宋行人乐祁犁：据《左传》，乐祁犁出使晋国，与赵氏交好，范氏不满，于是范鞅在晋定公面前说其坏话，遂将其扣押。乐祁犁，宋国大夫。

【译文】

【经】秋天，晋国人扣押了宋国的使者乐祁犁。

【经】冬，城中城[①]。

【传】城中城者，三家张也[②]。或曰，非外民也。

【注释】

①中城：内城。指鲁都，曲阜的内城。

②三家：指孟孙氏、叔孙氏、季孙氏三家，三家始祖分别是庆父、公子叔牙、公子季友，因为此三公子均是鲁桓公之子，故称此三家为三桓，三桓早已把持鲁政多年。张：骄傲自大。

【译文】

【经】冬天，鲁国修筑内城的城墙。

【传】记载修筑内城的城墙，是因为三家势力太大。也有一种说法说,是指责排斥民众。

【经】季孙斯、仲孙忌帅师围郓[①]。

【注释】

①仲孙忌:即仲孙何忌。

【译文】

【经】鲁大夫季孙氏姬斯、仲孙氏何忌率军包围郓地。

七年

【经】七年,春,王正月。

【译文】

【经】定公七年,春天,周王的正月。

【经】夏,四月。

【译文】

【经】夏天,四月。

【经】秋,齐侯、郑伯盟于鹹[①]。

【注释】

①齐侯、郑伯盟于鹹(xián):据《左传》,齐、郑在鹹结盟,邀请诸侯参与,卫灵公欲叛晋而结齐,卫国诸大夫不同意,于是卫灵公

派北宫结访齐，私下告诉齐景公将北宫结抓起来并且侵卫，以“逼迫”卫与齐结盟。鹹，卫地，在今河南濮阳东。

【译文】

【经】秋天，齐景公、郑献公在鹹地结盟。

【经】齐人执卫行人北宫结，以侵卫。

【传】以，重辞也。卫人重北宫结。

【译文】

【经】齐国人扣押了卫国的使者北宫结，带着他入侵卫国。

【传】“以”，是分量很重的说法。卫国人很看重北宫结。

【经】齐侯、卫侯盟于沙①。

【注释】

①沙：卫地，在今河北大名东。

【译文】

【经】齐景公、卫献公在沙地结盟。

【经】大雩。

【译文】

【经】鲁国举行大雩之祭。

【经】齐国夏帅师伐我西鄙。

【译文】

【经】齐国大夫国夏率军讨伐我鲁国西部边境。

【经】九月,大雩。

【译文】

【经】九月,鲁国举行大雩之祭。

【经】冬,十月。

【译文】

【经】冬天,十月。

八年

【经】八年,春,王正月,公侵齐。

【译文】

【经】定公八年,春天,周王的正月,鲁定公入侵齐国。

【经】公至自侵齐。

【译文】

【经】鲁定公从入侵齐国的地方回来告祭祖庙。

【经】二月,公侵齐。

【译文】

【经】二月，鲁定公入侵齐国。

【经】三月，公至自侵齐。

【传】公如，往时致月，危致也。往月致时，危往也。往月致月，恶之也。

【译文】

【经】三月，鲁定公从入侵齐国的地方回来告祭祖庙。

【传】国君出行，记载去时的季节和归时的月份，是为他的归来感到担忧。记载去时的月份和归来时的季节，是为他的出行感到担忧。记载去时的月份和归来的月份，是厌恶他。

【经】曹伯露卒①。

【注释】

①曹伯露：曹国国君，姓姬，名露，伯爵，曹声公之弟，曹隐公姬通之侄，公元前505年—前502年在位，谥靖，为曹靖公。

【译文】

【经】曹国国君姬露去世。

【经】夏，齐国夏帅师伐我西鄙。

【译文】

【经】夏天，齐国大夫国夏率军讨伐我鲁国的西部边境。

【经】公会晋师于瓦[①]。

【注释】

①公会晋师于瓦：据《左传》，齐伐鲁，晋师来救。瓦，卫地，在今河南滑县南之瓦岗集。

【译文】

【经】鲁定公和晋国军队在瓦会面。

【经】公至自瓦。

【译文】

【经】鲁定公从瓦地回来告祭祖庙。

【经】秋，七月，戊辰[①]，陈侯柳卒[②]。

【注释】

①戊辰：当为该年七月的初七日。

②陈侯柳：陈国国君，姓妫(guī)，名柳，谥怀，为陈怀公。

【译文】

【经】秋天，七月，戊辰(初七)日，陈国国君妫柳去世。

【经】晋士鞅帅师侵郑，遂侵卫[①]。

【注释】

①侵卫：据《左传》，晋侵卫是因为卫叛晋而结齐。

【译文】

【经】晋国执政大夫士鞅率军入侵郑国，接着入侵卫国。

【经】葬曹靖公。

【译文】

【经】安葬了曹靖公。

【经】九月，葬陈怀公。

【译文】

【经】九月，安葬了陈怀公。

【经】季孙斯、仲孙何忌帅师侵卫[1]。

【注释】

①侵卫：据《左传》，鲁侵卫是为了协同晋国。

【译文】

【经】鲁大夫季孙氏姬斯、仲孙氏姬何忌率军入侵卫国。

【经】冬，卫侯、郑伯盟于曲濮[1]。

【注释】

①曲濮：卫地。在今河南滑县、延津境内的濮水曲折之处，今水已堙(yīn)没。

【译文】

【经】冬天，卫国国君卫灵公、郑国国君郑献公在曲濮结盟。

【经】从祀先公[①]。

【传】贵复正也。

【注释】

①从祀：顺祀，即依从即位的先后次序祭祀。文公二年曾有“跻僖公”之举。

【译文】

【经】鲁国按照先后顺序祭祀先前的国君。

【传】是赞许恢复正道。

【经】盗窃宝玉、大弓[①]。

【传】宝玉者，封圭也[②]。大弓者，武王之戎弓也，周公受赐，藏之鲁。非其所以与人而与人，谓之亡。非其所取而取之，谓之盗。

【注释】

①盗窃宝玉，大弓：据《左传》，这里是季孙氏家臣阳虎。季孙氏意如去世之后，三桓新主年幼势弱，阳虎遂把持季孙氏家政进而把持鲁国国政，今欲作乱，不成，窃宝玉、大弓而进入讙（huān）地、阳关叛变，后来战败，逃亡齐国，齐国不予收留，又逃亡晋国，归顺赵鞅，为赵氏家臣。

②封圭：鲁祖伯禽受封时周天子赐予的玉圭。

【译文】

【经】盗贼偷窃了宝玉、大弓。

【传】宝玉，是先祖伯禽受封时周天子赐予的玉圭。大弓，是周武王征伐时所用的弓，赐给周公，收藏在鲁国。不是可以给别人的东西而给别人了，叫做“亡”。不是可以取得的东西而取得了，叫做“盗”。

九年

【经】夏，四月，戊申[①]，郑伯虿卒[②]。

【注释】

①戊申：当为该年四月的二十二日。

②郑伯虿(chài)：郑国国君，伯爵，姓姬，名虿，一作姬趸(dǔn)，谥献，为郑献公。

【译文】

【经】夏天，四月，戊申(二十二)日，郑国国君姬虿去世。

【经】得宝玉、大弓。

【传】其不地何也？宝玉、大弓在家则羞[①]，不目羞也。恶得之？得之堤下。或曰，阳虎以解众也[②]。

【注释】

①家：指卿大夫。这里的意思是宝玉、大弓是国之宝器，在卿大夫手里都是国家的耻辱，何况阳虎只是卿大夫的家臣，被他拿到更是国家的耻辱。

②解：缓解。

【译文】

【经】鲁国找到宝玉、大弓。

【传】经文为什么不记载在哪里找到的呢？宝玉、大弓在卿大夫手里那就是国家的耻辱了，不提耻辱的事。在哪里找到的呢？在堤岸之下找到的。有一种说法说，是阳虎用来缓解追兵的。

【经】六月，葬郑献公。

【译文】

【经】六月，安葬了郑献公。

【经】秋，齐侯、卫侯次于五氏[①]。

【注释】

①五氏：晋地，在今河北邯郸西。据《左传》，齐、卫伐晋，为晋所败。

【译文】

【经】秋天，齐景公、卫灵公驻扎在五氏。

【经】秦伯卒[①]。

【注释】

①秦伯：秦国国君嬴籍，伯爵，公元前536年—前501年在位，谥哀，为秦哀公。

【译文】

【经】秦国国君嬴籍去世。

【经】冬，葬秦哀公。

【译文】

【经】冬天，安葬了秦哀公。

十年

【经】十年，春，王三月，及齐平。

【译文】

【经】定公十年，春天，周王的三月，鲁国和齐国讲和。

【经】夏，公会齐侯于颊谷[1]。

【注释】

①颊(jiá)谷：齐地。在今山东莱芜东南山谷。

【译文】

【经】夏天，鲁定公和齐景公在颊谷相会。

【经】公至自颊谷。

【传】离会不致[1]，何为致也？危之也。危之则以地致何也？为危之也。其危奈何？曰，颊谷之会，孔子相焉[2]。两君就坛[3]，两相相揖[4]。齐人鼓噪而起[5]，欲以执鲁君。孔子历阶而上，不尽一等而视归乎齐侯[6]，曰："两君合好[7]，夷狄之民何为来为[8]？"命司马止之[9]。齐侯逡巡而谢曰[10]："寡人之过也。"退而属其二三大夫曰[11]："夫人率其君与之行古人之道[12]，二三子独率我而入夷狄之俗[13]，何为?”罢会，齐人使优施舞于鲁君之幕下[14]。孔子曰:“笑君者罪当死。”使司马行法焉，首足异门而出。齐人来归郓、讙、龟阴之田者[15]，盖为此也。因是以见虽有文事，必在武备，孔子于颊谷之会见之矣。

【注释】

①离会:两国意见不合的会面。

②相:赞礼者，主持礼节仪式的人。

③坛:土筑的高台，用于盟会。

④揖:拱手行礼。

⑤鼓噪:击鼓喧闹。起:发动。

⑥一等:一级台阶，这里是指最后一级台阶。归:归向，向着。

⑦合:和同，融洽。

⑧夷狄之民:据《左传》，这是莱人，故称夷狄。齐灭莱见襄公六年。

⑨司马:官名，掌管军政、军赋。

⑩逡巡:犹豫。谢:道歉。

⑪退:离去。

⑫夫(fú)人:那人，指孔子。夫，那。

⑬独:反而，却。

⑭优施:表演杂耍的人称作“优”，“施”是此优的名。幕:帐幕。

⑮郓:鲁地。在今山东郓城东。讙(huān):鲁地。在今山东宁阳西北。龟阴:鲁地。在今山东新泰西北。此三地即“汶阳之田”，常年为齐、鲁所争夺。

【译文】

【经】鲁定公从颊谷回来告祭祖庙。

【传】意见不合的会面不记载告祭祖庙，为什么记载告祭祖庙了呢？因为为鲁定公担忧。为什么为鲁定公担忧就要通过记载地点来告祭祖庙呢？因为在这个地方遭遇危险。是什么样的危险呢？说，颊谷之会，孔子作为鲁国的相。两国的国君登上祭坛，两国的相相互拱手行礼。齐国人开始击鼓喧闹起来，想要抓住鲁国的国君。孔子越过台阶冲上去，还没有冲完最后一级台阶就瞪着齐景公，说："两国国君融洽友好，夷狄的人为什么来呢，来做什么呢？"命令司马制止了他们。齐景公犹豫之后道歉说："是我的过错。"离开之后对他的几个大夫说："那个人带着国君和他一起履行古人的道义，你们几个却带着我陷入夷狄的习俗，为什么呢？"停止会面的时候，齐国人派艺人施到鲁定公的帐幕前跳舞。孔子说："嘲笑国君的人应当死。"派司马执行法令，将他的头和足从不同的门带出去。齐国人送回郓、讙、龟阴的土地，就是因为这个。因此可以看出虽有文治之事，也必须有武力准备，孔子在颊谷之会就表现出来了。

【经】晋赵鞅帅师围卫。

【译文】

【经】晋国大夫赵鞅率领军队包围卫国国都。

【经】齐人来归郓、讙、龟阴之田。

【译文】

【经】齐国人来鲁国归还郓、讙、龟阴的土地。

【经】叔孙州仇、仲孙何忌帅师围郈[①]。

【注释】

①叔孙州仇:叔孙氏姬州仇,鲁大夫,叔孙氏宗主,叔孙不敢之子。郈(hòu):鲁地。叔孙氏封邑,在今山东东平东南。据《左传》,叔孙氏家臣以郈作乱,于是围之,没有攻下。

【译文】

【经】叔孙氏姬州仇、仲孙氏姬何忌率军包围郈地。

【经】宋乐大心出奔曹①。

【注释】

①宋乐大心出奔曹:据《左传》,定公九年,宋景公派乐大心到晋国结盟,并且迎接乐祁的灵柩,乐大心假装有病而推辞,于是今年被逐。乐大心,宋国大夫。

【译文】

【经】宋国大夫乐大心出逃投奔曹国。

【经】宋公子地出奔陈①。

【注释】

①宋公子地出奔陈:据《左传》,公子子地得罪了宋景公,于是公子子辰劝说他出奔以谢罪,认为宋景公会挽留。于是公子子地出逃到陈,然而宋景公未挽留,公子子辰劝说宋景公无果,认为自己欺骗了公子子地,于是也出奔到陈。公子地,宋元公之子,宋景公之庶母弟。

【译文】

【经】宋国的公子子地出逃投奔陈国。

【经】冬，齐侯、卫侯、郑游速会于安甫[①]。

【注释】

①安甫：齐地，今在何处不详。

【译文】

【经】冬天，齐景公、卫灵公、郑国大夫游速在安甫会面。

【经】叔孙州仇如齐。

【译文】

【经】鲁大夫叔孙氏姬州仇到齐国去。

【经】宋公之弟辰暨宋仲佗、石彄出奔陈[①]。

【注释】

①宋公：宋景公，姓子，名栾，公爵。仲佗（tuō）、石彄（kōu）：皆宋国大夫。

【译文】

【经】宋景公的弟弟子辰和宋国大夫仲佗、石彄出逃投奔陈国。

十一年

【经】十有一年，春，宋公之弟辰[①]……

【传】未失其弟也。及仲佗、石彄、公子地，以尊及卑也。自陈，陈有奉焉尔。入于萧以叛[②]，入者，内弗受也。以者，不以也。叛，直叛也。

【注释】

①十有一年，春，宋公之弟辰……：本条经文有脱误，完整经文当是“宋公之弟辰及仲佗、石彄、公子地自陈入于萧以叛”。

②萧：宋邑，在今安徽萧县。

【译文】

【经】定公十一年，春天，宋景公的弟弟子辰……

【传】还没有失去他的弟弟。说“及仲佗、石彄、公子地”，是按照由尊到卑的顺序的。“自陈”，表明陈国对他们有帮助。“入于萧以叛”，入，表示当地人不接受。以，表示不应该“以”。叛，表示径直就反叛了。

【经】夏，四月。

【译文】

【经】夏天，四月。

【经】秋，宋乐大心自曹入于萧。

【译文】

【经】秋天，宋国大夫乐大心从曹国进入萧地。

【经】冬，及郑平。

【译文】

【经】冬天，鲁国和郑国讲和。

【经】叔还如郑莅盟[1]。

【注释】

①叔还：鲁国大夫，叔倪曾孙。

【译文】

【经】鲁大夫叔还到郑国参与盟会。

十二年

【经】十有二年，春，薛伯定卒[1]。

【注释】

①薛伯定：薛国国君，姓任，名定，谥襄，为薛襄公。

【译文】

【经】定公十二年，春天，薛国国君任定去世。

【经】夏，葬薛襄公。

【译文】

【经】夏天，安葬了薛襄公。

【经】叔孙州仇帅师堕郈[1]。
【传】堕，犹取也[2]。

【注释】

①堕（huī）：用同"隳"，败坏，毁掉。鲁国三桓各自的采邑，季孙氏的

费(bì)、叔孙氏的郈(hòu)、孟孙氏的成,三家采邑俱在家臣手中,三桓苦之,于是意图毁坏三都的城墙。

②取:取得。通常对外用兵获得土地用“取”,这里叔孙氏毁坏自家封邑也用“取”,是因为三桓封邑实际为家臣所控制,此时夺回,犹如新取。

【译文】

【经】叔孙氏姬州仇率军毁掉郈邑城墙。

【传】堕,相当于“取”。

【经】卫公孟彄帅师伐曹①。

【注释】

①公孟彄(kōu):卫国大夫,公孟氏,名彄。

【译文】

【经】卫国大夫公孟彄率军讨伐曹国。

【经】季孙斯、仲孙何忌帅师堕费①。

【注释】

①费(bì):在今山东费县西北。

【译文】

【经】季孙氏姬斯、仲孙氏姬何忌率军毁坏费邑。

【经】秋,大雩。

【译文】

【经】秋天，鲁举行大雩之祭。

【经】冬，十月，癸亥①，公会齐侯盟于黄②。

【注释】

①癸亥：当为该年十月的二十七日。

②黄：齐地，在今山东淄博东北。

【译文】

【经】冬天，十月，癸亥（二十七）日，鲁定公和齐景公在黄会面结盟。

【经】十有一月，丙寅①，朔，日有食之。

【注释】

①丙寅：依后面“朔”字知为十一月初一日。依历法推算，该年十月丙寅朔有日食，经文“十一月”或有误。

【译文】

【经】十一月，丙寅（初一）日，朔日，发生日食。

【经】公至自黄。

【译文】

【经】鲁定公从黄地回国告祭祖庙。

【经】十有二月，公围成①。

【传】非国不言围，围成，大公也。

【注释】

①成：孟孙氏邑名，在今山东宁阳东北。成邑靠近齐国。

【译文】

【经】十二月，鲁定公包围成邑。

【传】不是国都不说围，说包围成邑，是尊崇鲁定公。

【经】公至自围成。

【传】何以致？危之也。何危尔？边乎齐也[①]。

【注释】

①边：接壤，靠近。

【译文】

【经】鲁定公从围成地归来告祭祖庙。

【传】为什么记载告祭祖庙呢？为鲁定公担忧。为什么担忧呢？因为成邑与齐国靠近。

十三年

【经】十有三年，春，齐侯次于垂葭[①]。

【注释】

①垂葭（jiā）：齐地。在今山东巨野西南。据《左传》，齐军驻扎于此是为了攻打晋国。

【译文】

【经】定公十三年，春天，齐景公驻扎在垂葭。

【经】夏，筑蛇渊囿[1]。

【注释】

①蛇渊：鲁地，在今山东肥城。囿（yòu）：有围墙的园子。

【译文】

【经】夏天，鲁国在蛇渊修筑园子。

【经】大蒐于比蒲[1]。

【注释】

①大蒐（sōu）：举行军事大检阅。比蒲：鲁地。今在何处不详。

【译文】

【经】鲁国在比蒲举行军事大检阅。

【经】卫公孟彄帅师伐曹[1]。

【注释】

①公孟彄（kōu）：卫国大夫，公孟氏，名彄。

【译文】

【经】卫国大夫公孟彄率军讨伐曹国。

【经】秋，晋赵鞅入于晋阳以叛[1]。

【传】以者，不以者也。叛，直叛也。

【注释】

①晋赵鞅入于晋阳以叛:据《左传》,赵鞅误杀族弟赵午引发赵氏内乱,范氏士吉射、中行氏荀寅趁机围攻赵氏,赵鞅于是逃回晋阳,晋阳被围攻。后来韩、魏说服晋定公攻打范氏、中行氏,不克,范氏、中行氏反进攻晋定公,为晋国上下所攻,出逃到朝歌。韩、魏又为赵氏求情,于是赵鞅重新进入国都绛。晋国至此进入智氏、赵氏、韩氏、魏氏四卿执政的时期。后来赵鞅经过多次征战彻底消灭了范氏、中行氏在晋国的政治势力。晋阳,晋地。在今山西太原西南,为赵氏封邑。

【译文】

【经】秋天,晋国大夫赵鞅进入晋阳发动叛乱。

【传】“以”,就是不应当“以”的意思。“叛”,就是径直叛乱了。

【经】冬,晋荀寅、士吉射入于朝歌以叛[①]。

【注释】

①荀寅:晋国大夫,中行氏宗主。士吉射:晋国大夫,范氏宗主。朝歌:卫地,殷都故城,在今河南淇县。

【译文】

【经】冬天,晋国大夫荀寅、士吉射进入朝歌发动叛乱。

【经】晋赵鞅归于晋。

【传】此叛也,其以归言之何也?贵其以地反也。贵其以地反,则是大利也?非大利也,许悔过也。许悔过,则何以言叛也?以地正国也[①]。以地正国,则何以言叛?其入无君命也。

【注释】

①以地正国：是指赵鞅回到晋阳带兵与范氏、中行氏作战，驱逐二氏是在匡正国家。但是他进入晋阳并无君命，且是擅自兴兵，故言其叛。正，治理。地，指晋阳。

【译文】

【经】晋国大夫赵鞅回到晋国。

【传】这是反叛的人，经文用“归”来说他是为什么呢？是推崇他带着土地回来。推崇他带着土地回来，那这是看重利益吗？不是看重利益，是准许悔恨过错。准许悔恨过错，那为什么说“叛”呢？因为他用土地来匡正国家。用土地来匡正国家，那为什么说“叛”呢？因为他进入晋阳没有国君的命令。

【经】薛弑其君比。

【译文】

【经】薛国杀害了他们的国君任比。

十四年

【经】十有四年，春，卫公叔戍来奔[①]。

【注释】

①公叔戍：卫国大夫。据《左传》，公叔戍富而骄，卫灵公逐公叔戍及其党羽。

【译文】

【经】定公十四年，春天，卫国大夫公叔戍出逃来鲁国。

【经】晋赵阳出奔宋①。

【注释】

①赵阳：当为卫国大夫，公叔戍的党羽。《穀梁传》误为晋国大夫。

【译文】

【经】晋国大夫赵阳出逃到宋国。

【经】二月，辛巳①，楚公子结、陈公孙佗人帅师灭顿②，以顿子牂归③。

【注释】

①辛巳：当为该年二月的二十三日。

②顿：国名。姓不详，子爵，故城在今河南项城西北。据《左传》，顿欲叛楚亲晋，于是楚灭顿。

③顿子牂(zāng)：顿国国君名牂。

【译文】

【经】二月，辛巳(二十三)日，楚国大夫公子结、陈国大夫公孙佗人率军灭亡顿国，抓获了顿国国君牂回去。

【经】夏，卫北宫结来奔①。

【注释】

①北宫结来奔：据《左传》，北宫结来奔也是因为公叔戍的关系。北宫结，卫国大夫。

【译文】

【经】夏天，卫国大夫北宫结出逃投奔鲁国。

【经】五月，于越败吴于槜李[1]。

【注释】

①于越败吴于槜(zuì)李：据《左传》，吴伐越，越王勾践发兵抵抗，在槜李大败吴军，吴王阖闾受伤，不久去世，其子夫差即位。槜李，越邑，在今浙江嘉兴西南。

【译文】

【经】五月，越国在槜李打败吴国。

【经】吴子光卒[1]。

【注释】

①吴子光：吴国国君，名光，当为阖闾别名。

【译文】

【经】吴国国君光(阖闾)去世。

【经】公会齐侯、卫侯于牵[1]。

【传】公至自会。

【注释】

①公会齐侯、卫侯于牵：据《左传》，晋人围朝歌，齐、鲁、卫商议救援中行氏与范氏。牵，卫地，在今河南浚县北。

【译文】

【经】鲁定公和齐景公、卫灵公在牵地会面。

【传】鲁定公从会盟地回来告祭祖庙。

【经】秋，齐侯、宋公会于洮[1]。

【注释】

①刘侯、宋公会于洮(zhāo)：齐、宋谋救范氏。洮：曹地，在今山东鄄(juàn)城西。

【译文】

【经】秋天，齐景公、宋景公在洮地会面。

【经】天王使石尚来归脤[1]。

【传】脤者，何也？俎实也[2]，祭肉也。生曰脤，熟曰膰[3]。其辞石尚，士也。何以知其士也？天子之大夫不名。石尚欲书《春秋》，谏曰："久矣，周之不行礼于鲁也。请行脤。"贵复正也。

【注释】

①石尚：周敬王的士。脤(shèn)：帝王祭祀社稷所用的肉。

②俎：祭祀时放置牛羊牲体等祭品的礼器。实：满。

③膰(fán)：用于宗庙祭祀的肉。

【译文】

【经】周天子派敬王石尚作为使者给鲁国送来祭祀用的肉。

【传】脤，是什么呢？是装满俎的，是祭祀用的肉。生的叫做脤，熟的叫做膰。经文提到的石尚，是士。怎么知道他是士的呢？天子的大夫是不记载名字的，石尚想在《春秋》上留下名字，就进谏说："周王室不对鲁国施行礼节已经很久了啊。请送给他们脤肉。"于是经文赞赏他恢复正道。

【经】卫世子蒯聩出奔宋[1]。

【注释】

①蒯聩(kuǎikuì)出奔宋：据《左传》，蒯聩疑灵公夫人南子与宋国人子朝私通，欲杀南子，灵公怒，蒯聩出奔宋，灵公尽逐其党。蒯聩，卫国太子，卫灵公长子。

【译文】

【经】卫国的世子蒯聩出逃到宋国。

【经】卫公孟彄出奔郑。

【译文】

【经】卫国大夫公孟彄出逃到郑国。

【经】宋公之弟辰自萧来奔。

【译文】

【经】宋国国君的弟弟子辰从萧地逃来投奔鲁国。

【经】大蒐于比蒲。

【译文】

【经】鲁国在比蒲举行大型阅兵。

【经】邾子来会公。

【译文】

【经】邾国国君邾隐公来鲁与定公会面。

【经】城莒父及霄[①]。

【注释】

①莒(jǔ)父、霄:鲁地,皆在今山东莒县境内。

【译文】

【经】鲁国修筑莒父和霄地的城墙。

十五年

【经】十有五年,春,王正月,邾子来朝。

【译文】

【经】定公十五年,春天,周王的正月,邾国国君邾隐公来鲁访问。

【经】鼷鼠食郊牛[①],牛死,改卜牛。

【传】不敬莫大焉。

【注释】

①鼷(xī)鼠:鼠类最小的一种,食人及牛马等皮肤成疮致死。

【译文】

【经】鼷鼠咬伤了用于郊祭的牛,牛死了,换了一头牛来占卜。

【传】对神灵不敬没有比这更大的了。

【经】二月，辛丑①，楚子灭胡②，以胡子豹归③。

【注释】

①辛丑：当为该年二月的十九日。

②楚子：指楚昭王熊轸（zhěn），子爵，公元前516年—前489年在位。灭胡：据《左传》，吴攻楚的时候，胡国把楚靠近胡国城邑的百姓全部俘虏。楚安定后，胡子豹又不事奉楚国，于是楚灭胡。

③胡子豹：胡国国君姬豹，子爵。

【译文】

【经】二月，辛丑（十九）日，楚国国君楚昭王灭亡胡国，抓了胡国国君姬豹回来。

【经】夏，五月，辛亥①，郊。

【注释】

①辛亥：当为该年五月的初一日，经文当作“朔”。

【译文】

【经】夏天，五月，辛亥（初一）日，鲁国举行郊祭。

【经】壬申①，公薨于高寝②。

【传】高寝，非正也。

【注释】

①壬申：当为该年五月的二十二日。

②高寝：诸侯寝宫之一，不属于正寝。

【译文】

【经】壬申（五月二十二）日，鲁定公在高寝去世。

【传】在高寝去世，不合正道。

【经】郑罕达帅师伐宋。

【译文】

【经】郑国大夫罕达率军讨伐宋国。

【经】齐侯、卫侯次于渠蒢[①]。

【注释】

①齐侯、卫侯次于渠蒢（qúchú）：据《左传》，齐、卫此次行动是为了救宋。渠蒢，地名，今在何处不详。

【译文】

【经】齐景公、卫灵公驻扎在渠蒢。

【经】邾子来奔丧。

【传】丧急，故以奔言之。

【译文】

【经】邾国国君邾隐公前来鲁国参加丧礼。

【传】丧事紧急，所以说“奔”。

【经】秋，七月，壬申[①]，弋氏卒[②]。

【传】妾辞也。哀公之母也。

【注释】

①壬申：当为该年七月的二十三日。

②弋(yì)氏：鲁哀公生母，《左传》和《公羊传》皆认为她是鲁定公夫人，《穀梁传》则认为是定公之妾。

【译文】

【经】秋天，七月，壬申(二十三)日，弋氏去世。

【传】这是对妾的说法。她是哀公的母亲。

【经】八月，庚辰[①]，朔，日有食之。

【注释】

①庚辰，朔，日有食之：庚辰，依后面"朔"字知为该月初一日。依历法推算为公元前495年七月二十二日的日全食。

【译文】

【经】八月，庚辰(初一)日，朔日，发生日食。

【经】九月，滕子来会葬。

【译文】

【经】九月，滕国国君滕顷公来鲁国参加葬礼。

【经】丁巳[①]，葬我君定公。雨，不克葬。

【传】葬既有日，不为雨止，礼也。雨不克葬，丧不以制也。

【注释】

①丁巳：当为该年九月的初九日。

【译文】

【经】丁巳（九月初九）日，安葬我们的国君鲁定公。下雨，没能够下葬。

【传】葬礼已经定了日期，不能因下雨停止，是礼制。下雨而没有能够下葬，是葬礼不按照制度。

【经】戊午[1]，日下稷[2]，乃克葬。

【传】乃，急辞也，不足乎日之辞也。

【注释】

①戊午：当为该年九月的初十日。

②下稷：《左传》作"下昃（zè）"，日落。

【译文】

【经】戊午（九月初十）日，太阳落山了，才完成下葬。

【传】乃，是表示急促的说法，葬礼没有用够一整天的说法。

【经】辛巳[1]，葬定弋[2]。

【注释】

①辛巳：当为该年十月的初三日。

②定弋：定公之妾弋氏，以定公之谥"定"加于其氏"弋"之前。

【译文】

【经】辛巳(十月初三)日,安葬了定弋。

【经】冬,城漆①。

【注释】

①漆:原邾地,襄公二十一年,邾国大夫庶其以此叛邾归鲁,在今山东邹城东北。

【译文】

【经】冬天,鲁国修筑漆地的城墙。

哀公

【题解】

鲁哀公(? —公元前 468 年在世,公元前 494 年—前 468 年在位),姬姓,名蒋,鲁国第二十五代国君,鲁定公之子,生母为鲁定公夫人定姒,在鲁定公去世后即位为国君。定公七年,吴王夫差伐齐,至缯,强征百牢于鲁,季康子使子贡游说吴王,吴王乃止。次年,吴伐鲁,订城下之盟而去,齐伐鲁取三邑。十一年(前 484)率兵随吴伐齐,于艾陵败齐军。次年“用田赋”,十四年鲁“西狩获麟”。《春秋》记事到此年止,而《左传》则继续记载了之后的事,定公二十四年至越,次年自越返鲁,二十七年欲借越之力伐“三桓”,反为“三桓”起兵所迫出奔至卫,后又到邾、越,被迎回后不久卒。

此时晋、楚已无力争霸;吴越争霸陷入白热化,两国各逞一时英雄,最后以越灭吴为终结;秦国依旧在积蓄着力量;齐国和晋国将在不久之后迎来变革,齐国将由姜姓变为田姓,而晋国则会为韩、赵、魏三家所分,历史即将进入群雄争霸的新时期,如今我们称呼那一新的历史时期为“战国时代”。

元年

【经】元年，春，王正月，公即位。

【译文】

【经】哀公元年，春天，周王的正月，鲁哀公即位。

【经】楚子、陈侯、随侯、许男围蔡[①]。

【注释】

①陈侯：陈国国君陈湣（mǐn）公妫（guī）越，一作陈闵公，侯爵，陈怀公之子，公元前 501 年—前 478 年在位。许男：许国国君许元公姜成，字后思，男爵，许悼公之子，公元前 503 年—前 482 年在位。围蔡：据《左传》，楚围蔡是为了报复柏举之役。

【译文】

【经】楚昭王、陈湣公、随国国君、许元公包围蔡国国都。

【经】鼷鼠食郊牛角，改卜牛。

【译文】

【经】鼷鼠咬伤了用于郊祭的牛的角，换了一头牛来占卜。

【经】夏，四月，辛巳[①]，郊。

【传】此该郊之变而道之也[②]，于变之中，又有言焉。鼷鼠食郊牛角，改卜牛，志不敬也。郊牛日展觓角而知伤[③]，展道尽矣。郊，自正月至于三月，郊之时也。夏四月郊，不时也。五月郊，不时也。夏之始可以承春，以秋之末承春之始，盖不可矣。九月用郊，用者，不宜用者也。郊三卜，礼也。四卜，非礼也。五卜，强也。卜免牲者，吉则免之，不吉则否。牛伤，不言伤之者，伤自牛作也，故其辞缓。全曰牲，伤曰牛，未牲曰牛[④]，其牛一也，其所以为牛者异。有变而不郊，故卜免牛也。已牛矣，其尚卜免之[⑤]，何也？礼，与其亡也宁有[⑥]，尝置之上帝矣[⑦]，故卜而后免之，不敢专也。卜之不吉，则如之何？不免。安置之？系而待，六月上甲[⑧]，始庀牲[⑨]，然后左右之[⑩]。子之所言者，牲之变也，而曰“我一该郊之变而道之”，何也？我以六月上甲始庀牲，十月上甲始系牲，十一月、十二月牲虽有变，不道也。待正月，然后言牲之变，此乃所以该郊。郊，享道也。贵其时，大其礼。其养牲，虽小不备可也。子不志三月卜郊，何也？郊自正月至于三月，郊之时也。我以十二月下辛卜正月上辛。如不从，则以正月下辛卜二月上辛。如不从，则以二月下辛卜三月上辛。如不从，则不郊矣。

【注释】

①辛巳：当为该年四月的初六日。

②该：概括，总括。

③展：查看，审视。

④牲：用于祭祀的牛。这里是指占卜之后定为用于祭祀的牛，称作“牲”。

⑤尚：还。

⑥与其亡也宁有：与其没有，宁愿有。意思是说与其占卜而做决定，宁愿先有占卜再做决定。

⑦尝：曾经。

⑧上甲：指每月的第一个含有“甲”字的日子。

⑨庀(pǐ)：备办，这里是指准备来年郊祭用的牛。新的牛备好了，就可以处置旧的牛了。

⑩左右：处置。

【译文】

【经】夏天，四月，辛巳(初六)日，举行郊祭。

【传】在这里概括郊祭的各种变礼来说，在各种变礼之中，又有可以解释的地方。说“鼷鼠食郊牛角，改卜牛”，是记载对神灵不敬。对于郊牛要每天查看它的牛角因而知道受伤了，检查的职责是尽到了。郊祭，从正月到三月，是举行郊祭的季节。夏天四月举行郊祭，不是合适的季节。五月举行郊祭，不是合适的季节。夏天的开始可以承接着春天，用秋天的末尾承接着春天的开始，大概不可以。“九月用郊”，“用”，就是不适合“用”的意思。郊祭之前要举行三次占卜，是礼制。四次占卜，不合礼制。五次占卜，是勉强了。占卜是否免除牺牲，结果吉利就免除，不吉利就不免除。牛受伤了，不说是谁弄伤了牛，表明是牛自身导致的受伤，所以言辞舒缓。完整的叫做“牲”，受伤了叫做“牛”，没有定为牺牲的叫做“牛”，他们都一样叫做“牛”，但是他们被叫做“牛”的原因是不同的。有变故就不举行郊祭，所以占卜是否免除祭祀用的牛。已经因伤而称作“牛”了，还要占卜是否免除，为什么呢？按照礼制，与其没有占卜宁愿有占卜，曾经决定把它给上天了，所以要占卜之后再免除它，不敢擅自决定。占卜的结果不吉利，那又怎么办呢？不免除它。如何处置它呢？将它拴起来等待，六月的上甲日，开始准备祭祀用牛，这之后再处置旧的牛。老师所说的，是关于祭祀用牛的变化，却说“我一次概括郊祭的变礼来说”，为什么呢？鲁从六月上甲日开始准备祭祀用的牛，十月底上甲日开始将牛拴起来养，十一月、十二月牲即使有变故，也不说。等到正月，这之后说牲的变故，这才是全面概括郊祭。郊祭，是献上祭品让鬼神享用。看重它的季节，重视它的礼仪。喂养祭祀用的牛，即使有一点点不完备也可以。老师不记载三月占卜郊祭，为什么呢？郊祭可以从正月到三月，是适合郊祭的季节。鲁在十二月的下辛日占卜正月的上辛日是否适合举行郊祭。如果不适合，那就在正月的下辛日占卜二月的上辛日。如果不合适，那就在二月的下辛日占卜三月的上辛日。如果不合适，那就不举行郊祭。

【经】秋，齐侯、卫侯伐晋①。

【注释】

①齐侯、卫侯伐晋：据《左传》，齐、卫伐晋，也是为了救中行氏、范氏的同党。

【译文】

【经】秋天，齐景公、卫灵公讨伐晋国。

【经】冬，仲孙何忌帅师伐邾。

【译文】

【经】冬天，鲁大夫仲孙氏姬何忌率军讨伐邾国。

二年

【经】二年，春，王二月，季孙斯、叔孙州仇、仲孙何忌帅师伐邾，取漷东田①。

【传】漷东，未尽也。

【注释】

①伐邾，取漷(kuò)东田：漷，水名，发源自山东滕州东北，向西南流至江苏沛县进入运河。据《左传》，鲁伐邾，准备攻打绞地，邾国爱惜绞地，于是将漷水东边和沂水西边的土地割让给鲁国求和。

【译文】

【经】哀公二年，春天，周王的二月，鲁大夫季孙氏姬斯、叔孙氏姬州仇、仲孙氏姬何忌率军讨伐邾国，取得了漷水东边的土地。

【传】说“漷东”，表明没有得到全部的土地。

【经】及沂西田①。

【传】沂西，未尽也。

【注释】

①沂(yí)：水名。即今大沂河，源出山东沂山，南流经沂水、临沂、郯城等地入江苏。

【译文】

【经】和沂水西边的土地。

【传】说“沂西”，表明没有得到全部的土地。

【经】癸巳①，叔孙州仇、仲孙何忌及邾子盟于句绎②。

【传】三人伐而二人盟，何也？各盟其得也③。

【注释】

①癸巳：当为该年二月的二十三日。

②句绎：邾地。在今山东邹城东南。

③各盟其得：各自为自己得到的盟誓。这次伐邾，季氏并未分到

田地。

【译文】

【经】癸巳(二月二十三)日,鲁大夫叔孙氏姬州仇、仲孙氏姬何忌和邾国国君邾隐公在句绎缔结盟约。

【传】三个人参加讨伐但是只有两个人结盟,为什么呢?因为各自为自己得到的利益订立盟誓。

【经】夏,四月,丙子①,卫侯元卒②。

【注释】

①丙子:当为该年四月的初七日。

②卫侯元:卫国国君,姓姬,名元,谥灵,为卫灵公。

【译文】

【经】夏天,四月,丙子(初七)日,卫国国君姬元去世。

【经】滕子来朝。

【译文】

【经】滕国国君顷公来鲁访问。

【经】晋赵鞅帅师纳卫世子蒯聩于戚①。

【传】纳者,内弗受也。帅师而后纳者,有伐也,何用弗受也?以辄不受也②,以辄不受父之命,受之王父也。信父而辞王父③,则是不尊王父也。其弗受,以尊王父也。

【注释】

①戚:卫邑。在今河南濮阳市区北。据《左传》,卫国世子蒯聩(kuàikuì)出逃之后,卫国并无合适的君位继承人,卫灵公去世前欲传位于公子姬郢,公子郢推辞,在灵公去世之后再次推辞,并且建议立太子蒯聩之子姬辄为君,于是卫国立姬辄为卫国新君。

②辄:姬辄,世子蒯聩之子。

③信:听从,服从。

【译文】

【经】晋国执政大夫赵鞅率军送卫国的世子蒯聩进入戚地。

【传】"纳",表示当地人不接受的意思。在"帅师"之后说"纳",表明有征伐,为什么不接受呢?因为姬辄不接受,因为姬辄不是从父亲那儿继承的君位,是从祖父那儿继承的。服从父亲而拒绝祖父,那这就是不尊重祖父。他不接纳世子蒯聩,是因为尊重祖父。

【经】秋,八月,甲戌①,晋赵鞅帅师,及郑罕达帅师,战于铁②,郑师败绩。

【注释】

①甲戌(xū):当为该年八月的初七日。

②战于铁:据《左传》,齐国人送粮食给范氏,郑罕达率军护送,与护送蒯聩回国的赵鞅军在戚相遇,两军在铁交战,赵鞅以少胜多,击溃郑师。铁,卫地,在今河南濮阳县城西北五里铁丘村。

【译文】

【经】秋天,八月,甲戌(初七)日,晋国执政大夫赵鞅率军,郑国大夫罕达率军,两军在铁交战,郑军战败。

【经】冬，十月，葬卫灵公。

【译文】

【经】冬天，十月，安葬了卫灵公。

【经】十有一月，蔡迁于州来[①]。

【注释】

①蔡迁于州来：蔡欲依附吴国，于是首都迁往吴地。公子驷反对迁国，遂被杀。州来，吴地，在今安徽凤台。

【译文】

【经】十一月，蔡国迁都到州来。

【经】蔡杀其大夫公子驷。

【译文】

【经】蔡国杀害了他们的大夫公子姬驷。

三年

【经】三年，春，齐国夏、卫石曼姑帅师围戚。

【传】此卫事也，其先国夏何也？子不围父也[①]。不系戚于卫者，子不有父也。

【注释】

①子不围父：儿子不能围攻父亲。此时卫国国君是姬辄，在戚地的

是姬蒯聩，辄是蒯聩之子，故有此言。

【译文】

【经】哀公三年，春天，齐国大夫国夏、卫国大夫石曼姑率军包围戚地。

【传】这是卫国的事情，经文先说国夏是为什么呢？因为儿子不能围攻父亲。不把戚地依附于卫国，是因为儿子不要父亲。

【经】夏，四月，甲午①，地震。

【注释】

①甲午：当为该年四月的初一日，未用“朔”字。

【译文】

【经】夏天，四月，甲午（初一）日，鲁国发生地震。

【经】五月，辛卯①，桓宫、僖宫灾。

【传】言及，则祖有尊卑，由我言之，则一也。

【注释】

①辛卯：当为该年五月的二十八日。

【译文】

【经】五月，辛卯（二十八）日，鲁桓公的庙寝、鲁僖公的庙寝发生火灾。

【传】如果说了“及”，那祖先就有了尊卑，但是从哀公的角度，那祖先的地位都是一样的。

【经】季孙斯、叔孙州仇帅师城启阳①。

【注释】

①启阳：鲁地，在今山东临沂北。

【译文】

【经】鲁国季孙氏姬斯、叔孙氏姬州仇率军修筑启阳的城墙。

【经】宋乐髡帅师伐曹[①]。

【注释】

①乐髡(kūn)：宋国大夫，将领。

【译文】

【经】宋国的乐髡率军讨伐曹国。

【经】秋，七月，丙子[①]，季孙斯卒[②]。

【注释】

①丙子：当为该年七月的十四日。

②季孙斯：季孙氏姬斯，季孙氏宗主，鲁国执政大臣，实际掌权人，谥桓，称季桓子。

【译文】

【经】秋天，七月，丙子(十四)日，季孙氏姬斯去世。

【经】蔡人放其大夫公孙猎于吴。

【译文】

【经】蔡国人流放他们的大夫公孙猎到吴国去。

【经】冬，十月，癸卯①，秦伯卒②。

【注释】

①癸卯：当为该年十月的十三日。

②秦伯：这里是秦惠公，伯爵，姓嬴，名不详，公元前500年—前491年在位。

【译文】

【经】冬天，十月，癸卯（十三）日，秦国国君秦惠公去世。

【经】叔孙州仇、仲孙何忌帅师围邾。

【译文】

【经】鲁大夫叔孙氏姬州仇、仲孙氏姬何忌率军包围邾国国都。

四年

【经】四年，春，王二月，庚戌①，盗弑蔡侯申②。

【传】称盗以弑君，不以上下道道也。内其君而外弑者，不以弑道道也。《春秋》有三盗：微杀大夫谓之盗，非所取而取之谓之盗，辟中国之正道以袭利谓之盗③。

【注释】

①庚戌：当为该年二月的二十一日。

②盗弑蔡侯申：据《左传》，蔡昭侯要到吴国去，蔡诸大夫担心他又要迁国，于是跟着公孙翩以箭射蔡昭侯，昭侯中箭逃入民宅而死。蔡国大夫文之锴赶到之后杀公孙翩于民宅门口，且在之后

驱逐公孙辰，杀公孙姓、公孙霍。蔡侯申，蔡国国君，姓姬，名申，谥昭，为蔡昭侯。

③辟：背弃，违背。

【译文】

【经】哀公四年，春天，周王的二月，庚戌（二十一）日，盗贼杀害了蔡国国君姬申。

【传】称“盗”杀害了国君，是不以君臣的文辞来说这件事。亲近国君而排斥杀害国君的人，是不用臣杀君这样的言辞来说这件事。《春秋》有三种称作“盗”的：身份低微的人杀害大夫称作“盗”，不该取得而取得了的称作“盗”，背弃中原国家的正道而窃取利益称作“道”。

【经】蔡公孙辰出奔吴。

【译文】

【经】蔡国大夫公孙辰出逃投奔吴国。

【经】葬秦惠公。

【译文】

【经】安葬秦惠公。

【经】宋人执小邾子。

【译文】

【经】宋国人抓了小邾国国君。

【经】夏，蔡杀其大夫公孙姓、公孙霍。

【译文】

【经】夏天，蔡国杀害了他们的大夫公孙姓、公孙霍。

【经】晋人执戎蛮子赤归于楚[①]。

【注释】

①戎蛮：国名，故地在今河南汝阳东南、临汝西南。昭公十六年楚平王使然丹诱戎蛮子嘉杀之，既而复立其子。

【译文】

【经】晋国人抓捕了戎蛮国国君子赤送到楚国。

【经】城西郛[①]。

【注释】

①郛（fú）：外城。

【译文】

【经】鲁国修筑首都西面外城的城墙。

【经】六月，辛丑[①]，亳社灾[②]。

【传】亳社者，亳之社也[③]。亳，亡国也。亡国之社以为庙屏[④]，戒也。其屋亡国之社，不得上达也[⑤]。

【注释】

①辛丑：当为该年六月的十四日。

②亳(bó)社：社为祭祀土地神的庙。《穀梁传》与《公羊传》认为亳社是被灭亡的国家即殷商的社，各国皆有以起警示作用。而据杨伯峻，鲁有二社，一为周社，因鲁为周公之后，此为鲁之国社。一为亳社，鲁国所在原为商奄国，其国都奄在鲁国国都曲阜附近，且曾为商朝国都。周初周公东征灭商奄，封伯禽于商奄故地，建立鲁国。因鲁沿袭了商奄故地，且继承了商奄遗民，故为商奄遗民立亳社。

③亳：地名，商汤时期的国都，在今河南商丘北，这里代指商朝。

④庙屏：宗庙的屏蔽，即修在宗庙之前。

⑤上达：上通于天。通常社坛露天，以与天相通，这里因为是亡国之社，所以在其上修屋，使其不受天之阳气。

【译文】

【经】六月，辛丑(十四)日，亳社发生火灾。

【传】亳社，就是亳的社坛。亳，是灭亡了的国家。把灭亡了的国家的社坛修在宗庙之前，是警戒自身。在灭亡了的国家的社坛上修筑屋子，是为了让它不能上通于天。

【经】秋，八月，甲寅①，滕子结卒②。

【注释】

①甲寅：当为该年八月的二十八日。

②滕子结：滕国国君，姓姬，名结，谥顷，为滕顷公。

【译文】

【经】秋天，八月，甲寅(二十八)日，滕国国君姬结去世。

【经】冬，十有二月，葬蔡昭公。

【译文】

【经】冬天，十二月，安葬了蔡昭公。

【经】葬滕顷公。

【译文】

【经】安葬了滕顷公。

五年

【经】五年，春，城毗[①]。

【注释】

①毗(pí)：鲁地。今在何处不详。

【译文】

【经】哀公五年，春天，鲁国修筑毗地的城墙。

【经】夏，齐侯伐宋。

【译文】

【经】夏天，齐景公讨伐宋国。

【经】晋赵鞅帅师伐卫[①]。

【注释】

①伐卫：据《左传》，赵鞅伐卫是因为卫国帮助范氏的缘故。

【译文】

【经】晋国执政大夫赵鞅率军讨伐卫国。

【经】秋，九月，癸酉[①]，齐侯杵臼卒[②]。

【注释】

①癸酉：当为该年九月的二十四日。

②齐侯杵臼：齐国国君，姓姜，侯爵，名杵臼，谥景，为齐景公。

【译文】

【经】秋天，九月，癸酉（二十四）日，齐国国君姜杵臼去世。

【经】冬，叔还如齐。

【译文】

【经】冬天，鲁大夫叔还到齐国去。

【经】闰月[①]，葬齐景公。

【传】不正其闰也[②]。

【注释】

①闰月：农历一年较太阳年相差十一又四分之一日，故须置闰月以调整两者的配合关系，即十九年闰七个月，每逢闰年所加的一个月叫闰月。

②闰：这里是指在闰月下葬。诸侯去世，通常灵柩停放三个月而下葬，闰月是不计算在这三个月当中的，这里将闰月计算在内，故称其不正。

【译文】

【经】闰月，安葬了齐景公。

【传】在闰月安葬不合正道。

六年

【经】六年，春，城邾瑕[①]。

【注释】

①邾瑕：鲁地，在今山东济宁南。

【译文】

【经】哀公六年，春天，鲁国修筑邾瑕的城墙。

【经】晋赵鞅帅师伐鲜虞[①]。

【注释】

①晋赵鞅帅师伐鲜虞：据《左传》，晋伐鲜虞是因为鲜虞曾经帮助范氏。鲜虞，国名，白狄的一支，国都在今河北正定新城铺。

【译文】

【经】晋国执政大夫赵鞅率军讨伐鲜虞。

【经】吴伐陈。

【译文】

【经】吴国讨伐陈国。

【经】夏，齐国夏及高张来奔[①]。

【注释】

①国夏及高张来奔：据《左传》，国、高二氏权高位重，陈氏陈乞挑拨国、高和诸大夫的关系，致使国、高出逃。

【译文】

【经】夏天，齐国大夫国夏和高张逃来投奔鲁国。

【经】叔还会吴于柤[①]。

【注释】

①柤(zhā)：楚地。在今江苏邳(pī)县北。

【译文】

【经】鲁大夫叔还和吴国在柤地相会。

【经】秋，七月，庚寅[①]，楚子轸卒[②]。

【注释】

①庚寅：当为该年七月的十六日。

②楚子轸(zhěn)：楚国国君，姓芈(mǐ)，熊氏名轸，谥昭，为楚昭王。

【译文】

【经】秋天，七月，庚寅(十六)日，楚国国君熊轸去世。

【经】齐阳生入于齐[1]。

【注释】

①阳生：齐景公之子。据《左传》，齐景公宠爱庶子荼(tú)，景公去世后，荼已立为国君，但是陈乞暗中迎回阳生，立之为君，为齐悼公，阳生即位后，派猪毛杀死了荼。

【译文】

【经】齐国长子姜阳生进入齐国。

【经】齐陈乞弑其君荼[1]。

【传】阳生入而弑其君，以陈乞主之，何也？不以阳生君荼也，其不以阳生君荼，何也？阳生正，荼不正[2]，不正则其曰君，何也？荼虽不正，已受命矣。入者，内弗受也。荼不正，何用弗受？以其受命，可以言弗受也。阳生其以国氏，何也？取国于荼也。

【注释】

①陈乞：齐国田氏宗主。

②阳生正，荼不正：阳生年长，荼年少，应当立长。

【译文】

【经】齐国大夫陈乞杀害了他的新立国君姜荼。

【传】阳生进入国家杀害了他的国君，把陈乞当做主谋，为什么呢？因为不能让阳生把荼当做国君，经文不让阳生把荼当做国君，为什么呢？因为阳生应继位，荼不应继位，不应继位那经文把他称作国君，为什么呢？荼虽然不应继位，但却已经继承君位了。说“入”，表明荼不接受。荼本不应继位，为什么不接受呢？因为他已经继位，是可以说不接受的。阳生前面加上了国家称号,为什么呢?因为从荼的手里得到了国家。

【经】冬,仲孙何忌帅师伐邾。

【译文】

【经】冬天,鲁大夫仲孙氏姬何忌率军讨伐邾国。

【经】宋向巢帅师伐曹。

【译文】

【经】宋国大夫向巢率军讨伐曹国。

七年

【经】七年,春,宋皇瑗帅师侵郑①。

【注释】

①侵郑:据《左传》,宋侵郑是因为郑国背叛晋国。

【译文】

【经】哀公七年,春天,宋国大夫皇瑗率军入侵郑国。

【经】晋魏曼多帅师侵卫①。

【注释】

①晋魏曼多帅师侵卫:据《左传》,晋侵卫是因为卫国不肯服从。魏

曼多，晋国大夫，魏氏宗主。

【译文】

【经】晋国大夫魏曼多率军入侵卫国。

【经】夏，公会吴于缯[①]。

【注释】

①缯（céng）：原为古国名，姒姓，后为莒所灭，此时已为鲁国所有。地名，在今山东枣庄境内。

【译文】

【经】夏天，鲁哀公和吴国人在缯会面。

【经】秋，公伐邾。

【译文】

【经】秋天，鲁哀公讨伐邾国。

【经】八月，己酉[①]，入邾，以邾子益来。

【传】以者，不以者也。益之名，恶也。《春秋》有临天下之言焉[②]，有临一国之言焉，有临一家之言焉。其言来者，有外鲁之辞焉。

【注释】

①己酉：当为该年八月的十一日。

②临：面对。

【译文】

【经】八月，己酉（十一）日，鲁军进入邾国国都，抓获了邾国国君邾隐公曹益回来。

【传】说“以”，就是不应当“以”的意思。说了“益”的名，是厌恶他。《春秋》有周天子君临天下的言辞，有诸侯拥有一国的言辞，有大夫拥有一家的言辞。经文说“来”，是疏远鲁国的说法。

【经】宋人围曹。

【译文】

【经】宋国人围攻曹国国都。

【经】冬，郑驷弘帅师救曹。

【译文】

【经】冬天，郑国大夫驷弘率军救援曹国。

八年

【经】八年，春，王正月，宋公入曹，以曹伯阳归①。

【注释】

①曹伯阳：曹国末代君姬阳，曹靖公姬露之子，伯爵，公元前502年—前487年在位。此次被俘后遇害，曹国亡。

【译文】

【经】哀公八年，春天，周王的正月，宋国国君宋景公进入曹国，抓获了曹国国君姬阳回国。

【经】吴伐我[1]。

【注释】

①吴伐我：据《左传》，鲁伐邾之后，邾人向吴国求助，吴伐鲁。

【译文】

【经】吴国讨伐鲁国。

【经】夏，齐人取讙及阐[1]。

【传】恶内也。

【注释】

①齐人取讙(huān)及阐：据《左传》，齐悼公出奔到鲁国的时候，季康子将妹妹嫁给了他，后来其妹与季鲂侯通奸，季康子不敢将妹妹送到齐国，齐悼公发怒，于是发兵伐鲁。讙，鲁地，在今山东宁阳西北。阐，鲁地，在今山东东平以东、宁阳西北一带。

【译文】

【经】夏天，齐国人攻取鲁国的讙地和阐地。

【传】是在贬低鲁国。

【经】归邾子益于邾。

【传】益之名，失国也。

【译文】

【经】把邾国国君邾隐公曹益放回邾国。

【传】称了“益”的名，因为他失去了自己的国家。

【经】秋，七月。

【译文】

【经】秋天，七月。

【经】冬，十有二月，癸亥[①]，杞伯过卒[②]。

【注释】

①癸亥：当为该年十二月的初三日。

②杞伯过：杞国国君，姓姒，名过，谥僖，为杞僖公。

【译文】

【经】冬天，十二月，癸亥（初三）日，杞国国君过去世。

【经】齐人归讙及阐[①]。

【注释】

①齐人归讙及阐：据《左传》，齐、鲁讲和，齐国派人迎回季康子之妹季姬，季姬受齐悼公宠爱，于是齐归还鲁国土地。归，归还。

【译文】

【经】齐国人归还鲁国讙地和阐地。

九年

【经】九年，春，王二月，葬杞僖公。

【译文】

【经】哀公九年，春天，周王的二月，安葬了杞僖公。

【经】宋皇瑗帅师取郑师于雍丘[①]。

【传】取，易辞也。以师而易取，郑病矣[②]。

【注释】

①宋皇瑗帅师取郑师于雍丘：据《左传》，郑国罕达的宠臣许瑕求取封邑，郑国已经没有地方可以给他了，于是许瑕请求从外国获得，罕达答应了，许瑕包围了宋国的雍丘，但是被皇瑗率军打败。雍丘，宋地，在今河南杞县。

②病：耻辱。

【译文】

【经】宋国大夫皇瑗率军在雍丘打败郑军。

【传】"取"，是表示很轻松的说法。带着军队却很容易就被打败，是郑国的耻辱。

【经】夏，楚人伐陈[①]。

【注释】

①楚人伐陈：据《左传》，楚伐陈是因为陈国倒向吴国。

【译文】

【经】夏天，楚国人讨伐陈国。

【经】秋，宋公伐郑。

【译文】

【经】秋天，宋国国君宋景公讨伐郑国。

【经】冬，十月。

【译文】

【经】冬天，十月。

十年

【经】十年，春，王二月，邾子益来奔。

【译文】

【经】哀公十年，春天，周王的二月，邾国国君邾隐公曹益逃来投奔鲁国。

【经】公会吴伐齐①。

【注释】

①公会吴伐齐：据《左传》，吴国为首的诸侯伐齐，齐人杀齐悼公以取悦吴国，后来吴国退兵。伐齐，讨伐齐国。

【译文】

【经】鲁哀公会同吴国讨伐齐国。

【经】三月，戊戌，齐侯阳生卒①。

【注释】

①戊戌：当为该年三月的十四日。

②齐侯阳生：齐国国君，姓姜，名阳生，谥悼，为齐悼公。

【译文】

【经】三月，戊戌（十四）日，齐国国君阳生去世。

【经】夏，宋人伐郑。

【译文】

【经】夏天，宋国人讨伐郑国。

【经】晋赵鞅帅师侵齐。

【译文】

【经】晋国执政大夫赵鞅率军入侵齐国。

【经】五月，公至自伐齐。

【译文】

【经】五月，鲁哀公从讨伐齐国的地方归来告祭祖庙。

【经】葬齐悼公。

【译文】

【经】安葬了齐悼公。

【经】卫公孟彄自齐归于卫。

【译文】

【经】卫国大夫公孟彄从齐国回到卫国。

【经】薛伯夷卒①。

【注释】

①薛伯夷：薛国国君，姓任，名夷，谥惠，为薛惠公。

【译文】

【经】薛国国君任夷去世。

【经】秋，葬薛惠公。

【译文】

【经】秋天，安葬了薛惠公。

【经】冬，楚公子结帅师伐陈。

【译文】

【经】冬天，楚国的公子熊结率军讨伐陈国。

【经】吴救陈。

【译文】

【经】吴国救援陈国。

十一年

【经】十有一年，春，齐国书帅师伐我[①]。

【注释】

①齐国书帅师伐我：据《左传》，齐伐鲁是因为去年鲁曾伐齐。伐我，讨伐鲁国。

【译文】

【经】哀公十一年，春天，齐国大夫国书率军讨伐鲁国。

【经】夏，陈辕颇出奔郑[①]。

【注释】

①辕颇：陈国大夫，为陈国司徒。

【译文】

【经】夏天，陈国大夫辕颇出逃投奔郑国。

【经】五月，公会吴伐齐。甲戌[①]，齐国书帅师及吴战于艾陵[②]，齐师败绩。获齐国书。

【注释】

①甲戌：当为该年五月的二十七日。

②艾陵：齐地，在今山东莱芜东北。

【译文】

【经】五月，鲁哀公会同吴国讨伐齐国。甲戌（二十七）日，齐国大夫国书率军和吴国在艾陵交战，齐军战败。俘虏了齐国的国书。

【经】秋，七月，辛酉[1]，滕子虞母卒[2]。

【注释】

①辛酉：当为该年七月的十五日。

②滕子虞母：滕国国君，姓姬，名虞母，谥隐，为滕隐公。

【译文】

【经】秋天，七月，辛酉（十五）日，滕国国君姬虞母去世。

【经】冬，十有一月，葬滕隐公。

【译文】

【经】冬天，十一月，安葬了滕隐公。

【经】卫世叔齐出奔宋[1]。

【注释】

①卫世叔齐出奔宋：据《左传》，他初娶宋女既而出宋女，复娶孔文子之女。但又诱其前妻之妹，别宫居之。孔文子怒，夺回其女。

齐羞而奔宋，死于宋。世叔齐，卫国大夫。

【译文】

【经】卫国大夫世叔齐出逃投奔宋国。

十二年

【经】十有二年，春，用田赋[①]。

【传】古者公田什一，用田赋，非正也。

【注释】

①田赋：指按照田亩征收赋税。

【译文】

【经】哀公十二年，春天，鲁国实行田赋制度。

【传】古代的时候公田占田地的十分之一，现在实行田赋制度，不合正道。

【经】夏，五月，甲辰[①]，孟子卒[②]。

【传】孟子者何也？昭公夫人也。其不言夫人，何也？讳取同姓也。

【注释】

①甲辰：当为该年五月的初三日。

②孟子：鲁昭公夫人，娶于吴，吴也是姬姓国，所以犯了同姓不婚之礼，所以经文为她隐讳，称“孟子”不称“夫人”。

【译文】

【经】夏天，五月，甲辰（初三）日，孟子去世。

【传】孟子是谁？是鲁昭公的夫人。经文不说“夫人”，为什么呢？是为昭公娶了同姓的夫人隐讳。

【经】公会吴于橐皋[①]。

【注释】

①橐皋（tuógāo）：吴地。在今安徽巢湖西北。

【译文】

【经】哀公和吴国在橐皋会面。

【经】秋，公会卫侯、宋皇瑗于郧[①]。

【注释】

①卫侯：卫出公姬辄，侯爵，卫灵公之孙，公元前 492 年—前 481 年、前 476 年—前 456 年在位。郧（yún）：吴地。在今江苏如皋东。

【译文】

【经】秋天，鲁哀公和卫国国君卫出公、宋国大夫皇瑗在郧地会面。

【经】宋向巢帅师伐郑。

【译文】

【经】宋国大夫向巢率军讨伐郑国。

【经】冬，十有二月，螽[①]。

【注释】

①螽(zhōng):蝗虫,指虫灾。

【译文】

【经】冬天,十二月,螽虫成灾。

十三年

【经】十有三年,春,郑罕达帅师取宋师于嵒[①]。

【传】取,易辞也。以师而易取,宋病矣。

【注释】

①嵒(yán):郑地,不详,大致在今河南开封与商丘交界地带。

【译文】

【经】哀公十三年,春天,郑国大夫罕达率军在嵒地打败宋军。

【传】"取",是表示很容易的说法。带着军队却很容易就被打败了,是宋国的耻辱。

【经】夏,许男成卒[①]。

【注释】

①许男成:许国国君,姓姜,名成,男爵,公元前503年—前482年在位,谥元,为许元公。

【译文】

【经】夏天,许国国君姜成去世。

【经】公会晋侯及吴子于黄池[①]。

【传】黄池之会，吴子进乎哉！遂子矣。吴，夷狄之国也，祝发文身[②]。欲因鲁之礼[③]，因晋之权，而请冠端而袭[④]，其藉于成周[⑤]，以尊天王，吴进矣。吴，东方之大国也，累累致小国以会诸侯[⑥]，以合乎中国。吴能为之，则不臣乎？吴进矣。王，尊称也。子，卑称也。辞尊称而居卑称，以会乎诸侯，以尊天王。吴王夫差曰："好冠来！"孔子曰："大矣哉！夫差未能言冠而欲冠也。"

【注释】

①晋侯：晋国国君晋定公姬午，侯爵，公元前 511 年—前 475 年在位。吴子：吴国末代国君吴王夫差。公元前 495 年—前 473 年在位。黄池：郑地。在今河南封丘以南。

②祝发文身：剪断头发，刻画其身。

③因：凭借。

④冠端：指中原诸侯国的礼帽、礼服。冠，帽子。端，礼服。袭：穿衣。

⑤藉(jiè)：进贡。

⑥累累：多次。

【译文】

【经】鲁哀公和晋国国君晋定公和吴国国君吴王夫差在黄池会面。

【传】黄池之会，吴王夫差地位提升了！于是称作"子"。吴国，是夷狄之国，有断发文身的习俗。想要凭借鲁国的礼仪，凭借晋国的权势，请求穿戴礼帽和礼服，他们向成周进贡，以示尊重周天子，吴国改进了。吴国，是东方的大国，多次召集小国家和诸侯会见，来向中原国家靠拢。吴国能够做到这些，就不能做周天子的臣子吗？吴国改进了。"王"，是尊贵的称号。"子"，是卑下的称号。推辞了尊贵的称号而以卑下的称号自居，来和诸侯会面，来表示对周天子的尊重。吴王夫差说：“请得到美好的帽子！”孔子说：“太过分了！夫差还不能说清楚帽子的差别却想戴帽子了。”

【经】楚公子申帅师伐陈。

【译文】

【经】楚国的公子熊申率军讨伐陈国。

【经】于越入吴①。

【注释】

①于越入吴：据《左传》，吴王夫差北上参加黄池之会，越王勾践率军乘虚而入，夫差赶回，两国讲和。入吴，进入吴国。

【译文】

【经】越国进入吴国。

【经】秋，公至自会。

【译文】

【经】秋天，鲁哀公从黄池之会的地方回国告祭祖庙。

【经】晋魏曼多帅师侵卫。

【译文】

【经】晋国大夫魏曼多率军入侵卫国。

【经】葬许元公。

【译文】

【经】安葬了许元公。

【经】九月，螽。

【译文】

【经】九月，螽虫成灾。

【经】冬，十有一月，有星孛于东方[1]。

【注释】

①孛（bèi）：彗星光芒四射的样子。

【译文】

【经】冬天，十一月，有彗星出现在东方。

【经】盗杀陈夏区夫[1]。

【注释】

①夏区夫：陈国大夫。

【译文】

【经】盗贼杀害了陈国大夫夏区夫。

【经】十有二月，螽。

【译文】

【经】十二月，螽虫成灾。

十四年

【经】十有四年，春，西狩获麟②。

【传】引取之也③。狩地不地，不狩也。非狩而曰狩，大获麟，故大其适也④。其不言来，不外麟于中国也。其不言有，不使麟不恒于中国也⑤。

【注释】

①十四年：《穀梁传》和《公羊传》之《春秋》经文记事止于此，《左传》之《春秋》经文记事延续到哀公二十七年。

②西狩获麟：据《左传》，叔孙氏的仆从鉏（chú）商猎获一只麒麟，认为不吉利，赏赐给管山林的官吏，孔子细看后说是麒麟，叔孙氏将之取回。据《公羊传》，麒麟为砍柴人所抓获。麟，麒麟，传说中一种象征祥瑞的动物。其状如鹿，独角，全身生鳞甲，尾像牛。

③引：找来，招引。指麒麟是被圣人引来的。

④适：指所往之地，特指狩猎之地。

⑤恒：长久。

【译文】

【经】哀公十四年，春天，鲁国西行狩猎获得了麒麟。

【传】是被圣人引来而获得的。没有记载狩猎地的地点，表明不是狩猎得到的。不是狩猎得到的却说是狩猎得到的，是重视获得麒麟，所以就扩大了所往之地。经文不说“来”，是不把麒麟排斥在中原国家以外。经文不说“有”，是不让麒麟不长久在中原国家。

中华经典名著
全本全注全译丛书
（已出书目）

周易
尚书
诗经
周礼
仪礼
礼记
左传
韩诗外传
春秋公羊传
春秋穀梁传
孝经·忠经
论语·大学·中庸
尔雅
孟子
春秋繁露
说文解字
释名
国语
晏子春秋
穆天子传
战国策
史记
吴越春秋
越绝书
华阳国志
水经注
洛阳伽蓝记
大唐西域记
史通
贞观政要
营造法式
东京梦华录
唐才子传
廉吏传
徐霞客游记
读通鉴论
宋论
文史通义

老子
道德经
鹖冠子
黄帝四经・关尹子・尸子
孙子兵法
墨子
管子
孔子家语
吴子・司马法
商君书
慎子・太白阴经
列子
鬼谷子
庄子
公孙龙子(外三种)
荀子
六韬
吕氏春秋
韩非子
山海经
黄帝内经
素书
新书
淮南子
九章算术(附海岛算经)
新序
说苑
列仙传
盐铁论
法言
方言
论衡
潜夫论
政论・昌言
风俗通义
申鉴・中论
太平经
伤寒论
周易参同契
人物志
博物志
抱朴子内篇
抱朴子外篇
西京杂记
神仙传
搜神记
拾遗记
世说新语
弘明集
齐民要术
刘子
颜氏家训
中说
帝范・臣轨・庭训格言

坛经
大慈恩寺三藏法师传
蒙求·童蒙须知
茶经·续茶经
玄怪录·续玄怪录
酉阳杂俎
历代名画记
二十四诗品·续诗品
化书·无能子
梦溪笔谈
北山酒经(外二种)
容斋随笔
近思录
洗冤集录
传习录
焚书
菜根谭
增广贤文
呻吟语
了凡四训
龙文鞭影
长物志
智囊全集
天工开物
溪山琴况·琴声十六法
温疫论
明夷待访录·破邪论
陶庵梦忆
西湖梦寻
幼学琼林
笠翁对韵
声律启蒙
老老恒言
随园食单
阅微草堂笔记
格言联璧
曾国藩家书
曾国藩家训
劝学篇
楚辞
文心雕龙
文选
玉台新咏
词品
闲情偶寄
古文观止
聊斋志异
唐宋八大家文钞
浮生六记
三字经·百家姓·千字文·弟子规·千家诗
经史百家杂钞